경제학의 거장들 ❶

경제학의 거장들 ◆1

플라톤에서 J.S. 밀까지

요아힘 슈타르바티 외 지음 | 정진상 외 옮김

한길사

경제학의 거장들 ❶

플라톤에서 J.S. 밀까지

지은이 · 요하임 슈타르바티 외
옮긴이 · 정진상 외
펴낸이 · 김언호
펴낸곳 · (주)도서출판 한길사

등록 · 1976년 12월 24일 제74호
주소 · 413-756 경기도 파주시 교하읍 문발리 520-11
　　　www.hangilsa.co.kr
　　　E-mail: hangilsa@hangilsa.co.kr
전화 · 031-955-2000~3　　　팩스 · 031-955-2005

상무이사 · 박관순 | 영업이사 · 곽명호
편집 · 배경진 서상미 신민희 권혁주 | 전산 · 한향림
마케팅 및 제작 · 이경호 | 저작권 · 문준심
관리 · 이중환 문주상 장비연 김선희

출력 · 지에스테크 | 인쇄 · 현문인쇄 | 제본 · 경일제책

제1판 제1쇄 2007년 8월 30일

값 25,000원
ISBN 978-89-356-5863-3 94320
ISBN 978-89-356-5865-7 (전2권)

• 잘못 만들어진 책은 구입하신 서점에서 바꿔드립니다.

「이 도서의 국립중앙도서관 출판시도서목록(CIP)은
e-CIP 홈페이지(http://www.nl.go.kr/cip.php)에서 이용하실 수 있습니다.
(CIP제어번호: CIP2007002412)」

아리스토텔레스(Aristoteles, 기원전 384~기원전 322)
고대 그리스의 철학자·과학자.
아리스토텔레스는 플라톤과 함께 그리스 최고의 사상가로 꼽히는 인물로,
국민경제학은 그들로부터 시작된다. 아리스토텔레스는
그의 저서 『니코마코스 윤리학』에서 플라톤의 소유공산주의에 대해
"만약 모든 사람에게 모든 것이 공동인 상태에서 어느 특정 사건에 대해
한 그룹만이 책임을 져야 한다면, 사실은 그 어느 누구도
책임을 느낄 필요가 없다"고 주장했다.

토마스 아퀴나스(Saint Thomas Aquinas, 1224/25~74)
토마스 아퀴나스는 『신학 대전』『이단 논박 대전』이라는 2편의 걸작을 써서
라틴 신학을 고전적으로 체계화한 신학자이자 그리스도교 철학자였다.
그는 1323년 성인(聖人)의 반열에 올랐으며, 『신학 대전』을 통해
"경제는 개별 인간과 전체 사회 사이에서 중계역할을 하므로,
경제의 최종목적은 한 공동체의 번영에 있다"고 말했다.

애덤 스미스(Adam Smith, 1723~90)

애덤 스미스는 스코틀랜드의 사회철학자이자 정치경제학자로,

그가 쓴 『국부론』(1776)은 자유방임주의를 표방한 최초의 경제학 저서다.

스미스의 경제적·정치적 자유주의 철학에서 자유란, 인간이

자신과 관련하여 행동하며 도덕적 책임을 가지고 판단할 수 있는 능력을 뜻한다.

개인의 부와 명예를 추구하는 것은 정의에 기초한 실천가능한 규칙에 의해 제한된다.

존 스튜어트 밀(John Stuart Mill, 1806~73)
영국의 경제학자로, 사회학자이자 경제학자인 제임스 밀의 장남으로 태어났다.
그는 자신의 저서 『정치경제학의 원리』(1848)에서
"사회는 전체로서 과도한 부담에 시달려서도 안 되고
그렇다고 개인이 생계수단 때문에 걱정하는 경우가 있어서도 안 된다" 면서,
"인간의 본성을 지키기 위한 최선의 상태는 아무도 가난하지 않기 때문에
그 누구도 남보다 더 부유해지기를 원치 않는 상태" 라 주장했다.

경제학의 거장들 ❶

플라톤에서 J.S.밀까지

경제학의 거장들 ❶

플라톤에서 J.S.밀까지

저자 서문   13

서론   요아힘 슈타르바티 | 정진상   15

01   플라톤과 아리스토텔레스   베르트람 셰폴트 | 민경국   29

02   토마스 아퀴나스   프리드리히 보이터 | 김수석   82

03   모어   요아힘 슈타르바티 | 김수석   109

04   콜베르   카를 에리히 보른 | 김용원   135

05   케네   기오르기오 길리베르트 | 정진상   159

06   스미스   호르스트 클라우스 렉텐발트 | 정여천   185

07   맬서스   군터 슈타인만 | 정진상   217

08   장 밥티스트 세   빌헬름 크렐레 | 김용원   238

09   리카도   발터 엘티스 | 정진상   259

10   튀넨   울리히 반 순툼 | 정진상   285

11   리스트   카를 호이저 | 김용원 · 이방식   308

12   쿠르노   루이스 자크 치머만 · 헬무트 마르콘 | 이방식 · 정진상   337

13   존 스튜어트 밀   나일 드 마르치 | 황신준   366

주   401

문헌목록   411

저자소개   439

역자소개   445

찾아보기   447

경제학의 거장들 ②

마르크스에서 케인스까지

01 마르크스   알프레트 E. 오트 | 정여천

02 러스킨   볼프강 켐프 | 이방식 · 정진상

03 발라   베른하르트 펠더러 | 배진영

04 제번스   콜린슨 블랙 | 정진상

05 슈몰러   하랄트 빙켈 | 민경국

06 멩거   에리히 슈트라이슬러 | 민경국

07 마셜   하인츠 리터 | 김용원

08 파레토   고트프리트 아이저만 | 배진영

09 뵘바베르크   클라우스 힌리히 헨닝스 | 민경국

10 빅셀   하인츠 그로세케틀러 | 김용원

11 피셔   한스 모니센 | 김용원

12 피구   디터 칸지어 | 황신준

13 슘페터   에두아르트 메르츠 | 황신준

14 케인스   하랄트 셰르프 | 김용원 · 이방식

15 오이켄   한스 오토 레넬 | 황신준

주문헌목록
저자소개
역자소개
역자 후기
찾아보기

저자 서문

발행인이 갖는 임무는 언제나 그리 쉬운 것만은 아니다. 발행인은 한 편으로는 귀찮게 구는 격려자 역할을 해야 하며, 다른 한편으로는 통제자 역할을 해야 하는 것으로 보인다. 왜냐하면 발행인이 나태하다 보면 보다 정확한 저자들이 끊임없이 훈계를 하기 때문이다. 그러나 전체적으로 볼 때 발행인으로서의 일은 그리 큰 부담이 되지는 않는다. 출판사에서 발행한 책들이 이상적인 작품으로 발행되었을 경우 발행인이라는 일은 매우 행복하다. 전체적으로 조화를 이루면서 만족스런 공동작업을 해준 저자들에게 우선 고마움을 전한다. 베크 출판사 사장인 시비(G. Schiwy) 박사님과 그의 직원들에게도 또한 감사드린다.

리카도, 밀과 제번스의 작품을 정확하게, 그리고 고상하게 번역해준 호프만(Dr. Harriet Hoffmann) 여사와 그 번역을 심도 깊게 검토해준 미쿠스(Dr. Rudolf Mikus) 박사에게 감사를 드린다. 많은 충고와 더불어 다방면으로 지원을 해준 동료 리터(Heinz Rieter)에게 고마운 마음을 전한다. 마지막으로 이 두 권을 출판하는 과정에서 효율적으로 도움을 준 마르콘(Dr. Helmut Marcon) 박사에게도 감사드린다.

튀빙겐. 1989년 4월
슈타르바티.

서론

　현실과 역사에 대한 욕망은 결국에는 하나의 바람직한 경제를 찾아낸다(Joseph Schumpeter 1954/65, 48쪽). 여기에 모은 글들은 이러한 것에 이바지하고자 한다. 현 시대의 연구수준에서 시작한 이 글들은 너무 많은 수식을 쓰지 않고도 경제학 거장들의 생활과 더불어 경제학 연구의 본질적인 영역으로 독자들을 안내한다. 각 글들은 경제학에 관심은 있으나 문외한인 사람들이 경제학을 이해할 수 있는 문이 되고자 씌었으며 결국에는 독자들이 경제학의 매혹적인 세계로 빠져들 수 있게 하고자 한다. 더불어 경제학을 아는 사람들에게는 이 책에 소개된 글들을 통해 그들의 영웅들이 가졌던 인간적인 면들을 보여주고자 한다.

　이 책에 있는 글들은 경제학을 아는 사람들이 환경과 이론의 형성 사이에 존재하는 관계들을 탐색할 수 있는 동기를 갖도록 한다. 더욱 이상적인 것은 교리적 인물들은 원하는 사람들에게는 조화를 위한 연결고리를 제공할 수 있으며 경험자들에게는 앞으로의 연구를 위한 아이디어와 동기를 제공할 수 있다는 것이다.

　각 분야의 거장에 대한 글을 전체적으로 집대성한다는 것은 매우 임의적일 수밖에 없다. 즉 이러한 사람이 왜 여기에 선정되었으며, 애석하게도 어떠한 전문가는 왜 탈락되었는가에 대하여 사람들은 궁금해할 것이다. 거장들을 선정하는 데 적용된 원칙은 다음과 같았다.

　우리는 거장을 다음과 같은 사람들로 이해한다. 그들은 우리의 생각을 풍부하게 만드는 사람들로서, 그들이 없었더라면 세상과 그 모습에 대한 우리의 견해가 아주 달라졌을 것이다. 따라서 그들은 근본적인 질문들에 대해 시간을 초월하는 답변을 주면서 우리에게 원천적인 문제들에 대한 관심을 갖도록 했으며, 경제방법의 도구를 위한 근본적 분석적 도구를 제공한 사람들이다(Niehans 1989, 15쪽). 우리는 거장으로 선정된 것이 다른 사람에게도 당연하다고 여겨지는 거장들에 대해서 이 두 권의 책에서 보다 심도 있는 방향을 제시하고자 한다.

플라톤(428/427~348/347) 그리고 아리스토텔레스(384~322)와 함께 국민경제학은 시작한다. 플라톤은 철학자로서 그의 문답집인 『국가』에서 본인 스스로가 새롭게 만들 수 있을 것으로 보았던 세계인 하나의 이상적인 공동체를 설계했다. 이러한 구상에서 많은 사람들이 갖기 시작한 매혹을 포퍼는 "플라톤의 마술"이라고 불렀다.

플라톤의 제자이면서도 반대편에 있었던 아리스토텔레스 역시 이상적인 국가, 도시국가 내 "정치"를 다루었으며, 이때 인간들의 천성은 결코 박해되어서는 안 된다고 했다. 따라서 법과 제도를 통해 만들어진 질서는 인간들의 자연적 구성과 일치해야만 한다. 이것에 대해 플라톤은 관심을 가지고 있지 않았다. 그런데도 아리스토텔레스의 경우에 시민들의 정치적 과제와 그들의 사적인 경제적 이해 간에는 늘 긴장이 존재했다.

그리하여 아리스토텔레스는 이자 및 금융자본 형성과 같은 특정적인 경제현상을 거부했음에도 경제이론의 형성을 위한 기초를 만들었다. 이러한 점에서 세폴트는 상대편에 있었던 사람들에게 그를 경제학의 창시자로 소개했다. 경제적 사고에 대한 두 사상가들의 영향은 막대하다. 또한 그것은 현대적 모형론에 영향을 준 것으로 보인다. 이러한 것을 알베르트(Hans Albert)는 "플라톤주의 모델"이라고 특징지었다.

아리스토텔레스는 중세 스콜라 학파의 최고 사상가였다. 그는 토마스 아퀴나스(1224/25~74)를 거쳐 중세 스콜라 학파의 사상에 커다란 영향을 주었다. 아리스토텔레스가 도시국가 내 긴장을 다루었다면 토마스는 신과 함께하는 충만한 삶과 독자적인 책임이 있는 경제 간에 놓인 긴장을 다룬다. 이때 본인 스스로에게 이성적으로 여겨지는 것들에 대해서는 일반 개인들에게 요구할 수 없었다.

토마스는 현재뿐 아니라 시간을 초월할 수 있는 경제가 그 어떠한 것들에 전념해야 할 것인지에 대해 다음과 같이 물었다. 사회 내에서 거래되는 생산물에 대하여 어떠한 가격들이 적용되었는가("공정한 교환"), 그리고 이익의 분배가 사람들 사이에서 어떻게 이루어지는가("공정한 분배"). 논의가 되었던 윤리와 경제 간의 관계에 대한 질문은 그때부터 다시금 학문적 논의의 중심이 되었다. 결국 윤리적 동기 때문에 본인이 이자수입을 거절했음에도 토마스는 예외상황에 대한 개념정리를 통하여 보이터가 이끌어낸 것처럼 생산요소인 "자본"의 생산성을 이미 예전에 잘 인식하고 있었다.

아리스토텔레스는 『니코마코스 윤리학』에서 플라톤의 소유공산주의에 대하여 다음과 같이 비판했다. 만약 모든 사람에게 모든 것이 공동인 상태에서 어느 특정 사건에 대하여 한 그룹만이 책임을 져야 한다면, 사실은 그 어느 누구도 책임을 느낄 필요성이 없다는 것이다. 이러한 것이 공동체 재산요구에 대하여 중세시대에 전형적으로 행해지던 답변의 일반원칙이다.

모어(1477/78~1535)가 지닌 경제사상가로서의 의미는 다음과 같았던 것으로 보인다. 『유토피아』에서 그는 공동체 재산과 비용이 발생하지 않는 상품분배 위에서 구성된, 자체적으로는 조화롭지만 폐쇄적인 질서계획을 제시했다. 이러한 계획은 유토피아적 사회주의를 위한 본보기로 여겨질 수 있다. 또한 그는 사회주의 사상가이지만 자유주의 성향을 가진 것으로 여겨지는 장점을 가졌다. 우리는 학문적 사회주의의 기록들보다 이러한 계획을 연구하는 데, 실제로 존재하는 사회주의의 노동양식과 기능에 관한 지식을 더 많이 얻는다.

유럽에 민족국가가 생겨나고 중앙집권 체제가 등장했을 때 근본적인 질문들에 대한 답변은 뒷전으로 밀려났다. 근본적인 질문들보다는 어떻게 해야 국가의 복지와 세금을 증대시킬 수 있는가, 또한 이를 통해 지배자의 보석함을 어떻게 채울 수 있는가와 같은 물음 쪽에 더 관심이 있었다. 그리하여 이러한 목표를 달성하기 위해서 국가는 경제와 사회를 어떻게 그리고 어느 곳에 개입해야 하는가에 대해 충고받기를 원했다.

이러한 견해에 대한 뛰어난 대표자로 우리는 주무장관이었던 콜베르(1619~83)를 들 수 있는데, 그는 스스로 문제해결 방법을 찾아나갔다. 그는 중상주의의 대표자다. 콜베르와 동시대 사람들은 돈에서 생명력이 있으며 경제적 영험이 있는 약을 보았기 때문에 무역정책적 기교를 거쳐 상품의 수출증대를 시도했다. 그들은 세상에 존재하는 돈의 많은 부분을 자신들을 위해 축적할 수 있을 것이라고 믿었다. 이러한 "은화전쟁"에서 프랑스에 이익을 제공해주기 위해서 콜베르가 여러 가지를 생각한 것이라고 보른은 기술했다.

케네(1694~1774)는 경제순환의 수치로 만든 모델인『경제표』와 같은 그의 분석적 발견을 통해 중상주의에서 간섭이 생산적이 아니라는 것을 보여줄 수 있었다. 그렇다고 해서 케네가 만든 표의 의미는 슘페터(1954/65)의 분석과 마찬가지로, 결코 과대평가될 수는 없다. 길리베르트는『경제표』가 지닌 데카르트 학파적 전통에 관심을 가졌으며, 케네와 중농학파 사람들이 하예크(1967/69)가 구조적이라고 불렀던 합리주의 형태와 연계될 수 있다는 사실과, 그리하여 중농학파가 사회주의 이념의 길을 개척한 사람으로 여겨질 수 있다는 사실을 면밀하게 보여주었다.

스미스(1723~90)는 "자연적 자유의 체계"를 가지고 중상주의와 중농학파에 이의를 제기했다. 그의 체계는 오늘날까지 정치뿐만 아니라 정치경제에서도 엄청난 결과를 낳았다(렉텐발트). 스미스에 의해 기초되었으며 영국의 맬서스(1766~1832), 리카도(1772~1823)와 밀(1806~73) 그리고 대륙의 세(1767~1834) 등의 스미스 계승자들에게 전수되었고 부분적으로는 크게 변화된 "체계"를 마르크스는 "고전적"이라고 불렀다(슈타인만, 크렐레).

분류방법에서 이러한 경제학은 그들에 의해 발전된 정치경제학의 방법들이 인간의 복지를 위하여 근본적으로 기여할 수 있었다는 생각과 연계되어 있다(Robbins 1952, 4쪽). 그들 중에서 이론적으로 우두머리 격인 리카도에게 현혹된 것은, 리카도가 고도로 난해한 모델들에서 경제와 사회 형태를 위하여 확실한 결론을 얻고자 했다는 것이다.

실제로 슘페터와 같은 사람은 리카도의 방법에 동의하지 않았으며 이를 "리카도적 악습"이라고 불렀다. 그런데도 엘티스의 표현을 빌리자면, 기본적으로 정부에 복종해야 한다는 리카도의 충고는 영국을 부유한 국가로 만들었다. 밀을 통해 당시 당면한 문제이던 윤리적 논의에 대해 많은 것을 우리는 배울 수 있다. 또한 그는 경제적 법칙과 경제적 행동평가를 가지고 윤리적 기반의 요구들이 일치하는지에 대해서 논했다(드 마르치).

다음의 경제학자들은 모두 "영국 고전학파"에 몸을 담았거나 영국 고전학파에 고취됐다. 리카도의 제자이며(Joan Robinson 1965, 48쪽) 경제학자인 마르크스(1818~83)는 고전적 노동가치론을 완성시켰다. 마르크스는 자본가와 공장에서 근무하는 프롤레타리아트 간의 계급투쟁을 있는 그대로 두기 위해서 노동가치론을 이용했다. 또한 자본주의의 위기에 존재하는 불안정한 것들을 계급이 없는 사회가 도래하는 것으로 본 그는 프롤레타리아 혁명으로 연결시키기 위한 분석도구로 노동가치론을 이용했다. 하지만 노동가치론의 기능을 위한 조건들을 제시하지는 않았다(오트).

고전학파의 비판가이지만 열외자였던 러스킨(1819~1900)이 19세기의 혁명적 조류와 영국 노동운동에서 마르크스보다 더 많은 영향을 미쳤다는 사실을 아는 사람은 그리 많지 않다(켐프). 그의 조국에서 예술을 가장 잘 이해하고 있었던 러스킨은 이윤추구라는 이유로 아무런 방해도 받지 않은 채 끊임없이 확산되는 산업화 속에서 문화와 토지, 그리고 인간들이 파괴되는 것을 보았다. 그는 물질의 아름다움과 상품의 질을 향상시키기 위하여 열정적으로 노력했으며, 교육과 노동자들의 인간다운 삶과 이들을 위한 사회보장을 위하여 투쟁했다.

러스킨은 다수 개인들의 개별적인 이윤추구 합계들을 가지고 하나의 번창한 국민경제라고 계산하는 학문을 "국민경제학"으로 인정하고자 하지 않았다. 그보다도 그는 "인간적 경제학의 기본원칙"을 찾고자 했다. 그러나 그가 가진 성향과 기질로 보았을 때, 그는 결코 혁명가가 아니었다. 그보다는 국가가 견본공장과 젊은 천재들을 위한 "온실학교"에 대한 경영자의 의무만을 갖기 바랐던 보수주의자 가운데 한 명이었다.

리스트(1789~1846)도 자유무역을 모든 국가들의 복지를 위한 최상의 길이라고 보았다. 하지만 당시 외국경쟁자들과의 경쟁 속에서 발전하기 위해서 임시적으로 보호를 보장해주었을 때 신생국가들이 갖게 될 수 있는 발전가능성을 완전히 무시한 영국 고전학파의 규범과 마찰을 빚었다. 우리는 이러한 리스트의 관점을 리카도의 정적 비교우위론에 비교하여 동적이라고 부를 수 있다(호이저).

리스트가 추구하고 실행하던 것은 확실한 분석적 설명이 결코 아니었으며 그보다는 수많은 관세장벽을 통해 힘없이 분열된 것으로 보이던 독일을 보호하기 위한 것들이었다. 왜냐하면 독일은 열악한 해상교통으로 인하여 지나칠 정도로 궁핍했기 때문에 경쟁력이 있는 육상 교통수단, 즉 철도가 필요했다. 또한 그는 자기가 옳다고 판단하는 것들을 위하여 부단히 노력했으며 수많은 계획들을 수립했다.

그는 이러한 계획을 실행하기 위한 방안을 제시했다. 독일관세협회를 발족시킨 것과 철도건설을 통하여 독일의 교통사정에 보다 적합하면서도 더욱 빠르게 된 교통연결—조속한 산업화를 위한 전제조건—은 그의 작품 중에서 가장 위대한 부분이다. 그런데도 그는 칭찬과 인정을 그리 많이 받지는 못했다. 리스트의 비망록에 학과를 설립(1817)하는 데에서 리스트의 청원서에 고마움을 가지고 있었던 튀빙겐 대학교 국가경제학과에서조차 겨우 2년 동안만 그를 교수로 채용했다. 뒤늦게서야 그는 비로소 인정을 받게 되었다. 그런데도 그는 가장 잘 알려진 그리고 가장 국민적인 독일 국민경제학자로 여겨졌다.

이와는 반대로 우리는 튀넨(1783~1850)을 독일 경제이론가들 가운데서 고전학파로 보고 있다. 그의 명예를 위하여 매년 개최되는 "사회정책학회" 회의에는 수많은 훌륭한 학자들이 참가신청을 하고 있으며 많은 강연들이 이루어지고 있다. 튀넨은 영국 고전학파 학자들이 다만 부분적으로 전제했던 하나의 분석도구를 더욱 발전시켰다. 슈나이더(1962)는 그를 "한계분석의 대가"로 칭했다. 튀넨은 "고립국가"를 가지고 우리에게 모델 하나를 선물했다. 모델의 유용성은 여러 분야에서, 특히 입지론과 지역연구에서 증명되었다. 튀넨에 의한 분석적 연구와 실증적 연구의 연계가 바로 모범적인 것이다(반 순툼).

쿠르노(1801~77)의 작품은 경제사상사의 뛰어난 발견 중 하나이다. 가격론을 위하여 그가 실행한 것을 가지고 그는 경제학의 도구상자를 매우 풍부하게 했으며 이를 확립하는 데에는 약 50년이 걸렸다(침머만과 마르콘). 쿠르노는 그의 생전에는 별로 주목받지 못했다. 오늘날에는 경제학을 전공하고 있는 대학원생뿐만 아니라 학부생들까지도 모두 그의 이름을 알고 있다. 만약 그들이 "쿠르노 점"을 찾거나 게임이론에서 "쿠르노-내쉬-유형"의 해답들에 대해 논하고자 할 때 쿠르노의 이론 없이 이를 논한다는 것은 한 인간을 살과 피로 각기 분리하여 연결하는 것과 같은 것이다.

그들의 전공분야 저변에서 혁명적이라고 판단되는 세 학자가 거의 동일한 시기에 거의 동일한 발명품을 발명했다면, 그들은 거의 공중에 붕 떠 있는 상태에 있어야만 했을 것이다. 고정자본 없이 작동되는 광활한 경제 안에서 상대가격에 대한 설명모델을 추구하고자 한 노동가치론은 세계환경 변화 속에서 자본화가 확대되고 소비자들의 선택가능성이 증가함에 따라 점점 더 불충분하게 되었다.

발라(1834~1910), 제번스(1835~82) 그리고 멩거(1840~1921) 사이에서 "주관적 가치론" 발명에 대한 "기득권" 논쟁이 극도로 불타

오르기 전에 고센의 저서가 완성되었다. 그의 저서 속에는 적어도 한계 효용 이론이라는 표현이 부분적으로 이미 이루어졌다(블랙). 그러나 이 이론은 이론창시자가 전제하던 것보다는 혁명적이지 못했다. 이론은 부분적으로 쿠르노, 튀넨 그리고 다른 독일 국민경제학자들에 의해서 이전에 이미 이루어졌다(슈트라이슬러).

우리도 이러한 고전학자들을 다른 배경들을 가지고 평가한다. 발라의 완전균형 모델은 현대적 균형이론의 기초이다(펠더러). 이렇게 눈에 띄는 예술품 제작에는 많은 노벨상이 수여되었다. 영국과 미국에서의 고전적이고 진보적인 질서운동에 대한 반발로 "오스트리아 경제학파"가 생겨났다. 무엇보다도 "오스트리아 경제학파"는 독자적인 100년의 전통보다는 미제스와 그의 뉴욕 세미나 발표를 통해 효력을 발휘했다.

마셜은 제번스를 별로 좋아하지는 않았음에도 그에 대해서 다음과 같이 말했다. 마셜 본인의 영웅인 리카도에 대해서 제번스는 리카도가 19세기의 국민경제학을 그릇된 방향으로 이끌었다고 주장했다. 그 결과 사람들은 지난 1세기 동안 리카도를 제외한 다른 모든 사람들에 의해서 씌어진 것들보다 제번스의 수많은 저서들에서 더욱 커다란 구조적 힘을 발견하게 되었다고 말했다(블랙).

슈몰러(1838~1917)와 멩거는 방법론에서 서로 대립했다. 그들은 자신들 사이에 놓인 상반된 논쟁에서 결코 양보하지 않았다. 그동안 "방법론 논쟁"은 연역적으로 이루어지는 방법을 적절한 것으로 여겼다. 슈몰러와 역사학파는 반(反)이론적인 것을 배척했다. 더욱이 많은 사람들의 평가에 의하면 그들은 독일의 학문이 보다 구체적으로 발전하지 못하고 과거와의 연계성을 잃게 되었다는 점에 대한 책임이 있다. 바로 얼마 전 그의 150주기에 즈음해서도 슈몰러가 가능하다고 여기던 르네상스를 결코 우리는 경험하지 못했다. 그리하여 사람들은 그의 방법론적 논문과 통계적이면서 역사적인 자료에 대한 처리를 하나의 이론을 형성하는 바로 전(前)단계로 다시 평가하기 시작했다(Balabkins 1989).

사람들이 슈몰러의 학문적 업적이라고 생각한 것처럼, 경제학을 부문으로 구분한 그의 조직적 행위와 대중여론과 법률에 미친 그의 영향력은 매우 놀라웠다(빙켈). 그는 바그너(Adoph Wagner), 브렌타노(Lujo Brentano) 그리고 그 외 사람들과 함께 1872년에 "사회정책학회"를 창립했다. "사회정책학회"는 열렬한 토론뿐 아니라, 출판과 관련된 많은 일들을 동시에 했으며 사회법 제정에도 아주 큰 영향력을 행사했다.

마셜(1842~1924)도 역사학파의 연구결과들을 인정했다. 왜냐하면 그는 윤리적 · 생물학적 현상에 방향을 맞춘 산업자본주의의 성장과 발전론을 결국은 만들고자 했기 때문이다(리터). 그의 저서는 경제사상사에서 하나의 이정표가 되었다. 그는 "정밀과학"이라는 방향에 유연한 태도를 보였다. 위대한 국민경제학 관련논문들의 전설적인 제목들이 그때까지는 정치경제학 원리로 불리고 있었지만 마셜 때부터는 이들이 경제학 원리 또는 경제학으로 불리기 시작했다.

"신고전학파"라는 개념은 마셜에 의해 결정적으로 표현된 분석적 형태로서 오늘날의 여타 경제학적인 결론행위들을 특징짓기 위해 베블런(Veblen 1900)에 의하여 사용되었다. 이를 통해서 베블런은 마셜을 영국 고전학파의 전통을 세운 사람으로 표현했다. 이와는 반대로 베블런은 제번스를 영국 고전학파의 전통을 파괴하고자 한 사람으로 표현했다.

로잔 대학교의 발라의 후계자인 파레토(1848~1923)는 당시 가장 널리 알려졌던 경제학자 중 한 사람이다. "파레토-최적"(Pareto-Optimum) 그리고 "파레토-기준"(Pareto-Kriterium)과 같은 개념들 속에는 주어진 관계 속에서 경제적 상황들을 상호비교할 수 있는 그리 까다롭지 않은 학문적 진술이 포함되어 있지 않았다. "셀리니의 현자"인 파레토는 현대적 경제학을 아주 풍요롭게 했을 뿐만 아니라, 그의 "엘리트 이론"을 가지고 주변 학문분야인 사회학과 정치학을 풍요롭게 했다. 그는 사회적 시스템의 기능을 위한 기본적인 논문을 발표했다. 더군다나 그는 여타 사회학자들과는 완전히 다른 사람이었다. 아이저만(Gottfried

Eisermann)이 말한 것처럼 그가 가졌던 판단과 예리함이라는 보석은 여전히 식을 줄 몰랐다.

이어져 내려오는 고전이론이 가격구조, 임금의 크기에 대하여, 그리고 자본소득의 근거와 발전에 대하여 만족할 만한 답변의 기초를 제공하지 못했다는 것을 우리는 이미 앞에서 언급했다. 이것이 바로 지난 19세기 하반기 초반에 새로운 이론성향의 발전을 가져온 근본적인 자극이었다. 임금크기의 결정, 기업이윤 그리고 자본수입의 크기를 폐쇄적 이론으로 설명하고자 한 것이 뵘바베르크(1851~1914)의 기여로 보인다(헨닝스[1]).

그는 경제행동과 이러한 경제행동에서 야기되는 임금크기뿐 아니라, 자본재를 필요로 하는 생산과 자본수입 간의 상호연관 관계를 그 이전 대부분의 경제학자들보다 더 예리하게 인식했다. 헨닝스가 말했듯이 그의 이론은 천재적인 발상이었다. 그러나 매우 격렬한 논의를 불러일으킬 소지가 있었다. 그 결과 그의 이론은 일반적으로 수용되는 신고전학파 이론의 기본이 되지는 못했다. 그보다는 경제적 현상들에 대한 그의 견해가 오늘날 일반적으로 인정되는 이자이론과 자본이론의 기초가 되었다.

뵘바베르크의 이자이론은 빅셀(1851~1926)을 매혹시켰다. 그로세 케틀러는 빅셀이 그의 생애 동안 뵘바베르크의 이자이론과 관계를 맺고 있었으며 빅셀 자신의 경기변동론을 바탕으로 이 이론을 채택했다는 것을 보여주었다. 논리적 엄격함과 세련됨에서 경기변동론은 모범이 되고 있다. 그는 "자연이자"(natürlichen Zins)와 "화폐이자"(Geldzins) 사이의 변동을 경기변동적으로 움직이는 긴장관계로 만들어냈다.

이에 대해서 이미 슘페터(1946/54, 321쪽)가 보여주었 듯이 우리는 일련의 의미에서 케인스의 경기변동에 대한 설명을 빅셀이 설명하는 과정의 하나의 특별한 경우로 판단할 수 있다. 케인스의 경우에는 "자연이자"가 시장경제적 적응과정 때문에 결코 스스로 "화폐이자"를 초과할 수 없으며 그로 인하여 상승할 것이라는 기대는 발생하지 않는다.

또한 빅셀은 현대재정학에도 커다란 영향력을 행사했다. 그리하여 뷰캐넌(Buchanan 1987)은 그의 노벨상 수상식 연설에서 빅셀에게 헌정했다.

피셔(1867~1947)도 뵘바베르크에 기초를 두었다. 모니센(Hans G. Monissen)이 나타냈듯이 피셔는 뵘바베르크가 계획하던 것을 고상하게 그리고 일방적으로 나타냈다. 이러한 기본적인 일들 외에도 피셔는 화폐뿐만 아니라 화폐적 경기변동률도 나타냈다. 그의 화폐론에 대한 연구들은 분석적이었던 연구의 결정체를 그 유명한 "피셔 교환방정식"에 나타냈다. 피셔 교환방정식에 따르면 화폐로 전개되는 모든 거래의 합계는 화폐유통과는 역의 관계에 있다. 오늘날의 통화론자들의 주장 이전에 이 방정식은 하나의 기수역할을 했다. 피셔는 전체 경제적 현상들의 변동요인을 통화량의 편차 때문에 생기는 것으로 보았다. 따라서 경기변동의 주기는 『달러의 춤』(1923)이다. 이처럼 피셔는 통화정책적 준칙제정에 대한 통화론자들의 구상을 위한 예비작업을 실행한 것이다.

마셜의 후계자로 그의 강좌를 이어 받은 피구(1877~1959)는 영국의 신고전학파를, 그리고 마셜에 의해 설립된 "경제학의 케임브리지 학파"를 이끌어가는 사람이었다. 피구는 전통의 보배로 여겨졌으며 이는 "모든 것이 마셜에 있다"고 한 그의 말에 상징적으로 나타나 있다. 칸지어는 케인스의 『일반이론』(1936)을 피구가 학문적 측면에서 비판적으로 보지 않았다는 것에 대해서 그를 질책했다. 그러나 피구는 오히려 전문가의 전향과 자기자신의 인물에 대하여 비판한 것을 배신으로 평가하여 케인스를 다음과 같이 매섭게 몰아세웠다. "우리는 달을 향해서 활을 쏜 예술가 한 사람을 보았다(Pigou 1936)."

훗날 피구는 케인스와 그의 『일반이론』에 대해서 편안한 마음을 갖게 되었다. 더욱이 피구가 나타냈던 것과 같은 실업에 대한 "고전"이론이 오늘날 다시금 전면에 대두되었다. 이와는 달리 노동시장 규정화에 대한 반대와 노동시장 유연화를 위한 당시의 논의는 결코 달리 해석될 수 없었다.

우리는 후생경제학 그리고 외부효과의 내부화를 위하여 선구적인 논문들을 쓴 피구에게 크게 감사하고 있다. 이를 통해서 그는 환경문제를 이론적이고 현실적으로 언급하기 위하여 연구범위를 확장했다. 피구에 의하면 미래세대들에 대해서 관심을 가지기 시작한 인간들은 근시안적이기 때문에 국민들의 판결자인 정부는 아직 태어나지 않은 세대뿐만 아니라, 고갈될 수 있는 천연자원들에 대한 감독을 해야만 하며, 경솔하고 부주의한 약탈들로부터 이를 보호해야만 한다.

막역한 친구 두 사람이 우리가 살고 있는 금세기의 경제논쟁을 지배했다. 슘페터(1883~1950)와 그보다 4개월 후에 태어난 케인스(1883~1946)다. 두 사람은 비슷한 인생역정을 걸어왔다. 그러나 중요한 것은 한 사람이, 즉 케인스가 언제나 빛을 발하고 있는 동안에 다른 한 사람인 슘페터는 쓰라린 패배를 참고 견뎌야만 했다는 것이다. 왜냐하면 슘페터가 가장 아끼던 아주 뛰어난 재능을 지닌 제자 한 명이 자신을 억제하지 못하고 하버드에서 바로 케인스에게 옮겨갔기 때문이다(Samuelson 1977). 메르츠의 표현에 따르면[2] 오랫동안 케인스의 불빛이 슘페터의 불빛보다 더욱 빛나는 것처럼 보이지만, 슘페터는 사실에 근접한 확실함 속에서 다가오는 세기의 선두적인 경제학자가 될 것이다.

아이저만이 발표한 것처럼 실제로 그 누구의 제자로도 여겨질 수 없는 슘페터는 마르크스, 뵘바베르크, 비저, 빈 학파의 또 다른 위대한 사람들, 또한 파레토의 근본적인 이론들을 그의 『경제발전 이론』에 접목시켰다. 그의 저서는 어떠한 것이 자본주의 체제를 움직이는가, 그리고 무엇을 통해 합법적으로 인정되는가에 대한 질문을 따라갔다. 이런 작업은 "동태적 기업"과 "창조적 파괴"를 통해서 이루어졌다. 경제적 전망으로부터 정치를 분석한 "새로운 정치경제학"은 그에게 결정적인 동기를 제공했다(Downs 1956/68). 더욱더 중요한 것은 슘페터는 독자적인 분야의 역사가이기도 하다는 것이다(1954/65).

그의 경쟁자인 케인스는 경제적 사고와 정치적 현실에 크게 영향을 미쳤으며 스미스와 마르크스 그리고 리카도 등 자기보다 앞서갔던 단지 몇 안 되는 사람처럼 경제적 사고와 정치적 현실을 지배했다. 그의 『일반이론』은 학문적 측면에서 혁명으로 여겨질 수 있다. 사람들은 케인스 이전과 이후에 씌어진 책들과 실행된 정책들을 눈여겨보았다. 케인스의 경제정책적 과제는 다음과 같다. 경제적 행위를 위한 출발조건은 근본적으로 변화할 수 있기 때문에(투자성향, 소비, 노조의 행동) 국가는 전체 후생의 화신으로서 완전고용을 달성하기 위한 간접적인 책임이 있다.

이러한 기본사고가 『일반이론』 내에서는 중심적인 거시경제 지표들 간의 기능적 관계에 따라 전개되었다. 이에 대하여 슘페터는 놀라워하면서도 "그렇게 옹색한 자료들로 이러한 '크림'을 만들다니 얼마나 놀라운 일인가!" 하고 말했다(1946/54, 325쪽). 만약 사람들이 오늘날 케인스 시대의 종말을 논한다면, 셰르프가 말했듯이 이는 새로운 관심을 만족시키는 케인스의 이론적 저서들 때문이 아니고, 사람들이 정책에서 너무 신뢰했던 지배적 영향과 관련된 환멸 때문이다.

우리의 거장 중에서 마지막이자 가장 최근의 사람은 오이켄(1891~1950)이다. 사실 국제적으로 볼 때 그는 가장 알려지지 않은 거장이다. 여전히 그는 알려지지 않은 채 머물러 있을 것이다. 질서이론과 질서정책의 개발을 통해서 그는 학문적인 이름을 남겼으며, 독일의 전문가 중 한 사람으로 인정된다. 더욱이 "질서정책"이라는 개념은 결코 정확하게 번역될 수 없다. 그리하여 오이켄적 경향의 저서들이 가진 매혹도 결코 번역을 통해 제대로 인용될 수가 없다.

그러나 경제질서와 사회질서가 시간이 지나가면서 그들의 결정체를 이루었던 것처럼 경제질서와 사회질서는 가능한 모든 세계의 최고를 나타내지는 못했다. 그보다는 그것을 국가적 형태로부터 얻을 수 있고 또한 얻을 필요가 있다는 생각을 사람들이 갖는다면, 경제학은 어떠한 기관이 자유로운 경제적 거래를 보장할 수 있는가에 대한 답변을 제시해주어야 한다. 오이켄의 생각은 목적을 위해서 국가의 공적인 힘과 노조의 힘과 같은 사적인 경제적 힘을 억제하는 것에 대한 물음들 주위에 있었다.

한편으로 그는 자유로운 질서의 화신으로 그의 유명한 "헌법적 원칙들"을, 다른 한편으로 "규정된 원칙들"을 개발했다. 규정된 원칙들은 그러한 질서가 시장에 적합한 정부투자에 대해서 기능을 가졌다고 여겼다. 레넬이 표현했듯이 그러한 아이디어들이 "소유권이론"과 "기관경제학"(institutional economics)이라는 단어로 국제적 논의에서 폭넓게 고려되었다. 그러나 이때 오이켄과 그 외 다른 독일학자들의 논문들은 올바르게 그 진가가 인정되지 않았으며 인정된 논문들도 전혀 인용되지 않았다.

이것으로써 우리의 공연을 마무리하고자 한다. 선정원칙에 대한 설명과 해석 외에 서문은 거장 개개인의 의미에 대한 첫 번째 암시를 제공하려고 했으며, 학자들 간에 연결되는 끈을 나타내 보이고자 했다. 더 나아가 만약 경제적 사고의 다양함으로부터 무엇인가를 볼 수 있게 하고, 평론의 작품에 대해 어떤 욕구를 불러일으킬 수만 있다면, 서문은 그 목적을 완전히 충족시킨 것이라고 할 수 있을 것이다.

| 요아힘 슈타르바터 · 정진상 옮김 |

1 | 플라톤과 아리스토텔레스

Platon, 428/427~348/347; Aritoteles, 384~322

그리스 경제와 사상

우리는 서양의 학문과 개별적인 학술분야의 뿌리를 그리스인들에게서 찾는다. 계산기술이 아니라 증명이라는 생각, 다시 말하면 수학적 사고의 본질을 발견했던 사람들이 그리스인들이었다. 그들에게서 우리는 과학적인 역사기술의 발단, 민속지, 지리, 문법을 찾을 수 있다. 어디 그뿐이랴. 의학은 물론 천문학과 같은 자연과학을 찾아볼 수 있다. 그들은 물리적 현상과 동식물을 기술했고, 또한 체계적으로 법률을 기술하기도 했다. 그리고 빼놓을 수 없는 것은 그들이 포괄적인 철학을 바탕으로 하여 심리학적이며 사회학적으로 사고하기 시작했다는 점이다.

고전기였던 그리스 시대의 수많은 문헌들은 경제적 삶의 다양한 국면을 다루고 있기는 하지만, 한 세기가 지난 지금도 이 문헌들을 중심으로 그리스의 경제학이라고 할 만한 것이 존재하고 있었느냐에 관한 논쟁은 계속되고 있다. 그러나 이 문제에 대한 해답은 분분하다. 한편으로 크세노폰(Xenophon)은 『국고수입에 관하여』(*Über die Staatseinkünfte*)라는 에세이에서 국가노예 구매를 통한 국고수입의 증대문제를 다루고 있는데, 이처럼 실용적인 경제운영을 위한 제안들을 다루고 있는 그리스 문헌들은 많다. 더구나 경제적인 거래에 관한 법원판결, 비문 그리고 그 밖에도 이와 관련된 증언과 기록들도 있다.

그러나 이것들은 그리스인들이 이해하고 있었던 과학의 관점에서 본다면 과학적 성격을 갖고 있는 것은 아니다. 다른 한편 현대의 이론처럼 독자적인 경제의 법칙성을 개발하고 분석한 것이 아니라 어떻게 이 법칙성을 윤리적, 정치적 목적에 예속시킬 수 있는가를 탐구하는 철학적 문헌들이 매우 많다. 따라서 경제학이 그리스인들이 발견한 과학으로 간주될 수 있기 위해서는 도대체 당시 경제학을 그리스인들이 어떻게 이해하고 있었는가라는 문제를 해결해야 할 것이다.

그리스인들의 경제생활 그 자체의 성격이 무엇인가라는 문제는 오래되었고 지속적인 논쟁의 대상이 되어왔다. 이것이 쟁점이 된 이유는 그리스인들이 경제를 어떻게 이해하고 있었는가를 우리는 아직도 분명하게 파악하지 못하고 있기 때문이다. 가장 오래된 문헌, 즉 호메로스 시대 헤시오도스(Hesiodos, 기원전 700년경 그리스 시인―옮긴이)의 교훈시 『노동과 나날』(Werke und Tage)에서 이미 우리는 자유농민들의 불안정한 삶의 고통을 만날 수 있다.

당시의 생존방식은 역사적으로 이미 존재하던 부족공동체의 그것과는 다르다. 그리고 그것은 그리스인들이 동양에서나 존재한다고 생각했던 어떤 독재자의 전횡 속에서 영위되는 억압의 삶과도 구분된다. 농민은 부지런해야 했다. 또한 관대하고 친절해야만 이웃의 호의를 받을 수 있었다. 고전시대의 후기에 속하는 아리스토텔레스는 우리가 잘 알고 있는 가장 오래된 서양의 시인인 헤시오도스의 시 구절, "우선 집을, 그 다음에는 아내를 그리고 마지막으로 밭갈이 소를(Hesiodos, 404행)"이라는 시구를 아직도 인용하고 있다. 아리스토텔레스 당시까지도 손님에 대한 친절과 선물은 친족 그룹에 못지않게 공동체를 견고하게 만드는 요인이었다.

너의 이웃에 살고 있는 사람을 자주 식사에 초대하라.

네가 마을에서 예기치 않은 불행을 당하게 되면,

허리띠도 매지 않고 달려올 사람은 이웃이니라.

사촌들은 허리띠를 매고 뒤늦게 나타난다.(Hesiodos, 342~344행)

고전시대에 이르기까지 그리스의 작가들은 밭, 가축 그리고 아마도 노예를 가진 농가(고대 말기의 대토지소유가 아니라 안분자족할 정도의 토지소유가 일반적이었을 것이다)가 국가의 세포라고 생각했을 것이다. 이때의 국가는 시민들이 특히 정치적으로 통합된 폴리스로서의 도시국가를 의미한다. 사람들이 모이는 광장(Agora), 즉 시장은 물건을 사고파는 장소이자 동시에 민주적인 회합이 열리는 집합장소였다. 경제적 교환은 부차적이었다. 가계는 제각기 자급자족 경제를 추구했기 때문이다.

원칙적으로 평등하며 경제적으로 독립적인 시민들은 도시의 바깥에 토지를 소유하고 있었다. 그들은 실제로 시장에 함께 모여 열정적으로 공공의 삶에 참여하기도 하고, 종교적 축제, 운동경기와 연극공연 등과 같은 행사를 개최하기도 하고 도시를 그들의 고유한 예술로 장식하기도 했다. 이를 위해서, 또한 전쟁을 위해서도 자발적으로 많은 액수의 헌금도 하고 세금을 내기도 했다.

그리고 공공(公共)에 복무했다. 공공복무는 보다 부유한 시민이 명예로서 지는 공공의 의무(Leiturgia)였으며 처음에는 자발적이었지만 나중에는 강제적으로 행해졌다. 시민들은 공동으로 결정한 점령정책을 통해서, 그리고 시민이 아닌 사람들(시민권을 갖지 않은 사람들, 거류민들)에 대한 과세를 통해서 얻은 수익을 분배했다.

식량을 생산하지 못하는 경우에는 특히 곡물수입을 통해서 이를 배급했다. 당시에 곡물부족분을 충당하는 방법은 전쟁배상금, 점령한 도시로부터의 조달 그리고 무역관행이었다. 예를 들면, 배가 물건을 싣고 다른 나라로 항해할 경우에는 이에 대한 반대급부로서 돌아올 때에는 반드시 다른 물건을 싣고 돌아와야 한다는, 말하자면 수입을 약속해야 하는 관행이 지배하고 있었다. 페리클레스(Perikles)는 아크로폴리스에 신전을 세워 치장하자는 제안을 했는데, 이 사업이 창출하는 고용효과 역시 알고 있었기에 그런 제안을 했을 것이다. 그러나 우리는 페티(William Petty)*와 같은 인물들이 중상주의적 관점에서 이야기하는 것과 같은 사상이 고대 그리스에 있었는지를 알 수가 없다.

우리가 사료들이나 역사기록물들에서 얻은 인상만을 가지고 판단한다면, 당시에는 시장관계가 별로 큰 역할을 하지 못한 것 같다. 그러나 이런 추정은 기원전 10세기 이후 지중해 동부 전역에 걸쳐 전개된 시장관계와 이에 따른 급진적인 경제발전과 일치하지 않는다.

이러한 교환관계와 경제발전으로 인하여, 예를 들면 아테네와 수많은 그 연방들은 강대국 페르시아와 맞서 싸울 수 있었다. 그런데도 로드베르투스(Johann Karl Rodbertus)**와 뷔허(Karl Bücher)***같은 문필가들은 당시의 그리스인들이 스스로를 기록한 것을, 말하자면 아리스토텔레스가 기술한 것을 그대로 믿고, 고대 그리스의 경제발전 단계를 가계경제(Oikoswirtschaft)로 해석하려고 했다. 이러한 해석은 교환관계의 역할을 과소평가한 것이다.

이미 제1차 세계대전 전에 마이어(Meyer)와 벨로흐(Beloch)는 뷔허의 가계경제 개념을 현대적인 해석과 대비시키고(Finley 1979 참조), 고전기의 아테테를 중상주의 시대와 비교했다(Schefold 1983 참조). 고대사 연구로 유명한 경제사가 로스토프체프(M.I. Rostovtzeff)도 고대 자본주의라는 개념을 전제하고 있다. 그는 다양한 제도들을 다른 사람들과는 아주 정반대로 해석하고 있다. 예를 들면 그는 고대 그리스의 은행과 관련하여 다음과 같이 묻고 있다. 즉 당시의 은행들은 산업에 금융을 융자하는 근세의 신용기관의 선구자였는가? 아니면 그들은 단순한 환전역할만을 했는가?

마이어는 "공장"과 같은 표현을 썼고, "꽃병수출"에 관해서도 이야기하고 있다. 에트루리아의 묘지에서 아티카 풍의 꽃병이 발견되었기 때문이다. 그러나 뷔허는 아테네의 수공업자가 각지를 돌아다니며 꽃병을 만들었다고 말하고 있다. 왜냐하면 고대시대에는 상선을 이용한 원거리 교역이 가능하지 않았다고 믿었기 때문이다. 오늘날 고고학자들은 지중해 전 지역에서 발견된 유물들을 고증하여 어떤 꽃병이 그리스 도시에서 만들어낸 원본인가, 어떤 꽃병이 떠돌이 수공업자들의 작품인가, 그리고 어떤 것들이 에트루리아인들이 아티카 풍의 꽃병을 모방하여 만들어낸 것인가를 그 품질에 따라 구분할 수 있다.

그러나 이 사례에서와 마찬가지로 다른 사례에서도 뷔허의 해석은 물론 현대사가의 해석이 옳다면 그리스의 경제형태를 적극적으로 기술하기가 그만큼 더 어렵다. 이 글에서는 최근의 경제사적 논의를 요약할 수 없다. 그러나 오늘날 핀리(M. Finley)와 같은 연구자들은 고대의 경제형태가 현대자본주의 경제형태와 분명하게 다른 점을 찾아내려고 노력하고 있다는 점을 언급하는 것만으로 족하다.

다른 한편 데 마르티노(De Martino)는 그의 방대한 저서 『고대 로마의 경제사』(*Storia economica di Roma antica*)에서 사회와 정치 속에 정착되어 있는 고대경제를 현대적인 자유로운 경제와 대비시키는 대립적인 공식의 위험을 경고하고 있다. 그에 의하면 시장은 오늘날과 같지는 않지만, 그것은 자율적인 힘으로서, 예를 들면 가격변동을 통해서, 말하자면 인플레를 통하여 작동했다는 것이다(De Martino 1980, II, 500쪽 이하 참조).

유감스럽게도 그리스의 "경제형태"는 보통 소극적으로 규정된다. 즉 현대적인 공장도, 현대적인 계산도 없었다는 식으로 말이다. 그러나 형태개념(Stilbegriff)을 도입하는 것이 바람직하다(Schefold 1981 참조). 왜냐하면 경제체제는 간단히 특징화할 수는 있지만(이것은 노예를 기반으로 하는 생산방식이라는 식으로), 예를 들면 완만하게 변동하는 전통에 고착된 제도, 그리고 특히 폴리스의 정치적 헌법과 같은 기능원리도 경제형태를 결정하는 데 중요한 역할을 했기 때문이다. 이러한 제도적 조건들은 내적인 갈등을 빚으면서도 함께 작용하여 그리스 경제양식에 특이하고 독자적인 정체성을 부여했다.

현실세계는 우리가 간단한 공식에 따라 추측하는 것보다 더 다양한 것이 사실이다. 따라서 예를 들면 노동개념도 분화할 필요가 있다. 저차원적 노예노동과 고차원적 노예노동, 그리고 임금노동, 자영업자 등, 다양한 노동형태가 공존한다. 일반적인 노동개념, 일반적인 임금노동이란 존재하지 않는다(Kloft 1985 참조). 예술적으로 매우 풍요로운, 그래서 우리가 경이롭게 여기는 그리스의 수공업은 당시에는 별로 신망이 없었다. 수공업을 운영한 것은 그리스인이 아니라 주로 떠돌이 거류민들이었다. 위대한 창조적인 개인으로서의 예술가는 당시에는 없었고 비로소 고전에서 등장했다.

잘린은 자본개념을 처음으로 역사적으로 다루었다(Salin 1930). 그에 의하면 보이는 자산(phanera chremata)은 도시에 기부하라고 그 소유자에게 요구할 수 있는 자본재이다. 왜냐하면 그러한 자본재는 동료시민들의 눈에 보이는 재화이기 때문이다(집, 가재도구, 올리브나무들, 심지어 집에 있는 돈궤짝에 들어 있는 돈까지도 여기에 속한다).

이에 반하여 보이지 않은 부(aphane chremata)는 소유자가(특히 임대를 통하여 또는 특정의 대출형태를 통하여) 감출 수 있는 것들이다. 이들은 폴리스가 발전했던 후기에 가서는 더 이상 대중이 기부를 요구할 대상이 될 수 없었다. 당시에는 기부하라는 요구는 너무 지나친 요구였고 기부라고 해도 겉으로만 자발적인 기부였을 뿐이었다. 잘린은 대부는 눈에 띄지 않게 하는 것이라는 관념이 생긴 이유는 플라톤과 아리스토텔레스와 같은 학자들이 이자의 존재를 혹평했기 때문이었다고 추측하고 있다. 어쨌든 자본형태는 우리에게는 생소하게 보이는 기준에 따라 구분되었다.

베버(M. Weber 1976)와 폴라니(K. Polanyi 1977)이래 그리스 경제방식을 이론적으로 확신할 정도로 규정하려는 노력이 있었음에도 아직도 많은 결함이 남아 있다. 그러므로 우리는 그리스 경제에 관한 철학적인 문헌에 우리의 관심을 돌려야 할 필요가 있다. 다른 한편, 우리가 아주 잘 알고 있듯이 오늘날의 경제형태에 관한 지식만을 기초로 해서는 그리스의 경제이론을 해석할 수 없다. 우리는 다음의 설명에서 경제영역의 독자성을 거부하는 초기 경제학의 모순을 밝혀낼 것이다. 우리는 그리스 철학과 이와 연관된 서구사상의 전통에서 플라톤과 아리스토텔레스가 매우 큰 중요성 갖고 있기 때문에 이들을 중심으로 그 모순을 밝힐 것이다.

플라톤

성장과정

플라톤은 기원전 427년 아테네에서 태어났다. 아티카 지방에 있던 폴리스 하나는 기원전 5세기 중엽에 권력의 정점에 있었다. 아테네는 "도시 중의 도시였고 제국의 도시였다(Crombie 1962, 1쪽)." 그 도시는 그리스의 상업도시이자 동시에 해군강국이었다. 그가 태어나기 2년 전에 세상을 떠난 페리클레스의 지배는 아테네 민주주의의 최고 절정이었다.

기원전 5세기 말에 아테네는 기울기 시작했다. 펠로폰네소스 전쟁(기원전 431~421년과 415~404년)에서 군사국가 스파르타가 승리했다. 아테네와 다른 그리스 도시는 4세기에 다시 회복되기는 했지만, 그때까지의 헤게모니가 약화되면서 서서히 그리스의 도시국가 시대는 종말을 고하기 시작했다.

플라톤의 가족은 아테네의 귀족가문이었다. 그의 부친의 조상들 중에는 아테네의 옛 왕들도 있었다. 전설에 따르면 바다의 신 포세이돈도 그의 조상이었을 것이다. 아테네의 정치가였던 솔론(Solon)은 플라톤의 어머니 쪽 조상이었다. 부친이 세상을 떠난 후 그의 어머니는 페리클레스의 친구와 결혼했고 그의 부모집에는 지위 높은 인물들이 드나들었다. 플라톤은 스스로를 소크라테스의 제자라고 말하고 있는데 소크라테스는 거의 모든 대화편에 등장하여 내용을 이끌어가고 있다.

플라톤(428/427~348/347)

플라톤은 원래 정치가가 되려고 했다. 그러나 펠로폰네소스 전쟁에서 아테네가 항복한 후 사회가 혼란에 빠지고 여러 가지 사건들이 발생하여 그의 앞길이 막혔다. "30명의 폭군"이 득세한 귀족주의 정부 아래에서 소크라테스는 박해를 받았는데, 그때 플라톤은 그 박해에 반발했다. 과두체제가 무너진 후 아테네 민주주의자들이 권력을 장악했을 때에도 사정은 개선되지 않았다. 오히려 소크라테스는 처형당했다(기원전 399년).

소크라테스는 "우리의 판단에 따르면 박해에 시달린 당시의 인물 중에서 가장 탁월한 인물이자, 가장 현명하고 정의로운 인물이었다(『파이돈』, 118a)." 정파들의 행태가 역겨워 플라톤은 아테네에서 정치가의 길을 걷고자 하던 생각을 포기했다. 그는 메가라로 도망갔다. 이곳에서 잠시 머물다가 오랜 여행을 떠나, 이집트와 남부 이탈리아의 그리스 도시를 두루 여행했다.

기원전 387년에 플라톤은 아테네에 "아카데메이아"를 설립했다. 이 기관은 다른 학파와는 달리 공직생활을 위해 젊은이들을 가르치는 데 목적을 둔 것이 아니라 전적으로 학문연구에 몰두하는 것을 목적으로 한 기관이다. 순수수학은 학과목의 기초였다. 거의 900년이 될 때까지 존속했다고 하는 이 아카데메이아의 설립은 "서구 유럽의 과학사에 가장 기억할 만한 사건(Taylor 1926, 5쪽)"이라고 볼 수 있다.

플라톤은 한동안 아카데메이아 강의를 중단하고 시라쿠사의 군주였던 디오니시오스 2세의 자문가가 되었다. 디오니시오스 2세는 그가 옛날 여행하던 도중에 알게 되었던 디온(Dion)의 외삼촌이었고 또한 자신의 제자이기도 했다. 그 뒤 그는 오랜 기간을 시라쿠사에서 보냈다. 그러나 철학자를 왕으로 만들지 못할지언정 적어도 독재자의 중요한 조언자라도 만들려는 실험도 실패하고 말았다. 그는 아카데메이아로 다시 돌아왔다. 드디어 플라톤은 기원전 348/347년에 세상을 떠나고 만다.

유토피아로서 그리스 경제

경제에 대해 플라톤이 이해하고 있었던 것은 경제학의 의미로 볼 때 경제학이라기보다는 "국가론이자 인간학(Salin 1923, 3쪽)"이었다. 그렇기 때문에 플라톤은 이미 그리스 신화에 뿌리깊이 박힌 전통 속의 가계관리 기술과 국가관리 기술은 본질적으로 유사한 인간의 주요 과제로 여겼다(Wagner 1968).

플라톤의 대화편 가운데 『연적들』(*Die Nebenbuhler*)에서는 정치가와 가장 신중한 사람과 정의로운 사람, 그리고 이에 속하는 모든 통치 기술과 삶의 기술은 하나로 취급되고 있다(『에라스타이』[*Erastai*], 138c). 철학자는 (하나의 경기종목에서 뛰어나기보다는 여러 종목에서 전체적으로 성적이 좋은) 1인 5역의 선수와 같은 것이 아니라, 이러한 기술들이 본래 하나하나 고유한 기술이라고 할 때 이러한 기술들에서 앞서가는 인물이다(같은 책, 139a).

플라톤은 가장이나 정치가를 양을 잡아 요리하거나 이를 파는 데 즐거워하는 양치기가 아니라, 양을 돌보기를 즐거워하는 양치기와 여러 번 반복적으로 비교하고 있다(『국가』[*Politeia*], 345c). 가계를 돌본다는 뜻은 가산뿐만 아니라 가족과 하인까지도 돌본다는 뜻을 가지고 있다(오이코스, 즉 농가가계의 부차적 의미이다).

플라톤은 그의 대화편인 『카르미데스』(*Charmides*, 157e~158c)에서 이상적인 가정을 청소년을 위한 선물로 이해하고 있다. 시인 아나크레온(Anakreon)과 건국에 기여한 솔론은 미, 덕, 재주와 국가에 대한 봉사로 얻은 명예를 결합하고자 했는데 플라톤은 이러한 전통적인 결합에 찬성하여 이를 받아들였다. 우리는 여기서 귀족적 태도에서 나온 철학적 표현을 볼 수 있다.

플라톤은 정의란 무엇인가를 묻는다. 그리고 이것은 개별적으로는 알기가 어렵기 때문에 정의로운 국가질서는 무엇인가라는 질문을 던진다(『국가』, 368d). 가정의 범위를 넘어서는 경제적 조건에 관한 논의는 특히 플라톤의 국가론에서 찾아볼 수 있다. 국가질서는 정의로운 삶을 가능하게 하거나 이를 방해하는 질서의 부분으로 이해되고 있다. 그의 국가이론의 전제조건은 분업이다. 즉 인간들은 다양한 욕망을 가지고 있기 때문에, 그리고 수많은 수공업자와 노동자들에 의해 생산되는 다양한 재화를 필요로 하기 때문에 공동체에서 살고 있다는 것이다. "따라서 우리 개개인들이 스스로 자급자족할 수 없고 수많은 사람들이 그 필요를 느끼기 때문에 도시가 생겨난다(『국가』, 369b와 그 이하 참조)."

그러나 플라톤이 여기에서 기술하고 있는 분업은 현대 경제이론에서 분석하고 있는 노동과정의 분업과는 전적으로 다른 목적을 위한 것이다. 우선적으로 그가 관심을 보이는 대상은 생산성이나 생산된 수량보다는 질이다. 이러한 관심은 다른 학자들(예를 들면 크세노폰의 『키로파이데이아』[Kyropaideia])에 의해서도 입증된 그리스의 전통이다.

분업은 인간들의 능력이 다양하기 때문에 생겨난 결과이다. "개개인들은 다른 사람과 결코 비슷하지 않고 자연적으로 서로 다르고, 누구나 서로 다른 업무에 종사하는 성향을 가지고 있다(『국가』, 370a~b; McNulty 1975 참조)." "누구나 모든 일을 전부 다루지 못하고 자신의 성품에 맞게, 그리고 시의적절하게 자신의 능력을 행사하며 다른 일들은 관여하지 않는다면 모든 것이 더 풍부하게 생성되고, 보다 아름답고 또한 보다 더 용이하다(『국가』, 370c)."

여기에서 덧붙여 보자면 다음과 같다. 즉 적어도 크세노폰은 분업의 심화와 시장규모 간의 관계를 이미 알고 있었다(『키로파이데이아』 VII, 2쪽, 5쪽). "그런데 큰 도시들에서는 많은 사람들이 각각의 것을 필요로 하므로, 한 사람 한 사람이 한 가지 기술만 있으면 생계를 누리는 데 충분하다." 기술발전으로서의 분업, 가격, 이윤과 고용 사이의 관계가 오늘날 우리의 관심을 끄는 것인데, 이러한 관계에 대한 설명은 어느 곳에서도 찾아볼 수 없다.

분업의 결과로서 공동체 구성원들끼리의 교환이 이루어진다. "시장과 교환을 위한 특징적 표시로서 화폐"가 생겨난다(『국가』, 371b~c). 플라톤은 화폐를 교환의 맥락에서 지불수단으로 파악하고 있다. 그러나 여기에서 화폐이론은 생겨나지 못했다(Salin 1923, 4~5쪽 참조). 가치이론도 역시 그에게는 없다. 가치개념이 나올 수 있으려면, 우선 상품은 시장에서 어떤 통일적인 가격을 갖는다는 생각이 먼저 있어야 한다.

그는 재화는 될 수 있는 대로 제 가치대로 팔아야 한다고만 아주 간단히 말하고 있을 뿐이다(『법률』[Nomoi], 921a~b). "시장에서 무엇인가를 파는 사람은 결코 그 재화에 대해 두 가지 가격을 불러서는 안 된다(『법률』, 917b)."

당시의 가치개념은 일률적인 시장가격에 대한 요구에서 시작하여 나중에는 "정의로운" 가격에 대한 요구로 점차 나아가는 길고 긴 발전단계의 초기에 있었다. 이 정의로운 가격은 우연적인 시장가격이나 또는 자의적인 교환비율, 예를 들면 중세 수공업 조합이 정하던 것과 같은 가격체계와 대비될 수 있다. 비로소 근세 초에 들어와 우리는 자연가격 개념과 정상가격 개념에 이르게 된다.

정직하지 못한 상거래, 특히 정직하지 못한 소상인은 제거되어야 할 대상으로서 정직하지 못함은 두 가지 원천을 가지고 있다. "부는 향락을 통해 인간의 정신을 타락시킨다. 빈곤은 인간들을 고통스럽게 만들고 이로써 그들로 하여금 뻔뻔스러운 행동을 하게 한다(『법률』, 919c)."

플라톤은 『국가』에서 도시의 구조와 그 확장을 논의하고 있는데, 그가 구상하고 있는 도시는 공동체의 이상에 해당된다(Crombie 1962, 73~155쪽; Taylor 1926, 263~298쪽 참조). 그가 머릿속으로 설계한 공동체는 인류역사상 최초의 거대한 사회적 유토피아이다. 그것은 적당한 규모의 도시이며 가난하지도 않은 도시이다. 소크라테스가 원시적 삶의 수준에서 존재하는 공동체의 모습을 그리고자 했을 때 글라우콘(Glaukon)은 그것은 "돼지의 도시"나 다름없으리라고 말했다(『국가』, 372d). 그러자 소크라테스는 원래의 생각을 포기하고 "우리는 어떻게 도시가 생겨나는가를 보고자 할 뿐만 아니라 풍요로운 도시는 어떤 모습인가를 알고자 한다"고 말하면서(『국가』, 372e) 글라우콘에 응수했다.

 숙련된 수공업자, 상인 그리고 "자신의 육체를 판매하는(같은 책, 371e)" 일용근로자가 증가해야 한다. 그래야만 양념, 장식품, 그림, 교육 등이 가능해지고 따라서 국가가 성장하여 넓은 영토와 방어도 필요하다. 이 때문에 전쟁이 발발한다(같은 책, 373e). 열악한 환경 속에서 이상(理想)국가를 세우기 위한 계획은 그리하여 전체적 성격을 갖기 시작한다. 이러한 성격 때문에 그는 많은 비판을 받게 되었다. 그러나 플라톤 스스로가 군사시설의 필요성과 그 결과를 애석하게 생각하고 있다고 독자들이 느끼도록 하고 있다.

 플라톤은 개개인들이 예속되어야 할 계층적 규범을 가진 공동체의 모습을 설계하고 있다. 공동체를 지배하는 사람은 공동체의 정상에 있는 철학자이다. 그도 그럴 것이 "국가의 왕이 철학자가 되지 않는다면, 또는 이른바 왕이나 지배자가 정말로 철저히 철학하지 않아서 이 두 가지, 즉 국가권력과 철학이 일치하지 않는다면, 국가에 대한 악을 치료할 수 없고, ……심지어 인류에 대한 악까지도 치료할 수 없기(『국가』, 473c~d; 473d 이하)" 때문이다

 군인 또는 경찰신분은 아테네의 "자유"와는 정반대되는 원칙에 준하여 살아간다. 그들은 사적인 소유물도 갖지 못한다. 공동생활을 하고 스파르타의 시민처럼 공동의 식사시간을 갖는다(『국가』, 416d~417b). 이들에게는 부부라는 관계도 없고 가정도 없다. 오히려 부인공유제, 어린이공유제를 취한다(같은 책, 423e~424a; 449a 이하). 여자와 어린이에 대해서도 마찬가지로 "모든 것은 친구와 함께해야 한다"는 원칙이 적용된다(같은 책, 449c).

 이때 플라톤은 원칙적으로 남녀평등을 주장하고 있다. 여자는 남자와 똑같은 지위를 가져야 한다는 것이다. 왜냐하면 여자와 남자 간에 자연적으로 같지 않은 부분은 국가의 과제와는 전혀 관련이 없기 때문이다(같은 책, 451c 이하 참조).

 플라톤의 국가는 흔히 "공산주의 국가"라고 표현되고 있다. 그러나

우리가 잊어서는 안 될 것은 그에게는 전체 사회의 소유관계를 새로이 만드는 것이 아니라는 점이다. 엄격한 집단주의는 오직 군인과 경찰의 경우에만 해당된다. 이와 다른 신분, 생산자 신분에 속하는 사람들은 사유재산을 가져야 한다는 것이다. 그는 상인과 상업이 존재해야 할 필요성도 인정하고 있다(같은 책, 370e 이하 참조).

상업, 제조업과 생산은 하층계급의 독점적 영역이다. 누구나 오직 자신의 것을 가지고 있고, 자신의 것만을 행할 뿐이다. 이것이 정의이다(같은 책, 433e). 기본원칙을 알고 있다면 법, 사업거래 규칙, 금융과 경찰의 규칙을(이 점이 현대사가들이 애석하게 여기고 있는 것이다) 자세히 정할 필요가 없다는 것이다(같은 책, 425d). 성격상 노동자나 상인신분의 성향이 있는 사람이 군인신분으로 입장을 바꾸면, 이것은 파멸적이다(같은 책, 434a~b).

경찰신분은 낮은 신분과 완전히 분리되어 있는데, 그 지배신분이 고대의 완전시민 계층을 구현하고 있다. 이 낮은 신분은 그리스 도시국가에서는 주로 유랑생활을 했다. 그리스 철학에서는 일반적으로 돈벌이 욕망을 추구하는 경제활동을 멸시했다. 그리고 그리스 시민들은 이러한 활동을 무가치한 것으로 여겼다. 따라서 플라톤이 생각한 지배자의 생활방식은 "오로지 철학적으로 가장 가까운 직분에 따라서만 살아가는 이상적인 인간상의 요구로서——넓은 의미에서 볼 때 호모 폴리티쿠스——이해되어야 한다(Hasebroek 1928, 189쪽)."

지배자들인 경찰의 집단주의는 이 엘리트가 경제적, 개인적 이해관계를 이유로 공동체를 보호하고, 이를 지도하는 원래의 과제를 망각하는 것을 막기 위한 것이었다. 영리활동과 이윤추구는 이상국가의 통치로부터 배제해야 한다는 것이다. 따라서 플라톤의 집단주의 이상은 윤리적으로 뒷받침되고 있다.

플라톤의 이상국가에 속하는 것은 사회적 결속이다. 너무 큰 사회적 갈등을 피해보자는 것이다. 아리스토텔레스와는 달리 그에게는 교환적 정의보다 사회적 정의가 더 중요하다. 공동체에서는 가난도 부도 있어서는 안 된다(『국가』, 421c 이하 참조). 부는 사치, 게으름과 불만을 야기한다. 빈곤은 더욱더 비천한 사고방식과 열악한 노동을 야기한다(같은 책, 422a).

경찰신분과 관련하여 플라톤은 다음과 같이 말한다. "경찰들이 자기 토지와 주거, 돈을 가지고 있으면 그들은 경찰이 아니라 가계를 운영하는 사람과 농민이 된다. 그들은 다른 시민들의 동료라기보다는 난폭한 지배자가 된다. 이렇게 되면, 그들은 서로 질시하고 서로 감시하면서 자신들의 생을 살아갈 뿐이다. 그들은 이제 외부의 적보다 내부의 적을 두려워할 것이고, 거의 멸망의 길로 접어들어 그들 자신과 전체 도시가 공포에 빠진다(같은 책, 417a)."

괴테는 플라톤을 가리켜 "기독교적 계시의 동반자"라고 부르기도 했는데 플라톤의 국가론에서 중요한 것은 인간들이 진정한 선을 실제로 추구할 수 있는 조건들을 규정하는 것이었다. 그는 때로는 희극을, 때로는 비극을 이용하는 등 비유법을 사용하고 있기 때문에 헤라클레이데스(Heracleides)의 말에 따르면 "때로는 희극을, 때로는 비극을 가지고 글을 엮었다(Hoffmann 1961, 133쪽)." 플라톤의 국가를 전체주의적 국가의 구체적인 사례로 오해해서는 안 된다.

플라톤이 시칠리아에서 현실의 권력을 경험한 것을 다루고 있는 『일곱 번째 편지』(*Siebeten Brief*)에는 다음과 같이 기록되어 있다. "다른 나라도 마찬가지이지만 시칠리아를 인간의 자의에 맡기지 말고, 이를 전통적인 민속에 기초한, 그리고 글로 써놓은 기본법에 예속시켜야 한다. 독재적인 자의에 따라 통치되는 국가에서는 지배자와 피지배자 중 어느 누구에게도 행복이 있을 수 없기 때문이다. 지배자들 자신과 자손에게도, 그리고 후대에게도 행복을 가져다줄 수가 없고, 결국 파멸만 있을 뿐이다(『국가』, 334c)."

플라톤은 『국가』에서 민주주의의 붕괴가능성과 폭정으로의 급변을 기술하고 있는데, 독자들은 그것이 파시스트적인 권력탈취와 유사하다는 점을 보고 놀랄 것이다(같은 책, 563d~569b). 그는 『정치가』

(*Politikos*)에서 정치가를 다루고 있는데 이 부분에서 그는 훌륭한, 다시 말하면 법적 절차에 따른 군주정, 귀족정 그리고 민주정에는 각각 고삐가 풀려 왜곡되어 변형된 형태가 있음을 말하고 있다. 그리고 그는 이상적 정부형태로서 군주제를 선호하는 반면 그 왜곡된 변형들, 즉 참주정, 과두정, 다수의 지배 중에서 다수의 지배를 선호한다.

그러나 무법적인 참주정은 "인간이 살아가는 데 가장 불쾌한 정치형태이다(『정치가』, 302a 이하 참조)." 플라톤이 말년에 쓴 것으로 보이는 『법률』에서(Morro 1960 ; Taylor 1926, 463~502쪽 참조) 그는 이상국가의 공산주의에서는 "여자는 공유이고 어린아이도 공유이고, 모든 화폐소유도 공유이다(『법률』, 739c)"라고 쓰고 있다. 이 밖에도 "어떤 관계에서든 소유라는 것은 삶으로부터 배제된다(같은 책, 739c)"고 쓰고 있다.

그는 그러한 "공산주의"는 당대에는 실현시킬 수 없는 유토피아라는 것을 인정하고 있다. 그 대신에 그가 『법률』에서 디자인하고 있는 것은 당대에 실현가능하다고 보는 국가모형이다. 이것은 다시 말하면 일종의 "차선의 국가" 또는 "세 번째로 좋은 국가"에서 언제든 실현하기 가장 쉬운 국가모형이다. 새로운 도시국가들이 식민지에서 실제로 여전히 건립되었다. 그런데도 『법률』에서마저도 그가 설계한 규정들이 단순화되어 기록되어 있다. 그 규정들은 사고의 맥락을 밝혀주기는 하지만, 대부분 직접적으로 적용하는 것은 가능하지는 않다.

『법률』에서 기술한 국가에서는 사적 소유의 철폐를 명시적으로 포기하고 있다. "왜냐하면 그러한 요구는 현대의 인간들, 현대의 교육에 해당되는 것보다 더 큰 무엇이기 때문이다(같은 책, 740a)." 토지는 분배되어야 하고 소유자가 이를 이용해야 한다. 그리고 소유자는 "자기가 가진 토지를 국가 전체에 속한 것이라고 생각해야 한다(같은 책 740a)." 따라서 토지분배와 토지의 사용과 관련하여 수많은 제한을 가하고 있다(Morrow 1960, 103~112쪽 참조). 예를 들면 토지를 사고파는 것을 금지해야 한다는 것이다(『법률』, 741b 참조). 농산물의 분배를 위한 규정도 있다(같은 책, 847e 이하 참조).

이러한 제안들은 전부 기존의 소유관계의 급진적인 개혁을 의미하는 것이 아니라 고대 그리스의 지배적인 상황과 법, 관습을 지향하고 있다. 시민들이 자신의 인격과 재산을 가지고 의무적으로 또는 자발적으로 국가를 지원해야 한다.

사회적 갈등을 피해야 할 목표를 플라톤은 자신의 『법률』에 충실하게 반영하고 있다. "시민들에게 억압적인 빈곤도, 부도 있어서는 안 된다(같은 책, 744d)." 그는 이 원칙을 어느 누구도 다른 사람의 재산의 네 배 이상을 소유해서는 안 된다는 요구를 가지고 정당화하려고 노력하고 있다(같은 책, 744e~745a). "재산상태가 상호 간의 영리적인 장사의 씨앗을 내포해서는 안 된다(같은 책, 737b)." 시민들의 영리행위는 의미 있는 밭일에 국한되어야 한다. "우리가 말하고자 하는 바는 금과 은도 그리고 그 어떠한 재물도 수공업이나 폭리를 통해서나 치욕적인 가축사육을 통해서 벌어들여서는 안 된다는 것, 토지경작에서 생산되는 것만큼, 그리고 그 중에서 사람들에게 꼭 필요한 만큼만 가져야 한다는 것이다(같은 책, 743d)."

그리스 시민들과 이들의 노예들은 상업에 종사해서는 안 되고 수공업에 종사해도 안 된다(같은 책, 846d; 919d 참조). 이러한 분야는 유랑민들과 이들의 노예들에게 맡겨야 할 것이다. 이러한 플라톤의 요구는 법으로 정할 경우 너무 지나치다. 고대 그리스에서 사람들이 이러한 활동을 경멸했다고 하더라도 실제로 금지된 것은 아니었기 때문이다(Morrow 1960, 138~148쪽 참조).

그러나 그 규정들이 경제정신과 습속을 법률의 형태로 작성하여 해석한 것이라고 볼 수 있다면, 그 규정들은 흥미롭고 생각해볼 만한 가치가 있다. 이러한 해석은 플라톤 자신의 개인적인 특징, 특히 아티카적인 특징을 드러내면서 그리스 경제양태를 기초 짓고 또 이를 통합한 것이다.

플라톤이 이자를 금지하려는 것도 이러한 맥락에서 이해할 수 있다.

돈을 빌려주는 사람이 빌려준 자본에 대해 이자를 받는 것은 허용되지 않는다(『법률』, 742c 참조). 그러나 그는 예외를 인정하고 있다. 수공업 제품이나 서비스를 주문한 사람이 체납하는 경우 이자를 지불해야 한다(같은 책, 921d 참조). 이때 지불해야 할 의무는 불성실한 행동에 대한 금전적 처벌의 의미이지 피해나 손실된 이윤에 대한 보상의 의미는 아니다. 이자를 후자의 의미로 해석한 것은 중세에 이르러서이다.

직업이라고 해서 모든 것이 시민에 어울리는 것은 아니다. 플라톤은 대화편의 『소피스테스』(Sophistes, 219b, 223c~e)에서 영리(營利)기술을 체계화하고 있는데, 이것은 나중에 아리스토텔레스와 관련하여 논의할 내용과 놀라울 정도로 정확히 일치하고 있다. 영리기술은 창조적인 기술과는 전혀 다르다. 그것은 획득기술(therevtike, 사냥을 뜻하지만 넓은 의미로는, 학습과 지식도 여기에 속한다)과 교환기술(allaktike)로 구분된다. 이 교환기술은 다시 증여기술(doetike)과 시장에 속하는 기술(agorastike)로 구분된다. 그리고 시장에 속하는 기술은 생산자가 생산한 것을 판매하는 것과 다른 사람들의 생산물의 위치를 바꾸는 중간거래로 구분되는데, 이 중간거래는 도시 내에서 거래하는 소매상과 도시와 도시 사이에서 거래하는 도매상으로 구분할 수 있다. 소매상과 도매상은 육체나 정신(우리가 임의로 번역한다면 재화나 서비스)과 관련되어 있다.

『소피스테스』에서 다루고 있는 구분의 긍정적 측면은 플라톤이 그의 『국가』와 『법률』에서 예정하고 있는 시민들의 과제에 해당된다. 시민들은 획득하기보다는 창조해야 하며 행동하기보다는 지식을 얻으려고 해야 한다. 또한 시장에 팔려고 하지 말고 선물해야 한다. 다른 한편 부정적 측면을 소피스트들의 속성으로 간주하고 있다. 소피스트는 덕에 관한 (잘못된) 말들을 서비스로 여기며 이를 파는 사람으로 규정되고 있다.

플라톤은 "소피스트"들과의 반어(反語)적, 철학적인 논쟁에서 진정한 가치의 왜곡을 이와 같이 폭로하고 그 대안을 제시하고 있거나, 『국가』에서 조심스럽게 다루고 있는 유토피아를 구상할 때에도 그러한 가치의 왜곡을 폭로하고 있다. 아리스토텔레스는 이러한 폭로를 2000년 동안 지속될 유력한 프로그램으로 만들었다.

"차선"국가와 이상국가의 공통점은 정의와 안정이 이루어진 상태를 목표로 하는 질서이다. 한편으로는 그리스 민주주의가 반복적으로 실패하여 결국 참주정과 과두체제로 회귀하던 당시의 경험과 다른 한편으로 동양적인 전제정치의 경험 등, 우리가 이러한 정치체제를 현대적인 전체주의와 일치시키는 것은 결코 비역사적이라고 볼 수는 없다. 그러한 경험에 비추어본다면 플라톤의 설계는 높이 평가받아야 할 것이다.

로스토프체프는 프톨레마이오스 시대의 이집트를 기술하면서 합리적으로 계획된, 기본적으로는 화폐를 사용하지 않는 중앙집권경제의 놀라운 사례를 보여주고 있다(Rostovtzeff 1941, I, 255쪽 이하 참조). 플라톤은 이것을 아직 알지는 못했지만, 고대 이집트를 알고 있었고, 이를 격찬했다. 따라서 그는 국가조직 형태와 경제조직 형태에 관한 풍부한 경험을 이용할 수 있었다.

그리스인들은 어디서건 노예를 기반으로 하는 세계에 살고 있었고 노예제를 철폐시킬 수 있는 방법을 알지 못했지만, 적어도 그들은 자신들의 이웃과는 달리 노예제를 문제시했다(아리스토텔레스, 『정치학』〔*Politik*〕, 1254a, 1쪽). 플라톤도 자의적인 1인 독재와 자율능력이 없는 대중 사이에 놓여 있는 길을 법률을 통해 찾으려고 노력했다. 그러나 그는 끝내 그 이상을 찾지 못했다. 마찬가지로 그는 경제적 관점에서 계획요소와 시장을 연결시키려는 노력도 했다.

플라톤은 『국가』와 『법률』에서 인간의 행동을 제약하는 수많은 규제들을 제안하고 있는데, 이것들은 당시 사람들에게는 낯선 것들임에 틀림없다. 그들은 빈번히 자의적으로 작동한다. 만들어진 법과 대립되는 것은 성장된 것, 즉 자연(physis)이다. 자연에 기초하여 소피스트들도 강자의 권리를 정당화하려 하고 있다. 우리는 유감스럽게도 오로지 그의 비판을 통해서만 소피스트들을 알고 있으며, 플라톤이 『소피스테스』

에서 어떻게 그들을 비판하고 있는가를 보았다. 그는 소피스트들이 허구적인 이론을 가지고 상거래를 촉진하고 있다고(『소피스테스』, 223b) 비판했다.

『고르기아스』(Gorgias)에서 소크라테스는 부당한 일을 당하는 것이 부당한 일을 행하는 것보다 낫다는 주제를 옹호하고 있다. 그리고 그는 매우 놀랄 만한 논거를 가지고 그의 반대파들, 즉 고르기아스로 하여금 이 주제를 인정할 것을 강요하고 있다. 그러나 당시 일종의 권세가였으며 진정한 적이었던 칼리클레스(Kallikles)를 설득시키지는 못했다. 그는 소크라테스의 대화에 참여하지 못했기 때문이다. 그는 강자의 권리를 부정하는 모든 것은 비천한 것이고, 성인이 철학하는 것은 남자답지 못한 짓이라고 생각했다(『고르기아스』, 482c).

칼리클레스는 자연적 불평등에 기인한 권력으로서, 어떠한 저항에도 불구하고 인습에 맞설 수 있는, 인민회의에서 승리할 수 있는 정치적 권력을 찾았다. 그렇기 때문에 그는 부당한 일을 당하기보다는 부당한 것을 행하는 일을 더 선호했다. 플라톤은 자신의 법사상을 가지고 이에 맞섰다. 그는 이 법사상이 자연과 일치된다는 것을 자신의 독자적인 방식으로 알고자 했다(예를 들면『국가』, 456b). 법률은 공동체의 올바르고 자연적인 삶의 방식과 일치해야 한다는 것이다.

『국가』에서도 그는 권력과 부의 자만에 관해 기술하고 있다. 주목할 만한 것은 그가『법률』에서 언제나 집요하게 부당성의 경제적 원천을 지적하고 있다는 점이다. 그는 시장거래에서 얻는 각별한 이윤을 인정하고 있지만 이로써 생겨나는 재산상태의 변동은 감시자에 의해 통제받아야 한다고 생각했다. 『법률』에서 특수이윤은 문서로 규정되어야 한다고 쓰고 있다(『법률』, 850a). 또한 재산이 너무 불평등하다면 재분배해야 한다고 말하면서 경제적 기반이 권력추구를 지원해서는 안 된다고 한다.

플라톤이『고르기아스』에서 권력 대신에 윤리적인 것을 주장하는 것과 똑같이『필레보스』(Philebos)에서는 쾌락원칙 대신에 윤리적인 것을 옹호하고 있다. 소크라테스는 이렇게 설명하고 있다. "필레보스도 살아 있는 모든 것에 대한 선이란 기쁨, 쾌락, 만족과 그 밖에도 이들과 합치될 수 있는 모든 것이라고 주장했다. 그러나 우리는 이에 반대한다. 그 대신 우리가 주장하는 것은 이것이 선이 아니며 선은 통찰, 사고, 회상 그리고 이런 성격을 가진 모든 것이라는 것이다(『필레보스』, 11b)."

현대적인 의미로 해석한다면 물질주의적 가치는 별것이 아니다. 이러한 철학에서 목적으로서의 이윤과 소비는 생각해볼 수는 있지만 비난받을 대상이다. 사용하는 주체에게 돌아가는 효용에 따라 매겨지는 재화의 순위는 문제 될 것이 없다. 따라서 우리는 플라톤이 언제나 수공업 제품을 용도가치를 기준으로 기술하고 있는 것을 볼 수 있다. 그러나 경제행위가 어떤 한계가 없이 독립적인 경우에는 대부분 욕심이나 과잉이윤, 기만이 나타난다.

『국가』와 『법률』에서 다루고 있는 경제적 규제는 그리스 경제생활의 질서를 유지하고 경제과정의 독립성에 경계를 지우는 현실의 도덕과 규칙을 반영한 것이자 이들을 발전시킨 것으로서 흥미롭다. 질서원리들을 연관시켜 정치적, 사회적, 경제적 전체로 정교하게 통합하는 방법 속에는 놀라운 과학적 성과가 들어 있다. 법률이 강제적 성격을 가질 경우에 나타나는 것은 물론 열린 사회는 아니다. 이러한 점에서 포퍼의 비판은 옳다(Popper 1945 참조).

그러나 우리가 긍정적으로 표현한다면, 폴리스는 투명해야 하고, 이를 통하여 사회에 대한 신뢰가 유지되어야 한다. 성스러운 것은 내적인 안정을 부여한다. "인간의 자유는 신성한 경외심을 수반한다. 경외심은 모든 것이 허용되지 않는다는 생각이다(Strauss 1956, 134쪽)." 이와 같이 플라톤의 유토피아적 대화편들은 소크라테스의 재치와 예리한 논리를 보여주면서도 신비와 환상으로 가득 차 있다. 물론 아리스토텔레스는 현실의 그리스 사회에서 경제생활을 독자적인 진로로 유도하는 힘을 표현하기 위해 전설과 유토피아를 이용하지 않고 역사와 개념에 의존하여 통일적으로 평가하려고 한다.

아리스토텔레스

성장과정

아리스토텔레스는 기원전 384년에 트라키아와 마케도니아의 경계지역으로서 그리스의 식민지인 스타기로스에서 태어났다. 그의 아버지 니코마코스는 마케도니아의 왕이자 필리포스 2세의 아버지요 알렉산드로스 대왕의 할아버지였던 아민타스 3세의 궁정의사였다.

알렉산드로스 대왕의 제국은 그리스 도시국가 시대에 종지부를 찍었다. 이미 펠로폰네소스 전쟁이 끝난 후 아테네의 영향력은 극도로 줄어들었다. 필리포스 2세의 지배 아래에 있던 마케도니아가 서서히 부흥하기 시작했다. 당시 마케도니아는 농업과 목장을 주로 하는 후진왕국이었는데, 필리포스 2세 때부터 부흥하여 그리스의 강력한 세력이 되었다.

기원전 334년 마케도니아의 대왕 알렉산드로스는 동쪽으로 점령전쟁을 감행하여 인도의 경계선까지 영토를 확장했다. 페르시아 왕을 제압하고(기원전 333년) 그리스인들은 세계제국을 지배했다. 그러나 알렉산드로스가 죽자 마케도니아도 곧바로 멸망했다(기원전 323년).

기원전 367년에 아리스토텔레스는 플라톤이 세운 아카데메이아에 들어갔다. 그는 이곳에서 20년간 머물러 있었다. 플라톤이 죽자 그는 아테네를 떠난다. 그가 이곳을 떠난 이유를 사람들은 아카데메이아의 원장으로서 플라톤의 후계자가 되지 못한 나머지 실망했기 때문이라고 말하곤 한다. 그러나 이것은 근거가 없는 주장으로 보인다. 거류민으로서 이러한 지위를 차지할 자격이 애초부터 없었기 때문이다. 그에게 여행의 기간이 시작되었다. 그는 아소스, 레스보스를 거쳐 기원전 343년경에 마케도니아를 여행했다. 이곳에서 그는 젊은 알렉산드로스의 교사가 되었다. 그렇지만 그의 정치적 영향은 물론 제한되어 있었다. 그는 도시국가의 추종자였다. 아마도 나중에 알렉산드로스의 제국주의 정책의 반대자가 되었던 것은 이 때문이었을 것이다.

기원전 339년에 아리스토텔레스는 자신의 고향 스타기로스로 되돌아와서 기원전 335년에 아테네로 가 학교인 리케이온(Lykeion)을 세웠다. 그는 오로지 학문적 활동에만 종사했다. 알렉산드로스가 죽던 해에 그는 마케도니아에 반대하는 소요 때문에 아테네를 떠나야만 했다. 스스로 술회하고 있듯이 그는 아테네 사람들이 소크라테스에게 사형선고를 내렸던 것에 뒤이어 철학에 대해 두 번째로 범죄를 저지르지 못하게 하기 위해 아테네를 피했던 것이다. 그는 칼키스로 도망쳐 와서 살다가 그 다음 해에 세상을 떠났다(기원전 322년).

"자연적" 획득과 "인위적" 획득

아리스토텔레스 경제사상의 핵심은 폴리스이다. 이것은 자연적 구조로서 말하자면 자급자족하는 공동체였다(『정치학』, 1253a, 3쪽). 인간도 역시 본성상 정치적 삶을 살아가는 존재이다. 인간은 폴리스에서 살아가도록 예정되어 있다. 더 정확히 말하면 폴리스는 가계들로 구성되어 있고, 이들로부터 생겨난다. 전체는 부분에 앞서 있다. 전체의 부분인 인간들은 가족공동체에 결속되고 가족공동체는 마을로 그리고 최종적으로 도시에 결속된다. 도시는 자급자족하는 전체이고 자신의 본성을 성취하는 전체이다.

가계는 도시국가 시대의 그리스 경제를 특징짓는 단위이다. 오이코스(Oikos, 집)는 농산물을 포함하는 폐쇄된 경제조직이며 구성원들의 욕구충족을 위해 필요한 재화의 상당부분을 생산한다. 아리스토텔레스가 생각한 오이코스의 핵심이 그것이다. 가정관리 기술로서 이해될 수 있는 "오이코노미케"(Oikonomike)는 아리스토텔레스에게 집, 농지, 가정을 통합하는 모든 것을 포괄한다. 그것은 경제라는 단어가 오늘날 의미하는 것보다 더 많은 의미를 내포하고 있다.

그는 "가계의 본원적 부분과 최소부분의 관계, 즉 주인과 하인, 남편과 아내, 아버지와 자녀"의 관계를 연구했다(같은 책, 1253b, 8쪽). 아리스토텔레스에게 중요했던 것은 가족구성원 각자가 자신의 직분에 맞는 역할을 하는 전통적인 가계조직의 범위 내에서 물자를 생산하는 과

아리스토텔레스(384~322)

제를 수행하는 것이다. 그러나 그는 플라톤과는 달리 기본적으로 가정 관리 과제와 정치가의 과제를 구분하고 있다. 따라서 여기에서는 후자의 과제에 관해서는 논의하지 않을 것이다.

가정관리 기술은 본질적으로 사물보다는 인간과 생명체를 다룬다(같은 책, 1259b, 18쪽). "살아 있는 유기체"로서 하인도 가계에 속한다. 하인들은 아리스토텔레스에게 경제적으로 필연적인 존재이다. 연장들이 자신들의 과제를 스스로 수행하고 "베틀의 북이 스스로 직물을 짜고, 양금(洋琴)의 채가 키타라(Kithara, 고대 그리스의 현악기─옮긴이)를 치는 시대에서만이 건축가에게는 협조자가 필요없고, 주인에게는 하인이 필요없다(같은 책, 1253a, 38쪽)."

그러나 아리스토텔레스가 살던 시대는 이런 자동화의 가능성과는 먼 시대였기 때문에 노예가 있어야 했다. 그런데도 그는 어떤 우려를 하고 있었던 것 같다. 천성적으로 노예신분과 육체노동에 적합하게 되어 있는 야만인이 노예인 한, 노예제도는 인간의 본성에 합당하다. 그러나 주인보다 탁월한 사람과 오직 전쟁의 불운 때문에(전쟁은 야만인에 대한 투쟁일 뿐만 아니라 그리스 도시들 사이에도 일어났다) 노예가 되는 사람의 경우는 어떻게 설명할 수 있는가?

아리스토텔레스는 이 문제를 제기하고 있지만 해결할 수 없었다(같은 책, 1254a~1255b 참조). 그가 집필한 것처럼 보이는 『오이코노미카』(Oikonomica)에서는(제1권, v) 노예도 역시 노임, 즉 식량을 받는다는 것이 확인되고 있다(같은 책, 1344b, 4쪽). 그 문헌에서는 신뢰할 만한 노예(예를 들면 감독자)와 천한 노동에 익숙한 노예를 구분하고 이들을 잘 먹여야 하고 잘 대우해야 한다고 말하면서 동시에 일정한 기간이 지나면 그들을 방면해야 한다고 주장하고 있다(같은 책, 1344b, 15쪽). 이러한 생각에서 그는 자신의 노예들 중 몇몇을 방면하라고 유언했다.

아테네의 토지는 로마의 대토지소유와 비교할 때 변변치 못했다는 것이 사실이었다. 하지만 그는 자유시민 공동체 아래에서 시민계층에 속하지 못한 하층구조의 규모가 우려할 만한 정도로 크다는 것을 알고 있었다(예를 들면『정치학』, 1269b, 8쪽).

그리스 시민들의 "훌륭한 삶"을 위한 물질적 기반을 마련하는 것이 가계경제의 원래 목표이다. (특정 범위 내에서의) 원만한 삶을 영위할 수 있는 물질적 복지가 이에 속한다. 아리스토텔레스에게서 삶의 물질적 측면이 차지하는 위치는 그리 높지 않지만 그는 완전히 정상적이고 적절한 위치를 물질적인 면에도 부여하고 있다(Gelesnoff 1923, 11쪽).

아리스토텔레스는 사적 소유를 옹호했다. 그리고 엘리트의 삶의 조건을 집단화하자는 플라톤 사상에 반대했다(『정치학』, 제2권). 그는 사적 소유에서 생겨나는 물자생산 기능을 강조하고 있다. "누구나 자신의 것을 돌보기만 하면, 서로 어떠한 불평도 갖지 않으며 더 많은 것에 접근할 수 있다. 누구나 자기 것을 위해 일하기 때문이다(같은 책, 1263a, 27쪽)."

물론 그는 사적 소유물을 이용할 때는 그 이용을 공동체와 결부시키는 것을 옹호하면서 "말과 개를 공유하듯이 누구나 자신의 노예는 물론 다른 사람의 노예도 이용하는" 스파르타의 예를 지적하고 있다(같은 책, 1263a, 36쪽). "따라서 소유는 사유이지만 이용은 공동으로 하는 것이 분명히 더 좋다(같은 책, 1263a, 38쪽)."

아리스토텔레스는 가정관리 기술(oikonomike)과 조달기술(ktetike)을 구분하고 있다. 전자는 가정 내의 물건을 사용하는 기술이고, 후자는 이 물건을 마련하는 기술이다. 그는 다섯 가지 삶의 형태를 알고 있다. 이 다섯 가지 삶의 제작물들은 스스로 생겨난다. 한편으로 식량은 교환하거나 팔고 사지 않으며, 다른 한편으로 식량의 획득기술은 짐승과 유사하고, 그러한 한에서 자연적이다. 이런 다섯 가지 삶의 형태는 양치기, 사냥, 어부, 농부 그리고 놀랍게도 맹수와 같은 도둑질이다. 기억해두어야 할 것은 플라톤은 그의『소피스테스』에서 토지경작을 생산으로 분류하고 있는(219a~b) 반면에 아리스토텔레스는 필요를 충당하는 농민을 식량공급자로 분류하고 있다(『정치학』, 1256b, 2~10쪽).

자연적인 획득기술도 역시 가정관리 기술의 한 부분이다. 그것은 가계의 구성원들의 욕구를 충족하기 위해서는 물론 자유로운 그리스 시민의 "훌륭한 삶"을 영위하기 위해 필요한 재화를, 이것이 가계 내에서 생산될 수 없다고 하더라도, 조달하는 것을 목표로 하는 기술이다. 교환을 통해 그러한 재화를 습득하는 것은 가계의 "자연스러운 자급자족"을 실현하는 데 기여한다(같은 책, 1257a, 30쪽 참조). 아리스토텔레스의 생각을 설명하기 위해서 상당한 정도로 자급자족이 가능한 어떤 토지를 상정해보자. 그 토지의 생산물 일부는 시장에 내다팔 수도 있을 것이고, 부족할 때는 부족분을 시장을 통하여 보충할 수도 있다. 따라서 중요한 것은 제한된 필요를 지닌 사용가치의 교환이다. 아리스토텔레스는 부의 무한정함을 주장한 솔론의 경구를 거부하고 있다(같은 책, 1256b, 34쪽 참조). "부가 제한된 상태가 선을 행사할 조건이다(『윤리학』, 1170a, 20쪽)."

우리가 알고 있듯이, 그리스 도시에서는 사치를 억제하는 법률을 빈번히 공포했다. 스토아 학파는 아리스토텔레스보다 더 강하게 욕망을 제한하려고 했다. 이에 반하여 다른 학자들은 소유를 무한정 증가시키는 것이 가정관리의 과제라는 주장을 분명히 옹호했던 것이 틀림없다. 그러나 이것은 아리스토텔레스에게는 오류이다. 왜냐하면 그것은 "좋은 삶을 살기 위한 노력일 뿐이기 때문이다(『정치학』, 1257b, 42쪽)." 그는 부를 일용품의 규모쯤으로 여겼다. 즉, 부는 가정관리와 국가행정을 위해 필요한 도구의 수량이다(같은 책, 1256b, 37쪽).

아리스토텔레스는 물질적 재화의 습득을 가계경제와 좋은 삶을 위한 수단이라고 여겼다. 좋은 삶이란 그에게도 국가공동체 속에 정착되어 있는 삶이다. 삶 가운데 최고의 형태는 철학에서 형성된다. 진리를 찾는 삶이 바로 최고의 삶이다. 수단이 무한정한 어떠한 기술도 존재하지 않는다. 따라서 가계와 국가에서 훌륭한 삶을 위한 수단도 제한되어 있다. 자연적인 획득을 위한 기술은 보다 높은 목표에 기여하기 때문에 수단이 제한된 상황은 아리스토텔레스의 사상체계와 부합된다. 아리스토텔레스에게 자연의 모든 것은 합목적적이기 때문이다. 식물의 존재, 동물과 노예의 존재도 자유로운 인간을 위한 것이고, 또 자유는 보다 높은 인식을 위한 것이다.

자연적인 획득을 위한 기술, 또는 조달기술과 나란히 또 다른 형태의 획득기술이 있다. 그것은 부자가 되는 기술, 돈벌이 기술(Chrematistik)이다. 아리스토텔레스에 관한 2차 문헌들이 집중한 것이 바로 이 돈벌이 기술에 관한 의미를 이해하는 것이었다(Gelesnoff 1923, 30~31쪽; Salin 1923, 6~7쪽; Finley 1974, 40~44쪽; Gordon 1975, 36~39쪽). 아리스토텔레스는 이 개념 자체를 부정적인 비판적 의미로만 사용한 것은 아니었다. 오히려 이 개념을 획득기술 또는 조달이라는 의미와 유사하게 사용하기도 했다. 그렇기 때문에 그는 그 획득이 가계의 자연스런 틀에 벗어나지 않을 경우와 구분하기 위해서 예를 들면 "가계에 적합한 획득기술"을 말하고 있다(『정치학』, 1257b, 31쪽).

돈벌이 기술이 획득에 관한 또 다른 생각을 의미한다면, 그것은 부정적인 의미로 사용되는 경우이다. 따라서 부정적인 의미로의 돈벌이 기술이라면, 이것은 한계를 뛰어넘어서 돈을 버는 기술이라고(같은 책, 1256b, 40쪽) 정의될 수 있다. 그 목적은 획득을 위한 획득이다. 이 경우 제한된 욕구충족과는 더 이상 상관이 없기 때문에 이런 돈벌이를 위해서라면 모든 기교가 활용될 수 있다. 그 돈벌이는 무제한적이다.

아리스토텔레스는 그 경계선을 다음과 같이 정하고 있다. 즉, 예를 들면 한 짝의 구두에는 두 가지 용도가 있는데, 신고 다니기 위한 사용목적이 그 하나이고 다른 하나는 교환수단으로 이용하는 것이다(같은 책, 1257a, 10쪽). 이렇게 이용하는 것은 결코 돈벌이 기술이 아니다. 서로 다른 물자를 가진 가계들이 구두와 곡식을 교환한다면 이것은 자연스러운 것이다. 그러나 구두는 교환목적으로 생겨난 것은 아니다(같은 책, 1257a, 13쪽).

교환목적으로 구두를 만든다면 그것은 남용이다. 따라서 구두장이가 구두를 만들 때에는 구두 판매가격을 생각하지 않고 구두의 이용을 생각해야 한다. 이것이 우리의 결론이다. 이것은 따라서 앞에서 언급한 바와 같이 양을 잡아먹거나 이를 팔아 돈을 벌기 위한 것이 아니라 양의 복지를 염두에 두고 양을 키우는 플라톤적인 훌륭한 양치기와 비유될 수 있다.

어떤 대상의 표준화된 사용가치보다 더 큰 "독자적 가치"에 완전히 헌신하는 태도, 이런 태도를 가진 노동자는 생각할 수 없다. 그러나 이러한 태도를 가진 예술가는 생각할 수 있다. 이러한 사실은 우리가 그리스인들과는 달리 예술활동을 다른 노동과 엄격히 구분하여 생각하고 이를 체험하고 있다는 사실과 부합한다. 그리고 그것은 완전한 예술도 아니고 완전한 사용가치도 아닌, 그 중간을 형성하는 공예품은 이미 사라졌다는 사실을 말해주기도 한다. 반면에 야만인들은 물자들조차 정신을 가지고 있다고 생각했다(Schefold 1980).

아리스토텔레스는 돈벌이 기술의 생성을 역사적으로 설명하고 있다. 가계들끼리의 사용가치의 교환으로부터 상업이 생성되었는데 이 상업은 국경을 넘어 확대되었다. 재화들 중에는 수송하기가 매우 어려운 재화들이 있기 때문에 "교환할 때 철이나 은 등과 같이 그 자체로 유용하고 일상적인 거래에서 다루기 쉬운 어느 한 물건을 서로 합의하여 쓰게 되었다(『정치학』, 1257a, 35쪽)." 이로써 화폐가 생겨났다. 그것은 교환을 용이하게 하기 위한 수단이었다. 그러나 수많은 사람들에게는 화폐 그 자체가 목적이 되었다. 그들은 부를 "화폐의 수량"으로 이해하고, 될 수 있는 대로 많이 이를 획득하려고 노력했다. 따라서 "돈벌이에 종사하는 사람들은 누구나 자기 돈을 무한대로 늘리게 된다는 생각"이 등장했다(같은 책, 1258b, 35쪽).

그리하여 획득기술의 두 번째 형태로서 부를 축적하는 기술이 생겨났다. 처음에 이 기술은 아마도 아주 간단했을 것이다. 하지만 나중에는 최대의 이윤을 얻기 위해서는 어디에서 어떻게 재화를 교환해야 할 것인가에 대한 경험을 기초로 하여 기묘하고 복잡하게 되었다(『정치학』, 1257b, 3~8쪽). 아리스토텔레스는 획득기술의 이러한 형태를 거부했다. "용기는 돈을 버는 데 쓰여서는 안 되고, 투지를 야기하는 데 써야한다. 군 지휘관의 기술과 의학도 역시 돈벌이에 활용되어서는 안 되고, 전승과 건강을 위해 써야 한다(같은 책, 1258a, 11쪽)."

교환을 통해서 획득한다고 해서 그 획득이 반드시 돈벌이 기술로 전환되는 것은 아니다. 한계를 아는 가정관리 기술의 관점에서(같은 책, 1257b, 31쪽) 교환되는 한(즉, 획득하는 한) 말이다. 교환기술도 가계관리 원칙에 따른다면 자연스럽다(같은 책, 1257a, 15쪽). 그렇지 않으면 그것은 비난받아 마땅하다(같은 책, 1258b, 1쪽). 가정관리에 예속된 습득과는 달리 독자적인 돈벌이 기술은 "불필요하다(같은 책, 1258a, 15쪽)."

이런 기술은 아리스토텔레스에게는 "경제의 훼방꾼(잘린)"이다. 그는 손으로 만지는 모든 것이 황금으로 바뀌는 바람에 결국 굶어 죽은 미다스 왕을 예시하여 축적된 화폐를 부로 여기는 것이 얼마나 당찮은 일인가를 보여주고 있다. 돈벌이 기술과 자연적 부는 서로 다르게 정의되어야 한다. 자연적 부는 가계관리 기술에, 돈벌이 기술은 원래 교환을 통해 부를 창출하는 소매업(경멸스런 말로 표현한다면 악덕상인)에 속했다(같은 책, 1257b, 3쪽). 이보다 좀더 확대되면 도매상, 해상무역 등이 포함된다.

돈벌이 기술은 또 다른 기술로도 변경될 수 있다. 예를 들면 치료하기 위해 치료기술을 이용하는 것이 아니라, 돈을 벌어 부를 축적하기 위해 치료기술을 이용한다면 그것은 돈벌이 기술에 가까워진다.

아리스토텔레스는 이러한 부의 축적을 이론가들이 관심을 두기에는 무가치한 것이라고 여겼다. 그는 밀레토스 출신의 철학자 탈레스의 예를 든다. 그는 가난을 조소했음에도 천문학을 이용하여 올리브 수확을 정확히 예측하고, 이를 통하여 투기하고 돈을 많이 벌 수 있었다. 그 철학자는 쉽사리 부자가 될 수 있었다. 그러나 그는 이에 어떠한 가치도 부여하지 않는다는 것을 보여주고자 했을 뿐이다(같은 책, 1259a, 17쪽).

돈벌이 기술은 "자연과는 전혀 관계가 없고 오히려 인간들과 관련되어 있다(같은 책, 1258b, 1쪽)." 아리스토텔레스는 부의 본질은 자연에서 나온 것이고 인간에 의해 형성되는 것이라고 말하고 있는 것 같다. 공급 측에서 볼 때 획득활동이 만드는 목적 또는 치료하는 목적에 예속되어 있는 한, 그것은 자연적이다. 다시 말하면 구두장이가 좋은 구두를 만들겠다는 목적으로 구두를 생산하거나, 의사가 건강을 회복시키겠다는 목적으로 치료행위를 한다면 그들은 자연에 힘입어 자연이 산출하는 것처럼 그 결과를 형성한다. 그러나 그들이 돈벌이를 위해 그렇게 한다면, 그런 결과는 나오지 않는다.

"수요 측"에서 볼 때 재화의 습득은 좋은 삶을 위한 것이다. 이러한 해석은 분업에 관한 그리스인들의 이해와 일치된다. 그것은 나중에 우리가 알게 되겠지만, 정의로운 교환에 관한 아리스토텔레스의 의미와도 양립한다. 이윤은 부를 모으는 기술에서 생겨나지만, 또 다른 획득활동 중에서 생겨나는 자연스런 소득도 있다.

이윤이란 중간상거래와의 연결 속에서만 등장하는 것이 특징이다. 따라서 이자란 생산에서의 이윤으로부터 도출된 것도 아니고 또한 그것은 소비목적을 위해 돈을 빌려준 결과로 환원될 수도 없다. 돈벌이 기술에 따른 획득은 경멸받아 마땅하다. 그러한 종류의 획득기술은 "고리대금인데……, 이것은 돈 그 자체에서 이득을 취하는 것(같은 책, 1258b, 5쪽 참조)", 다시 말하면 오로지 이자를 얻기 위한 돈 빌려주기이다(Gelesnoff 1923, 31~32쪽 참조). 이것은 돈벌이를 위한 획득기술의 경우와 똑같은 논거를 적용할 수 있는 행위이다. 왜냐하면 돈을 빌려주는 것도 획득 자체를 위한 획득을 의미하기 때문이다. 그러나 돈을 벌기 위해 돈을 빌려주는 것은 화폐의 자연스런 역할에 반한다. 돈의 역할은 교환을 매개하는 데 있다(『정치학』, 1257a, 32~41쪽; 『윤리학』[Ethik], 1133a, 20~32쪽 참조).

"화폐는 교환을 위해 고안된 것이기 때문이다. 그러나 이자를 통해서 화폐는 스스로 증가된다. 따라서 화폐는 제 이름을 갖고 있는데, 즉 태어나는 것은 출생시키는 것과 종류가 같으며 이자(tokos, 출산이란 의미도 있다ー옮긴이)를 통해서 돈이 생겨난다. 그러니까 이러한 종류의 화폐습득은 대부분 자연을 거역하는 습득이다(『정치학』, 1258b, 5쪽). 화폐를 생산을 위한 자본으로 파악하는 것은 아리스토텔레스에게서는 찾아볼 수 없다(Salin 1930, 153~159쪽 참조).

코슬로프스키에 의하면 4세기 초 그리스 경제에 위기가 있었는데 이것이 아리스토텔레스가 새로운 경제방식을 거부하는 동기가 되었다는 것이다(Koslowski 1979 참조). 어쨌든 그는 스스로 말하듯이 일반적으로 모두 갖고 있는 가치태도를 철학적으로 정당화하려고 노력하고 있다. 한편으로 그는 폭리를 미워한다. 반면에 획득기술은 가계에 기여한다면, 높이 평가하며 인정할 수 있다. 이런 식으로 획득기술을 정당화하려는 노력은 훌륭한 일이다. 이런 노력은 자연적인 것으로 느끼는 사물의 질서에 속하는 것이 무엇인가에 관한 개념규정에 기초하고 있다. "자연적"이라는 말은 그에게 글자 그대로의 뜻이다. 즉 인간세계를 동물세계의 확장으로 생각한 것이다. 인간은 정치적(다시 말해 폴리스의 시민으로서 활동하는) 존재이다.

5세기에 퓌시스(자연, 자연적 창조력, 자연질서)와 노모스(관습, 법률, 인습)는 수많은 학문적 담론에서 반복적으로 등장하는 주제였다(Heinimann 1945 참조). 우리가 이미 보았던 것처럼 플라톤의 『고르기아스』에서 소크라테스의 반대자였던 칼리클레스는 "부당한 일을 당하는 것은 부당한 일을 행하는 것보다 더 나쁘다"는 원칙을 정당한 자연법칙이라고 주장했다. 그리고 그는 강자의 권리를 부인하는 입법자와 소크라테스의 약점을 우스꽝스럽게 만들려고 노력하기도 했다.

이제 아리스토텔레스는 가계의 획득노력을 제한하는 것을 자연법칙으로 정당화하고 있다. 반면에 돈벌이 기술은 형식적 법에는 저촉되지는 않지만 성장된 질서에는 저촉되는 방향으로, 그리고 최소한 이자의 경우 시민들의 도덕적 감정에도 반하는 방향으로 발전되어 갔다. 넓은 의미에서 아리스토텔레스는 원래의 자연법의 기초를 법철학적으로 확립한 인물이라고 할 수 있다.

자연법은 인간의 전체 성격에 기초하고 있다. 그리고 자연법의 내용은 우리가 교환과 관련하여 나중에 다룰 정의의 규칙으로 구성되어 있다(Trude 1955). 이와는 반대로 돈벌이 기술이나 훌륭하게 살려는 노력 대신에 어떻게든 살려는 노력을 언급하는 것을 보면, 아리스토텔레스는 새롭고, 독자적인 법칙에 따르는 비자연적인 맥락을 인식하고 있다. 이 맥락 속에 경제활동의 추진력이 내포되어 있다. 즉 이윤극대화와 무제한적 소비가 그 추진력이다. 그는 이 두 가지를 발견하고 이들을 배척하고 있다.

물론 아리스토텔레스는 경제적 삶에서 돈벌이와 같은 획득기술의 실천적인 필요성을 알고 있었다. 그는 자신의 저서의 별도의 장에서 이 경험적 측면을 다루고 있다(『정치학』, 1258b, 9쪽~1259a, 39쪽). 이 측면은 특히 경제사적 관심거리가 될 수 있다. 그 그리스인은 경험적인 관점에서 매우 실용적으로 문제를 다루고 있다. 우리에게 과학은 탈가치적이어야 하고 규범은 실천에서 생겨난다.

그러나 우리는 그의 이론에서 이와는 달리 엄격한 가치판단을 발견한다. 획득기술의 관행에 관해서는 간단히 언급되고 있을 뿐이다. 그러나 그는 이를 다른 사람들이 이미 다루었기 때문에 자기는 간단히 언급할 수밖에 없다고 변명하고 있다. 그는 다른 사람들이 다룬 문헌들을 언급하고, 부를 축적하는 기술을 이용하고 싶은 사람은 그 문헌을 연구해도 좋다고 말하고 있다. 그러나 이들 중에는 이미 사라져 우리가 접근할 수 없는 문헌들도 있다.

우선적으로 아리스토텔레스는 획득기술 중에서 가정관리에 속하는 부분을 열거하고 있다(가축사육, 밭경작, 과일재배 등). 이것은 오이케이오타테(oikeiotate), 즉 "집에 속하는" 또는 "원래의" 획득기술을 말한다. 두 의미를 모두 담고 있는 번역은 아마도 자급자족적인 획득기술일 것 같다. 이것은 예를 들면 주어진 토지에서 어떤 가축을 가장 잘 키울 수 있는가의 문제를 다룬다(같은 책, 1258b, 17쪽).

다음은 거래를 다루는 획득기술이다. 거래 중에서 도매상(예를 들면 수송제도)이 중요한 요소이다. 두 번째는 돈 빌려주기, 세 번째는 임금노동이다. 이 임금노동은 수공업 분야뿐만 아니라 미숙련 노동과 관련된 것이다(그도 그럴 것이 독립적인 수공업이 존재하기 때문이다). 자연적 획득기술과 비(非)자연적 획득기술 사이에는 예를 들면 삼림이용과 같은 기술이 있다.

아리스토텔레스는 언제나 몇 가지 체계적인 관점을 제시하고 있는데, 그 중에서 중요한 관점은 위험한 작업이 이윤가능성이 크다는 것이다. 여기에서도 단계가 있다. 가장 가치 없는 것은 덕을 가장 적게 수반하는 업무이다. 이 밖에도 실용적인 획득기술에 속하는 것은 재치 있게 투기적으로 특정의 재화를 구매하여 독점을 확립하는 것이다. "이를 아는 것은 정치가들에게 유용하다. 왜냐하면 많은 국가들은 화폐획득을, 그리고 그러한 종류의 수입을 필요로 하기 때문이다(같은 책, 1259a, 35쪽)."

『오이코노미카』 제2권 전체는 국가의 수입을 증대하는 기술을 다루고 있다. 물론 재정학적 통찰과 함께 재산을 불법탈취한 폭군에 대한 일화를 어지럽게 뒤섞어 기술하고 있다. 따라서 그 책은 아리스토텔레스의 이름으로 내려오기는 했지만 오로지 그의 학파에 속한 것이라고 보는 것이 옳을 것이다. 그가 기술한 경험적인 예와 연결시켜 획득기술의 개념을 적용하는 영역을 알아볼 수 있도록 체계적으로 도표(도표1)에 요약했다. 물론 그 개념들은 원전에서는 불명확하게 사용되고 있고(가는 줄), 따라서 사용된 맥락에 비추어 그 개념들을 이해해야 할 것이다.

우리는 의사와 구두장이를 추가했다. 왜냐하면 구두장이의 예를 설명했고 아리스토텔레스도 의사의 예를 보여주고 있으며, 그들의 활동은 제한된 필요에 적합하고 또한 그들은 자신의 노동과 관련하여 이윤을 생각하지 말고, 본분을 생각해야 하기 때문이다. 따라서 그들도 역시 정의로운 교환에 따라 보상받는다. 다른 한편 이 직업들은 가정관리 기

가정관리 기술 1

개별 가정관리 2　　　　　　조달기술 3

부부관계 8　　　　　　　　　　　　　　　　　획득기술 4
자녀출산 9
관리 10　　　　　자급자족 획득기술 5　　돈벌이 기술 6

　　　　　　　　　　　교환기술 7

　　　　　제한적, 자연적　　　　　무제한적, 비자연적

남편　　　사냥꾼　농업　　임업경제　소매상
아버지　　어부　　구두장이?　광업　도매상
주인　　　도둑　　의사?　　　　　폭리업자
　　　　　목축　　　　　　　　　　임금노동
　　　　　농부

도표1. 돈벌이 기술에 관한 개념들. 여기에 나오는 "직업들"은 모두 가정한 것이다. 이들은 자급자족 정도에 따라 분류된 것이다. 오른쪽으로 갈수록 그리고 아래쪽으로 갈수록 자급자족 정도가 감소한다. 구두장이와 의사의 경우 물음표를 붙였는데, 그 이유는 이 두 직업을 분류하는 데 문제가 있기 때문이다. 농부는 자급자족적이며, 농업경제는 초과분을 교환한다.

그리스 개념들: 1. oikonomike, 2. oikonomike monarchia (『정치학』, 1255b, 19쪽), 3. ktetike(1256a, 19쪽, 1256b, 28쪽), 4. chrematistike, 5. chrematistike kata physin(1257b, 30쪽) 또는 oikonomie(1258b, 21쪽), 6. chrematistike me kata physin 또는 heteron eidos tes chrematiotikes(1258a, 7쪽), 7. metabletike(1257a, 15쪽, 1257b, 1쪽), 8. gamike(1253b, 9쪽), 9. teknopoietike(1253b, 11쪽), 10. despotike(1253b, 9쪽)

술로부터 독립적 지위를 얻었다(아리스토텔레스 자신에 의한 이중적인 분류 참조. 『정치학』, 1258a, 34쪽).

　우리는 교환과 화폐는 자연적인 획득기술에서 비자연적인 획득기술로의 전환을 위한 필요조건일 뿐 충분조건이 아니라는 것을 알고 있다. 자연적인 획득기술 대 비자연적인 획득기술은 나중에 생산적 노동 대비생산적 노동으로 변화되어 나타난다. "중요한 것은 두 가지 획득기술의 동일한 적용이다. 동일한 획득의 사용이지 동일한 관점에서의 사용이 아니다. 첫 번째는 증가와는 다른 것을 목표로 하고 있고, 두 번째는 증가를 목표로 하고 있다(『정치학』, 1257b, 36쪽)."

따라서 돈벌이 기술에 대한 비판의 초점은 재화의 생산 그 자체가 아니다. 또한 장사꾼이라는 직업과 폭리업자 집단도 아니다. 비판의 초점은 목표를 왜곡하여 적용하는 것이다. 이것을 목표에서 유리된 노동과 혼돈해서는 안 된다.

아리스토텔레스에게 노동은 가치가 아니다. 철학자와 자유시민의 이상은 물질에 대한 관심에서 해방되는 것이다. 목표를 왜곡하여 사용하는 것은 교환, 특히 중간상거래에서 생겨난다. 수전노는 훌륭한 삶에 대한 왜곡이 생겨나는 원인이고 폭리업자는 이를 보여주는 대표적 사례이다. 양 극단 사이에는 여러 가지 사례들이 있을 수 있다. 아리스토텔레스에게 중요한 것은 포괄적인 분류가 아니라 그리스적 생각에 따라 공동체를 해체하는 성격이나 폴리스를 통합하는 성격을 가진 활동을 표본적으로 표시하는 것이었다.

나머지 과학적 주요 문제로서 남는 문제는 돈벌이 기술이 아닌 획득기술의 범위 내에서 이루어지는 정의로운 교환과 관련된 문제이다. 이문제는 그의 『니코마코스 윤리학』(Die Nikomachische Ethik, 이하 『윤리학』)에서 다루고 있다.

"정의로운" 교환과 우미의 세 여신

아리스토텔레스는 정의론을 논의하는 과정에서 교환론을 다루고 있다. 정의는 "완성된 덕(『윤리학』, 1129b, 26쪽)", "덕 중에서 가장 고귀한 것(같은 책, 1129b, 28쪽)"이다. 덕을 발휘하는 것이 『윤리학』에서 기술하고 있는, 진리의 최고봉인 행복으로의 길이다. 플라톤의 경우와 마찬가지로 국가제도와 법제도는 이러한 목표를 위한 것이다. 따라서 아리스토텔레스의 저서인 『정치학』은 그의 『윤리학』의 뒤를 이어가고 있다(『윤리학』, 1181b, 16쪽). 그가 달성하고자 하는 것이 무엇인가는 우리가 제도(여기에서는 획득기술)를 전면에 내세울 경우 더 잘 이해될 수 있다.

아리스토텔레스는 다양한 종류의 정의를 구분하고 있다. 분명한 것은 정의란 "일반적으로" 법과의 일치를 의미한다는 점이다(법과 국가가 불완전할 수 있다는 것이 비로소 그의 『정치학』에서 문제시되고 있다). 따라서 다음에서는 "특수한", 어떤 몫을 정하는 정의(dikaiosyne kata meros)만을 다룰 것이다. "정의롭다"는 것은 "동등하다"(to ison)는 것이다. 정의는 분배(verteilende)정의와 균등(ausgleichende)정의로 구분된다. 분배정의(to dikaion en tais dianomais)는 "명예, 화폐 그리고 기타의 사물, 즉 공동체 구성원들에게 분배될 수 있는 것들을 할당하는 것과 관련되어 있다(같은 책, 1130b, 32쪽)."

아리스토텔레스는 여기에서 평등을 다루는 것이 아니라 비례, 따라서 적절성을 다루고 있는 것이 분명하다. "비례적인 것은 중간이고, 정의는 비례적인 것이기 때문이다(같은 책, 1131b, 12쪽)." 부와 명예를 분배할 때 이들은 동일한 사람들에게는 동일하게, 서로 다른 사람들에게는 서로 다르게 귀속되어야 한다.

따라서 아리스토텔레스에게 중요한 것은 관련된 사람들이 공동체에서 차지하고 있는 지위를 적절하게 고려해야 한다는 것이다. 공동체 질서가 분배를 통하여 달성하고자 하는 목표라면, 정의는 아리스토텔레스에게 특징적인 목적론적 성격을 갖는다. 사회적 지위를 분배에서 차지하는 몫과 연결시켜야 한다. 따라서 정의의 이런 형태는 질적인 특성을 지향하고 있다. "왜냐하면 분배에서 정의로운 것은 특정의 품위를 기반으로 해야 하기 때문이다(같은 책, 1131a, 25쪽)."

이때 품위를 평가하기 위한 다양한 원칙들이 있다. "이 품위는 결코 모든 사람에게 동일하게 적용되지 않는다. 민주주의자들은 이를 자유에서 찾을 것이고, 참주제 지지자들은 부에서, 다른 사람들은 명문출신에서 찾을 것이다. 그리고 귀족들은 덕에서 찾을 것이다(같은 책,

1131a, 27쪽)."

명예와 부를 분배할 때 비례가 적용되는데, 이 비례성은 네 개의 변수에 두 관계의 평등을 기반으로 한다(같은 책, 1131b). A와 B의 관계는 C와 D의 관계와 같다. 즉, A : B＝C : D이다(Harvey 1965; Heath 1949, 272~276쪽 참조). 시민 A와 B의 관계는, 그들이 각자 자신의 몫으로서 C와 D를 받았으면, 분배적 정의에 따라 전과 똑같은 것이다. 이것을 기호로 표시하면 A : B＝C : D에서 역시 (A＋C) : (B＋D)＝A : B가 되어야 한다는 것을 의미한다. 이 방정식은 방사선 법칙의 적용에 따른 것이다(『윤리학』, 1131b). 수학자들은 이 비례를 "기하학적" 비례라고 부른다(같은 책, 1131b, 13쪽). 그러나 이것을 세 가지 변수들 간의 관계, 즉 A : B＝B : C라는 관계로서의 기하학적 중간값의 개념과 혼동해서는 안 된다.

우리가 A와 B를 사람으로, C와 D를 이들이 각각 차지하는 분배의 몫으로 표시한다면, 이것이 의미하는 것은 분배는 A와 B의 관계, 즉 이들의 공로, 품위, 신분 등에 준해서 이루어진다는 것이다. 따라서 기하학적 비례원칙에 따른 분배는 누구에게나 공동체 내에서 그에게 귀속되어 있는 것, 누구에게나 "자기 것"을 준다는 것을 의미한다. 이것은 분명히 공동체를 구성하는 시민들의 불평등을 기반으로 하고 있는 개념이다.

부와 명예의 분배에서 불평등은 공동체에서 차지하는 시민들의 불평등한 위치 때문에 생겨나는 결과이다. 그 지위가 자신의 독자적인 공로에 기인한 것인지, 조상의 공로에 기인한 것인지, 재능이나 업적을 인정한 결과인지 또는 폭력에 기인한 것인지는 아직 이야기되고 있지 않다. 중요한 것은 아리스토텔레스가 분배정의란 무엇인가를 말해준다는 것뿐이다. 이러한 권리의 기준은 정치적 헌법과 독립적으로 결정될 수는 없다.

특수한 정의의 또 다른 형태는 "균등"(교환적)정의이다(같은 책, 1130b, 34쪽; 1131b, 25쪽~1132b, 20쪽 참조). 여기에 관련된 것은 판매, 대부, 이익의 향유 그리고 담보, 이 밖에도 절도, 이혼, 살해 등과 같은 일상생활의 다양한 관계들을 조정하고 분쟁을 해결하는 것이다. 사기나 허위 등에서 생겨나는 부당한 이윤은 제거되어야 하고 피해는 보상되어야 한다는 것이다.

이때 관련 당사자들을 원칙적으로 똑같이 취급해야 한다. "법률은 피해의 차이만을 고려하고, 인간들은 똑같이 취급한다. 그리고 그것은 한 사람은 부당한 행위를 했는지, 다른 사람은 부당한 행동을 당한 사람인지를, 한 사람은 가해자인지 다른 사람은 피해자인지를 물을 뿐이다(같은 책, 1132a, 4쪽)."

신분에 의해 결정된 당사자들 간의 관계는 여기에서 어떠한 역할도 하지 않기 때문에 산술적 "비례"원칙이 적용된다. A가 너무 많이, B가 너무 적게 받았으면 두 사람에게는 산술적 중간(현대에서는 이를 "비례"라고 부르지는 않는다)이 적절하다. 당사자들은 자발적 거래에서 이에 합의할 것이다. 그러나 비자발적 거래에서도 이 원칙에 따라 재판관은 조정을 창출한다.

교환과 관련된 정의의 형태는 쌍방성(antipeponthos)이다(같은 책, 1132b, 20쪽). 이것은 분배정의 또는 균등정의와 일치하지 않는다. 그도 그럴 것이 그것은 심지어 부당할 수도 있기 때문이다. 어느 한 장교가 자기의 군인 한 사람을 구타한다면, 쌍방성은 보복을 의미한다. 다시 말하면 그 군인이 장교를 구타할 수 있는 것이다. 그러나 이것은 정의롭지 못하다. 즉, 법적으로 정당하지 못하다(같은 책, 1132b, 30쪽 참조).

그러나 적절한 쌍방성에 따라 행동하는 것, 이로부터 생겨나는 헌금은 폴리스를 응집시킨다. 그렇지 않으면 어느 한 사람은 다른 사람의 노예가 된다. 아리스토텔레스는 공동생활에서 우리는 항상 받을 것만을 기다려서는 안 된다는 것을, 받으려면 주어야 한다는 것을, 그리고 먼저 주어야 한다는 것을 강조하고 있다. 그는 우아한 미와 고마움의 여신인 카리테스에게 공적으로 제단을 세워주는 아름다운 관습을 회상하고 있다.

이러한 암시에서 우리는 더 많은 것을 들을 수 있다(같은 책, 1133a, 1~5쪽). 괴테는 『파우스트』 제2부 제1막, 넓은 홀 장면에서 그 여신의 시 구절을 통해 그리스 신화의 특성을 상상하기 시작한다.

> 아글라이아(Aglaia) : 우리는 삶에 우아함을 가져다준다네.
> 그러니 당신네가 줄 때도 우아하시라.

> 헤게모네(Hegemone) : 당신네가 받을 때 우아하시라.
> 사랑스럽도다, 열망을 이루는 일이여.

> 유프로신네(Euphrosyne) : 당신네가 평화로이 분수를 지키면
> 으뜸가는 우아함이 감사일지니.

우미의 세 여신을 상징하는 카리스(Charis, 괴테는 이를 이탈리아어로 "그라치엔"(Grazien)으로 표현하고 있다)라는 개념은 "기쁨", "고마움" 그리고 "아름다움"을 의미한다. 상업과 아름다움의 대립 속에서 우리는 그리스 도시생활의 양 극단을 볼 수 있다. 열정적인 부지런함, 경제적인 대담성, 식민지 건설 등이 전자에 속한다. 후자는 작곡과 연주의 즐거움, 시와 조각 등에 대한 즐거움 그리고 마이어가 강조하듯이(Meier 1985) 대화술과 정치에 대한 즐거움 등이다.

카리스를 말할 때 기독교적인 "카리타스"(caritas)를 연상해서는 안 된다. 그것은 종교적 초월적 이웃사랑을 뜻하는 것이 아니라, 비록 종교와 결부되어 있기는 하지만 현세에서 체험되는 관대함에 대한 즐거움, 자비로움, 하사품에 대한 즐거움을 의미한다. 이러한 하사품은, 국가와 관련시킨다면, 그리스 문명이 잠시 꽃을 피우고 있는 동안 예배식, 즉 공공의 삶을 위한 헌금을 촉진시켜주었다(정치권력이나 또는 재치 있는 전쟁기술로부터 얻는 쾌락도 이에 속한다).

이러한 현상들 전부가 우리의 사회경제 이론에서 도출될 수 있는 것은 아니다. "그리스인들의 생활은 우리와 너무나도 다르기 때문에 우리는 오로지 예술의 다리를 거쳐서만 그 삶에 가까이 갈 수 있다(부쇼〔Ernst Buschor〕)."

아리스토텔레스에게 쌍방성은 먼저 보복을 위한 폭력으로 대응할 수 있는 폭력을 포함하고 있다(『윤리학』, 1132b, 29쪽). 그 다음 보답해야 할 자발적 증여를 포함하고 있다. 따라서 "폴리스"를 통합시키는 데 기여하는 "헌금"(『윤리학』, 1133a, 2쪽)도 포함되고 있다. 마지막으로 포함되는 것은 직접적인 교환이다(같은 책, 1133a, 6쪽). 이제는 더 이상 기쁨의 여신을 연상할 필요가 없다. 왜냐하면 주고받는 것이 지체 없이 맞교환되고 있다는 것이 전제되고 있기 때문이다. 이러한 변형에서 기쁨, 고마움, 아름다움을 의미하는 카리스를 지적함으로써 아리스토텔레스는 경제적 그리고 특수한 비경제적 동기가 당시 그리스의 국가적, 문화적 삶을 위해 어떠한 기능을 하고 있었는가를 간결하게 알려주고 있다.

가장 중요한 것, 정의의 원칙, 다시 말하면 적절성의 원칙이 인정되는 한, 그러한 동기들은 결코 대립적 관계라기보다는 서로 맞물리는, 심지어 동일한 것으로 인정될 수 있다. 이 적절성의 범위를 넘어서는 돈벌이 기술은 그의 『정치학』에서 상세히 다루고 있다. 그리고 그의 『윤리학』의 첫머리에서도 폭력과 관련하여 언급하고 있다(같은 책, 1096a, 6쪽).

정의를 분석할 때에는 이 폭력은 불가피하게 배제하고 있다. 따라서 쌍방성의 개념은 매우 다양한 의미를 포함하고 있다. 정의로운 쌍방성은 관련자들의 평등원칙과 관련되어 있는 것이 아니라 적정성의 원칙과 관련되어 있다. 정의로운 것은 일반적으로 적정성의 원칙(비례원칙)으로 정의되고 있었다(같은 책, 1131b, 15쪽). 교환은 이제 비례에 따라 주고받는 것으로서 도입되고 있다(같은 책, 1133a, 6쪽). 따라서 어떤 비례가 정의로운가, 그리고 어떤 비례가 정의로운 것으로서 주고받기를 가능하게 하는가의 문제가 제기될 수 있다. 교환에 참여한 사람들의 신분과 가치가 주로 교환을 결정해야 할 것이 분명하다. 여기에서 한 단락을 다루어보겠는데, 그것은 경제학자라면 아리스토텔레스가 경제적 교환이론을 설명해놓은 것으로서 읽을 수 있을 것이다. 그러나 이 단락은 무엇보다도 쌍방성의 형태로 규정되는 정의가 무엇을 의미하는 가에 관한 경제적 설명으로 제시되고 있다.

목수 A와 구두장이 B가 집 C와 구두 D를 교환한다고 상정해보자. 구두와 집의 관계는 목수와 구두장이의 관계와 "동일해야 한다"(같은 책, 1133a, 23쪽). 즉, A : B = C : D이다. 이 비례가 성립될 수 있기 위해서는 목수는 "구두장이가 작업한 것"을 받아야 하고 구두장이는 목수가 "작업한 것"을 받아야 한다. 다시 말하면 구두와 집을 서로 교환해야 한다. 이러한 교환이 이루어지기 위해서는 무엇보다도 먼저 수량, 즉 C와 D가 주어진 비례로 만들어져 있어야 한다. 즉 C : D = A : B이다.

이로써 두 재화의 교환비율과 이 재화의 소유자들의 사회적 지위 및 그들의 가치 사이에 그 어떤 관계가 있어야 한다. 이러한 비례를 구성하기 위해서는 반드시 기하학적 비례관계를 이용해야 한다. 이 비례에서 "전체와 전체의 비율은 구성요소와 구성요소의 비율"과 똑같다(같은 책, 1131b, 15쪽). 따라서 교환은 적정성에 의한 쌍방성이 정의로운 경우, 그렇기 때문에 분배적 정의의 영역에 속하는 경우를 기술하고 있다.

그러나 아리스토텔레스는 이러한 분류를 밝히지 않고 있다. 그는 쌍방성(그리고 쌍방성의 특수한 형태로서의 교환)을 정의의 독자적인 부분으로도 강조하지 않고 있다. 그 이유는 정의로운 교환의 두 가지 특수성에서 찾을 수 있을 것이다. 한편으로는 훈장 또는 상장수여는 신분에 따른 분배적 정의에 귀속되는 것이지 교환되는 것이 아니다. 장교와 군인의 계급장은 장교와 군인에게 한정되어 있다. 그리고 그 계급장은 어느 정도 "서열가치"를 나타낸다. 반면에 아리스토텔레스는 교환에서는 "교차"를 거친 비례적 할당을 강조하고 있다(같은 책, 1133a, 7쪽). 다시 말하면 집은 구두장이에게, 구두는 목수에게 귀속된다는 것이다.

다른 한편 교환은 상이한 사람들끼리 이루어짐에도(같은 책, 1133a,

18쪽) 그 교환에서는 결국 대상들이 등가의 위치에 놓인다(같은 책, 1133a, 10쪽). 분배정의에서 분배되는 대상(예를 들면 계급장)은 사람들만큼이나 불평등하다. 따라서 아리스토텔레스는 교환에서는 사람들의 균등화가 아니라 교환대상들의 균등화를 말하고 있다. 아리스토텔레스는 균등정의의 경우에서만 인간들의 평등을 전제하고 있다. 후세에 와서야 비로소 학자들이 교환도 역시 인간들의 균등화를 초래한다는 것을 물건의 균등화에서도 도출했다. 그들은 이어서 노동시간과 효용의 측정과 같은 아리스토텔레스가 알지 못했던 개념, 즉 신분을 능가하는 개념을 전제했다.

아리스토텔레스는 교환을 정의에 관한 일반적 관찰 속에 통합하려고 노력했다. 그는 그것을 그의 윤리철학의 중심이 된 사상, 즉 덕이 있는 행동은 언제나 극단의 중간이라는 사상과 조합하려고 한 것이다(Sewall 1901, 4쪽). 그러나 아직 비례성은 우리가 항상 제기하는 문제의 해결을 제시하지 못하고 있다. 예를 들면 우리는 어떤 이유에서든 목수의 평판이 올라가면 그가 지은 집의 가치도 높아져야 한다고 말할 수 있다.

교환은 "서로 상이하고 똑같지 않은 사람들"끼리 이루어진다(『윤리학』, 1133a, 16쪽). 그러나 아직 가치표현이 정해져 있지 않다는 것은 이미 다음과 같은 사실에서 알 수 있다. 즉, 수학적 비례란 수량적 의미보다는 상징적 의미를 가지고 있다는 것이다. 예를 들면 플라톤에게도 양적인 의미가 전혀 없는 유사한 비례관계가 있다. "화장기술은 체육과 관련되어 있듯이 요리는 치료기술과 관련되어 있다(『고르기아스』, 465c)."

플라톤은 화장기술은 눈에, 요리는 혀에 "아부하는 것"에 지나지 않는 반면, 체육과 치료기술은 각자의 방식으로 육체를 근본적으로 개선하는 것이라고 말하고 있다. 이 맥락에서 빠져나와서 본다면, 이것은 어떠한 중요한 통찰도 아니다. 그러나 다음과 같은 사실을 가르쳐준다. 즉, 유클리드의 용어를 사용했다고 해서, 이것이 아리스토텔레스가, 수학공식과 현실 사이에 현대물리학이나 현대경제학이 전제하는 것과 동일한 관계가 존재하고 있다는 가정을 도입하고 있다고 말해도 좋다는 것을 의미하는 것은 아니라는 것이다.

따라서 우리는 교환관계를 정하는 원칙을 알게 되었다. 우리는 집과 구두의 교환관계는 목수와 구두장이의 관계에 달려 있다는 것도 알고 있다. 그러나 분석적 이론의 의미에서 본다면 이것만으로는 이 교환관계를 정하기에는 충분하지 않다. 그도 그럴 것이 우리가 물리적 단위로 A, B, C, D를 측정하려들면, 비례성은 의미가 없기 때문이다. 그러나 우리가 화폐단위로 측정하면, 구두와 집을 교환할 경우, C=D이어야 하고 또한 A=B이어야 한다. 그리고 이로써 생산자의 소득을 포함하는 판매고도 평등해야 한다. 따라서 이것은 동어반복일 뿐이다.

아리스토텔레스의 원칙을 경제학적으로 해석하는 것은 가능하기는 하겠지만 보다 더 복잡한 일일 것이다. 다른 한편 아리스토텔레스가 목수와 구두장이의 노동시간을 측정했다고 생각하는 것, 그리고 그가 판매고를 중간재와 소득으로 구분하고, 이 소득을 다양한 숙련도를 가진 노동의 수량으로 환원시켰다고 추측하는 것은 비역사적인 태도이다. 노동시간 개념은 분명히 나타나지 않았고 그리스인들이 임금노동을 평가한 것을 생각해본다면 이것은 놀라운 일이 아니다.

수데크(Soudek 1952)는 문헌으로 볼 때 입증하기 쉽지 않은 근거를 기초로 하여 비례의 비례라는 공식, 즉 $(A:C):(B:D)=(A:D):(B:C)$라는 공식을 가지고 쌍방성을 유클리드적 의미의 "비례적 쌍방성"으로 해석하고 있다. 이것은 교환 전(방정식의 왼편)과 교환 후(방정식의 오른편)의 모든 소유자와 자신의 생산물의 관계는 동일해야 한다는 의미로 해석할 수 있다. 그럴 경우에만 교환이 적정하다는 것이다. 이로부터 C=D, 즉 등가성이 생겨날 것이다. 그러나 이것을 가지고는 상대가격의 의미로 교환관계를 인과적으로 설명할 수가 없다. 왜냐하면 수데크의 공식은 C=D라면 임의의 모든 A와 B에 대해서도 옳기 때문이다.

아리스토텔레스는 이 문제를 다른 곳에서도 다루고 있다. 사용가치가 똑같을 가능성은 그를 당혹스럽게 만든다. "모든 것은 측정되어야 한다 (『윤리학』, 1133b, 15쪽)." 집과 구두를 공통의 척도로 계량화하기 위해서 아리스토텔레스는 가치개념이 필요했을 것이다. 그러나 그는 이를 갖지 못했다. "아주 상이한 재화들은 측정할 수 없다(같은 책, 1133b, 19쪽)." 아리스토텔레스는 오직 다음과 같이 부언하고 있을 뿐이다. "그러나 필요가 요청되는 한, 가능하다(같은 책, 1133b, 21쪽)." 다른 장소에서 그는 "모든 것을 통합해주는 필요(같은 책, 1133a, 28쪽; 1133b 참조)"를 모든 것에 적합한 "유일한 척도"라고 말하고 있다(같은 책, 1133a, 27쪽). 필요라는 표현은 화폐이다. "합의에 기초하여 화폐가 그 필요의 대표가 되었다(같은 책, 1133a, 28쪽)." 화폐는 교환할 재화의 비교를 가능하게 하는 일반적 척도이다. 따라서 "화폐가치 이론"은 아리스토텔레스와 교환가치론의 "유기적 요소"이다(Gelesnoff 1923, 26쪽 참조).

여기에서 아리스토텔레스에게 분명히 중요한 것은 교환을 사용가치의 매개로서 기술하고 있다는 것이다. 재화의 교환은 가계의 자급자족경제에 도움을 주고 이로써 가족들의 욕구충족을 도와준다(Hollander 1965, 621~622쪽 참조). 필요는 교환의 전제조건이다. 그러나 그것은 교환관계의 결정요인으로서 도입된 것은 아니다. 그도 그럴 것이 필요의 경우에 우리는 재화를 구매하는 사람의 필요를 생각하기 때문이다. 그러나 아리스토텔레스는 판매자의 옳은 삶의 관리와 그의 적정한 소득, 따라서 그의 필요를 중시하고 있는 것 같다.

여기에서 부언하고자 하는 바는 내가 위에서 교환대상의 "독자적 가치"라고 불렀던 것을 그 대상의 개별성을 고려하지 않고 표준화된 사용가치로 환원시켜서는 안 된다는 점이다. 자연적인 획득기술과 돈벌이 기술의 구분에 따라 "수요자"로서 보완할 필요성을 가진, 그러나 원칙적으로 자급자족적인, "훌륭한 삶"을 추구하는 가계의 필요와 똑같이 교환대상을 생산하는 활동과 생산자의 사회적 지위, 그리고 그의 가치관을 고려해야 한다.

따라서 요구되는 것은, 우리의 개념으로 해석한다면, 사용가치는 독자적 가치에 따라 생산되어야 하고 교환가치는 신분가치에 따라 결정되어야 한다는 것이다. 이 이론은 "돈벌이에 급급한" 영리업자들, 예를 들면 소·도매상들끼리의 재화판매에는 결코 질적으로 적용될 수 없다. 그러나 플라톤에게 되돌아가보자. 그에게 정의는 누구나 자기 것을 행하면, 역시 자기 것을 받는다는 것을 의미한다. 이러한 정의가 적용되면, 훌륭한 양치기는 양을, 의사는 환자를, 구두장이는 구두를 연상할 수 있다.

어느 한 사람이 이윤을 극대화한다면 생산성과 간접적으로는 후생이 증진되기 때문에 사회를 위해 "자기직분"을 수행할 수 있다는 생각은 비록 의심을 받지 않은 것은 아니지만 스미스 이래 경제사상을 지배해 왔다.

그와 같은 사고방법은 전적으로 그리스인들의 시야 밖에 있었다. 그도 그럴 것이 한편으로는 생산에서의 이윤개념, 생산성, 후생과 같은 개념이 없었기 때문이다. 신분에 의해 정해진 소득, 질, 훌륭한 삶을 위한 제한된 필요가 이러한 개념들을 대신했다. 다른 한편 기계적인 세계관의 인과적 개념을 통합하는 것이 없었다. 이 개념 대신에 신적인 질서가 있었다. 이 질서개념은 현대이론에서 전혀 나타나지는 않지만 정치에서 그 존재가 아직도 반성 없이 명맥을 유지하고 있다. 그리스인들도 조화사상을 알고 있었지만 이 조화가 보이지 않는 손을 통해서 이루어지는 것이 아니라 추구하고자 하는 삶의 모습을 통해서 이루어지는 것이라고 생각했다.

영향: 플라톤과 아리스토텔레스의 반대파들이 경제과학 확립

플라톤과 아리스토텔레스의 "경제학"이 후세에 미친 영향은 특히 자연법 사상과 토마스 아퀴나스의 질서사상 그리고 마르크스에게 미친 영향(어떤 면에서는 직접적으로, 또는 어떤 면에서는 헤겔을 매개로)

속에 나타나고 있다. 몇몇 경제학자들은 『니코마코스 윤리학』에서 수요지향적, 효용지향적 가치이론을 읽어내려고 노력했다. 그러나 교환과 관련된 구절을 철학적 범주로 분류하는 데 따르는 어려움, 그리고 아리스토텔레스의 독특성, 그리스 사상과 그리스 역사의 독특성을 분석하는 데 따르는 어려움을 드러내는 데 그쳤다. 현대적인 해석의 한계에 대한 문제도 전혀 제기되지 않고 있다. 공리주의적 주관주의적 철학, 특히 헬레니즘 속에 등장하는 쾌락주의는 플라톤만큼 아리스토텔레스에게도 거리가 먼 것들이다.

적지 않은 경제학자들이 아리스토텔레스를 한계효용 학파의 선구자로 보려고 노력했다(Kraus 1905; Spengler 1955 참조). 어떤 사람은 심지어 에지워스(Francis Edgeworth)의 계약곡선을 지적해주는 접근법을 그에게서 찾을 수 있다고 말하고 있다(Jaffé 1974 참조). 수데크는 교환에 대한 아리스토텔레스의 관찰을 "형태는 아니지만 정신에서 18세기 후기의 프랑스 효용이론의 전통으로 볼 수 있는" "한계효용 이론의 전신"으로 이해할 수 있다고 말하고 있다(Soudek 1952 참조). 그는 필요를 효용과 동일시해서는 안 된다고 말하고 있으면서도 객관적 필요에서 주관적 욕망충족으로 전환함으로써 스스로는 필요를 효용으로 해석하고 있다.

고든은 "한계효용과 소비수량 사이의 연속함수 관계를 표현하는 중요한 스케줄 개념"이 아리스토텔레스에게는 없다는 것을 인정하면서도(Gordon 1975, 60쪽) 아리스토텔레스의 저서에는 "효용을 기반으로 하는 일관된 가치입장"이 포함되어 있다고 말하고 있다(Gordon 1975, 58쪽; Gelesnoff 1923, 33쪽 참조).

아리스토텔레스에 관한 또 다른 연구방향은 노동가치 이론의 해석이다. 교환에 관한 아리스토텔레스의 주장은 불명확하고 일반적인 것이기 때문에 사실상 다양한 해석의 가능성이 존재한다. 그도 그럴 것이 필요라는 개념의 핵심적 의미와 나란히 우리가 그에게서 발견할 수 있는 것은 "목수는 구두장이의 작업에서 뭔가를 얻고, 이에 대한 대가로서 자기 것을 주어야 한다(『윤리학』, 1133a, 9쪽)"는 것이다. "이때 어느 한 사람의 산물이 다른 사람의 그것을 능가하는 것을 그 어느 것도 방해하지 않는다. 그러나 바로 이것이 조정되어야 한다(같은 책, 1133a, 13쪽)."

우리가 위에서 본 바와 같이 그 문장은 노동의 산물로서의 일련의 작품과 관련된 것이지 노동시간과 관련된 것이 아니다. 그러나 그 균등화는 인간노동을 끌어들일 경우에만 찾을 수 있다. 토마스 아퀴나스로부터 시작하여 스콜라 학파가 아리스토텔레스의 사상을 노동가치 이론의 방향으로 발전시켜 나갔다는 사실은 옳다. 교환에서의 쌍방성을 분배정의와 연결시킴으로써 신분적인 소득격차를 설명하기 위해 아리스토텔레스를 끌어들일 수 있다. 비록 아리스토텔레스가 중세적 신분을 알지 못했고, 추상적으로 본다면 그의 분배원칙을 스스로가 염두에 두었던 질적 특징만큼 훌륭하게 현대적인 업적측정과 관련시킬 수 있다고 할지라도 말이다.

노동가치 이론적 해석을 지지하는 현대적인 인물은 예를 들면 슘페터이다(Schumpeter 1954, 61쪽 참조). 고든은 아리스토텔레스에게는 효용이론적 요소는 물론 노동가치 이론적 요소도 발견할 수 있다는 주제를 대변하고 있다(Gordon 1964 참조). 수데크는 아리스토텔레스를 특히 효용이론적으로 해석하고 있지만 아리스토텔레스의 분석에는 노동이론적 요소도 들어 있음을 기꺼이 인정하고 있다. 그는 교환되는 재화의 불균등 원인을 그 재화를 생산하는 사람들의 노동능력의 차이에서 찾고 있다(Soudek 1952, 60쪽 이하 참조). 그러나 "노동능력"은 재화의 상대가격을 정하는 것이 아니라는 것을 강조하고 있다. 하지만 아리스토텔레스에 대한 노동가치 이론적 해석은 효용이론적 해석만큼이나 대담한 것처럼 보인다.

마르크스에 가까운 해석에 따르면 아리스토텔레스는 고대의 노예사회의 관념세계에, 그리고 육체노동을 천시하는 관념세계에 사로잡혀 있었기 때문에 재화의 가치를 인간노동에 환원시키는 이론을 개발하는 것이 불가능했다는 것이다(Finley 1974, 38쪽 참조). 실제로 우리가 생산비용 이론적 접근을 찾는 것은 헛된 일이다. "아리스토텔레스는 한 번도 노동비용이나 생산비용을 언급한 바 없다(같은 책, 35쪽)." "아리스토텔레스의 탁월성은 그가 재화의 가치표현에서 등가관계를 발견했다(Marx 1867, 74쪽)"는 사실에서 빛을 발하고 있다. 그러나 그에게서는 가치이론을 발견할 수 없다.

아리스토텔레스에 대한 확대해석을 마무리하기 위해 한 가지를 추가한다면, 측정의 기초로서 그가 필요를 강조하는 것은 기껏해야 고전이론의 현대적 의미로 기술될 수밖에 없다는 것이다. 가계들이 원료와 소비재를 생활수준에 준하여 시장에서 수량으로 구매하고 누구나 하나의 재화를 판매할 수 있다고 가정해보자. 이와 같이 이윤 없이 재생산하는 시스템의 구조는 스라파에 의해서 "생존을 위한 생산"으로 분석되었다(Sraffa 1960, 3~5쪽). 어떠한 잉여도 없이 그러한 시스템의 재생산을 보장하는 교환비율(상대가격)이 존재한다.

아리스토텔레스는 모델을 가지고 생각한 것이 아니다. 그러나 우리가 그의 생각의 부분들을 분석적으로 공식화한다면, 그는 다음과 같은 사실들을 보여준다. "자연적", "제한된" 필요를 가진 가계들끼리 교환이 이루어지기 위한 조건은, 경제학적으로 좀더 생각한다면, 현대의 경제이론의 시각에서 볼 때 주관주의적인 가치이론으로 흘러들어 갈 필요도 없고 또한 노동가치 이론으로 흘러들어 갈 필요도 없다는 것이다.

우리는 아리스토텔레스의 저서를 도대체 "경제이론"이라고 말할 수 있는가라는 문제를 제기했다. 저명한 인류학자이자 경제학자인 폴라니는 "경제분석"은 오로지 시장을 통해 조직된 경제를 설명하기 위해서만 사용될 수 있을 뿐이며 고대(과거의 오래된 사회)는 이러한 경제에 속하지 않는다는 주제를 대변하고 있다(Polanyi 1977 참조). 오히려 이 사회는 전적으로 상이한 법칙에 의해 지배되었다. 고대 그리스에는 가정의 차원에서는 물론 국가적 차원에서도 "재분배"의 원칙이 지배하고 있었다는 것이다.

따라서 폴라니는 아리스토텔레스가 사회에서 경제적 역할에 대한 핵심적 문제를 분석하기는 했지만(Polanyi 1957 참조), 그에게서는 오늘날 경제분석이라고 이해할 만한 그 어떤 것도 찾아 볼 수 없다고 말하고 있다. 그도 그럴 것이 시장 메커니즘은 아리스토텔레스에게는 전혀 알려져 있지 않았기 때문이다.

아리스토텔레스에게 교환이란 고대사회에서는 전형적인 등가교환이었다는 것이다(같은 책, 89쪽 이하 참조). 그것은 쌍방성의 원칙과 교환참여자의 사회적 지위를 존중하는 원칙에 의해 결정되었다는 것이다. 따라서 폴라니는 "경제이론은 아리스토텔레스의 『정치학』제1권과 『니코마코스 윤리학』제5권으로부터 뭔가를 얻으리라고 기대할 수 없다(같은 책, 66쪽)"고 말하고 있다.

핀리도 유사한 결론에 도달하고 있다. 그에 의하면 아리스토텔레스는 시장에 의해 규제되는 사적 변동의 존재를 아주 잘 알고 있었지만(Finley 1974, 39~40쪽 참조) 시장가격의 이론적 설명에는 별 관심이 없었다는 것이다. 무엇보다도 그가 이윤을 획득하려는 노력을 거부했기 때문에 이런 이윤획득을 다루고 싶지도 않았을 것이라는 것이다. "경제분석에 관해서는 흔적도 없다(같은 책, 44쪽. 또한 40쪽 참조)."

이에 반하여 포터는 아리스토텔레스에게서 시장관계의 최초의 분석적 연구를 확인할 수 있다고 주장하고 있다(Porter 1965, 40쪽). 로리는 아리스토텔레스의 저서를 정부의 경제정책에 대한 이론적 설명으로 보면서 "그가 다룬 시장문제와 우리가 직면하고 있는 상황은 매우 유사하다"고 말하고 있다(Lowry 1974, 63쪽). 겔레스노프도 역시 아리스토텔레스에게 "개별적이고 다소 다행스러운 경제학적 사상이 아니라 깊은 사유에서 나온 논리적인 전체 이론체계"를 발견할 수 있다고 말하고 있다(Gelesnoff 1923, 33쪽).

잘린은 아리스토텔레스에게서 "일종의 경제이론적 사고"를 확인함으로써(Salin 1923, 5쪽) 중간적 입장을 취하고 있지만 동시에 "아리스토텔레스도 어떠한 현대적인 '자율적' 이론도 개발하지 못했다고, 그리고 그를 현대적인 '이론'의 아버지로 칭찬하는 견해보다 더 잘못된 것은 없다"고 주장하고 있다(같은 책, 5쪽).

이러한 평가들을 보충해보자. 현대이론은 시장관계에 의해 스스로 규제되며 경쟁 속에서 혁신이 이루어지는 경제체제에 관한 사상과 불가분의 관계를 가지고 있다. 그렇기 때문에 플라톤과 아리스토텔레스는 이 체제에 대한 반대자로서 마르크스와 같은 이론가가 될 수는 없다. 그들은 시장에 내재된 힘을 알고 있었지만 그리스의 제도와 가치들의 틀 내에서 그 힘을 지배할 수 있다고 믿었기 때문이다. 국가철학적인 목표를 관철하기 위해 플라톤은 사고의 실험으로서 유토피아를, 아리스토텔레스는 자연적이며 비자연적인 획득기술에 관한 개념규정을 이용했다.

그들은 특히 좋음에 관해서 시민들과 정치가들을 설득시켜야 했다. 경제정책적 조치들은 부차적인 것이었다. 이때 그들은 독자적인 방법론을 기술했고, 이것은 현대적인 경제이론 못지않게 그리스의 경제사를 이해하는 데 기여하고 있다. 현대적인 경제이론도 그리스의 경제형태의 영속성을 설명하기에는 아직도 불충분하다. 그 경제형태는 정치체제들이 교체되는 과정에서도 문화적인 꽃을 피웠고 경제형태가 진화되어가는 과정에서도 분명한 영속성을 지니고 있다.

그러나 플라톤과 아리스토텔레스는 그 어떤 다른 사상가들보다도 헬레니즘에서부터 최근세에 이르기까지 서양철학에 막중한 영향을 미쳤고, 그들의 문헌들은 철학 세미나에서 오늘날 아직도 가장 빈번히 읽히고 있다. 그러나 그들의 경제이론적인 생각은 자본주의의 번성과 함께 대부분 잊혀졌다. 아우구스티누스의 『신국론』(*Civitas Dei*)은 플라톤이 없었다면 생각할 수 없었다. 아리스토텔레스가 중세의 경제사상에 미친 영향은 너무나도 잘 알려져 있다. 따라서 두 사람은 경제학자로서 간접적으로 영향을 미쳤다. 잘린에 의하면 아리스토텔레스는 "현대에 이르기까지 자본에 관한 논의의 방향과 내용을 정해주었다. 대부와 돈거래는 그때부터 가장 무서운 저주를 받았다. 철학과 그후 신학은 그러한 저주를 가속화시킬 수 있었다. 대부와 돈거래는 자연을 거역하는 것이다(Salin 1930, 158쪽)."

이미 후기 스토아 학파에서 아리스토텔레스는 점점 더 다르게 해석되었다. 철학적인 확신을 통해서가 아니라 법규칙과 제도를 통해서 이론을 현실에 적용하려는 중세의 노력은 이자취득의 실제적 필요성에 부딪혔고 결과적으로 이론적 구상의 변동이 초래되었다.

아리스토텔레스는 이론적인 면에서는 이자를 기본적으로는 자연을 거역하는 것이라고 말하고 있지만 실제적 관점에서는 돈벌이 기술을 체계화하거나 이러한 시스템을 지적하고 있다. 반면에 스콜라 학파는 그리스 사람들보다는 덜 자유주의적이긴 했지만 이론의 측면에서 이자는 일종의 노동의 대가라고 한 토마스 아퀴나스에서 시작하여 연속적으로 이자거부를 완화했다. 그리고 그들은 특정의 허용가능한 이자형태를 옹호하기 위한 요소에서 점차 이자생성 이론의 요소를 창출해냈다. 이와 같은 의미에서 명백한 사기와 기만(laesio enormis)****이 발견되었을 때 반환요구권을 정당화하는 "정의로운 가격"에서 점차 가치이론이 생겨났다.

따라서 경제학은 플라톤과 아리스토텔레스의 반대파들에 의해 세워진 것이라고 말하는 것은 역사적인 모순이 아닐 수 없다. 이미 아리스토텔레스 자신은 경제형태가 고유한 개념적 형태들(돈벌이 기술, 쌍방성, 필요 등)을 사용했지만 현대적 상황과 유사성이 너무도 크기 때문에 많은 사람들은 개념적 범주들을 그에게 부과해도 된다고 믿을 수 있다.

경제에 대한 그리스적 이해와 오늘날의 이론은 논리적으로 대립한다. 역사적으로 경제에 자율성을 인정하지 않고 경제활동은 "훌륭한 삶"의 목적에 의해 유도되어야 한다고 생각한 그리스 정치이론은 시장과정의 독자적인 법칙성을 이해하고 이로써 자유주의 경제정책의 불가분의 기초를 닦으며, 삶의 조건이 완전히 변동된 상황에서 전에는 어느 누구도 예측하지 못하던 부의 증가의 기초를 창출하는 기술적 경제이론으로 점차 변동하게 되었다.

경제이론의 생성과 함께 생겨난 개념의 변동이 비로소 설명되었다. 가계이론으로서의 경제학은 이집트에서는 국가이론으로, 즉 왕의 가계에 관한 이론으로 변동되었다. 훨씬 뒤에 가서 초기 자본주의에서 고도 자본주의로 이행되던 시기에는 정치경제가 생겨났다. 반면에 우리는 오늘날 객관화된 "경제학"의 시도를 만나고 있다.

카리스는 이제는 더 이상 국가생활의 동기가 되지 않는다(사적 삶의 동기일 뿐이다). 오늘날에는 시장의 실적원칙을, 재분배 요구를 정당화하는 사회적 규범으로 보충해야 한다는 요구가 더욱더 강해지고 있다. 경제과정의 자율성 그리고 사회적 통합욕구와 변동된 상황에 대한 적응욕구 사이의 갈등관계는 로마 시대 이후 모범으로 여겨져 왔으며, 예술적, 학문적 업적으로 두드러진 그리스의 국가형태와 삶의 형태를 연구하도록 하는 계기가 되었다. 고대를 연구하는 학자들이 이 영역을 이미 파헤치고 있으며 끊임없이 새로워지는 문제들이 항상 제기되고 있다.

| 베르트람 셰폴트 · 민경국 옮김 |

2 | 토마스 아퀴나스
Thomas Aquinas, 1224/25~74

토마스 아퀴나스가 어떤 식으로 "경제사상의 거장"에 속할 수 있는
지 우리는 아래에서 보여주고자 한다. 토마스는 당대에 접할 수 있었던
철학적·성서적·역사적·신학적 능력을 통해, 세상이 창조되고 속죄
되어 완성에 이르도록 설계된 실체로 인정할 수 있게 만든 신학자였다.
오늘날의 사람들까지도 그의 열정에 경이로움을 느낀다. 그에게 경제
는 이러한 실체에 속하는 것이었다.

생애

성장과정

토마스 아퀴나스는 1224/25년에 나폴리와 몬테 카시노에서 가까운
그 당시의 도시 아퀴노에 있었던 로카세카 성에서 태어났다. 13세기에
이 지역은 시칠리아 왕국의 북서 지방에 속해 있었다. 그의 가족은 유
력하다고 할 수 없는 귀족출신이었고, 그에게는 형제와 자매가 많았다.

1230/31년경 토마스는 베네딕투스 식 규율과 일반교육을 배우기 위
해 그의 부모에 의해 몬테 카시노에 있는 베네딕투스 수도원에 보내졌

다. 1239년 가을에 그는 학업을 위해 나폴리로 갔는데, 그곳은 1224년 프리드리히 2세(재위 1215~50년의 신성로마황제—옮긴이)가 교황관할인 볼로냐 대학교에 대한 경쟁기구로서 최초의 국립대학을 세운 곳이었다. 나폴리에서 토마스는 아리스토텔레스와 아베로에스(Averroës, 1126~98)*의 저작을 공부했는데, 이는 그가 알베르투스(Saint Albertus Magnus, 1193~1280)와 개인적인 접촉이 있기 전이었다.

여기서 그는 도미니쿠스(Dominikus Guzmán, 대략 1170~1221)에 의해 설립되고 1215년의 제4차 공의회에서 승인된 도미니쿠스 수도회(Ordo praedicatorum, 즉 OP)에 들어갔다. 1244년 그가 나폴리를 떠났을 때, 가족들은 토마스를 도미니쿠스 수도회에서 탈퇴시키기 위해 그의 형제 리날도(Rinaldo)로 하여금 그를 붙잡아 두게 했다. 그는 1년 동안 가족들에 의해 억류되어 있었으며, 마지막에는 로카세카에 체류했다. 1245년 여름 그는 로카세카를 떠나 나폴리를 거쳐 로마에 도착했다. 도미니쿠스 수도회는 그를 파리로 파견했다(1245~48). 거기서 그는 알베르투스 밑에서 공부를 했고, 1248년 알베르투스는 그를 쾰른으로 데려갔다.

쾰른에서 알베르투스는 독일에서는 최초의 일반강좌(Studium Generale)를 개설했는데, 이것이 쾰른 대학교의 선구라 할 수 있다. 1250/51년 쾰른에서 토마스는 사제서품을 받았다. 여기서 또한 그는 "말 없는 황소"라는 별명을 얻었는데, 이는 그의 거대한 체구와 소극적인 성격 때문이다. 알베르투스는 그것에 대해 다음과 같이 말했다. "우리는 그를 말 없는 황소라 불렀다. 그러나 이 황소의 울음소리는 전 세계에 메아리칠 것이다(Weisheipl 1980, 50쪽)."

1252년 알베르투스는 토마스에게 파리에 가도록 권했다. 그해 토마스는 파리에서 석사와 명제주석가(Sententiarius)가 되었다. 그의 직무는 그 당시 널리 사용되던 신학 교재인 페트루스(Petrus Lombardus, 1095~1160; 1150~60년 파리 주교)의 명제집을 주해하는 것이었다. 1256년 그는 외국인에게는 주지 않던 파리 대학교의 도미니쿠스 수도

토마스 아퀴나스(1224/25~74)

회 교수직을 얻었다.

교수직에 취임할 당시 수도자가 육체적인 일을 해야 하는가라는 문제가 토의되고 있었는데, 노동신학에 대한 중요한 관점을 내포하고 있는 이 주제는 그의 『신학 대전』(Summa theologiae) II, II, 187, 3에서 다시 논의된다. 1259년부터 1269년까지 토마스는 로마의 변경에서 교수로 활동했는데, 처음에는 나폴리, 다음에는 오르비에토(Orvieto), 로마, 비테르보(Viterbo) 순이었다. 교황 우르바누스 4세는 프리드리히 2세가 야기한 불안한 군사적 상황 때문에 오르비에토로 교황청을 이전했고, 그곳은 한동안 학자와 주교, 외교관과 선교사들의 중심지가 되었다.

거기서 토마스는 다시 알베르투스를 만났고, 또한 교황의 시종사제이면서 무뚝뚝한 도미니쿠스 수도회 소속이던 기욤(Guillaume de Moerbeke, 대략 1215~86)을 만났다. 기욤은 철학적, 자연과학적 저작들을 그리스 어에서 바로 번역할 수 있는 것으로 유명했다. 토마스는 그리스 어에 능통하지 못했기에 기욤의 훌륭한 번역은 그에게 아주 유용했다. 교황 우르바누스 4세가 서거한 뒤, 토마스는 로마에서 도미니쿠스 교리를 연구하는 산타 사비나(Santa Sabina)를 이끌도록 위임을 받았다. 1267/68년 그는 다시 비테르보에 있는 교황청에 있게 되었다. 그는 1년 이상 여기에 머물렀으며, 여기서 다시 기욤을 만났다.

이 시기에 토마스는 3부로 구성된 주저 『신학 대전』의 집필작업에 들어갔다. 그가 집필에 들어간 이유는 무엇보다도 통상의 신학 교재로는 통찰력을 갖기 어려웠기 때문이다. 그래서 그는 초보자를 위한 기독신앙과 생활에 대한 내용을 간략하고 분명하게 서술하려 했다. 『신학 대전』의 제1부를 완성하고 나서 두 번째로 파리로 파견되었는데(1269~72), 이 두 번째 파리 체류가 그의 인생에서 황금기가 되었다. 이때 두 편으로 나누어진 『신학 대전』 제2부가 완성되었고, 아리스토텔레스의 전 저작에 대한 주해로 이루어진 제3부의 저술이 시작되었다.

그는 여러 명의 비서를 두었고, 종종 서너 명의 비서들을 한 방에 두어 동시에 여러 가지 주제를 받아 적게 했다. 토마스가 뛰어난 집중력과 기억력을 가지고 있었다는 사실은 널리 알려져 있지 않다. 1269년 프랑스 국왕 루이 9세와의 만찬사건은 유명한 일화이다.

만찬 도중에 토마스는 무아지경에 빠진 사람처럼 보였다. 갑자기 그는 주먹으로 식탁을 치면서 소리쳤다. "그것이 마니교도를 해결한다!" 그는 마치 연구실에 있는 것처럼 외쳤다. "레기날트, 일어나서 기록하라(레기날트는 토마스가 죽을 때까지 늘 따라다니며 수행한 레기날트 폰 피페르노[Reginald von Piperno]를 가리킨다)!" 궁전만찬에 동행한 그의 수도원장은 그가 정신을 차리도록 해야만 했다. 토마스는 프랑스 국왕에게 사과했고, 루이 9세는 자신의 시종비서에게 토마스의 생각을 기록하게 했다.

토마스는 좋은 몸상태와 건강을 유지했고, 먼 거리를 걸어서 다녔다. 말년에야 비로소 타고 다닐 당나귀를 한 마리 얻었다. 그는 키가 크고 체격이 좋고 뚱뚱한 편이었다. 머리카락은 40년이나 깎지 않고 길렀다. 그는 적게 먹고 잠을 적게 잔 반면에, 책은 빠르게 많이 읽고 정확하게 기억했다. 그는 또한 글을 빨리 써서 다른 사람이 그의 필체를 알아보기 어려웠다. 그래서 "해독할 수 없는 문장"(scriptura inintelligibilis)이란 말이 회자되기도 했다.

1272년 4월 토마스는 레기날트와 함께 파리를 떠나 이탈리아로 향했다. 그해 오순절에 피렌체에서 개최되었던 교단총회에 참석했던 것 같다. 거기서 그는 자신이 원하는 곳에서 새로운 일반강좌를 개설하라는 임무를 부여받았다. 그 장소로 그는 나폴리를 택했다. 그곳에서의 강의 부담이 적었기 때문에, 그는 『신학 대전』 제3부, 즉 아리스토텔레스에 대한 주해와 시편 해석의 완결에 집중했다. 그는 공식적으로 설교를 했는데, 예를 들어 1273년 2월 2일부터 4월 9일까지는 매일 말씀을 설파했다.

루이 9세의 동생이자 당시 시칠리아의 왕이었던 카를로 1세는 토마스에게 큰 감명을 받았다. 그는 1265년 봉건제후들과 싸우는 교황에게 군사적 도움을 주었는데, 그 대가로 시칠리아를 봉토로 받았다. 카를로

1세는 매년 토마스에게 2온스의 금을 급료로 주었는데, 이는 공식적으로 토마스가 대학에서 신학을 강의했다는 사실을 의미한다.

1273년 12월 6일 토마스의 인생이 바뀌게 되는 어떤 사건이 일어났다. 그날 아침의 미사 도중 그는 갑자기 무엇엔가 맞은 것처럼 커다란 충격을 받았다. 토마스는 그의 수행원에게 말했다. "레기날트, 나는 더 이상 아무것도 할 수 없어." 레기날트는 그것이 무슨 뜻인지 그에게 물었다. 토마스는 대답하기를, "내가 집필했던 모든 것들이 지푸라기와 같이 보이기 때문에 나는 더 이상 아무것도 할 수 없네." 이러한 기이한 사건(토마스는 그때 이후 기도만 할 뿐이었다)과 별도로 여기에는 육체적, 정신적 원인이 있었다. 한마디로 육체적·정신적 고갈이 닥쳐온 것이다. 언어장애와 거동의 어려움을 동반한 뇌출혈이 있었던 것 같다.

그런데도 토마스는 제2차 공의회 참석을 위해 피렌체로 오라는 명령을 따랐다. 도중에 토마스는 길 위에 사선으로 튀어나온 나무에 머리를 부딪혔다. 그는 혼수상태에서 여행의 속행을 청했지만, 사람들은 그를 포사노바(Fossanova)의 시토 교단 수도원 가까이 있는 그의 질녀에게 데려갔다. 토마스는 1274년 3월 7일 아침 이 수도원에서 운명했는데, 이때 그의 나이는 50세가 채 되지 않았다.

토마스가 살았던 시대는 교황과 황제 간의 대립, 즉 교권과 세속권력 간의 점점 더 첨예하게 대립되어 가는 분쟁으로 특징지을 수 있다. 교황 인노켄티우스 4세는 1245년 리옹의 제1차 공의회에서 신성로마제국의 황제 프리드리히 2세를 파문했다. 이는 유럽의 통일성을 점점 더 심각하게 붕괴시키는 결과를 가져왔다. 무력분쟁들이 증대되었고, 특히 교황령에 대한 분쟁이 잦았다. 이러한 이유에서 교황들은 프리드리히 2세의 즉위(1220) 이후 교황청을 신성로마제국 바깥으로 옮겼다. 아나니(Anagni), 오르비에토, 비테르보, 페루자(Perugia) 등이 그곳이다. 지위 고하를 막론하고 귀족들이 이러한 분규에 연루되었다. 토마스의 가족도 황제의 보복으로 고생했는데, 이들이 교황과 결속하고 있다고 생각되었기 때문이다. 프리드리히 황제의 서거(1250) 이후 정치적,

군사적 분쟁은 더욱 심화되어, 카를로 1세에 의해 황제의 손자인 콘라딘 (Konradin)이 나폴리에서 처형되는 최악의 상황에까지 이르게 되었다.

토마스는 그의 초기 저작 중 한 곳에서 이러한 불행한 사태에 대해 입장을 표명했다. 『명제집 주해서』(*Sentenzenkommentar*)에서 그는 교황이 교회의 정신적 지주이고, 모든 정치적, 세속적 권력증대는 그 본질상 교회주권에 대한 역사적 우연이라고 강조했다. 이러한 분쟁상황에서 또한 『군주론』(*De regno*) 또는 『통치원리』(*De regimine principum*)라는 제목의 소규모 저작이 나왔는데, 여기서 토마스는 국왕이 자연적으로 자신에게 속한 백성들의 공동이익을 보살필 권리를 가진다는 입장을 취했다.

세속권력의 원천은 교황이 아니라 인간의 이성, 그리고 이를 통해 인식할 수 있는 필연성이다. 토마스는 이러한 입장을 견지함으로써 갖게된 개인적인 지조를 일생 동안 일관되게 지켰다. 그는 세속적인 업무와 연루될 수 있는 어떠한 직위도 거부했는데, 이에 따라 몬테 카시노의 수도원장을 맡으라는 교황의 제의와 나폴리의 대주교가 되라는 제안을 거절했다. 그는 평범한 수도승으로 머무르길 원했다. 교황의 성직권위에 대한 강조는 19세기에 와서 교황령의 유실이 교황권의 결정적 패배로 간주될 수 없다는 논리를 뒷받침하는 것이 되었다.

13세기에 수도승 교단, 특히 도미니쿠스 수도회와 프란체스코 수도회의 출현과 이른바 반(反)걸식수도사 분쟁(Anti-Mendikantenstreit)은 주목할 만한 사건에 속한다. 반걸식수도사 분쟁은 국제적 성직자, 특히 파리 대학교에 있는 자들과 다수의 주교들이 일으켰던 것으로 도미니쿠스 수도회뿐 아니라 프란체스코 수도회에 교수직을 갖고 있는 수도승들에 대한 싸움이다. 토마스와 같은 시대 사람으로서 저명한 프란체스코 수도회의 신학자 보나벤투라(Bonaventura, 1217/18~74) 또한 파리 대학교 교수였다.

이러한 분규의 배경에는 수도회 사람들이 교황에게 바로 직속되어 있어 이들이 교황정치의 수족으로 간주된 데 그 원인이 있었다. 그들은 주교들의 동의 없이 어디서나 설교하고 걸식했다. 주교들은 이를 자기 목회권의 침해로 간주했다. 직급이 낮은 성직자는 걸식수도승이 백성들 사이에 인기가 높아 자신의 소득이 줄었다고 탄원했다. 1300년 보니파키우스 8세 아래 부분적 해결책이 나왔다. 주교령에서 활동하는 수도승은 해당 지역주교의 인가를 얻어야만 했다. 이미 10세기 때부터 시작되었지만 점점 더 분명한 불화로 인해 마침내 나타난 라틴 교회와 그리스 정교회의 분열은 오랜 내분의 결과였다.

정치적 · 사회적 영역에서의 영향

유럽의 정치구조에 큰 변화가 나타났다. 영국에서 "마그나 카르타 자유"(Magna Charta Libertatum, 1215)의 시작으로 군소 지방제후들과 부유한 시민계급으로 구성된 신흥도시들은 점점 더 많은 권력의 이양을 요구했다. 1235년 마인츠 평화협정의 체결로 봉건제후들의 통치권이 인정되었다. 신성로마제국의 황제 프리드리히 2세의 죽음(1250)으로 독일에는 1273년 합스부르크 가의 루돌프 1세가 즉위할 때까지 이른바 공위기간이라 불리는 황제 없는 시대가 시작되었다.

1254년 라인 도시동맹(마인츠, 보름스, 빙겐, 잉겔하임)이 기사와 제후들에 대항하는 교역의 자위기구로 결성되었다. 이탈리아에서는 북부와 중부에서 황제의 지배권을 다시 복원하려는 프리드리히 2세의 시도에 대항하기 위해 롬바르드 동맹(1226~40. 베네치아, 제노바, 밀라노 등)이 결성되었다. 하지만 이 동맹은 1240년 황제의 휘하에 들어갔다. 프랑스에서는 루이 9세(1226~70)가 제후들의 분권화 움직임에 대항하여 중앙집권화를 강화할 수 있었다.

13세기에 최초의 의회가 등장했는데, 먼저 영국과 프랑스에서 설립되어 그들의 입법권을 점진적으로 확대해나갔다. 교회와 세속권력의 이해가 기이하게 결합된 예는 십자군 시기에 나타났다. 제5차 십자군 원정은 1227년 프리드리히 2세에 의해 실시되었고, 제6차(1248)와 제7차(1270)는 프랑스 왕 루이 9세에 의해 추진되었는데, 그는 1270년 제

7차 원정 중에 튀니지에서 전염병으로 사망했다.

13세기의 "유럽"은 다방면의 발전으로 이해될 수 있다. 고대 몰락기의 인구감소 이후로 10세기부터 다시 인구가 증가하기 시작했다. 유럽에서는 1300년경에 중세사상 인구 최대치에 도달한다(약 7,300만 명). 14세기 전반기에는 상대적 과잉인구로 인한 생필품 조달위기에 대한 보고가 종종 나타난다.

중세 유럽의 공동체는 거의 농업공동체였고(약 90퍼센트), 상류귀족층에 의해 지배되었다. 도시에서는 경제활동이 주목할 만한 정도가 되었다. 고대의 소멸 뒤에 (다른 유럽 지역들보다 먼저) 이탈리아에서는 도시생활의 복구가 시작되었는데, 베네치아에서는 8세기 이래로 이러한 현상이 분명하게 나타났다. 10세기부터는 알프스 북부에서도 새로운 도시화 과정이 시작되었다. 대개 도시는 주교청이나 상인거주지 등의 권력중심지에서 발전했다. 쾰른은 14세기 초 약 4만의 인구로 상대적으로 큰 도시에 속했고, 파리는 1328년의 세수조사에 따르면 인구가 8만에서 20만 사이로 산정되었다. 밀라노, 피렌체, 베네치아는 1200년경에 각각 약 18만의 인구를 가졌던 것으로 보인다.

13세기 이후 도시의 자립도는 크게 발전했다. 도시고유의 도시권(ius urbanum, ius civium)이 성립했는데, 특히 부유한 원격 무역상들의 통솔 아래 이러한 권리가 성립했다. 농업 또한 12세기 이후 여러 곳에서 그 중요성이 크게 부각되었는데, 이는 농업에 도시의 생필품을 조달하는 임무가 부과되었기 때문이다. 이로 인해 시장지향적 상품생산이 강화되었고, 거래에서 물물교환 대신에 화폐의 사용이 증대되었다.

12세기 이래 공업 분야에는 길드가 강하게 형성되었다. 길드 조합은 조합원을 엄격한 규율로 묶어두는 역할도 했지만, 그들의 생활을 보장하고 수공업 전체에 정치적 영향력을 제공하는 역할도 담당했다(13, 14세기의 수공업자 봉기). 11세기 이후 가장 중요한 공업 분야는 플랑드르와 이탈리아 북부(특히 피렌체)의 섬유생산이었다. 섬유생산은 도시에 집중되었고 상인자본이 참여했다. 광업도 금속부족으로 특징지어지는 중세 초기에 그 중요성이 높아졌다(납, 주석, 철, 은). 12세기 이후 수력(水力)이 응용가능한 것으로 입증되었다. 소금생산 또한 그 중요성이 부각되었고, 그 필수성 때문에 과세의 우선 대상이 되었다(소금 전매).

수요증대(인구증가와 도시의 발전)로 인해 11세기부터 13세기까지 상업혁명으로 표현되는 교역증대가 나타났다. 특히 이탈리아에서는 기술혁신적 동기유발과 새로운 조직형태(무역회사), 새로운 기술(부기), 새로운 교역로와 활동영역(무역박람회)의 발견이 있었다. 이자와 고리대의 금지는 일반적으로 성공리에 수행되었다.

이탈리아의 해안도시들(예를 들어 베네치아와 제노바)은 특히 십자군 원정에서 이득을 보았는데, 이는 원정을 통해 지중해 동쪽에서 그들의 지배권을 장악할 수 있었기 때문이다. 도로와 교량의 건설로 새로운 교역로가 개척되었다. 대량운송에서는 수로가 보다 비용이 저렴한 것으로 나타났다. 14세기에 라인 강과 도나우 강에서 10~15킬로미터마다 부과된 수많은 통과관세와 도시의 화물통관 수수료는 수로이용을 제한하는 역할을 했다.

카롤링거 시대 이래로 은화가 화폐로 유통되었는데, 은화는 숱한 가치하락을 겪으면서도 기독교 유럽에 일반화되었다. 중세 초기의 경제형태는 순수한 자연경제도 아니었고, 동시에 화폐가 일반적 경제척도로 관철된 것도 아니었다. 13세기 중반부터 유럽에서는 피렌체와 제노바를 시발로 금화가 다시 주조되었다(1252년에 "플로린"이라는 피렌체 금화가 발행되었고, 1254년 영국에서, 1266년 프랑스에서 최초의 금화가 발행되었다). 금과 은 사이의 가치비율은 중세 화폐가 끝내 해결하지 못한 미완의 과제로 남겨졌다.

우리는 1250년에서 1320년 사이를 금의 호황기라고 부를 수 있을 것이다. 화폐의 조직형태는 진보해갔다. 12세기 제노바의 "방케리"(bancherii)는 단순한 화폐교환자에 불과했지만, 1200년경 그들은 은행업무(예금과 대체결재)에도 종사하게 되었다. 1300년경 어음이 전 유럽에 유통되었다. 이러한 다양한 발전 속에 토마스가 살았다. 그의 저작 중 많은 곳에서 이런 상황들이 투영되어 나타난다. 그는 열린 마음으로 이러한 사실들을 숙고하는 데 전력을 기울였다.

저서

학문적 업적에 대한 개관

토마스 저작들의 최종본은 (1880년 교황 레오 13세에 의해 설치된) 레오니나 위원회의 편집이 끝났을 때 2절판으로 50권을 망라하는 분량이었다. 이 저작들은 다음과 같이 분류될 수 있다. 신학적 종합, 학술적 논거, 성서주해, 아리스토텔레스에 대한 주해와 기타 주해, 논쟁적 저술, 특별한 주제에 대한 논문, 의견서, 서신, 예배문과 설교문.

101개의 독립적인 글들을 점검한 바이스하이플(Weisheipl 1980, 321~351쪽)은 토마스는 성자일 뿐만 아니라 "무엇보다 이성적인 사람이었다"고 했다(같은 책, 11쪽 이하). 그의 견해와 가르침은 오늘날에도 우리의 문제를 해명하는 데 심오한 의미를 갖고 있다. 경제문제에 대한 그의 언급은 그의 전 저작에 산재되어 있기 때문에, 주요 저작들을 짧게 소개할 필요가 있다.

신학적 종합으로 들 수 있는 것으로 첫째『명제집 주해서』(*Scriptum super libros Sententiarum*, Paris 1252~56)가 있다. 토마스는 여기서 페트루스의 명제를 아주 독특한 방식으로 주해하고 있다. 둘째로는『대(對)이교도 대전』(*Summa contra gentiles*, 1259~64)을 들 수 있다. 이는 그 당시 도미니쿠스 수도회 승단장인 라이문두스(Raymundus von Peñafort)로부터 무슬림과 유대인 그리고 기독교 이단자들에 대항하는 선교 저작을 집필해달라는 요청을 받아 저술한 것이다. 토마스는 이 저술의 결과를 4권의 책으로 완결했다.

토마스의 가장 중요한 저작은 신학 초보자를 위해 저술한『신학 대전』(1266~73)이다. 이 저작은 미완성인 채로 끝났는데, 토마스가

1273년 12월 6일 이후 더 이상 저술할 수 없는 상태에 있었기 때문에 제3부의 고해성사 부분에서 중단되었다.

학술적인 논거에 관한 것으로는 『진리에 대하여』(De veritate, Paris 1256~59), 『권능에 대하여』(De potentia, Rom 1265~66), 『사악함에 대하여』(De malo, Rom 1266~67)가 있다. 성서에 대한 주해는 『구약성서』(「욥기」, 「시편」, 「아가」, 「이사야」, 「예레미야」, 「애가」)와 『신약성서』(4복음서에 대한 황금율[Catena aurea]. 여기에는 「마태복음」과 「요한복음」, 「바울로 서신」에 대한 자신의 주해가 포함됨)에 걸쳐 있다. 아리스토텔레스에 대한 열 두 가지 주해 중에서 경제문제가 포함되어 있는 것은 다음과 같은 것이다. 『니코마코스 윤리학 제10권에 대한 주해』(In decem libros Ethicorum Aristotelis ad Nicomachum, Paris 1271), 『아리스토텔레스의 정치학 제8권에 대한 주해』(In octo libros Politicorum Aristotelis, 미완성, Paris 1269~72).

특별한 주제에 대한 소책자로는 『키프로스 왕에게 보내는 군주론』(De regno ad regem Cypri, 미완성, 그의 친구 톨로메오[Tolomeo von Lucca]에 의해 완결됨, Rom 1265~67)을 들 수 있다. 세속적 지배자들의 통치술에 대한 이 저작은 키프로스의 왕 후고 2세(Hugo II. von Lusignan, 1267년 사망)에 대한 선물로 준비되었다.

토마스의 서신 중에서 경제와 관련된 것은 『알맞은 때에 사고 파는 일에 대하여』(De emptione et venditione ad tempus)이다. 이 서신은 1262년 피렌체의 강사로 있는 그의 형제 야콥(Jakob von Viterbo)에게 보내는 것이었다. 이 짧은 편지에서 신용에 기초한 매매문제가 다루어지는데, 그 배경에는 고리대에 대한 교훈과 피렌체에서 빠르게 발전하고 있던 상업 활동상의 화폐문제가 자리잡고 있다. 동시에 서신 「브라반트에서의 유대인 지배에 대하여」(De regimine Judaeorum ad Ducissam Brabantiae, Paris 1270~71)는 재정문제를 다루고 있다. 이 편지는 루이 9세의 딸 마르가레테 앞으로 보내는 것이었는데, 그녀는 1270년 브라반트 공국의 요한네스 1세와 결혼했다. 편지내용은 무엇보다 유대인과의 재정관계에 관한 것이었다.

토마스의 저술은 그를 폭넓게 교육받은 신학자이자 철학자로, 그리고 그 당시 사람들의 문제를 인식해 그들에게 도움이 될 수 있는 대답을 숙고한 사람으로 드러내준다. 그가 수도회 사제로서 일정 부분 그의 생활과 밀접한 연관이 있는 문제에 중점을 두었다는 사실은 놀라운 일이 아니다. 그의 열린 세계관과 넓은 지평은 그런 문제에 중점을 두었다고 해서 의문시될 수 없는 것이다.

재능과 정의의 요청 아래 있는 경제

토마스에게 경제는 이 세계의 한 가지 현실이다. 그것은 모든 것이 신에게 나와서(창조) 최종목적(finis ultimus)인 완전한 지복(beatitudo perfecta)으로 되돌아간다는 기본개념과 결부되어 있다. 이러한 여정에서 불완전하긴 하지만 경제의 중간목표는 육체적 정신적 필요를 충족시키는 데 기여하는 것이다. 의식주를 위한 경제재는 인간이 완전한 지복에 이르는 데 장애가 되어서는 안 된다. 물론 재화들을 통해서는 결코 그러한 지복에 이를 수는 없지만, 이들은 음식과 건강처럼 육신으로 이루어진 세속적 존재를 위한 명상생활에 필수적인 것이다. 따라서 물질적 재화의 이용은 이성적 한계를 넘어서는 안 된다. 즉 이는 슬기로움(prudentia)과 현명함(sapientia)에 의해 인도되어야 하는 것이다.

그런데도 경제재가 중요한 것은 신에 의해 용인된 "지복"이 세속적 행복을 통해 도달되어야 하기 때문이다(III Sent d. 27; I Eth 1. XV). 인간실존의 이 행복은 개인적인 자아실현으로서가 아니라, 인간들의 상호이해 속에 생겨나는 것으로 이해된다. 경제는 필연적으로 사회적 차원을 갖는다. 인간은 그 본성상 "사회적이며 정치적인 동물(『군주론』 I c. 1)"이고 그러한 사회적 존재로서 경제활동에 의존하게 된다. 토마스는 경제를 가정과 가족부양을 의미하는 그리스 어인 "oikonomia"의 근본의미로뿐만 아니라, 도시와 그 배후지(civitas)의 경제단위로서 보다 크게 이해하고 있다. 그는 또한 많은 경우에 도시보다 경제적 부양을 더 잘 할 수 있는 보다 큰 경제영역, 즉 지역을 고려하고 있다(같은 책, I c. 1 참조). 그에게 경제는 사회적, 공동체적 의사소통 행위(communicatio oeconomica)이다. 경제는 육신적 현세적 생활을 영위하게 하고 육성시키는 의미를 갖는다.

13세기에는 또한 경제발전에서, 예를 들어 화폐 및 지불수단의 유통에서 전문화와 세분화가 일어났는데, 이는 현세적 실제의 대상화(Verselbständigung)로 나아가고 있음을 보여주는 것이었다. 훗날 근대적 세속화와 다원화로 표현되는 것들이 이미 이 시대에 그 뿌리를 갖고 있었다.

여기서 토마스가 아리스토텔레스의 사고를 분명하게 받아들인 것은 놀라운 일이 아니다. 아리스토텔레스는 플라톤과 달리 더 이상 종교적이고 신비적인 것에 가치를 두지 않고 인간의 이성에 중점을 두었다. 토마스에게는 이성에 따른 생활이 지복에 도달하는 데 필수적으로 요구되는 선(bonum)에 해당한다(『신학 대전』 II, II, 47, 6 참조). 그가 의지에 앞서 이성에 우선권을 부여하고 있다면, 결정의 영역에서는 이성이 의지보다 뒤에 서게 됨을 인정하고 있다(II Sent d. 25 9. 1). 후일 칸트가 의지의 자율로 강조한 것을 토마스는 이성과 의지에 근거한 세계상으로 열어둠으로써 이에 대한 단초를 제공하고 있다.

그는 경제를 이성의 업무영역, 보다 정확하게는 실천 행위와 연관된 이성의 업무영역으로 일관되게 해석하고 있다. 즉 그는 올바름을 다루는 이성인 슬기로움의 기본덕목에 경제를 포함시키고 있다(슬기로움은 실천에 적용하는 올바른 판단이성이다[『신학 대전』 II, II, 47, 2]). 『신학 대전』에서 토마스는 슬기로움이 도덕적으로 선한 생활 전체와 연관이 있는지에 의문을 나타내면서 경제가 슬기로움의 부분 덕목인가 하는 문제를 다루고 있다. 경제는 개별 인간과 전체 사회 간의 중계역할을 한다. 따라서 경제의 최종목적은 한 공동체의 번영에 있게 된다(같은 책, II, II, 50, 3).

토마스가 이것을 윤리적 자질로 이해한다는 사실은 다음과 같은 언급에서 알 수 있다. 죄인들(peccatores)도 경제활동에서 선견지명을 가지고 행동할 수 있지만, 그들에게는 도덕적인 생활이 결여되어 있기 때문에 전체의 행복에 기여하지 않는다. 인간적이고 현세적인 생활기술(ars oeconomica)로서의 경제는 토마스에 의해 슬기롭고 선한 행위로 받아들여진다.

경제적 슬기로움은 무엇보다 이 슬기로움이 공정하다는 사실을 입증해야 한다. "경제정의"(iustum oeconomicum)에 대해 언급하고 있는 곳에서(같은 책, II, II, 57, 4 참조) 그는 정의로운 사람의 기본 관심사를 강조한다. 평등은 주고받는 데서 성립되어야 한다. 마찬가지로 정의의 이성은 평등의 원리에 입각할 경우 채무를 진 사람이 상대방에게 대가를 지불하는 데 근거하고 있다(같은 책, II, II, 80, 1). 하지만 이러한 평등이 어떠한 경우에도 성립할 수 있는 것은 아니다. 토마스는 다음과 같이 예증한다. 어린이들은 자신들이 받은 것을 평등의 원리에 따라 부모에게 되갚을 수 없다. 정의에는 "자애심"(pietas)이 의무로 부가되어 있는 것이다(같은 책, 같은 곳).

사람들은 이미 평등의 기본원리가 항상 통용될 수 있는 것은 아니라는 사실을 알고 있다. 하지만 이른바 교환의 정의(iustitia commutativa) 영역에서는 주고받는 평등이 가장 잘 지켜져서, 잘 알려진 저울의 상징에 따라 양 저울판이 균형을 이루게 된다. 이러한 기본적 요청은 경제의 많은 영역, 즉 교환과 매매에서 관철된다. 정의의 다른 형태, 즉 분배의 정의(iustitia distributiva)에서는 이러한 것이 그렇게 간단하게 이루어지지 않는데, 이는 어떤 인격체(신, 통치자)나 어떤 층위(행정기구)에 의해 용인되는 시혜나 배분에 근거하고 있기 때문이다(같은 책, I, 21, 1). 경제생활에는 공의로운 시혜나 배분과 연관된 많은 영역이 있다.

기본적으로 경제에 주어진 과업은 부와 이윤을 증가시키는 것이 아니라, 모든 사람이 생활을 위해 필요로 하는 것을 조달하는 것이다. 이것이 충족되지 않으면 공동의 복지(bonum commune)에 도달할 수 없다. 이러한 경제의 최상목표 아래 생산분야와 생산기술, 영업활동과 이윤추구가 복속되어야 한다.

토마스는 아리스토텔레스의 문헌을 인용하면서 다음과 같이 강조한다. 어떤 사람들에게는 경제의 목적이 부를 무한대로 증대시키는 데 있는 것처럼 보일지 모르지만, 이는 잘못 파악한 것이다. 경제적 활동은 이성의 슬기로운 판단에 의해 조종되고 제한되어야 한다. 여기서 이윤은 근본적으로 나쁘게 평가되는 것이 아니라, 상인이 끝을 모르는 순전한 이윤추구에만 몰입하게 될 때 비판을 받는 것이다(같은 책, II, II, 77, 4c).

영리를 목적으로 하는 상업 행위라 할지라도 이윤이 필요불가결하고 윤리적으로 선한 목적과 결부되어 있는 한 이를 반대할 이유는 없다. 자신의 가정을 부양하기 위해 장사를 하는 것과 가난한 사람을 돕기 위해 하는 영업 활동은 허용된다. 그리고 특정한 생활필수품이 자신의 나라에 없을 때 공공의 이익을 위해 교역하는 행위는 허용된다. 여기서 이윤은 주된 목적으로 추구되는 것이 아니라 노동에 대한 보수와 같은 것(같은 책, 같은 곳)으로 간주된다.

토마스의 사고에서 분명한 점은 그가 한 사회에서 모든 사람들을 부양하는 것, 즉 오늘날 "인간다운" 삶이라고 말하는 것을 구체화하는 것에 경제의 의미와 목적을 부여하고 있다는 사실이다. 여기서 우리는 조심스럽긴 하지만 이러한 사고의 배후에 있는 경제질서에까지 사고를 연장할 수 있을 것으로 보인다.

토마스는 양 극단의 경제질서 기본모델에 대해서 어떠한 언급도 하지 않고 있다. 다시 말해 개별 경제주체들의 활동이 모두 자유롭게 이루어지지만 동시에 다른 사람의 희생에 기반을 두고 있는 시장경제──이는 후일 자유주의적 경제관의 총아들이 제시하게 된다──뿐 아니라, 중앙관리경제나 과도한 집단화와 국영화 경향을 갖는 중앙집권적 계획경제의 극단적 유형에 대해서도 언급하지 않고 있다.

토마스의 경제질서에 대한 사고는 다음과 같이 요약할 수 있다. 경제는 가능한 많은 개별 경제주체들의 책임 있고 자유로운 조직과 업무를 전체의 공동복지로 만드는 데 그 목적이 있다. 오늘날 이 목적을 "사회적 시장경제"의 목적과 같은 것으로 주해하려 한다면, 이는 토마스가 그의 박식하고 현실에 근거한 시각으로 경제관계의 발전문제조차도 사회적 시장경제의 방향을 지향했다는 해석을 감행하는 것이 된다.

몇 가지 개별사안들

노동

토마스에게 노동은 인류 전체로서나 개별 인간차원에서나 마찬가지로 통용되는 일종의 자연법칙이다. 노동은 조물주가 인간에게 부과한 것으로 천국에 있는 사람들에게조차—물론 거기서는 노동이 그렇게 힘들지 않을 것이지만—통용되는 것이다. 토마스는 선하게 창조되었으나 죄악에 빠진 육신적 창조물을 다음과 같은 틀 내에서 고찰한다. 전 우주는 각 부분의 총합으로 신에게 귀속되어 있고 신의 선함을 동일하게 반영하고 있다. 이는 특히 이성적인 창조물, 즉 이러한 목적을 노동과 인식과 사랑으로 실천해야 하는 인간에게 통용되는 내용이다(『신학 대전』 I, 65, 2).

이러한 포괄적인 목적론에서 노동은 신에 대한 경외를 나타내기 위해, 그리고 창조의 완성에 기여하기 위해 실시되어야 한다. 이로써 노동은 윤리적으로 선한 행위일 뿐 아니라 인간의 의무에 해당한다. 개별적으로 노동은 다양한 목표를 설정하게 된다. 수도원의 승려가 육체적 노동을 해야 하는가라는 문제를 논의하면서(같은 책, II, II, 187, 3; S.c.g. III, 135) 토마스는 네 가지 관점을 열거하고 있다.

노동의 첫 번째 주된 목적은 생활을 영위하기 위한 것이다. 두 번째 목적은 게으름 피우는 것을 방지하는 데 있다. 이러한 목적의 뒷면에는 신체가 쇠약해지는 것을 막으려는 실천의지가 숨어 있다. 다시 말해 탄력적이고 활력이 넘치는 인격을 형성하기 위해서 노동이 필요하다. 세 번째로 노동은 육체를 단련시키기 때문에 욕망을 제어하는 데 기여한다. 여기서 욕망이란 이성에서 도출되지 않는 감각적인 열망을 의미한다. 노동은 이성에 의한 지배를 가능하게 해서 물질적 재화들과 세상의 조직형태들에 정비된 정신과 의지를 주입하는 수단이 되어야 한다.

네 번째로 노동은 어려움에 처한 자를 돕는 것을 가능하게 한다. 토마스에게 자선을 베푸는 것은 생활에 꼭 필요한 양 이상을 초과하는 잉여물을 주는 행위를 말한다. 토마스에 따르면 어느 누구도 부적절한 형태로 생활하지 않아야 한다(같은 책, II, II, 32, 6). 그는 "필수품"(necessarium)을 오늘날 우리가 이해하는 최저생활비와 같은 개념으로 받아들인 것이 아니라, 특정인이 처해 있는 위치에 상응하는 생활관계로 이해하고 있다. 그가 말하는 "secundum suam conditionem"(같은 책, II, II, 118, 1 참조)을 통상 하고 있는 것처럼 봉건적 계층의 의미로 "신분에 상응하게"로 번역할 수 있는가에 대해서는 의문점이 생긴다. 이는 수많은 직업에서 업무적으로 이루어져야 하는 노동조건들이 각기 상이하기 때문이다. 그래서 토마스에게는 이것이 단순한 표준 이상의 의미를 갖는다.

노동에 대한 이러한 네 가지 언급과 관련해서 토마스는 다음과 같이 결론을 내린다. 생활을 영위하기 위해 육체적 노동은 필수적이다. 따라서 노동을 해야 하는 엄격한 의무가 주어진다. 다시 말해 먹고 살 수단을 갖지 못한 자는 자신의 손으로 작업하며 살아가야 한다. 여기서 '손으로 작업하다'는 생업에 종사하는 인간의 모든 행위를 의미한다고 명확히 언급되어 있다. 즉 손으로 하든, 다리로 하든, 목소리로 하든 인간들이 자신에게 용인된 형태로 생계수단을 획득하는 작업은 모두 포함되는 것이다. 다리로 하는 작업과 목소리로 하는 작업의 예로서 토마스는 배달사환과 파수꾼을 들고 있다(같은 책, II, II, 187, 3).

하지만 노동이 게으름 방지와 신체단련을 목적으로 할 경우에는 노동의 의무를 논할 필요가 없게 된다. 그러한 것은 다른 형태로, 예를 들어 단식과 철야, 예배를 통해서도 가능하기 때문이다. 따라서 수도승들은 노동의 의무에서 벗어나게 되는데, 이는 다른 형태로 생필품을 획득하는 일련의 세속사람들에게도 또한 적용되는 내용이다. 토마스는 이러한 방식으로 "노동"복합체를 정비하는 작업을 시도한다. 여기서 그가 정신노동을 육체노동보다 높게 평가하고 있는 것은 분명하지만(S.c.g. III, 135쪽 참조), 아리스토텔레스와는 달리 육체노동도 긍정적으로 평가한다. 토마스가 아리스토텔레스와 관련해서 다음과 같이 말할 때 그가 현실주의자임을 알 수 있다. "학문을 사랑하는 것이 부를 축적하는 것보다 낫다. 하지만 부유한 것이 고통을 겪는 것보다 낫다(『신학 대전』II, II, 182, 1 참조)."

토마스에게 육체적, 정신적 노동은 "활동적인 생활"(vita activa)에 속한다. 이러한 노동의 두 가지 형태는 인간존재의 최후의, 그리고 최상의 모습이 아니다(이는 정신적 노동에서도 마찬가지이다). 토마스는 자신이 보기에 보다 나은 삶인 "명상적인 생활"(vita contemplativa) 을 최상의 모습으로 간주한다(같은 책, II, II, 182, 1). 명상적인 생활이 진리의 본질에 대한 직관과 신 안에서의 안식을 연계시켜주기 때문이다. 여기서 신 자체가 최상의 선으로 추구된다(같은 책, II, II, 182, 2).

노동에 대한 이러한 기본사상에서 노동과 인간 간의 연관성이 분명하게 된다. 노동이 인간을 위해 존재하는 것이지 인간이 노동을 위해 존재하는 것이 아니다. 노동은 인간의 존엄을 높여야 하며 인간의 품위를 떨어뜨려서는 안 된다. 동시에 노동이 사회적인 사안이고 공동체를 경제적으로 부양하는 수단이라는 사실을 토마스는 종종 함축적으로 언급하고 있는데, 이는 인간이 여럿이 모여 있는 공동체 내에서만 생활필수품을 조달할 수 있기 때문이다.

소유

토마스는 세속적 현세적 영역에서 보유와 소유에 대한 기독교적 기본사상과 자연법적 철학적 견해를 결부시켜 경제적 필요에 충분한 내용이 제공될 수 있도록 했다. 그가 볼 때 문제는 이 분야에서 아주 다른 입장들이 존재하기 때문에 생긴다. 입장차이는 크게 두 가지인데, 그 중 한 흐름은 성서적인 사고를 충실히 고려하는 것이다. 이 흐름은 신약성서에서의 첨예한 대립에 기초한 것으로 모든 면에서 우월한 실재인 천국을 이유로 현세의 소유에 대해 거리를 유지하라고 권유하고 있다(「마태복음」 13장 44~46절). 이는 예루살렘의 초대 교회에서 실행에 옮겨진 공동체 생활에서 유래한 것으로, 여기서는 개인들이 자발적으로 사적 소유를 포기하고 공동소유 형태를 구현했다(「사도행전」 4장 32~37절). 이러한 성서적 전통은 나중에 수도회에서 특별히 강조되었고, 청빈에 대한 서원에서는 이 전통이 오늘날까지 유지되고 있다.

다른 흐름은 자연법적 전통과 성서의 창조관이 관철된 전통에 근거를 둔 것으로, 여기서는 이 땅의 재화는 모든 인간에게 귀속된다고 본다. 현세의 재화가 모든 인간에게 공동으로 귀속된다는 것——이는 결코 공동소유를 의미하는 것이 아니다——이 구체적인 소유형태가 조성될 수 있는 기반이 된다. 지난 수십 년 동안 교회의 사회참여는 이러한 기반을 다시금 강력하게 확인시켜주었고 이로써 사적 소유 이외의 다른 소유들이 갖는 사회적 차원에 명확한 강조가 주어졌다(제2차 바티칸 공의회, 「오늘날의 세계교회에 대한 목회령」〔Pastoralkonstitution über die Kirche in der Welt von heute〕, 1965, n. 69 참조).

토마스는 이러한 두 가지 전통의 흐름과 대면하여 이들을 통합하고자 했다. 그는 바깥 사물에 대한 보유(possessio)가 자연적으로 인간에게 귀속되는 것인가라는 질문에 대해 다음과 같은 두 가지 사항을 고려해 대답한다. 첫째로 바깥 사물의 본성은 인간본성의 하위에 있는 것이 아니라, 신의 권능 아래만 있는 것이다. 두 번째 고려사항은 사물에 대한 사용과 연관해서 자연적인 지배권이 인간에게 귀속된다는 점을 분명히 하고 있다(『신학 대전』 II, II, 66, 1). 토마스는 이것을 「창세기」 1장 26절에 기록된, 하느님을 닮은 인간의 이성에서 그 근거를 찾고 있다. 하느님이 만물의 원래 주인이긴 하지만, 인간은 이 땅의 사물을 이성적으로 잘 사용하도록 하느님에게 권능을 부여받은 것이다.

개별 인간이 사물을 자신의 것(propria)으로 소유할 수 있는냐라는 이어지는 질문에 대해 토마스는 여러 가지 논의단계를 거쳐 단계적으로 답변하고 있다. 먼저 그는 "현세적인 생활을 영위하고 재화를 올바로 관할하기 위한" 인간의 권한을 이야기한다(『신학 대전』 II, II, 66, 2). 이러한 인간의 능력으로 해서 한 인간이 자신의 것을 소유하는 것(같은 책, 같은 곳)이 인간다운 삶을 위해 필수적으로 요구되기 때문에 허용되는 것으로 나타난다.

그는 필수적인 이유를 세 가지 경험에서 찾고 있다. 첫째는 개별 인간이 "공동재화"보다는 자신에게 속한 것에 보다 많은 관심을 기울인다는 사실이다. 인간은 공유지에서는 머뭇거리며 노동을 하고 다른 사람에게 미루려고 한다. 둘째로 사람들이 각자 현세적 사물에 자신의 관할영역을 갖는다면 인간관계에 보다 나은 질서가 정립되게 된다. 셋째로 각자가 현세적 재화 중에서 자신의 몫, 그것으로 만족한다면 평화가 보다 잘 보장된다. 그러한 부가적인 조치(indiviso)가 없다면 분쟁이 훨씬 더 빈번하게 일어나게 된다.

따라서 토마스는 개별 인간의 소유를 인정한다. 하지만 이것은 그의 논지의 절반에 불과하다. 나머지 논지는 다시 사물의 사용에 대한 것이다. 사용과 연관지을 경우 사물은 개인에게 속하는 것이 아니라 모두를 위한 것이다. 사용영역에서는 모든 소유자에게 다른 사람이 곤경에 처했을 때 자신의 것을 베풀어야 하는 사회적 의무가 주어진다. 여기서 토마스는 성경의 「디모데전서」 6장 17절 이하에 사적 소유질서가 전제되어 있음을 지적한다. 그의 논지에는 소유의 개별적인 차원과 사회적인 차원이 결부되어 있다. 개별적인 소유가 다른 사람에 대한 고려에서만 허용되는 한, 보다 큰 중점은 사회적 소유에 놓이게 된다.

토마스에게 인간이성의 창안물에 해당하는 구체적인 소유질서들은 모든 사람들이 생활하기 위해 필요로 하는 것을 보장하는 것이어야 하고 이에 역행하지 않는 것이어야 한다. 그는 "생활을 위협하는 어려운 상황(같은 책, II, II, 66, 7; IV Sent d. 15, 2, 1 참조)"에서 이를 벗어나게 하기 위해 다른 사람의 재화를 처분하는 것이 허용된다고 강조한다. 이 주장은 이 땅의 재화가 모든 사람들에게 공동으로 귀속된다는 논거에 기반을 두고 있다. 곤경에 처한 자는 인간다운 삶에 대한 자기 몫을 요구할 수 있다.

소유문제에서 토마스는, 재화들은 만인을 위해 활용된다는 전통과의 연계에도 불구하고 사적 소유질서를 위한 분명한 조건을 제시하고 있다. 그 조건이란 곤란에 처한 사람들에 대한 책임이 곧 돕기 위해 개입하는 의무로 인식되는 것을 말한다. 우리가 개관할 수 있는 한, 토마스가 말하는 소유관계는 소비재 소유(Konsumeigentum)가 전면에 등장하는 소유관계이다.

화폐제도와 대금거래

토마스는 아리스토텔레스처럼 화폐는 물건의 가격을 측정하고 경제적 재화를 바르게 교환하기 위한 수단으로 만들어진 것이라 생각한다. 그는 화폐(주화)를 법질서(nomos)와 연관시켜 고찰한다. 주화는 본래부터 척도인 것이 아니라 인간의 규약에 의해 척도가 된다(V Eth 1. IX). 따라서 인간의 결정에 의해 변경되거나 효력을 상실할 수 있다.

분명히 토마스는 화폐의 가치를 화폐의 재질(금, 은)에 따라 정하는 상품화폐론자는 아니다. 그는 화폐가 인간의 창안물이라는 입장을 대변한다. 화폐는 중간 교환수단으로 기능한다. 화폐 그 자체는 지불수단이자 계산단위가 된다. 또한 사람들은 화폐로써 지금 필요한 것이 아니라 장래에 필요하게 될 물건을 구입할 수 있다. 화폐가 항상 같은 가치를 가지는 것은 아니지만, 화폐의 가치는 다른 물건의 가치보다 더 고정적이다.

토마스가 볼 때 화폐의 상대적인 가치안정성은 올바른 교환을 위해서 필수적으로 요구되는 사항이다. 따라서 그가 강조하는 화폐의 주된 기능은 오늘날에도 좋은 화폐라면 수행해야 하는 기능이다. 그렇게 해야만 화폐가 경제의 도구로 기여할 수 있다(I Pol 1. VI). 하지만 화폐는 인간의 최종적인 성취를 가져다줄 수 없는 현세적인 재화일 따름이다.

화폐의 도움으로 진리에 부합하는 올바른 가격(iustum pretium)이 형성되는데, 여기서 진리에 부합한다는 것은 인간의 필요를 반영하는 사물의 특성에 부합한다는 뜻이다. 토마스는 다음과 같은 예를 든다. 집 한 채가 5화폐단위의 가치가 있고 침대 한 개가 1단위의 가치가 있다면, 침대 다섯 개와 집 한 채는 가치가 동일하고 이는 올바른 가격을 형성시킨다. 화폐의 발명 이전에는 직접적인 교환이 일어났음이 분명하다(V Eth 1. IX).

토마스는 주관적인 욕구를 경제활동의 이유로 강조하는 만큼, 또한 객관적인 평가척도를 제시하고자 노력한다. 재화의 형태 그리고 재화의 질과 양이 가격결정 요인이 된다(『신학 대전』 II, II, 77, 1). 양이 많은 재화는 부족한 재화보다 낮은 가격을 갖는다(같은 책, II, II, 77, 2). 예를 들어 흉작기에는 빵값이 오른다. 가격은 장소마다 다를 수 있다. 노동과 비용이 중요하긴 하나(V Eth 1. IX 참조) 쉽게 숫자로 파악하기 어려운 결정요인이다. 이것은 특히 상인과 유통업자의 활동과 같은 순전한 서비스업의 경우에 두드러지는 현상이다.

유통과정에서 물건을 구입한 것보다 비싸게 파는 것이 허용되느냐라는 질문에서(『신학 대전』 II, II, 77, 4) 토마스는 재화의 교환에 종사하는 유통업자의 임무를 인정하고 있다. 여기서 그는 두 가지 교환을 구별하고 있다. 그 하나는 생활을 영위하기 위해 물건과 화폐가 교환되는 것으로서 자연적이고 필수적인 교환이다. 교환의 다른 형태는 이윤 때문에 생기는 화폐에서 화폐로의 교환이다. 그는 여기서 분명히 화폐 대부업자를 염두에 두고 있는데, 대부업자의 활동은 그것이 반드시 필요하고 고귀한 목적을 지향할 때만 허용된다. 토마스는 그러한 목적으로서 화폐 대부업자의 가정유지와 형편이 어려운 자에 대한 자선을 들고 있다. 거기에다 토마스는 공공의 이용을 위해 교역을 통해 생활에 중요한 재화가 국내에서 결핍되지 않게 하는 무역상을 포함시킨다.

이와 같은 방식으로 분수에 맞는 이윤이 획득될 수 있는데, 이 이윤은 이윤으로서가 아니라 노동에 대한 보수와 같은 것으로 간주된다(같은 책, 같은 곳). 나아가 토마스는 유통업자가 물건을 개량했거나 장소나 시간의 이전으로 인해 가격이 변했을 때, 구입한 가격보다 비싸게 파는 것을 사안에 따라 개별적으로 허용하고 있다. 재화를 한 곳에서 다른 곳으로 운송하는 데 감수하는 위험도 가격을 구성한다. 여기서 우리는 토마스가 그 당시에 실상을 파악하기 어려운 것으로 간주되었던 상인에 대해 현실에 부합하는 인정을 하고 있음을 알 수 있다.

전체적으로 토마스는 "황금률(「마태복음」 7장 12절)"에 따라 가격이 형성된다고 본다. 이는 확정될 수 없고 추산으로만 가능한 (오늘날 우리가 이야기하는) "시장가격"에도 해당한다(『신학 대전』 II, II, 77, 1). 사소한 많고 적음이 등가의 척도를 바꾸지는 못한다. 토마스에게 보다 어려운 문제는 빌린 돈에 대한 이자를 요구할 수 있는가라는 질문에 답하는 것이었다. 성서적으로 논증되고(「출애굽기」 22장 25절과 「누가복음」 6장 35절 참조) 교회법에 의해 여러 번 엄명된 이자금지에 따라, 그리고 아리스토텔레스에 의해 주장된 화폐의 비생산성과 결부시켜 토마스는 빌려준 돈에 대한 이자취득은 정당하지 못한 것이라고 말한다.

이자취득은 존재하지 않는 것을 판매하는 꼴이 되기 때문이다(『신학 대전』 II, II, 78, 1). 그런데도 돈을 빌림으로 해서 손해가 발생할 때, 대부자에게 보상을 하도록 대부시에 계약상으로 합의할 수 있다(이것은 나중에 손실발생의 이자로 인정된다). 또한 대부자가 차용인을 어려움에서 도왔기 때문에 차용인이 대부자에게 선물을 제공할 수 있다(같은 책, II, II, 78, 2).

조합원으로서(같은 책, II, II, 78, 2와 5) 자신의 돈을 영업체에 출자한 사람은 경우에 따라 발생한 이윤에서 자신의 몫을 요구할 수 있다. 토마스는 "어려운 처지에 놓인 사람을 돕는 선행과 연관되는 경우(같은 책, II, II, 78, 4)"에는 대부금에 대한 이자를 인정하고 있다. 그는 노동과 토지 이외에도 13세기에 이미 아주 분명하게 나타난 생산요소인 "자본"의 생산력에 대해 잘 감지하고 있었다. 그는 또한 "이자"(interesse)라는 표현을 알고 있었다(이 단어는 일련의 언어군에서 이자를 나타내는 용어, 예를 들어 영어로는 interest, 프랑스어로는 intérêt가 되었다).
차용인이 빌린 돈을 기간 내에 변제하지 못하면, 그는 대부자의 손실을
보상해야 한다(『사악함에 대하여』 XIII, 4).

　토마스는 돈으로 보다 큰 돈을 버는 화폐중개인의 기술(I Pol 1. 7과
8)에 대해서는 회의적이었다. 신용에 의한 구매에서, 토마스는 3개월의
지불유예를 알고 있었는데, 상환기간이 경과한 뒤 처음보다 비싸게 판
매되어서는 안 된다. 시간을 파는 것은 고리대와 같은 것이기 때문이
다. 세속적인 군주들에 대해 토마스는 그들이 선택된 것은 자신들의 이
익을 추구하기 위해서가 아니라 백성들의 공동복리를 돌보기 위한 것
이라고 말한다(De reg. iud).

　토마스는 경제영역에 대한 그의 사고에서 "신실한 중매인"으로 나타
난다. 그의 기본적인 관심사는 경제를 통해 모든 사람들이 인간다운 삶
을 영위할 수 있게 되는 데 있다. 경제문제에 대한 그의 언급은 그의 신
학적, 철학적 문제제기의 풍부함과 비교한다면 양적으로 적긴 하지만,
그의 전체 사고체계에서 벗어나 있는 단순한 삽입물은 결코 아니다. 반
대로 경제문제는 그의 사고체계에서 중요한 표식이 된다. 이 표식은 이
세상의 인생살이를 경제적 행위에서도 궁극적인 목적에 도달할 가능성
을 찾는 여정으로 설명하고 있다.

　토마스에게 이러한 궁극적인 목적은 신인데, 인간은 신에게서 완전
함, 즉 "열락"(visio beatifica)에 도달하게 된다. 경제는 신에게 가는
길에 대한 인간의 요청으로 나타난다! 이러한 비할 데 없는 탁월한 시
각이 토마스를 경제사상의 대가로 간주하는 중요한 이유가 된다.

영향

사상사적, 이론사적 영향

　이어지는 수세기 동안 토마스의 근본사상은 늘 다시 수용되었다. 미
헬리치(Antonius Michelitsch)는 14세기부터 19세기 사이에 토마스에

대한 논평이 490회 있었다고 한다. 그 중에는 15~17세기에 이른바 "에스파냐 스콜라 철학(Weber 1962, 12쪽 이하 참조)"의 존경받는 대표자들, 예를 들어 비토리아(F. Vitoria, 1480~1546), 특히 경제윤리가로 유명한 근대 국제법의 대부 몰리나(L. Molina, 1536~1600) 그리고 수아레스(F. Suarez, 1548~ 1617)가 있다.

이 시기에 새로 발견된 아메리카로부터의 귀금속 유입으로 화폐량이 증대되는 경험을 함으로써 이론사적으로는 통화량 및 구매력 평가이론이 발견되었다(Beutter 1965, 70쪽 이하 참조). 이 이론은 보댕(Jean Bodin) 이전에 나바루스(Navarrus) 박사로 불린 아즈필쿠에타(Martin von Azpilcueta, 1493~1586, 에스파냐의 교회법 학자─옮긴이)에 의해 상세히 기술되었다. 이것은 토마스의 저술과 그 이후 변화된 구체적 현실과의 대면 속에서 나타난 것이다. 스승으로서 스미스에게 큰 영향을 준 허치슨(Francis Hutcheson)은 에스파냐 스콜라 철학의 기본관심사를 잘 알고 있었다(Grice-Hutchinson 1952, 67쪽 이하).

19세기 말엽과 20세기 초에 토마스는 경제문제에서 중요한 사상가로 오늘날보다 더 큰 조명을 받았다(비더라크[Biederlack], 콘첸[Contzen], 펑크[Funk], 옹켄[Oncken], 라칭거[Ratzinger], 슈라이버[Schreiber], 슈레이보글[Schreyvogl], 자이펠[Seipel], 좀바르트[Sombart], 트뢸치[Troeltsch] 등 참조). 오늘날까지 토마스를 원용하지 않은 교회문서는 찾아보기 어렵다 하겠다(오늘날의 세계에서 교회에 대한 제2차 바티칸 공의회의 목회령인 1965년 12월 7일의 「기쁨과 희망」[Gaudium et Spes]과 인간노동에 대한 교황 요한네스 파울루스 2세의 교서인 1981년 9월 14일의 「인간노동에 관하여」[Laborem exercens] 참조).

정치적, 사회적 영향

발흥하는 산업 사회의 커다란 사회문제들과 연관해서 19세기에 토마스는 교회가 변화된 정치적, 경제적, 사회적 상황에 적합하게 사회에 참여하도록 방향전환을 유도하는 고무자가 될 수 있었다. 여기에 특히 교황 레오 13세에게 큰 영향을 주었다(노동자 문제에 관한 1891년 5월 15일의 교서 「노동계급의 상황」〔Rerum Novarum〕 참조). 이러한 사실은 토마스의 인도자다운 의미를 보여주는 것이다. 인간실존의 이유와 목표에 대한 그의 견해는 그의 "유효성"을 올바르게 이해하도록 해준다. 이에 대해 뮐러(Max Müller)는 오늘날 호르크하이머, 아도르노, 하버마스의 연구작업과 "필적할 만한 것"(Aug in Aug)이라고 의미를 부여했다(Bernath, Bd. II, 1981, 513~527쪽).

피퍼(Josef Pieper)는 토마스에게서 시대상황에 맞게 윤리적 행위에 대한 설명을 찾아낼 수 있었다(Oeing-Hanhoff 1974, 47~71쪽). 기독교 윤리상의 기본덕목(슬기로움, 정의로움, 용감함, 순종과 절제)은 오늘날의 인간에게도 정치적, 경제적, 사회적 행위의 척도가 된다. 토마스가 세계를 언급하면서 피조물의 특성을 중심에 위치시킬 때, 이것은 이중의 의미를 갖는다. 하나는 우리의 세계가 자신의 피조물성에 의해 전적으로 결정된다는 것이다. 동시에 완전히 다른 자, 즉 창조주가 피조물과 밀접히 결부되어 그들 안에서 영향을 미치고 있다는 것이다.

신의 섭리를 신의 창조완성에서 찾는 토마스의 신앙은 가장 근원적으로는 인간에 대한 믿음, 그리고 인간의 이성에 대한 믿음에 있었다. 이성이 올바르게 사용된다면, 이 이성은 비록 불순종과 과오, 죄악으로 인해 지장을 받긴 하지만 최종적으로 선(善)과 바른 경제관계 그리고 인간들끼리와 인간과 자연 간의 평화질서를 가져오게 한다. 토마스는 신앙과 이성에 대한 신뢰를 통해 오늘날까지 어떠한 경우에도 다음과 같은 신념을 버리지 않는 대가 중의 한 사람이 되었다. 인간은 행복해질 수 있고, 이 세계에서 인류의 미래는 밝을 수 있다.

| 프리드리히 보이터 · 김수석 옮김 |

3 | 모어
Thomas More, 1477/78~1535

사람들은 세계를 새로 개축하여 새롭고 보다 나은 인간들로 이루어진 세상에 살고 싶어한다. 와일드는 "유토피아가 없는 세계지도는 인간성이 정박하고 있는 유일한 나라를 빠뜨리고 있기 때문에 쳐다볼 가치조차 없다"고 했다(Oscar Wilde 1910, 27쪽). 모어는 보다 나은 미래에 대한 꿈이 도피처를 찾을 수 있는 곳에 유토피아라는 이름을 부여했다. 그는 『최상의 헌법과 새로운 섬 유토피아에 관하여』(*De optimo rei publicae statu deque nova insula utopia*, 이하 『유토피아』)[1]라는 명료한 보고서에서 모든 사람들이 모든 것을 공유하는 유토피아 국가의 생활과 제도를 설명하고 있다.

인간들이 영원한 평화 속에서 서로 어울려 살아가고, 세속적 위계와 교회적 위계에 해당하는 황제와 교황을 위한 어떠한 공간도 존재하지 않는 사회에 대한 생각은 플로리스(Joachim de Floris)의 삼국론(Drei-Reiche-Lehre)과 연결되어 유포되기 시작했고 곧바로 수도자 집단의 사상으로 이어지게 되었다.[2] 플라톤의 『국가』가 재발견된 일,[3] 대대적인 탐험과 항해, 신세계의 환상적인 왕국들에 대한 끝없는 웅성거림, 그리고 인쇄술의 발명이 이러한 사상을 세속화시켰고 유토피아적 사고를 위한 토대를 마련했다.

모어의 『유토피아』는 이러한 지적, 사회적 분위기의 표현이다(Sibley 1973, 261쪽). 그리고 이것은 마침내 보다 나은 사회주의적 미래에 관한 모든 청사진의 원형이 되었다. 카우츠키는 『유토피아』에서 "공산주의에 대한 힘찬 예찬"을 보았고(Kautsky 1921, 49쪽), 블로흐에게는 『유토피아』가 "인간적인 자유화 경향에 기초한" "사회적 자유"의 유토피아이자, "사회주의와 공산주의에 대한 일종의 자유로운 사상서적이자 비판서적"이었다(Ernst Bloch 1969, 56쪽, 65쪽, 61쪽).

이제 여기서는 특히 다음과 같은 두 가지 관점이 고찰되어야 한다. 『유토피아』는 플라톤의 『국가』에 대한 아리스토텔레스의 반박, 즉 집단 소유에서 개별 인간은 다른 사람의 희생으로 자신의 손실을 메꾸려고 한다는 반박에 어떠한 해결책을 갖고 있는가? 공상적 사회주의의 구상들이 현존하는 사회주의의 운영방식과 문제점에 대해 우리에게 해명할 수 있는가? 추가적으로 19세기의 미래 청사진, 즉 그 형태와 내용에서 의식적으로 『유토피아』를 본보기로 삼고 있으며, 19세기에 실현될 유토피아로 미리 그려본 카베(Etienne Cabet)의 『이카리아 여행기』(*Voyage en Icarie*)를 평가하기로 한다.

성장과정

모어는 1477년(또는 1478년) 2월 6일(또는 7일) 런던에서 태어났다. 그는 사제직에 부름을 받았다고 느꼈으나, 부친은 그에게 법률가의 길을 택하게 했다. 그는 청년시절에 아우구스티누스의 『신국론』에 대한 주목할 만한 강의를 했다. 로테르담의 에라스무스와는 친밀한 교우관계를 맺었다. 1504년에는 하원의원으로 임명되었고 헨리 7세의 화폐지불 요구를 성공적으로 막았다. 이로 인한 헨리 7세의 추궁과 진노를 피할 수 있었던 것은 곧바로 그의 아들이 헨리 8세로 왕위를 승계한 덕분이었다. 유럽의 인문주의자들은 모어의 활약에 큰 희망을 걸었고, 그를 자기네 중의 한 사람으로 간주했다.

헨리 8세가 등극하던 해에 모어는 런던의 법관으로 임명되었다. 이어 그는 국왕의 첫 번째 외교사절단으로 플랑드르에 파견되었다. 현명함과 설득력, 침착함을 구비한 그는 국왕에게 없어서는 안 될 조언자가 되었다. 공적 활동으로 매우 바빴던 그는 『유토피아』를 완성하는 데 필요한 시간을 마련하느라 여간 힘들지 않았을 것이다. 『유토피아』는 1516년 마침내 출간되었다. 이 책의 내용은 격동과 소요 속의 유럽에 순식간에 전파되었다. 모어는 유럽의 저명인사가 되었다.

1523년 그는 하원의 대변인이 되었고, 1529년 헨리 8세는 그를 총리대신으로 임명했다. 헨리 8세는 모어의 위신과 사려 깊음을 이용해 왕비 캐서린과의 이혼이라는 "대사건"에 도움을 얻으려 했다. 로마 교황청이 헨리 8세의 이혼을 거부했기 때문에 국왕은 스스로 영국교회의 수장이 되고자 했다.

모어는 국왕의 계획에 찬동할 수 없었기 때문에 1532년 총리대신 직에서 사임했다. 그는 국왕의 이혼과 영국교회의 수장권을 국왕에게 귀속시키는 수장령에 대해 소리 내어 반대하지는 않았다. 하지만 그는 개인적으로 그 일에 동의할 수 없었다. 그는 국왕이 제기한 소송에서 목숨을 걸고 싸웠다. 궁정에 있는 모든 사람들과 거의 모든 성직자들에게 그랬던 것처럼 그에게도 굴복시키려는 시도가 있었다. 모어는 런던 탑으로 가는 배 위에 오르면서 사위 로퍼(William Roper)에게 "싸움에서 이겼다"고 말했는데(Roper 1986〔1555〕, 63쪽), 이는 그가 지조를 지킬 것이냐 포기할 것이냐를 두고 오랫동안 고민했음을 보여준다.

런던 탑에서의 마지막 나날들과 유죄판결에 대한 모어의 투쟁에 대해서는 로퍼가 기술한 보고서에서 잘 나타나고 있다(Roper 1986〔1555〕, 73~81쪽). 헨리 8세는 자신에게 대항하는 자를 용납할 수 없었기 때문에 모어에 대한 유죄판결은 처음부터 정해져 있었다. 그런데도 모어는 자신에게 수장령에 대한 명백한 거부의사를 자백받았다고 한 검사의 거짓증언이 모반죄의 판결에 영향을 미치게 하는 방식으로 스스로를

토머스 모어(1447/78~1535)

현명하게 방어했다.

모어는 자신 앞에 기다리고 있는 것이 배를 갈라 죽이는 끔찍한 처형이라는 것을 알고 있었다. 국왕의 특사만이 구원받을 길이었다. 하지만 그는 대담하게도 재판장의 판결문 낭독을 중단시키고 다음과 같이 말했다. "재판장님, 제가 법원에서 일했을 때 이러한 경우에는 판결문 낭독 전에 피고인에게 왜 자신에게 불리한 판결이 내려져서는 안 된다고 생각하는지 물어보는 것이 관례였습니다." 그리고 분명한 말로써 수장령과 그에 대한 재판의 부당성을 진술했다. 그는 재판관이 마지막에 마음이 흔들리도록 만들었으나 판결을 중단시킬 수는 없었다.

판결이 내려진 지 8일 뒤 그는 형장으로 끌려나왔는데(1535년 7월 1일), 그 사이 국왕은 형벌을 참수형으로 감형시켰다. 모어의 최후는 로퍼가 파리로 보낸 편지에 나타나 있다. "그는 자신의 처형에 대해서 거의 말을 꺼내지 않았다. 그는 주위 사람들이 이 세상에서 그를 위해 기도해주기를 바랐다. 그러면 다른 곳에서는 자기가 그들을 위해 기도하겠다고 했다. 그 다음 그는 국왕에게 좋은 조언을 하는 것이 하느님 마음에 합당할 수 있도록 국왕을 위해 진정으로 기도해주기를 바랐다. 그리고 그는 국왕의 좋은 신하로, 그러나 그에 앞서 하느님의 종으로 죽는다고 단언했다."[4] 400년 뒤인 1935년 5월 19일에 모어는 가톨릭 교회에 의해 순교자로서 성자의 반열에 들어가게 되었다.

저서

『유토피아』의 문학적 형식

모어는 자신의 이상국가를 "유토피아"라는 섬에 정착시켰다. 유토피아를 그리스어 그대로 번역하면 "존재하지 않는 나라"이다. 이상국가에 대한 설명의 핵심은 한 편에 모어와 그의 친구가 있고, 다른 편에 견문이 넓은 철학자 히슬로다에우스와 그의 오랜 동반자 베스푸치(Amerigo Vespuccis)가 있어 이들 간의 대화형식으로 설정되어 있다.

히슬로다에우스는 오랜 기간 유럽 땅을 떠나 있다가 돌아와서 느끼는 자신의 놀라움과 사회에 대한 소외감을 토로하고 그 당시 국가정치가 잘못되어 있다고 말한다. 이는 특히 그가 잘 정비되어 부럽기 짝이 없는 유토피아의 공동체에 대해 알고 있었기 때문이다. 그래서 모어는 히슬로다에우스에게 이런 훌륭한 유토피아 공동체에 대해 자세히 설명해 주기를 요청한다.

유토피아 섬의 풍속과 조직기구들에 대한 설명 중 여러 곳에서 우리는 특별한 재미를 맛볼 수 있다. 이 섬의 수도인 아마우로툼(Amaurotum)은 아니드루스(Anydrus) 강가에 있고, 국민들은 국왕 우토푸스(Utopus)에 의해 훈육받았고 지금은 원수(元首)인 아데무스(Ademus)에 의해 통치된다. 히슬로다에우스는 유토피아의 커다란 하천인 아니드루스의 염분이 조수간만에 영향을 받아 그 문제로 인해 수도 아마우로툼의 식수공급에 차질이 생기는 문제들을 자세히 설명한다. 그런데 고대 그리스어에서 따온 이 이름들의 실제 의미만 보더라도 우리는 모어가 유머 작가임을 알 수 있다.

어원을 통해 살펴보면 익살을 부린다는 뜻을 가진 히슬로다에우스는 "존재하지 않는 나라"라는 이름을 가진 국가에 대해 이야기하고 있다. 이 국가의 수도는 "물 없는 강가"에 있는 "일장춘몽"이라고 하며, 이 나라는 "나라 없는" 왕에 의해 정복되어 형성되고 "국민 없는" 대통령에 의해 통치된다.

문학적 형식과 고유한 이름들의 선택방식은 『유토피아』에 우화적 성격을 부여하고 있다. 여기서 모어는 익살꾼 히슬로다에우스의 입을 빌어 이야기함으로써 그 시대의 사회정치적 결함을, 공격받는 측의 분노와 보복의 위험을 피하면서도 마음껏 비판할 수 있었다. 더욱이 그는 비판적이고 회의적인 반박들을 중간에 삽입해놓음으로써 추가적으로 거리를 유지하도록 설정해놓았다. 하지만 이러한 우화적 성격 때문에 어디서 모어가 단순히 익살을 부렸는지, 어디서 익살형태로 진실을 이야기했는지가 분명하게 드러나지 않는다.

이로부터 당대 이래 이어지는 다음과 같은 논쟁이 생겨나게 되었다. 『유토피아』는 중세 시대의 보편적인 군주학의 전통을 이어받은 것으로[5] 유토피아 섬을 배경으로 삼아 현세의 불충분함을 보이고 지배자에게 개선을 요구한 것인가? 아니면 모어는 근본적인 질서를 창안해 유토피아의 모형에 따라 세상을 완전히 새롭게 개조하려 했는가? 이러한 논쟁은 우리가 유토피아 공동체와 두 번째 미래 청사진의 조직기구들을 설명할 때 다시 고찰하게 된다. 이를 통해 모어 자신이 유토피아 섬에 대해서 어떻게 생각했는지를 보다 잘 판단할 수 있을 것이다.

모어의 사회비판 개요

유토피아적 공동체에 대한 고찰은 모어의 구상에 따라 히슬로다에우스가 작품 중에서 공표하고 있는 사회비판에 기초하고 있다. 카우츠키는 모어의 사회비판이 근대 사회주의도 그보다 더 예리한 사회비판을 할 수 없을 정도의 비판이라고 했다(Kautsky 1888, 330쪽). 『유토피아』는 사회혁명적 체제비판의 본질적인 사고틀을 갖고 있다. 공동체마다 가차 없는 자아비판이 행해진다. 모든 탐욕과 소유욕의 원천, 즉 인간 악의 뿌리가 화폐와 사적 소유 및 이로 인한 부의 축적가능성에 있다고 말한다.

인간은 사회적 관계의 산물이고 범죄는 물질적인 궁핍에서 증대된다. "당신들은 그들을 도둑으로 키워 교수형에 처하는 일밖에 한 일이 없다"고 히슬로다에우스는 중세의 권력자들을 비판한다. 노동하는 백성들은 "지배계급"에 의해 (대량의 경작권 회수로) 억압받고 (부당한 소득과 자산분배로) 착취당한다. 소수 지주들의 경작권 회수와 이윤추구, 가격지정이 일반적 가격상승의 원인이 된다. 이는 권력이론에 의한 인플레이션 설명론이다. 유럽의 국가들은 "국가라는 미명과 법의 이름 아래 그들 자신의 이득을 챙기는 일종의 제국적 공모자들과 다름없다." 공모이론과 사적 이해의 대행자로서의 국가는 국가독점 자본주의 테제의 선구가 된다.

모어에게 그 당시의 사회정치적 결함의 원인, 즉 "모든 인간 악의 본산이자 창출원"은 교만(superbia), 즉 오만, 자부심, 자신을 우위에 두고 독선적으로 다른 사람을 업신여기는 것이다. 오만은 사적 소유에 의해 뒷받침되고 부의 축적이 다시 오만을 자극한다. 사적 소유는 다른 사람 위에 군림하고자 하는 욕구와 결부되어 파괴적인 힘을 얻게 된다. 먼저 소유권이 일시에 제거된다면, 악이 뿌리부터 뽑히게 되고 윤리적으로 보다 나으며 정의로운 공동체를 향한 길이 열리게 된다고 『유토피아』의 결론부분에서는 진단적으로 말하고 있다.

사회를 위해 보다 많은 부를 추구하는 데서 발생하는 숙명적인 결과는 전통적인 농업에서 대규모 면양(綿羊)축산으로 전환하는 생산기술의 변환에서 현저하게 나타난다. 생산기술 변환이 일어나지 않았더라면 아주 순하고 겸손했을 양이 모든 것을 먹어치우는 거친 동물이 되어 인간을 파멸시키고 농토와 집, 마을을 초토화한다. 여기서 모어는 인클로저(enclosure)를 이야기한다. 지주들은 토박이 소작인과 그 가족들을 폭력과 술수로 추방하고 울타리를 쳐 목초지로 만든 다음 양을 사육했다. 이는 양모의 판매와 가공이 보다 높은 수익을 보장하기 때문이다. 이런 식으로 부에 대한 소유욕이 대량의 실업 프롤레타리아트를 창출하게 되었다.

그러나 빈곤은 이것으로 끝나지 않았다. 수공업자들은 전통적인 수요가 크게 줄었기 때문에 할 일이 줄어들었다. 여기에다 식량생산의 감소로 생필품의 가격이 올랐는데, 이로 인해 도제의 부양비용이 높아져 점점 더 많은 사람들이 일자리를 잃게 되었다. 체제의 입장에서 보면 인건비가 높아져 노동의 수익성이 적어지게 된 것이다. 한마디로 빈곤의 악순환이었다.

모어에 따르면 양모생산의 증대조차도 상황을 호전시키지 못했다. 먼저 외적 요인으로 무서운 전염병이 양의 사육규모를 격감시켰다. 여기서 보다 중요한 것은 그의 가격론적 해석이다. 양의 수가 증가하더라도 양모의 가격은 내려가지 않는다. 모어는 이를 시장의 한 형태로 설명한다. "유일한 판매자만 존재하는 것이 아니니 비록 독점이라 할 수는 없지만 과점인 것은 분명하다." 이것으로 경쟁과 독점중간에 세 번째 시장형태로서 과점이 최초로 도입되게 되었다.

슘페터는 모어가 이로써 "약 410년이 지난 오늘날 현대이론에 의해 파악된 특성을 그 당시에 이미 제시한 것"이라고 했다(Schumpeter 1965, 387쪽). 모어가 이러한 칭송을 받을 수는 있겠지만, 여기서 라틴어판과 그리스어판의 정확한 원전연구에 큰 가치를 부여하고 있는 교조적 역사가 슘페터가 이중의 오류를 범했다 하겠다.[6] 모어는 자신이 사용한 "과점"개념을 결코 오늘날의 "현대이론"과 같이 사용하지 않았다. 그는 양모의 가격이 자신들에게 적정하게 될 때까지 양모의 판매를 기다릴 수 있는 소수 부자들의 행위에 대해 규탄하고자 한 것이다. 그러한 시장형태는 "비공식 카르텔"로 나타내는 것이 가장 적절하다. 결국 모어는 이미 널리 알려진 시장형태를 새로 명명한 것이 된다.

물론 그를 인플레이션 해명에 대한 권력론적 관점의 선구자로 간주할 수도 있을 것이다. 하지만 경제사 연구자들은 "소수의 부자"에 대한 모어의 가정이나 상품보유를 통한 가격상승의 가정이 사실과 부합하지 않는 것으로 추정한다. 양모 가격상승의 원인은 수출을 목적으로 한 섬유제조업체의 수요증대에 기인한 것이었다(Surtz/Hexter 1965, 335쪽).

모어가 비록 상황증거에서 지나친 결론을 이끌어내었고 인클로저의 결과를 너무 음울한 색깔로 칠한 점이 인정된다 하더라도(Dietzel 1920, 71쪽 이하), 그는 빈곤의 전체 상황과 원인을 전체적으로 제대로 분석했다. 『유토피아』의 즉각적이고 완전한 성공은 모어의 동시대 사람들이 상황을 모어와 다르게 보지 않았다는 사실을 드러내준다.

최상의 공동체

이러한 암울한 배경 아래 히슬로다에우스는 사적 소유가 존재하고 모든 것이 화폐의 가치에 의해 측정되는 곳에서는 어디서건 정의롭고 성공적인 정책이 제대로 시행될 수 없다고 결론 짓는다. 따라서 유토피아 사람들은 사적 소유 대신 공동소유를 도입한다. 또한 어떤 유토피아 사람들도 다른 사람들보다 특혜를 누리려고 시도하지 않는다. 이는 사사로운 이익을 취하는 자리에 유토피아적인 연대가 들어서 있기 때문이다.

유토피아에 대한 이러한 칭송에 히슬로다에우스의 대화상대자인 모어는 다음과 같이 반박한다. "나에게는 그 반대로 모든 것이 공동소유인 곳에서는 제대로 된 삶이 불가능해 보인다. 자신의 생업에 대한 강제가 없고 다른 사람의 노력에 기대게 될 때 사람들은 게을러지는데, 이처럼 모든 사람들이 일하기를 기피한다면 어떻게 생필품이 충족될지 의문스럽기 때문이다."

공동소유와 전체주의적 재화분배에서 사람들이 게을러진다는 인식은 중세에 일반화되어 있었다. 이것은 보편적인 사회정책 원리로서의 공동소유에 반대하는 스콜라 학파의 주된 논거였다(Surtz/Hexter 1965, 382쪽). 스콜라 학파는 이 논거를 아리스토텔레스로부터 차용했는데, 아리스토텔레스는 그의 저서 『정치학』에서 플라톤식 공산주의에 반대하는 주장을 폈다.

히슬로다에우스는 모어가 이야기하는 행동양식이 구(舊)세계의 인간들에게 적용된다는 사실을 인정하지만, 이것이 보편적으로 적용될 수 있는 것은 단지 사람들이 유토피아에 대해서 어떠한 그림도 갖고 있지 않기 때문이라고 말한다. 히슬로다에우스는 개별 인간들의 참여성 부족이라는 반박에 대해 이론적인 차원에서 대응하지 않고, 이러한 회의론자들을 유토피아 관람으로 초대한다. "만약 당신이 나와 같이 유토피아에 가서 그곳의 풍속과 조직들을 직접 보았다면, 이 세상 어느 곳에서도 그곳과 같이 잘 정비된 국가체제를 볼 수 없다는 사실을 곧바로 인정하게 되었을 것이오." 이러한 초대에 대해 모어는 히슬로다에우스에게 유토피아에 대해 보다 자세히 설명해주기를 요청한다.

구조와 기능

이에 따라 히슬로다에우스는 유토피아 공동체의 구조와 기능에 대해 서술하게 된다. 유토피아의 주민들은 원래 구세계의 사람들과 마찬가지로 미개했고, 섬이 아니라 대륙과 지협으로 연결된 반도에 살았다. 신화적인 태고시대에 원주민들은 우토푸스 왕에 의해 정복되었다. 우토푸스는 그의 군사와 함께 원주민들을 시켜 대륙과 연결된 지협을 끊어버리게 했다. 이로 인해 구세계와 연결된 반도의 끈, 즉 구세계의 탯줄이 잘려나가게 되었다. 그러고 나서 국왕 우토푸스는 백성들에게 엄청난 교육과 가르침을 받게 했는데, 그로 인해 지금은 유토피아 백성들이 거의 모든 사람들을 능가하게 되었다.

유토피아는 교환수단으로 화폐를 필요로 하지 않는 하나의 거대한 가정경제 단위이다. 일반적인 노동의무는 있지만 일일 노동시간은 6시간에 불과하다. 개별 가계는 물품저장고에 그들의 생산품을 갖다놓고, 가족의 최고연장자가 자기가족이 필요로 하는 것을 저장창고에서 가져오게 한다. 여기서 모든 것은 무료이다. 모든 유토피아 사람들은 똑같은 의무를 갖고, 똑같은 옷을 입으며, 똑같은 집에 살면서 공동으로 식사를 한다. 도시의 모양도 다른 도시들과 같다.

유토피아에는 절대적 평등이 실현되어 있다. 권력자도 예외가 아니다. 아직까지 한 번도 유토피아의 대통령이 특별한 의복이나 의관을 입어 보통사람들과 구별된 적이 없다. 다만 유토피아 당국의 위임을 받아 정복된 국가의 총독으로 파견되는 유토피아 시민들은 그곳에서 "거창한 생활"을 하고 "주군"으로서 권한을 행사하게 된다.

그런데 유토피아에서의 절대적 평등은 "삶의 질" 측면에서 본질적인 것에 해당하는 몇 가지 조건과 결부되어 있다. 생활수준은 검소하고 소박하다 할 수 있다. 즉 생활수준은 개별 유토피아 인이 자신의 생계를 보장하는 데 필요한 것을 누리는 정도로 제한되고, 어떠한 사치도 허용되지 않는다.[7] 여기에다 개인의 고유성과 사적 영역이 없다. 유토피아 인들은 자신의 이해가 아니라 일반의 이해에 주의를 기울여야 한다. 모든 유토피아 인들은 권세가가 보통사람들보다 더 잘 살지 않는다는 사실에 확신을 가질 수 있다. 왜냐하면 10년마다 추첨으로 바꾸는 개인주택의 문은 잠겨 있는 적이 없으며 누구나 들어갈 수 있기 때문이다.

유토피아는 하나의 정체된 사회이다. 제도, 정치, 욕구, 생산양식 그리고 사회구조는 바뀌지 않고 있다.[8] 유토피아의 가족정책과 대륙에 있는 식민도시로 인한 이민정책은 가족 수와 도시인구 수가 일정한 한도를 초과하거나 미달되지 않게 하고 있다. 이는 인구과잉이나 부족 때문에 잘 정비된 노동리듬, 생활리듬이 깨지는 것을 막고 공간배분의 조화를 유지할 수 있게 한다.

유토피아 자체는 하나의 연방국가이고, 개별 도시들은 자신들의 관심사를 스스로 규율한다. 대표자들은 유토피아의 상품저장량을 확정하고 지역적 과부족을 조정하기 위해 해마다 한 번씩 만난다. "그래서 섬 전체가 하나의 가정과 같다." 유토피아의 경제문제를 해결하는 데는 이러한 1회의 정기모임으로 충분한데, 이는 유토피아 사회의 정태적 특성 때문에 어떤 중대한 경제적 사회정책적 문제도 발생하지 않기 때문이다. 따라서 모어는 중앙집권적 체제에 어떠한 커다란 의미도 부여하지 않고 있다. 대통령인 아데무스에 대해서는 그가 대통령직을 종신으로 갖고 있고 품위의 표시로 양곡배급을 사전에 받을 수 있게 하는 정도로 하고 있다.

하지만 유토피아 인들 스스로가 자신들의 정치문제에 대해 의사결정을 내릴 수 있다고 생각한다면 그것은 잘못된 것이다. 의사결정의 고유 권리는 유토피아 국민들에게 있지 않다. 유토피아의 보통사람들은 의사결정 문제를 30가정으로 구성하여 한 구역마다 선발하는 필라르쿠스(Philarchus)에게까지는 전달할 수 있다. 하지만 진정한 정치관직에는 학자출신의 대표들만이 선출될 수 있다.

여기서 모어는 플라톤의 질서사상, 즉 철인 독재정치를 지향하고 있다. 모어에 의해 고안된 유토피아 사회의 기하학적 구조는 권력자가 자신들의 의도를 일반국민들에게 아주 빨리 전달할 수 있게 한다. 그리고 반대로 민중의 의견이나 여론이 피라미드의 꼭대기에 빨리 도달할 수 있게 한다.

이것으로 경제체제에 대한 핵심적 문제, 즉 유토피아 인들이 어떤 상품을 생산해야 하고 어떠한 생산방식을 택해야 하는지를 어디서 알게 되는지의 문제에 대한 근본적인 대답이 주어진다. 우리는 익히 알고 있는 욕구, 즉 생존에 필요한 기본욕구 충족을 전통적 생산양식으로 해결한다. 이러한 조건에서 저장 메커니즘은 충분한 할당 메커니즘이 된다.

지역저장고의 과부족은 전국적 정리과정을 통해 해결된다. 만약 특정 생필품의 재고량이 최저치 이하로 떨어지면, 유토피아의 중앙 각료회의가 소집되어 기층민중과 재빨리 정보를 교환함으로써 조정가능한 생산체계를 변경시키도록 의결하거나 수입물량을 증대시키도록 한다. 여기서 무역수지의 문제는 발생하지 않는다. 유토피아에서 대외무역은 결손보충의 역할을 한다. 유토피아 인들은 그들의 잉여생산물을 수출하고 부족한 재화를 수입한다.

유토피아의 일일 노동시간은 6시간으로 되어 있어 빠듯해 보이지만, 모든 유토피아 인들은 병이나 학업으로 인해 노동의 의무에서 면제되지 않는 한 일을 하며, 이들의 욕구 자체가 분수를 넘지 않는 수준이기 때문에 노동의 수확이 소비량을 초과하게 된다. 따라서 유토피아 인들은 다른 국가와의 교역에서 잉여를 갖게 되는데, 이 잉여를 전쟁 발발 시 곧바로 적대국 내의 매수와 선전을 위한 자금과 용병모집 자금으로 충분히 활용하기 위해 금으로 보관한다.

한편 유토피아 인들 간에 시기심이나 탐욕이 생기지 않게 하기 위해서 이 금괴는 개별 가정에 분배된다. 유토피아 인들은 금에 마음을 빼앗기지 않고 전쟁과 같은 필요시에는 금을 다시 반납할 수 있도록 금을 조잡한 일상 생활용품, 예를 들면 요강 등으로 만들어 둔다.

동기유발 문제에 대한 해결

이제 남은 문제는 유토피아 인들이 다른 사람의 노력의 대가로 쾌적한 생활을 하는 일을 어떻게 막느냐 하는 것이다. 여기에 『유토피아』서술의 중점이 놓여 있다. 이미 우리는 유토피아 공동체의 기능을 소개하면서 신화적 교육자의 형상인 국왕 우토푸스와 조우한 적이 있다. 유토피아 인의 교육자는 그들 가운데서 출현하지 않았고, 또한 유토피아 인들이 전향교육에 자발적으로 참가한 것도 아니었다. 모어는 신화적인 우토푸스가 어디서 출현했는지 말하지 않고 있다. 우토푸스는 자신의 이데올로기적 전위대와 함께 고대 그리스극의 갑자기 출현하는 신(Deus ex machina)처럼 유토피아의 역사에 도입되었다.

유토피아에서는 올바른 사고관을 갖게 하는 데 매우 큰 중점을 두고 있다. "유토피아 인들은 감수성이 예민하고 교육하기 적당한 어린이들의 정신에 애초부터 건전한 국가관을 주입하는 데 최대의 노력을 기울인다." 또한 유토피아 성인들은 충분한 여가시간을 이용하여 개인적인 평생교육과 자기완성을 도모하는데, 이는 유토피아 철학에 대한 공부를 의미하고 이것은 다시 올바른 유토피아 생활과 이어지게 된다.

그 밖에 유토피아 인들은 생활을 올바른 방향으로 변화시키도록 장려된다. 공동으로 하는 점심과 저녁식사는 윤리적 저술을 낭독하는 것으로 시작된다. 하지만 모어는 인간의 나약함을 알고 있기 때문에 여기서 다음과 같이 말하고 있다. "어느 누구도 지겹다는 말을 하지 않도록 낭독은 짧게 한다." 그리고 유토피아 사람들은 자유시간에 유토피아의 국민적 경기에 열정적으로 참가하는데, 이 경기는 장기나 바둑과 같은 놀이로 놀이이름이 "덕목 대 악덕"이다.

문헌들을 보면 종종 유토피아적 생활방식이 에피쿠로스적으로 규정되고 있다. 블로흐는 다음과 같이 말한다. "눈에 띄는 사실은 공산주의 섬에 생기를 불어넣는 현세만족적인 에피쿠로스주의가 존재한다는 것이다(Bloch 1969, 58쪽)." 실제로 『유토피아』에는 기쁨과 욕구, 희락이 많이 이야기되고 있다. 하지만 유토피아 인들은 버려야 할 잘못된 욕구와 추구해야 할 진정한 욕구를 엄밀하게 구분한다. 진정한 욕구는 종국적으로 유토피아적 덕목을 완성시키는 행위를 창출할 수 있다. 예를 들어 혼전·혼외정사는 잘못된 욕구로 유토피아에서 가장 큰 범죄 중의 하나로 간주된다. 여기에 대해서는 강제노동의 처벌을 내리고 재범은 사형에 처한다.

진정한 욕구와 잘못된 욕구를 구별함으로써 권력자는 유토피아의 사적 생활을 정치적 이념에 따라 조정할 수 있다. 일치단결에 대한 압력은 유토피아에서 강하고 전반적인 것이다. 유토피아 인들은 항시라도 공적인 통제에 들어갈 수 있다. "모두가 지켜보는 앞에서 사람들은 자신의 일상적 일을 수행하거나 자유시간을 품위 있게 보내야 한다." 유토피아에는 잠겨 있는 대문이 없고 사적인 개인영역이 없다.

블로흐처럼 『유토피아』는 "기쁨의 최대치"로 설계되어 있다(Bloch 1969, 65쪽)고 생각하는 사람은 "기쁨"에 대해 아주 특별한 생각을 갖고 있음에 틀림없다. 유토피아에서는 청교도들이 만족을 느끼게 된다고 믿는 편이 더 그럴 듯하다. 여기에 대해 우리의 증인 히슬로다에우스는 다음과 같이 말한다. "당신들이 이미 보았듯이, 거기서는 게으름 피울 수 없고, 노동을 기피할 핑계가 없다. 또한 포도주 가게, 맥주주점이 없고, 윤락가와 유혹의 기회가 없다. 도피처가 없고 악의 소굴이 없다."

유토피아에서는 사람들이 햇볕 좋은 날 즐거운 기분에 들판을 뛰어다니다 차려놓은 상에 앉아 즐기는 식으로 노동을 기피할 수 없다. 자신의 거주지역 밖에서 허가서 없이 다니면 도망자로 간주되고, 그는 수치스럽게 끌려와 심한 징계를 받는다. 그리고 그가 또 한 번 같은 짓을 하면 강제노동형을 받는다. 자기지역 내에서 유토피아 인은 자유롭게 다닐 수 있다. "그러나 그가 그 전에 상응하는 일을 하지 않았다면, 어느 곳에서도 먹을 것을 얻지 못한다." 즉 빵바구니를 높이 걸어두는 엄한 방식이 노동규율의 규정이다. 각 가정들에 의해 선출된 관찰관은 노동시간 중에 어슬렁거리며 꾀 부리는 사람이 없도록 신경 쓴다. 그들의 "가장 중요하고 유일한 임무는 어떤 사람도 게으름 피우며 앉아 있지 못하도록, 모두가 자신의 생업에 열심히 종사하도록 보살피고 지켜보는 것이다."

그런데 사람들이 선호하지는 않지만 유토피아의 생활을 유지하는 데 필수적인 직종들을 선택하도록 규정하는 방식은 어떤 것인가? 유토피아에서도 이러한 직종에는 농사일이 포함된다. 모든 유토피아 사람들은 2년간 교대로 농촌에서 노력 봉사하도록 부역의 의무가 주어져 있다. 유토피아 인에게 요구할 수 없는 다른 일들은 외국의 일용노동자나 노동노예들이 수행한다.[9] 유토피아 인들은 노동노예에게 노동을 시키면서 관리할 뿐 아니라 사슬로 묶어두기도 한다.

유토피아에는 서로 다른 세 종류의 상이한 노동노예가 있는데, 첫 번째는 다른 나라에서 사형선고를 받고 유토피아 인에게 팔려온 범죄자이다. 그 다음은 유토피아의 식민지가 된 땅을 되찾기 위해서나 백성들을 전제군주의 압제에서 해방시키기 위해 유토피아에 대항하는 전쟁을 일으켰거나 일으켜야 했던 국가의 전쟁포로이다. 마지막으로는 강제노동 판결을 받은 유토피아 인인데, 이들을 유토피아에서는 특별히 엄하게 다루고 있다. 이들은 올바른 사고를 갖도록 하는 훌륭한 교육을 받았음에도 범행을 자제하지 못했기 때문이다.

아주 드물게 발생하는 폭력범죄를 제외하면 유토피아에서 일어나는 범죄는 대부분 유토피아의 규율을 위반하는 것인데, 여기에는 허가증 없이 여행하는 것, 이혼, 사전에 승인된 기구 밖에서의 정치활동 등이 속한다. 규율위반은 유토피아의 질서를 위태롭게 하기 때문에 범죄로 간주된다.

유토피아에 대한 마르크스주의적 해석은 카우츠키나 블로흐가 그랬듯이, 노동노예제를 설명할 때 논거제시의 어려움에 빠진다. 카우츠키는 모어 자신이 일관성이 없다고 하고(Kautsky 1888, 277쪽), 블로흐는 "사회적 낙원과 옛 계급세계 간의 불협화음(Bloch 1969, 60쪽)"을 이야기한다. 물론 "낙원", 특히 "사회적 낙원"에 대해서 상이한 관점을 가질 수 있겠지만, 노동노예 계급이 유토피아의 윤리관과 합치하는 계급이 될 수 있다.

유토피아 인들은 스토아 학파의 학설에 따라 덕이란 자연에 맞는 생활이라고 정의한다. "자신이 열망하는 것과 기피하는 것, 이 모든 것 중에서 이성에 순응하는 사람이 자연의 지시를 따르게 된다." 라틴어 원본에는 이성이 "ratio"로 기록되어 있는데, 이는 사려분별을 위한 통찰력과 논리적 판단력을 의미한다. 다른 사람을 고의로 또는 악의로 상처주거나 고통을 주는 것은 "ratio"를 지향하는 덕목교육과 모순이 되긴 하지만, 범죄자에게 합당한 형벌을 실행하는 것은 다른 한편으로 그러한 덕에 배치되는 일이 아닌 것이다.

유토피아의 불협화음을 이야기하는 사람에게 유토피아 인들은 다음과 같이 반박할 것이다. 노예노동을 해야 마땅한 사람이 없다면 그 누구도 유토피아에서 노예노동을 하지 않는다고 말이다. 유토피아 인들은 그들의 논거를 유토피아 공동체가 기반하고 있는 윤리적 기초에서 찾는다. 돈을 지불하고 죽음을 면한 범죄자는 자신들의 현재 생활(노예생활—옮긴이)이 죽음보다 낫다고 본다. 이는 자살이 비난받지 않는 유토피아에서 그들이 (자살하지 않고—옮긴이) 노예생활을 하고 있다는 사실에서 반증된다. 따라서 그들의 현재 상황은 일반 유토피아 인에게나 그들 자신에게 그 밖의 다른 운명보다 나은 것이 된다.

전쟁포로는 유토피아 인들과 이상국가에 대한 침공을 감행했기 때문에 그들의 운명을 감수해야 한다. 유토피아의 조직과 법규를 위반해 사형받아 마땅했던 범죄자들은 죽음보다 강제노동을 통해 유토피아 공동체에 더 큰 이득을 준다. 나아가 규율위반자는 올바른 유토피아 인에게 경고용 사례가 된다. 즉, "범죄자들이 이러한 강제노동에서 반항적이고 적대적으로 행동하면, 그들은 감옥과 사슬로 길들일 수 없는 다루기 힘든 괴물과 같이 취급되어 죽음을 당한다."

유토피아 윤리의 일관성을 보여주는 한 예로, 결혼한 노예의 아이들은 노예신분에서 벗어나 유토피아 인의 가정에서 양육된다. 이는 아이들이 유토피아 공동체에 대해 어떠한 죄도 범하지 않았기 때문이다. 그래서 그 아이들에 대해서는 어떠한 노예노동도 요구되지 않는다.

유토피아 노동세계의 조직은 두 가지 점을 분명히 한다. 개인들은 유토피아 공동체의 규율에 엄격히 복속되어 있다. 만약 개인이 그 규율을 이행할 의지나 능력이 없다면, 그는 공동체에서 추방된다. 이로써 유토피아에서 집단재화(Kollektivgut) 생산을 위한 개인의 기여는 "공동부양"으로 승화하게 된다. 이는 전통적 경제에서 익숙한 것이지만, 한 가지 차이점은 이를 강제로 시행한다는 것이다. 대규모의 집단재화 생산 때문에 강제와 통제는 보편화되어 있다. 철저한 제재장치를 염두에 둘 때, 아직 유토피아적 의식을 갖지 못한 사람들도 자신의 이해관계 때문에 유토피아 공동체의 번영에 기여하게 된다.

영향

카베의 『이카리아 여행기』

『유토피아』로부터 공산주의적 미래 사회에 대한 자신의 설계에 영향을 받은 사상가들의 하나로 카베를 들 수 있다. 그는 1788년 1월 1일 프랑스 디종에서 태어났다. 처음에는 변호사로 활동했고, 프랑스 왕정 복고 이후에는 공화당원이 되었다. 1830년 7월 혁명 뒤 그는 코르시카의 총독이 되어 그곳의 문란한 재정과 법제기구를 정리했다. 카베는 새 헌법을 반대했기 때문에 총독직에서 해임되었고, 1831년에는 하원의원으로 선출되어 극좌파에 소속되었다. 그는 국가기관과 정부정책에 대한 비판적 선동을 멈추지 않았기 때문에, 투옥의 위협을 피해 런던으로 도피했다. 거기서 그는 모어와 캄파넬라(T. Campanella)에 대해 연구하고 공산주의자가 되었다.

1839년 카베는 프랑스로 되돌아와 자신의 사회비전을 정치소설『이카리아 여행기』로 발전시켰다. 심지어 그는 자신의 사회개념을 신세계에서 실현하고자 시도하기까지 했다. 1848년 텍사스에서의 공산주의적 부락건설은 실패했다. 두 번째로 일리노이에서 그는 1856년 내부 분쟁의 결과로 축출되었다. 그리고 그해(1856년 11월 8일) 사망했다. 이주자들 그룹 자체는 청년파와 장년파로 분리되고, 이들은 각각 1889년과 1895년에 해체되었다.

카베의 미래 사회설계도는 프랑스 노동자들에게 큰 반향을 불러일으켰다. 더욱이 카베는 프랑스에서의 민주적 성과를 배경으로 노동자들에게 시민선거권을 주고 시민에 대한 정치지도자의 책임을 부각시켰다.[10] 이카리아 사회의 본질적인 조직기구인 언론기구, 역사와 학문에 대한 관할 등은 현실 사회주의의 기구와 놀랄 정도로 유사하다. 심지어 현실 사회주의 개혁을 위한 근본적인 제안을 이미 카베가 해놓았다.

카베의 줄거리, 즉 아름다운 이카리아 여인과 자신의 사회상을 구현하기 위해 여인들을 확보하려 하는 영국인 주인 간의 로맨스를 보자면 이 소설은 우리에게 친숙한 사회혁명적 체제비판 소품이다. 그러나 유머와 기지는 없는 작품이다. 이카리아의 사회질서를 이룩한 사람은 건국자 이카르(Ikar)인데, 그는 옛 소유권 사회의 사회적 불의에 마음이 동하여 혁명으로 권력을 잡고 독재자로서 사회를 쇄신했다. 그에 대한 경의의 표시로 그의 사후 국가명을 이카리아로 한 것이다.

이카리아에서의 생활 자체는 유토피아에서처럼 권력자에 의해 규제되는 일상이다. 이카리아 사람들은 국회에서 결정한 제복을 입는다. 다만 청소년과 성년, 결혼한 사람과 이혼한 사람, 그리고 다양한 관직보유자를 구분하는 여러 가지 무늬표시가 단조로움을 완화시켜준다. 식량공급은 시기와 기간, 식량청의 구성에 따라 충분한 숙고 뒤에 확정된다. 이카리아에서 가옥과 생산공장은 서로 짝이 되게 완전히 대칭적으로 위치시켜 놓고 있다. 이에 따라 통계파악을 빨리 할 수 있고, 이카리아 여론형성의 예비구조도 여기서 나온다.

국가에 의해 조직되는 재화의 생산과 사용은 공동으로 수행된다. "공화국 또는 공동체는 매년 국민의 의식주와 가구비치를 위해 구비해야 하는 모든 대상을 결정한다. 국가만이 국영작업장과 국영공장 그리고 국영제조업체에서 일하게 할 권한이 있다(Cabet 1847, 89쪽)."

이카리아에도 일반적인 노동의무가 있다. 생산물은 전부 국가저장고로 운반되고 이카리아 인들에게 똑같이 분배된다. 이카리아는 유토피아처럼 화폐가 없는 경제이다. 직업선택은 경쟁자가 자신의 판결자가 되는 경쟁의 척도에 따라 수행된다. 경쟁적 직업배분에서 직장을 구하지 못한 이카리아 인에 대해서는 당국이 일자리를 지정해준다. 법으로 허용된 직업에만 종사할 수 있기 때문에, 이카리아 인들은 예를 들어 여관업이 무엇인지 알지 못한다.

경제적 관점에서 보면 카베의 청사진은 준(準)정태적이라 할 수 있다. 생산구조는 연초에 산업위원회에 의해 확정되고, 물론 연간 생산계획 설립을 위한 제시가 결여되어 있지만, 유용한 기계공원이 이카리아 인들의 더럽고 힘든 일들을 줄여준다. 카베가 이카리아의 인구균형을 유지하기 위한 기관을 중시했다는 점을 보면 우리는 그의 사고가 정태적 사회의 범주 내에 고정되어 있다고 결론 지을 수 있다. 그는 인구성장이나 감소에서 유래하는 문제가 이카리아의 생존을 위협한다고 간주한다. 또한 준정태적 사회에서 저장 메커니즘은 할당기구로 충분히 기능한다.

이카리아의 노동질서는 유토피아와 동일하다. 그래서 이카리아 인들도 올바른 교육에 큰 가치를 부여한다. "아이는 학교에서 이미 국가구성원으로 직인 찍힌다." 상설 특별소위원회가 다음과 같은 문제를 위탁받는다. "인간의 성(性)이 어떻게 완전함에 가까워질 수 있는가?" 미혼의 젊은이들은 지속적으로 공적인 통제에 있다. 그들은 서로 자유롭게 교제할 수 있지만, 혼전에 열정과 욕망을 불태우는 것은 이카리아에서 거의 불가능하다. "왜냐하면 모든 사람들이 서로 지켜보기 때문이다."

하지만 카베는 이러한 상호간의 통제만을 믿고 있지는 않다. "완전하게 되려면 그래도 부모가 항상 같이 있어야 한다." 이것은 "이카리아의 완전한 자유를 경찰국가의 자유로 만드는 것인데, 경찰국가에서는 백 명의 주민마다 한 명의 경찰이 있는 것이 아니라 모든 주민들이 경찰이 된다(Lux 1894, 137쪽)."

늙어서 일하지 못하게 되지 않는 한, 모든 이카리아 인들은 노동의 의무를 갖는다. 노동에 대한 법적 강제가 참기 어렵고 압제적인 것이라는 비난에 대해 카베는 강제가 인민을 억압하는 자에 의해 이루어질 때는 그 비난이 타당하지만, 강제가 인민의 건강과 노동질서를 유지하는 현명한 목적에 기여하게 될 때는 타당하지 않다고 한다.

이카리아의 어떤 사람도 법적 강제에 대해 저항하지 않는데, 그 이유는 그가 합목적성을 완전히 통찰하고 있기 때문이다. 물론 체제의 입장에서는 엄한 노동규율의 도입과 유지의 동기에 대해 관심을 갖는 것이 아니라, 대규모의 집단재화 생산과——모든 이카리아 인들은 무료로 저장물 배급을 받는다——보편화된 노동규율 간의 일치에 관심을 갖는다. 그러면 이카리아에서는 누가 더럽고 힘든 일을 하느냐라는 성가신 질문에 대해 카베는 유용한 기계공원에 대한 언급으로 해결을 보려 한다. 하지만 준정태적 체제에서 어떻게 그러한 기술혁신이 일어나고 일반화될 수 있느냐라는 질문과 나머지 더러운 일들은 누가 수행하느냐라는 질문에 대해서는 침묵하고 있다.

문학과 언론, 학문도 수미일관되게 완전히 조직되고 공적으로 통제된다. 의사전달의 욕구를 가진 사람들 모두가 시나 소설, 에세이에 그것을 표현하고 청중의 반응을 기대할 수 있는 것은 아니다. 이카리아 공화국은 검증된 약제사에게만 약제생산을 허용하듯이 검증된 국민시와 운문, 드라마만 발표할 수 있게 한다. 국민작가들은 전적으로 공동체의 공복으로 활동하고, 유용하며 진보를 지향하는 글들만 인쇄하여 유포시킨다. 언론은 형편없는 과오와 파행으로 점철되기 마련이므로 언론자유는 자본주의적 억압국가의 사악한 음모를 예리하게 비판할 때만 요구된다. 이카리아에서는 누구나 집회에서 자신의 의견을 표현할 수 있으므로 언론에서 추가적으로 소식을 전달하는 것은 불필요하다. 이카리아에서 신문은 집회기록과 사건보도 그리고 관보를 위한 기구일 따름이다.

학문적 진보에 대해서도 공화국이 결정을 내린다. 출판할 가치가 있다고 판단되는 것은 학자들이나 모든 가정, 국립도서관에 무료로 배분된다. 유용하지만 불완전한 서적은 공화국이 보완, 수정하게 하고, 위험하거나 무용하다는 등급을 받은 모든 낡은 서적은 불태우게 한다. 이전에는 이러한 행위가 공동체에 저항하는 행위였는데, 이카리아에서는 이런 행위가 인간성의 이름으로 자행된다. 또한 국민사가들에 의해 편집된 공식역사 이외의 다른 역사는 존재하지 않는다. 법원이 역사적 인물의 기념여부를 평결하며, 명예로움, 잊어버림, 요주의와 같은 등급을 결정하는 데 이의제기를 받지 않는다.

어떠한 설명이나 주석도 필요로 하지 않는 이러한 조직들과 유토피아 및 이카리아의 노동질서 분석은 본보기가 될 만하다. 한 사회의 기능이 구성원의 연대적 행동에만 달려 있다면, 그런 것은 규율적으로 확실하게 보장되어야 한다. 그렇지 않은 경우 유토피아적 또는 이카리아적 사회질서는 와해된다. 카베는 몸소 그것을 경험했다. 자신이 설립한 일리노이의 부락에서 카베는 축출되었는데, 그 이유는 사회구성원들이 원래 합의한 규율을 지키지 않고 그것에 대한 분쟁에 빠졌기 때문이다.

현실 사회주의와의 유사성

마르크스와 엥겔스는 공상적 사회주의를 파문했다. 공상적 사회주의는 점진적으로 계급을 구성하는 프롤레타리아트 조직 대신에 날조된 프롤레타리아트 조직을 대상으로 하고 있다는 것이다(Marx/Engels 1977〔1848〕, 489쪽 이하). 레닌 또한 유토피아를 건설하려는 시도를 공허한 것, "인간이 알 수 없는 것"에 염불을 외는 행위로 간주한다(Lenin 1918, 78쪽).

나아가 공상적 사회주의와 과학적 사회주의의 구별은 마르크스에게 정치적 대결의 무기로 사용되었다. 프루동과 같이 사회주의적 공동체에 대한 구체적 형상을 발전시킨 당내 대립자들은 유토피아적 개념, 즉 공상적인 것에 전념한 반면, 마르크스와 그의 추종자들은 과학을 자기네 편으로 인식했다.

그러나 부버에 따르면, 공상에 대한 비난은 과학적 사회주의 개념 자체에도 해당하는 것이다(Buber 1950, 25쪽). 필연의 나라에서 자유의 나라로의 도약, 국가의 소멸, 새로운 인간의 탄생, "능력에 따라 일하고 필요에 따라 분배한다"는 분배명제, 이 모든 것들은 과학과는 별 관련이 없고 공상과 많이 관련된 것이다.[11] 부버는 다음과 같이 말한다. "마르크스에게서 공상적 계시록이 출현하고 모든 경제과학적 총론이 순전한 공상으로 변하는 지점은 혁명에 의해 모든 사물들이 변환한다고 하는 지점이다. 이른바 공상주의자의 공상은 혁명 사전적이고 마르크스주의자의 공상은 혁명 사후적이다."

이러한 의미에서 부버는 공상적 사회주의를 토포스(확정된 공식—옮긴이)적 사회주의라고 불렀다. 공상적 사회주의는 정치적 건축가에게 오늘날의 사회주의적 공동체를 세우기 위한 건축소재를 제공하기 때문이라는 것이다(Buber 1950, 139쪽).

현실 사회주의의 조직들을 뒤쫓아 가보면, 실제로 주제어별로 색인되는 다수의 놀랄 만한 유사성에 부딪히게 된다. 오래된 (자본주의적) 세계와의 정신적 물질적 경계설정—캄파넬라는 이방의 영향에 대해 뛰어넘을 수 없는 장벽으로 그의 "태양국가"를 보호한다—, 제복, 강제 농촌이주, 농업 종사자의 거주지 변동금지, 일반화된 공출강제. 물론 이는 10월 혁명 이후 소련에서 처참하게 실패했다. 일반화된 사회주의적 의식주입, 언론자유 폐지, 국민작가 계급, 학문적 연구결과에 대한 당파적 관리, 사회주의적 역사에 대한 당파적 해석독점, (공산주의의 보다 높은 단계에 도달할 때까지) 노동과 소비량에 대한 사회 및 국가의 엄격한 통제(Lenin 1918, 91쪽).

유토피아의 강제노동, 강제노동 수용소와 현실 사회주의의 수용소(GULAG) 군도 간의 유사성에 대해서는 솔제니친이 다음과 같이 지적한 바 있다(Solschenizyn 1973, 307쪽). "보르쿠타(Workuta)**는 강제노동을 통해 생활을 영위한다. 북부 도처에 이와 같은 강제수용소가 산재해 있다. 이는 마치 모어의 꿈이 실현된 것처럼 보인다. 어떤 꿈인가? 나는 내가 그것에 대해 별로 알지 못한다는 것에 종종 부끄러움을 느낀다. 토머스 모어, 그는『유토피아』를 쓴 별난 인물이다. 그는 유토피아에도 아무도 하려 들지 않는 더럽고 힘든 일이 있음을 인정했다. 그는 그것에 대해 성찰하고 대답을 발견했다. 사회주의 사회에조차 범법자가 존재하고 그들은 힘든 노동을 수행해야 한다. 다른 말로 하면, 강제노동 수용소는 새로운 것이 아니었다. 모어가 이미 생각한 것이었다."

금으로 요강을 만든다는 모어의 생각도 레닌에게 변형된 형태로 다시 발견할 수 있다(Lenin 1973〔1921〕, 94쪽). "우리가 장차 세계적 차원에서 승리하게 되면, 내 생각으로 우리는 세계의 대도시 거리에 금으로 공중시설을 짓게 될 것이다."

종국에는 소련공산당 서기장 고르바초프의 개혁안이 제시한 중점사항들, 즉 주민들과 조합원들에 의한 선거형태로 경영자 및 관리자에 대한 보다 엄격한 통제와 보다 개선된 인원선발로 사회주의적 체제효율성을 증대시키는 것마저도 카베의 이카리아에 이미 실현되었던 것이었다. 현실 사회주의의 제도와 행동양식을 이해하고 설명하려는 자는 공상적 사회주의의 설계도를 검토해야 한다. 마르크스와 엥겔스 그리고 그들의 후계자들은 그것에 대해서 적게 말하고 있다.

『유토피아』에 대한 모어의 입장

『유토피아』에 대한 모어의 입장은 아주 불분명해 수수께끼같이 되었다. 정교하고 치밀한 해석을 시도하는 자들은 그를 사회주의적 범주에 포함시키거나, 아니면 그가 자신의 설계도에 대해 거리를 유지하고 있음을 입증하려 한다. 아무튼 그는 당대의 정치와 사회에 대해 강한 비판의식을 갖고 있었다. 이러한 배경 아래 우리는『유토피아』를 하나의 모델로 이해할 수 있다. 공동소유에 기초해 있으면서 동시에 모두가 다른 사람의 노동과 땀에 의존하는 플라톤식 국가관에 반대하는 아리스토텔레스적 사고를 고려하는 사회는 어떤 모습일까?

모어의 생활관, 예를 들어 소박한 생활에 대한 그의 애착을 이해한다면, 그가 자신의 유토피아적 창작물이 내포한 것들 중 많은 것에 기쁨을 느꼈으리라는 것을 인정할 수 있게 된다. 그림의 세밀한 부분들을 애착을 갖고 그리는 예술가처럼, 그는 정치사상가로서 자신의 정치질서적 사상을 수미일관되게 그렸다. 그는 자신의 친구들에게 전폭적인 지지를 받는 것을 자랑스러워 했다.

에라스무스에게 그는 다음과 같이 썼다(Morus 1984[1516], 60쪽 이하). "자네는 내가 얼마나 신이 나고, 얼마나 들떠 있고, 얼마나 자랑스러워했는지 모를 것이네. 나는 자기최면을 확실하게 걸었지. 나의 유토피아 사람들이 나를 자기네 통치자로 만들었다고 말일세. 내가 보니 나는 곡물로 만든 왕관을 쓰고 큰 걸음으로 활보하는데, 나의 프란체스코 수도자 복장이 눈길을 끌고 있었네. 나는 신성한 왕홀인 이삭묶음을 잡고 다니고, 수도 아마우로툼에서 온 추종자들이 나를 둘러싸고 있었고. ……이러한 멋진 꿈을 계속 꾸려 하는데, 떠오르는 아침 서광이 나의 꿈을 부수고 왕좌에서 나를 쫓아내 나의 일상, 즉 농장으로 되돌려 보냈다네."

우리가 자신의 청사진에 대한 모어의 태도를 전반적으로 이해하려 한다면, 우리는 그의 핵심어인 "오만"(superbia), 즉 "유일한 괴물이자 모든 악의 본산"으로 돌아오게 된다.[12] 히슬로다에우스의 설명에 따르면, 이 괴물은 유토피아에서 사적 소유가 철폐된 뒤에 완전히 근절되었다. 유토피아 인들은 말할 나위 없이 서로 동등한 입장에서 검소하게 행동하고 공동체 규율에 자발적으로 복종한다. 그들이 다른 민족과 다른 문화의 사람들을 만날 때, 그들은 거만해져 다른 제도와 관습을 멸시한다.

유토피아 인들의 전쟁사유와 전략에 대한 기술을 통해——유토피아 인은 바로 냉전의 창시자로 간주될 수 있다——그들이 자신들과 다른 민족들 간에 거리를 유지하고 있음을 알 수 있다. 구세계의 전제정치적 외교정책 대신에 유토피아 전 민족의 권력욕과 자기현시 욕구가 자리

잡게 되었다(Ritter 1940, 83쪽). 전쟁에서 유토피아 인들은 가급적 자국민을 전쟁터로 내보내지 않고 용병을 쓴다. 용병으로는 의식적으로 가장 위험한 곳을 찾는 미개한 스위스 용병을 선호하는데,[13] 이는 한편으로 지불하는 비용을 절약하기 위해서이고, 다른 한편으로 "유토피아 인들이 이 인간쓰레기, 즉 아주 끔찍하고 흉악한 민족에 의해 지구를 정화할 수 있게 된다면, 인간의 성비(性比)조정에 기여하게 된다"고 확신하기 때문이다.

유토피아에서 규율위반자들은 노동생활이나 개인생활에서 육체적 소멸에 이를 정도로 무자비하게 핍박당한다. 이로써 우리는 유토피아의 "오만"이 현상적으로만 소멸되었다는 것을 추측해볼 수 있고, 다음에는 확신할 수 있게 된다. 이 괴물은 훨씬 더 위험한 형태로 부활한 것이다. 개별 인간이 아니라 유토피아 공동체 자체가 "오만"에게 귀속된다.

| 요아힘 슈타르바티 · 김수석 옮김 |

4 │ 콜베르
Jean Baptiste Colbert, 1619~83

경제학 관련 유명 저서의 저자들 가운데 콜베르의 이름은 등장하지 않는다. 루이 14세 시대의 위대한 이 재상의 명성은 포괄적인 이론상의 업적 때문만은 아니다. 중상주의와 콜베르에 관한 최근의 문헌들에서도 그가 독창적인 이론가는 아니라는 점에는 이견이 없다. 그러나 콜베르는 투철한 목적의식을 가지고 정열적으로 일을 추진한 경제·재정정책 실천가였다. 나아가 그는 당대의 경제적·정치적인 문제와 가능성에 관해 항상 새로운 구상을 하여 이를 체계적으로 연계시켰다.

그의 사고는 국왕, 친지, 친구 그리고 부하들에게 보낸 많은 각서, 지침서, 서간문 등에 설득력 있게 나타나 있다. 따라서 그는 중상주의와 절대왕정 시대에 탁월하고 영향력 있는 정치인 중의 한 사람이었을 뿐만 아니라, 경제사상사를 보더라도 초기 거장에 속한다고 볼 수 있다. 콜베르의 저술은 이미 100여 년 전에 클레망(Pierre Clément)에 의해 10권의 책으로 발간되었다.

생애와 정치적 활동

태생, 교육, 인간관계

콜베르는 1619년 8월 29일 랭스(Reims)의 중상류층 가정에서 태어 났다. 그의 아버지는 랭스의 대상인이었으며, 1629년부터는 파리의 은 행가였다. 예수회 교단의 고등학교를 졸업한 젊은 콜베르는 1634년부 터 1640년까지 은행가, 공증인, 파리 관구 행정청, 파리 왕립재판소, 군 수업자 등에게 다양한 교육을 받았는데, 이것은 재정분야에서의 활동 을 준비하기 위한 것이었다. 1640년 그는 병무행정 분야에서 왕실업무 를 보았다.

그후 그는 국방분야의 정무차관이었던 사촌 르 텔리에(Le Tellier)의 부하직원이 되었다. 그의 중개로 콜베르는 1651년 추기경이자 장관이 었던 마자랭(J. Mazarin)의 업무를 도왔다. 콜베르는 추기경의 재산을 매우 성공적으로 관리했으며, 아울러 그 자신의 재산도 크게 불렸다. 그러나 무엇보다도 그는 추기경의 업무를 도우면서 두터운 신임을 얻 었고 국가운영과 관련된 많은 전문지식을 습득했으며, 국가의 중심기 관과 국왕의 주변 인물들에 대한 영향력도 갖게 되었다.

장관으로서의 콜베르

마자랭이 죽은 후인 1661년 콜베르는 막강한 최고재정관이었던 푸케 (N. Foucquet)의 실각에 관여했으며, 그의 국가재정 관리업무를 이어 받게 되었다. 그후 수년 동안 그는 또 다른 분야들, 즉 하천, 임야, 무역 등의 감독업무를 인수받았다. 그리고 그는 1665년 자신을 위해 새로운 직책인 재정감독관을 만들었는데, 이것은 1789년까지 프랑스 재무장관 의 칭호로 존속했다. 그는 왕실의 재무장관으로 임명되자(1669) 왕실, 성직자, 파리의 시정 그리고 일 드 프랑스(Ile de France) 주(洲)의 업 무를 관장하게 되었는데, 특히 해군, 식민지 그리고 공업에 관한 일을 맡았다. 1670년에는 광업 분야의 관리업무도 이양받았다. 콜베르는 이와 같은 여러 공직을 겸임하면서 막강한 권력을 갖게 되었다.

"루이 14세의 치세는 1683년 콜베르의 죽음과 함께 종식되었다고들 한다. 이 건설적인 부흥기에 이루어진 업적 가운데 이와 같은 지칠 줄 모르는 장관의 영향력과 떼어놓을 수 있는 것은 거의 없다(Weis 1968, 187쪽)." 콜베르의 첫 번째 관심사는 국가재정이었는데, 그 이유는 그가 국가재정을 프랑스의 권력기반으로 보았기 때문이다. 프랑스의 북부와 중부 지역에서는 5개의 대규모 징세청부 회사 그리고 남부 지역에서는 개별 징세청부업자에게 조세를 납부하게 되어 있었는데, 그는 이 간접세의 수입증대에 큰 성공을 거두었다.

그는 간접세 수입에서 징세청부업자가 갖는 몫을 과감하게 축소시켰다. 1661년에는 징세청부업자에게 거둔 8,500만 리브르(Livres) 가운데 국가는 단지 3,100만 리브르만 가진 반면, 1667년도의 경우 9,500만 리브르 가운데 6,300만 리브르가 국가에 귀속되었다. 그리고 직접세의 일종인 타유(Taille, 재산등급별 과세—옮긴이)의 수입도 증대되었는데, 이 가운데 국세징수관이 봉급 대신 가져가던 비율도 1/6이나 축소되었다.

콜베르는 국가의 수입을 증대시키기 위해서는 국가의 징세력을 강화해야 한다고 보았다. 그의 공업정책, 인구증대 정책, 해외무역 정책, 법규의 단일화와 수송체계의 개선을 위한 방안들 그리고 해군과 식민지 관련 정책은 이러한 목적의 달성에 크게 기여했다. 여기서 큰 장애요인 가운데 하나는 서로 상이한 지역헌법과 지역법규였다. 구(舊)체제 시대의 프랑스는 중앙집권적 통일국가가 아니었기 때문이다. 콜베르는 상이한 지역헌법으로 인하여 타유의 세율을 전국적으로 단일화하는 데 어려움을 겪었다.

아직은 사정이 괜찮은 지방들인 브르타뉴(Bretagne), 도피네(Dauphiné), 랑그도크(Languedoc), 프로방스(Provence) 그리고 부르고뉴(Bourgogne)에서는 물적 타유가 토지의 소유에 따라 고정된 비율로 징수되었다. 반면 다른 지방에서는 인적 타유가 소득세로서 개인

장 바티스트 콜베르(1619~83)

에게서 직접 징수되었는데, 인적 타유의 세율도 필요에 따라 꾸준히 인상되었다. 하지만 콜베르는 프랑스를 하나의 단일화된 폐쇄적 조세영역으로 만들지는 못했다. 단지 간접세가 5개의 징세청부회사에 위임된 지역에서만 단일화된 관세율을 갖는 공동의 관세구역 경계가 설정되었을 뿐이다. 그리고 영주가 관할하는 수많은 도로세와 교량세도 없애지 못했다.

콜베르는 오히려 법규의 단일화에서 더 많은 성과를 거두었다. 그의 독려에 의해 민사재판(1667)과 형사재판의 절차가 전국적으로 단일화되었다. 하지만 물권법에서는 관습법(pays de coutumes) 지역과 로마법(pays du droit écrit) 지역의 구분이 여전히 유효했다. 콜베르의 주도 아래 1669년에는 산림법과 수리법, 1673/81년에는 무역법이 전국적으로 성문화되었다. 그리고 도량형의 체계도 단일화되었다.

그는 공업정책에서도 우선 수출을 증대시키기 위해 제품의 표준화와 질적 향상을 위해 노력했으며, 지금까지 수입에 의존해야 했던 제품과 관련된 업체의 정착과 지원에도 심혈을 기울였다. 그의 공업정책은 매우 급진적이다. 그는 1666년 이래 매우 상세한 수많은 규정들을 마련하여 기업들에게 제품의 종류와 질에 관한 지침을 제공했다. 특히 섬유산업의 모든 생산부문과 생산단계가 "산업"으로 이해되던 그 당시의 프랑스에서는 다양한 직물류의 크기와 질에 관한 정확한 지침이 주어졌다.

기업에 대한 지침은 프랑스 전역에 걸쳐 유효했고, 이것의 준수여부는 항상 감독되었으며 규정위반에는 벌금형이 부과되었다. 질적 향상과 질적 통제를 위해 1673년에는 수공업 부문의 동업조합 강제가 더욱 강화되었으며, 여타의 수공업 관련 직종으로도 확대되었다. 콜베르는 이를 통해서도 재정적 이익을 추구했는데, 장인 칭호도 국가의 공직과 마찬가지로 국가재정에 기여함으로써 취득할 수 있도록 했던 것이다. 이러한 수공업 칙령 이전까지 프랑스 동업조합의 수는 60개에 불과했지만, 이후 1675년에는 83개, 그리고 1691년에는 129개로 증가했다

(Gaxotte 1951, 52쪽).

콜베르 산업정책의 핵심은 공장과 대기업의 육성이었다. 이들이 가장 효율적인 생산주체라고 보았기 때문이다. 그는 외국의 전문가들을 모집했고, 공장설립에 국가의 재정지원을 제공했다. 새로운 공장들은 오랫동안 생산과 판매의 독점을 유지했다. 공장노동자들은 타유와 징집에서 면제되었다.[1] 다른 한편으로 공장의 생산과 판매는 일일이 지침에 따라야 했으며, 제품의 질은 공장노동자의 작업규율과 마찬가지로 감독을 받았다. 콜베르의 산업정책은 프랑스가 사치품(카페트, 고급가구, 유리, 거울, 비단, 고급의류) 생산에서 유럽의 선두를 차지하는 결과를 가져왔다.

이러한 산업정책은 인구증대 정책과 기반시설의 정비를 통해 보완되었다. 콜베르의 주도로 21세 이전에 결혼한 남자들은 최장 5년까지 직접세인 타유가 면제되었다. 10명 이상의 자녀를 둔 가장의 경우, 그의 자녀들 가운데 한 사람도 독신생활과 관련된 직업, 즉 성직자, 수도사 또는 수녀에 속하지 않을 때에는 세금부담을 완전히 면제시켰다. 기반시설의 정비로 도로가 증설되고 특히 대서양과 지중해를 연결하는 내륙수로인 미디 운하(Canal du Midi)가 구축되었다.

영국과 네덜란드 동인도회사의 성공에 고무된 콜베르는 1664년부터 1673년까지 동인도, 서인도, 세네갈, 레반트(Lavante) 그리고 북해지역에 5개의 무역회사를 설립했는데, 이 가운데 루이 14세 통치기간 내내 지속된 것은 동인도회사뿐이었다. 인도에 설립된 두 회사는 콜베르가 프랑스 식민지 정책을 추진하는 데 도구로 이용되었다. 그의 공직기간 동안 프랑스는 1673년 갠지스 강 삼각주 지역의 찬데르나고르(Chandernagore)와 1674년 퐁디셰리(Pondicherry)를 인도의 거점으로 삼은 후 1674년에는 카옌(Cayenne) 그리고 1665년에는 산토 도밍고(Santo Domingo)에도 전진기지를 구축했다.

또한 콜베르는 프랑스의 식민지 정책과 수출을 장려하기 위하여 프랑스의 상선단도 확충했다. 1664년에 100톤 이상의 선박이 350척에 불과했던 프랑스 상선단의 규모는 1683년 550척으로 증가했다. 마찬가지로 그는 리슐리외의 사망 이후 거의 궤멸되었던 프랑스의 함대도 새로 정비하여 영국에 이어 두 번째로 강력한 해군을 만들었다. 프랑스는 콜베르 시대부터 막강한 해군력을 보유하게 되었다.

콜베르는 강권정책을 위해 무역정책을 의도적으로 이용했다. 루이 14세와 그의 재상은 프랑스를 유럽에서 강력한 영향력을 갖는 국가로 만들고자 했던 것이다. 이러한 목적을 달성하기 위해 우선 프랑스가 유럽에서 선도적인 무역대국이 되어야 한다는 것이 콜베르의 생각이었다.

강권정책의 일부분으로서의 무역정책은 해외무역을 하나의 지속적인 경제전쟁으로 만들어 놓았다. 1664년에 이미 수입관세가 크게 인상되었음에도, 그로부터 3년 후에는 1664년에 비해 세율이 3배나 인상되었다. 이것은 수입금지와 다름없는 것이었다. 1670년 네덜란드가 프랑스 상품 수입금지 조치를 취하자 이를 빌미로 프랑스는 1672년 네덜란드를 공격했다. 그후 프랑스는 네이메헨에서 평화협상이 진행되던 중인 1678년에 세율을 1664년 수준으로 되돌려야 했다.

한편 콜베르는 루이 14세의 강권정책적 목적에는 일관되게 복종했지만, 그 목적을 부채 없이 건실한 재정으로 달성하고자 했다. 이 점과 관련하여 말년에 국왕과 국방상 루부아(M. Louvois)와 불화를 겪기도 했다. 그는 1683년 9월 6일에 사망했다.

모범과 선구자

콜베르에게 큰 모범이 된 인물은 리슐리외였다. 콜베르는 그의 경제·재정정책 결정을 국왕에게 보내는 서한에서 반복해서 제시했다. 콜베르는 국가학과 국가학 관련 문제를 저술한 저자들을 어느 곳에서도 언급하지 않았다. 그렇다고 그가 보댕, 라프마스(B. Laffemas) 또는 몽크레티엥(A. Montchrétien)의 저술들을 읽지 않았다거나 그들에 관하여 전혀 들은 바도 없다고 판단한다면 그것은 지나친 비약이다(Cole 1964, 355쪽). 아무튼 그가 학업기간 중 보댕의 『국가론』(*Six livres de la république*)을 읽은 것만은 틀림없다.

이 저작의 제4권 제2장에 수록된 재정에 관한 사항은 콜베르의 사고와 근본적으로 일치한다. 또한 콜베르는 라프마스도 잘 알고 있었음이 틀림없다. 라프마스는 1602년부터 1610년까지 통상위원회의 의장이자 콜베르의 선임자이며 프랑스의 경제문제에 관한 논문에서 리슐리외를 집중적으로 연구한 바 있다. 그는 공장설립, 원료기지 구축, 원료수출 그리고 공산품 수입의 금지를 주장했다.

콜베르의 경제정책적 신조

정책의 우선순위

콜베르의 경제사상은 이러저러한 저작을 통해 알려진 것이 아니다. 오히려 우리는 그의 사상을 100여 년 전부터 클레망이 편집하여 10권으로 발간된 『콜베르의 서한, 훈령, 기록』(*Lettres, instructions et mémoires de Colbert*)에 수록된 공적, 사적인 서신교환에서 더욱 잘 파악할 수 있다. 콜베르의 사상은 독창성이 아니라, 그의 사상이 근거하고 있는 체계적인 연관성과 그것의 결과, 그리고 포괄적인 역사적이고 상업적인 지식으로 인해 깊은 인상을 심어주었다. 1670년 국왕에게 보내는 한 각서에서 그는 다음과 같이 진술했다. "제가 폐하께 이 주제에 관해 말씀드리는 모든 것은 지난 9년 동안의 행복했던 행정업무 경험과 산술적이며 확고한 진실에 근거하고 있습니다(Colbert, VII, 233쪽)."

이와 같은 경험과 데카르트적 논지의 결합이 바로 콜베르의 방법론이 갖는 특징이다. 내용상으로 그의 사상은, 경제는 프랑스 왕국의 권력 아래에 존재한다는 원칙을 따르고 있다. 따라서 그는 사소한 일상의 관심사는 전체와 국가의 이익에 종속되어야 한다는 사실을 상인들에게 교육시킬 필요성이 있음을 강조했다(Heckscher 1932, II, 294쪽).

따라서 모든 경제적, 사회적인 문제들은 그것들이 국가재정에 대해 어떤 의미를 갖는가 하는 측면에서 설명된다. 콜베르에게 재정은 국가

의 기반이며 국가재정은 그의 정치적, 경제적인 사상의 핵심적 기준점
이기 때문이다. 앙리 4세 사후(1610)부터 1663년까지 프랑스의 재정사
를 개관한 저술인 『프랑스 재정사에 관한 기록』(*Mémoires sur les
affaires de finances de France pour servir à l'histoire*)을 1663년 국
왕에게 제시하면서 콜베르는 다음과 같이 진술했다. "재정이 국가의 가
장 중요하고 본질적인 부분이라는 사실은 확실하며 이는 세계의 모든
국가에서 인정된 원칙입니다(Colbert, II, 1쪽, 17쪽)." 보댕은 재정을
"국가의 신경조직"이라고 표현했다.

재정정책과 조세정책의 원칙

콜베르에게 재정정책의 목적은 "국가수입으로 국가지출을 충당하는
것"(égalité de la dépense aux recettes)이다. 이와 같이 자명한 원
칙, 특히 국가지출과 국가수입의 균형을 요구하는 형태는 절대왕정 시
대에는 당연한 것이 아니었다. 절대왕정의 사치스러운 자기과시와 비
용이 매우 많이 소요된 루이 14세의 강권정치로 인하여 콜베르는 이러
한 원칙을 오랫동안 실현시키지 못했다. 이 재상은 자발적으로 국왕의
비위를 맞추었으며 그 자신도 해상이나 육상에서 프랑스의 주도권 장
악을 열망했지만, 나라살림을 생각할 때 왕정에 대한 그의 충성심과 프
랑스의 강권정책에 대한 갈망은 주춤할 수밖에 없었다.

그는 『재정각서』(*Mémoire au roi sur les finances*, 1670)에서 평화
시에 이미 국가지출이 국가수입을 500만 리브르나 초과했다고 비판했
다(Colbert, VII, 234쪽). 그러나 그는 이 경우 국가가 세금을 더 많이
거두어야 한다고 결론 내리지 않았다. 오히려 그는 조세수입은 납세의
무자의 수입에 의존한다는 점을 지적했다. 납세의무자, 즉 제3신분에
속하는 사람들[2]의 소득이 감소할 경우에 국가가 현재 수준의 조세수입
을 지역에 요구한다면 주민들은 더욱 궁핍해질 수밖에 없다. 이 경우에
는 국가지출을 감소시켜야 한다(Colbert, VII, 237쪽 이하).

같은 각서에서 콜베르는 국내에서 통용되는 화폐량과 조세수입 간의

적정한 비율에 관한 모델 견적을 제시했다. 그는 이러한 조세수입과 화폐량의 "적정비율"(Ordre naturel et légitime)을 1대 3으로 보았다. 그는 프랑스에 유통 중인 은화의 양을 약 1억 5,000만 리브르로 추산했다. "이 1억 5,000만과 폐하께서 수입으로 잡은 돈 사이에는 항상 다음과 같은 연관성과 고정적인 비율이 존재합니다. 예를 들어 화폐량이 1억 5,000만이고 수입이 5,000만이라는 기준 아래 화폐를 국내로 유입시킬 경우 폐하의 수입은 상대적으로 증가할 것이며, 1억 5,000만이 자체적으로 감소할 경우에는 수입도 그에 따라 감소할 것입니다(Colbert, VII, 235쪽 이하)."

이와 같은 일국의 화폐량과 조세수입 사이의 일반적인 관계 이외에도 콜베르는 또 다른 하나의 관계를 세심하게 고찰했는데, 이는 바로 한 지방에서 통용되고 있는 화폐량과 그 지방에서 징수되는 조세수입 간의 관계이다. 구체제 시대의 프랑스에서는 국가전역에 걸쳐 적용되는 세율이 존재하지 않았다. 오히려 모든 지방에 각각 일정한 액수가 부과되었는데, 이는 직접세의 형태로 납부되어야 했다. 이른바 "국가통제 지역"(pays d'états), 즉 관구의 신분제 의회가 온전한 자체의 법규를 갖는 5개 지방(브르타뉴, 부르고뉴, 랑그도크, 도피네, 프로방스)의 경우, 납세액은 국왕의 재정관과 지방국가(États provinciaux)에 의해 결정되었다.

이 금액은 토지세(Taille réelle)로서 관구의 신분제 의회에 의해 납세의무가 있는 제3신분의 구성원들에게 할당되었다. 이들 지방의 경우 납세총액을 증대시키는 것은 불가능했지만, 신분제 의회가 조세인가권을 상실한 지방의 경우에 납세총액은 재정 총감독이 의장으로 있는 재정위원회에 의해 독자적으로 결정될 수 있었다. 해당 지방의 추산된 자산의 규모가 납세총액을 계산하는 기준이 된다. 개별 납세의무자에 대한 할당은 선출된 국왕의 "조세관리"(élus)가 그들의 지역에서 직접 "선정"(élections)한다. 따라서 이들 지방은 위에서 언급된 5개의 "국가통제 지역"과 구분하여 "국가선정 지역"(pays d'élections)으로 지칭

되었다.

콜베르는 1670년 『재정각서』에서(Colbert, VII, 236쪽) 다음을 지적했다. 한 지방에서 상응하는 규모의 화폐유입이 없이 화폐가 급속히 외부로 유출될 경우, 조만간 부과될 조세액을 납부할 수 없는 상황에 처하게 된다. 한 지방으로부터의 화폐유출은 다른 지방의 화폐량 증대를 의미하지만, 여기에 상응하는 개별 지방의 징세액 변경은 불가능하다. 한 지방으로부터 여타 지방으로의 화폐유출은, 비록 해당 지방에서는 감지될 수 있다고 하더라도, 일일이 측정될 수 없기 때문이다.

콜베르는 한 지방의 화폐량과 조세총액 사이의 "적정한" 비율을 유지하기 위하여 "모든 수단을 동원하여" 국가에서 통용되는 화폐의 양을 증대시키고, 왕실과 국가로부터 지출되는 화폐를 무거운 조세부담을 안고 있는 지방, 즉 "국가선정 지역"에 우선적으로 유입되게 할 것을 권고했다(같은 책, 247쪽).

모든 지방에서 자산과 화폐량 그리고 조세부담 간의 "적정비율"의 준수와 유지는 콜베르가 지방영주들에게 여러 차례 훈계한 바 있는 "정의"와 "공평"이라는 조세정책적 원칙을(Colbert II/1, 72, 76, 98, 374쪽) 확고하게 실현시킬 것이다. 여기에서 "공평"이란 세율의 동일성이 아니라, 오늘날의 조세정책적 규범이기도 한 "자산"과 "조세" 간 "비율"의 동일성을 의미한다. 콜베르는 영주들과 조세관리들이 정의와 공평 이외에도 조세의 경제성도 유념하기를 원했다. 그는 많은 교시문을 통하여 영주들에게 징세비용의 감소를 위해 노력하라고 지시했다(Colbert, II/1, 96, 98, 374쪽).

노동에 대한 교육

콜베르는 국가의 징세력 강화, 즉 조세수입의 확고한 증대를 위한 방안으로 다음 네 가지 사항을 제시했다. 규율을 엄수하는 양질의 노동에 대한 교육, 납세의무자 수의 증대(인구증대), 산업의 확충과 발전 그리고 끝으로 무역흑자를 통한 화폐량의 증대. 그는 노동규율에 대한 교육을 신민(臣民)으로서의 의무를 이행하도록 국민들을 교육시키는 것과 동일한 것으로 간주했다. 백성은 군주에게 납세의 의무를 진다. 하지만 그들의 납세능력은 현금보유량에, 그리고 이것은 다시 노동에 의존하기 때문에 콜베르는 백성들의 납세의무로부터 노동에 대한 의무가 발생한다고 보았다(Colbert, II, 356쪽).

콜베르는 매일 15~16시간 동안 집무했으며, 그 자신이 "게으름을 피우거나 일을 조금만 하는 것"을 용인할 수 없다고 주장한 것처럼 스스로 열성적인 노동자였다(Gaxotte 1951, 41쪽). 베버 이래 강조된 엄격한 근로정신은 무엇보다도 칼뱅주의 신앙의 영향으로 이해하는 것이 일반적이다. 그러나 진정으로 금욕적인 노동규율의 인상적인 사례는 이미 신앙심이 깊었던 가톨릭 교도인 콜베르와 자유사상가인 프리드리히 대제였다.

콜베르는 그의 자식들에게도 정직하고 올바르게 일하도록 엄격히 교육시켰다. 그는 후일 그의 해군 고위관리직을 승계한 장남인 마르퀴스(Jean-Baptiste Marquis de Seignelay)[3]를 다음과 같은 교육지침으로 엄격하게 가르쳤다. "나는 나의 아들에게 그가 특별히 하고자 하는 모든 것에 기쁨을 찾고, 성실하게 임하여 엄정하게 행하라고 요구했다(Gaxotte 1951, 45쪽)."

콜베르는 1665년에는 아버지들은 자식들에게 "깊은 신앙심과 종교적 대상에 대한 큰 공경심 ……, 그리고 국왕 폐하에 대한 많은 사랑과 숭배를 환기시키면서 어릴 때의 나태가 평생 동안 방탕한 생활의 원인이 되기 때문에 일찍부터 노동에 익숙해지도록" 유념시키라고 영주들을 독려했다(Colbert, III/2, 395쪽).

그는 오세르(Auxerre) 지역에서 매우 우수한 수공업자의 후진을 양성하기 위하여 같은 해 이 지역의 모든 주민들에게 6세 이상 된 자녀들을 최고의 수공업자들에게 보내도록 명령했다. 이에 따르지 않을 경우에는 자녀당 30수(Sous)의 벌금이 부과되었다. 노동에 대한 교육의 측면에서 콜베르는 수도원의 자선헌금이란 단지 구걸과 나태를 확산시키는 데 기여하는 것일 뿐이라고 비판했다(Colbert, II/2, 714쪽).

콜베르가 노동을 언급할 때에는 국가에 이익을 가져다주는 직업에서의 노동만을 의미한다. 1664년 10월 22일 국왕에게 보낸 한 각서에서 그는 국왕이 위대한 업적을 달성하고 높은 명성을 얻고자 한다면, 이를 위해 필요한 수단을 보유해야 한다고 지적했다. "그것을 달성하기 위해서는 백성들의 직업이 이와 같은 큰 목적을 위해 유용한 것이 되어야 합니다. 그것은 바로 농업, 상업 그리고 산업생산, 육상과 해상에서의 군복무입니다(Colbert, VI, 3쪽)."

그는 급속히 감축시켜야 할 비효율적인 직업으로 수도사와 수녀 이외에도 재정과 사법행정의 부문에서 많은 비용을 낭비하는 여러 관직들을 지목했다. 이러한 관직들은 매매되거나 또는 간접세 관련 직의 경우에는 대여되는 것이다. 따라서 관직의 보유자는 이것을 매매하거나 대여할 때 투자된 금액에 높은 이자가 붙는다고 생각하여 사용료와 수수료로부터 생기는 수입을 복잡하고 까다로운 절차를 통하여 증식시켰다. 이것은 바로 콜베르가 추구한 행정상의 "경제성"에 상반되는 것이다.

국가경제를 위한 인구증대

콜베르가 수도사와 수녀들을 거부했던 이유는 그들의 행위가 국가를 위해서는 생산적인 것이 아닐 뿐만 아니라, 혼인을 하지 않아 그의 인구증대 계획에 부합하지 않기 때문이다. 그는 국가의 노동력과 납세의무자의 수를 증대시키기 위해 인구수를 늘리고자 조혼을 장려했다. 그래서 그는 부모들이 자녀들의 혼인 시에 많은 액수의 지참금이 부담스러워 딸들을 수도원에 유폐시키는 것을 방지하기 위해 결혼지참금을 줄이고자 노력했다(Heckscher 1932, II, 145쪽).

콜베르는 경제적으로 유용한 사람과 관련된 것이라면 국왕의 단호한 종교정책 원칙도 무시할 태세가 되어 있었다. 따라서 그는 무역을 위해서, 유대인 상인들을 경원시하고 추방하는 것을 단호하게 반대했다. 이들은 비록 특정한 장소에서만 거주하도록 허용받긴 했지만, 콜베르는 1681년 11월 20일 엑상프로방스(Aix-en-Provence)의 영주에게 보내는 서한에서 이들을 위해 특정 교역장소를 결정할 때 시기하는 자국민, 즉 기독교인 상인들의 처지는 고려하지 말아야 한다고 언급했다 (Colbert, VI, 159쪽).

경제적인 고려에서 그는 위그노 문제와 관련하여 루이 14세의 비타 협주의적 입장을 따르지 않았다. 국교문제에 대한 그의 실용주의적 시각은 궁중에서 비판의 대상이 되었다. 맹트농 부인(Madame de Maintenon)은 1681년 생 제랑 백작부인(Comtesse de Saint-Geran)에게 보내는 서한에서 콜베르는 단지 "그의 재정"만을 생각하지 종교에 대해서는 거의 무관심하다고 적고 있다(Colbert, I, CXLVII).

산업정책의 과제와 수단

콜베르는 산업의 생산증대와 발전을 국가의 부, 징세력의 강화 그리고 국가재정의 주요 원천으로 간주했다. 그후 중농주의자들은 콜베르가 일방적으로 기업들을 우대한 반면 농업을 완전히 경시했다고 비난했다. 이러한 평가는 역사학파에 의해서도 오랫동안 계승되었다. 하지만 그것은 사실과 다르다. 사실 콜베르는 농업을 특별히 유익한 세 부문 가운데 하나로 간주했으며, 식량의 공급자와 섬유산업의 원료제공자로서 농업의 중요성을 높이 평가했다.

그리고 그는 농업을 위하여 다음의 몇 가지를 실행했다. 그의 지시에 따라 농가의 가축과 농기구의 4/5는 압류가 불가능한 것으로 선포되었다(Weis 1968, 189쪽). 그는 종자의 개량을 통하여 말의 사육을 진흥시켰으며, 양의 사육도 확대시켰다. 그러나 그는 여전히 공업의 육성에 더 많은 관심을 두고 있었는데, 공업을 특별히 보호가 필요한 부문으로 보았기 때문이다.

이러한 산업정책은 분명히 국가통제적이며 중앙관리 경제적 특성을 갖고 있었다. 20년 이내에 150개의 법률과 38개의 규정에 의해 공업은 규제되었다. 그러나 이로부터 하나의 견고한 체계를 만들어낸 것은 그의 후계자들이었다. 콜베르 자신이 공업에 대한 엄격한 규제와 특혜를 통한 공업의 육성을 언젠가는 필요 없게 될 교육수단 이상의 것으로 간주하긴 했지만 말이다.

아무튼 콜베르의 서한에는 튀르고(A. Turgot) 또는 스미스와 유사한 성격으로 간주될 수 있는 설명들이 많이 발견되고 있다. 그는 1669년 다음과 같이 서술했다. "인간들은 스스로 가장 유익한 것을 추구할 수 있는 자유를 가져야 한다(Gaxotte 1951, 50쪽)." 그리고 1671년에 더욱 명확하게 다음과 같이 언급했다. "상인들의 자유와 수를 제한하려는 목적을 갖는 모든 것은 전혀 쓸모가 없다(같은 책, 같은 곳)."

1670년의 『재정각서』에서 그는 자유로운 거래와 독점으로부터의 해방은 개인이 사업을 운영할 경우 더 유익하다고 서술했다(Colbert, VII, 250쪽 이하). 그리고 1679년에는 더 크거나 동등한 이익이 기대되는 곳에서는 모든 특혜가 아무런 문제 없이 배제될 것으로 확신했다(Gaxotte 1951, 50쪽). 만약 그가 이와 같은 맥락에서 거래의 자유를 언급했다면, 그것은 국내 상거래의 불필요한 독점과 규제 그리고 무엇보다도 부담이 되는 도로 및 하천관세로부터의 면제를 의미하는 것이었다.

그러나 콜베르는 그 당시 프랑스의 산업을 경제정책적 자유를 부여할 만큼 경쟁력 있고 성숙한 것으로 보지 않았다. 그의 견해에 따르면 프랑스에는 개인의 주도권이 결여되어 있었다. 따라서 국가가 독려하고 자극해야만 할 정도로 프랑스인들은 상거래에서 무능하고 태만했다. 그는 규정의 강화와 엄정성을 산업생산이 원하는 질적 수준에 도달하기 위한 필요불가결한 수단으로 간주했다. 그에게 산업생산의 높고 안정된 질적 수준은 산업정책의 가장 중요한 목적이었다(Colbert, II/2, 520쪽 이하와 728쪽 이하). 그러므로 단지 활동적이며 유능한 기업들만 지원대상이 되어야 할 것이다.

콜베르는 프랑스에 이미 존재하던 산업부문에서 새로 생겨나는 기업들에게는 독점이나 특혜를 허용하지 않으려 했다. 오히려 산업의 진흥은 외국의 완제품을 수입하는 것을 막기 위해서이다. 말하자면 자급자족을 목표로 하는 산업정책인 것이다. 이것은 프랑스가 지금까지 제품을 외국으로부터 조달해온 산업부문을 국내화시킬 수 있도록 이루어져야 한다.

그는 대기업, 특히 제조업체에 특별한 관심을 두고 있었다. 그는 이들을 능률적인 업체로 보았으며, 인쇄소와 같은 분산된 업체들보다 더 유용한 것으로 간주했다. 이 업체들은 대부분 가내 수공업자들로 이루어진 반면, 제조업체에서는 수많은 노동자들이 분업적으로 조직된 거대한 작업장에서 함께 작업에 임한다. 따라서 제조업체에서는 엄격한 작업수칙이 지켜지며, 제품의 질에 대한 규정도 준수되고 점검된다. 콜베르는 여기에서 생산되는 제품으로 프랑스가 외국의 시장도 석권할 수 있다고 보았다. 그래서 그는 1664년 루이 14세에게 다음과 같은 고지문을 발표하도록 건의했다. "우리는 과거의 공장을 재건하거나 새로운 공장의 설립이 제안될 경우, 그 비용을 국고에서 지원할 것이다(Colbert, II/2, 426쪽)."

그는 필수적이며 중요한 지원수단으로 조세의 경감, 신용, 보조금 그리고 더 개량되고 저렴한 원료의 제공을 들었다. 이를 위해서는 국내의 농업원료 생산(경작지, 면화, 피혁 등)과 석탄생산, 철강생산이 증대되어야 한다. 콜베르는 프랑스산 직물을 홍보하기 위해서는 국왕도 오직 프랑스산 직물로 만든 의류만을 착용해야 한다고 제안했다. 그가 1663년 『프랑스 왕국의 제조업에 관하여』(*Discours sur les manufactures du royaume*)에서 밝혔듯이(Colbert, II/2, CCLVIII) 외국산 직물로 만든 의류의 착용은 완전히 금지되었다. 그는 1667년의 엄청나게 높은 보호관세를 통하여 간접적으로 그와 같은 금지조치를 11년 동안 유지할 수 있었다.

화폐량과 교역규모

국제무역에 관한 콜베르의 사고는 그의 화폐이론적 가설에 의해 규정되었다. 18세기의 중상주의 학자들과 마찬가지로 그는 전 세계의 화폐량과 교역규모는 본질적으로 일정하다고 굳게 믿고 있었다. 그는 그의 유명한 저작『재정각서』에서 다음과 같이 서술했다. "과거 유럽에 존재하던 화폐량은 이미 소진되어버린 일정한 양은 예외로 하더라도 아직 동일한 분량이 남아 있다(Colbert, VII, 239쪽)."

그는 유럽에서 통용되는 화폐량은 단지 아메리카 대륙에서 유입되는 은에 의해서만 이따금씩 증가될 수 있을 뿐이라고 주장했다. 본질적으로 화폐량이 고정되어 있다는 사고는, 은행권뿐만 아니라 예금화폐도 존재하지 않으며 화폐란 단지 주화, 즉 통용화폐로서의 은화, 보유화폐로서의 금화, 보조화폐로서의 동전으로만 존재한다고 생각되던 시기의 특징으로 이해될 수 있다.

콜베르는 화폐량과 마찬가지로 세계교역의 규모, 즉 화폐가치로 이해된 것이 아닌 상품의 양 또한 본질적으로 고정된 것으로 보았다. 그는 1669년 3월 외교정책적 상황에 대한 한 설명에서 인구가 증가하지 않는 한 유럽의 전체 소비도 증대하지 않는다고 말했던 것이다(Colbert, VI, 265쪽). 사실 당시로서는 인구증가를 확신할 수 없었다.

콜베르는 일정한 화폐량과 일정한 세계교역의 규모라는 전제로부터 한 국가는 그의 통화량과 상품수출을 단지 다른 국가의 희생을 통해서만 증대시킬 수 있다는 결론을 내렸다. 그는 "(일국의 화폐량은) 동시에 같은 양을 주변 국가들로부터 가져오지 않으면 2,000만, 3,000만 또는 5,000만으로 증가될 수 없다"는 사실을 1670년의 『재정각서』에서 주장했다(Colbert, VII, 239쪽).

이용가능한 전체 화폐량과 세계교역 규모에서 한 국가가 차지하는 비율은 고정불변이고 단지 다른 국가들의 희생을 통해서만 증대시킬 수 있다. 따라서 콜베르는 국제교역은 무역전쟁, 즉 평화 속의 전쟁으로 유도된다고 했다. "무역은 유럽의 국가들 간에 더 많은 부분을 획득하려는 전쟁과 평화 속에서의 투쟁을 유발한다(Colbert, VI, 266쪽)." 1년 후인 1670년의『재정각서』에서 그는 자신이 처음으로 시행했던 프랑스의 대외무역 정책을 "전 유럽 국가들에 대한 은화전쟁"이라고 표현했다(Colbert, VII, 250쪽).

대외무역이 다른 국가의 희생을 통해 세계교역 규모에서 프랑스가 차지하는 비율과 프랑스의 화폐량 증대를 지향한다면 수출을 증대시키고 수입을 감소시켜야 한다. 콜베르는 국가의 부와 징세력 그리고 프랑스 국력은 수출, 더 상세히 표현하면 수출의 초과에 달려 있다고 종종 주장했다. 또한 그는 프랑스의 수출을 증대시키는 효과적인 수단이 무엇보다도 그가 추구한, 그리고 실제로 실행한 프랑스 공산품의 고급화와 국내 공업생산의 급속한 증대라고 믿고 있었다. 수출증대를 위한 두 번째 수단은 해외무역 회사, 특히 두 개의 인도회사였다. 그 이유는 그가 1670년의『재정각서』에서 서술했듯이 네덜란드의 동인도 및 서인도회사와의 교역을 통하여 프랑스의 무역이익이 실현될 수 있었기 때문이다.

그리고 화폐를 국내에 묶어두기 위해서는 완제품의 수입이 강력하게 통제되어야 한다. 여기서 콜베르의 강권정치적 목적에 따른 자급자족의 추구는 1666년 다음과 같은 내용의 훈령으로 이어졌다. 프랑스 상품이 "조금 못하더라도" 그리고 "조금 비싸더라도" 외국상품을 구매하기보다는 프랑스 상품을 구매하도록 세심하게 주의해야 한다(Colbert, III, 76쪽). 콜베르는 이러한 규제가 개별 구매자들의 입장에서 보면 비경제적인 행위라고 해도 화폐를 국내에 묶어두며 프랑스 기업이 이익을 낼 수 있는 두 가지 국민경제적 장점을 갖는다고 주장했다.

또한 콜베르는 프랑스의 대외무역을 활성화시키기 위해서는 프랑스 함대와 상선단의 확충이 필수불가결하다고 보았다. 공직생활의 초기에 저술한『상업각서』(*Mémoire sur le commerce*, 1664)에서 그는 당시 대외무역에서의 안 좋은 결과는 무엇보다 자국선박이 부족하여 프랑스가 네덜란드 선박에 의존해왔기 때문이라고 주장했다(Colbert, II/1,

CCLXIX).

그는 무역에서 해군력이 갖는 중요성을 프랑스의 영국과 네덜란드와의 관계에 관한 것으로 설명하면서 다음과 같이 강한 어조로 주장했다. "한 국가의 해군력이 상업역량과 항상 비례한다는 사실은 명백하다(Colbert, VI, 268쪽)."

그는 상선단의 규모에 관해서도 세계경제 규모의 정태성에 관한 자신의 사고를 그대로 적용시켰다. 동일한 각서에서 그는 1651년 크롬웰의 항해조례를 인용하여 다음과 같이 주장했다. 영국은 선박관련 인력을 증가시키고 선박의 수도 증대시켰기 때문에 교역량을 확대할 수 있었다. 그리고 선박 수를 증대시킨다는 것은 오직 지금까지 알려지지 않은 새로운 교역상대를 발굴한다는 매우 황당무계한 방법으로만 가능하다. 아니면 네덜란드와 같은 다른 국가의 선박 수를 감소시킴으로써 그렇게 할 수도 있다.

"은화전쟁"으로서의 해외무역

무역에서 더 많은 것을 차지하기 위한 대립은 해상전쟁으로 비화되었다. 콜베르가 이러한 사실을 저술했을 때, 영국은 항해조례를 인정하도록 강제하기 위해 이미 네덜란드를 상대로 세 차례의 해전을 벌였다. 말년의 콜베르는 해적질을 하면서 지중해 항해에 지장을 주는 북아프리카의 해적들을 통제하여 프랑스 상선단의 증강을 위한 간접적 수단으로 이용하자는 착상을 했다. 해적들은 프랑스 선박을 존중해야 했으며, 이를 위해 다른 국가의 선박들을 더 자주 약탈해야만 했다. 그래서 마침내 프랑스는 지중해 교역에서 압도적인 지위를 차지할 수 있었다(Colbert, II/2, 733쪽 이하).

콜베르가 은화전쟁(guerre d'argent)을 해외무역으로 보았을 때, 프랑스의 주요 상대는 네덜란드였다. 그가 1670년 『재정각서』에서 설명했듯이 에스파냐, 이탈리아, 독일, 영국 그리고 몇몇 유럽 국가들은 화폐를 목적으로 한 이 전쟁에서 이미 패하여 곤궁에 처해 있었기 때문이다. 루이 14세는 이들의 희생을 바탕으로 네 개의 대규모 회사를 위한 재원을 획득했다. "열강과 다시 맞서 싸울 나라로는 오직 네덜란드만이 남아 있을 뿐이다." 왜냐하면 네덜란드는 "로마 공화정 이래 지금까지 존재한 가장 강력한 공화국"이었기 때문이다(Colbert, VII, 250쪽 이하).

콜베르는 네덜란드의 중요한 강점을 선단에서 찾고 있었다. 그는 1669년 그 당시 세계무역 선단의 전체 수를 2만 척으로 추산했는데, 이 가운데 네덜란드는 1만 5,000~1만 6,000척, 영국은 3,000~4,000척 그리고 프랑스는 단지 500~600척을 보유하는 데 그치고 있었다(Colbert, VI, 264쪽).

그의 정보에 의하면 1670년까지만 하더라도 프랑스의 해외무역은 전적으로 네덜란드에 의해 장악되어 있었다. 프랑스 수출물량의 90퍼센트가 네덜란드 선박에 의해 운송되었으며 네덜란드의 중간상인들에 의해 판매되었다. 그리고 대부분의 수입재화도 원산지와는 상관없이 네덜란드 상인에 의해 네덜란드 선박으로 운송되었다. 이즈음 항해조례에 대한 논란이 또다시 제기되었다!

콜베르는 이처럼 강력한 경제적 상대에 대항하여 모든 수단을 동원하여 이들을 약화시키고자 했다. 그는 우선 경제적인 수단과 방법으로 그들을 능가하고자 했다. 이를 위해 필요한 경제적 능력에 대한 설명을 하면서 콜베르는 『재정각서』에서 군사적인 이유를 들었다. 그는 고유의 경제·무역정책적 수단과 노력을 군사적 편제와 공작에 비유했다. 따라서 해외무역 회사는 네덜란드를 총체적으로 공격할 수 있는 군대라고 볼 수 있으며 공장, 미디 운하, 그리고 여타의 시설들은 이 (무역)전쟁에서 임무를 수행할 의무가 있는 예비군의 기능을 했다(Colbert, VII, 250쪽 이하).

항해조례 문제로 인한 제2차 영국-네덜란드 전쟁 동안(1664~67) 콜베르는 네덜란드와 프랑스 사이에 정치적 연대를 이루어 경쟁자에서 동맹관계로 발전시킬 수 있는 가능성을 모색했다. 전쟁이 발발하자 네덜란드에서는 1651년 당시 빌렘 2세(Wilhelm II von Oranier)의 쿠데타 실패로 폐지된 바 있던 총독직을 다시 부활시키려는 조짐이 나타났지만, 오라녜 가 사람은 이 직책에 임명될 수가 없었다. 콜베르는 1665년 8월의 한 각서를 통하여 영국에 대항하여 네덜란드를 지원할 것과 동시에 콩데(Condé) 장군과 더불어 가장 명성을 떨치던 최고지휘관인 튀렌(Turenne) 장군을 총독으로 선임해줄 것을 제안했다.

콜베르는 네덜란드 인들이 신교도인 튀렌을 수용할 것으로 생각했다. 또한 그는 네덜란드에서 직접 신교도적 교육을 받기도 했으며 루이 14세에게 충성도 맹세한 바 있었다. 따라서 콜베르는 튀렌의 선임은 프랑스의 국익을 위해서도 매우 유용하다고 생각했다. 이 제안은 하나의 구상으로 끝나버렸지만, 이 제안은 콜베르가 어떠한 통찰력을 갖고 모든 가능한 정치적 조합과 그것의 결과를 생각했는지를 보여주고 있는 사례이다.[4]

영국에 대항하여 네덜란드와 제휴하고 프랑스 장군을 네덜란드의 총독으로 옹립하려는 제안은 1665년 당시의 상황에서 기인한 것일 뿐이다. 평상시 콜베르에게 네덜란드는 가장 강력한 경제적 경쟁자이면서 제1의 정치적, 군사적인 적대자였다. 그러므로 그는 네덜란드에 대항한 영국과 프랑스의 공조가 오히려 영국과 프랑스의 이익에 가장 부합되는 정치적 조합이라고 간주했다.

그는 이러한 생각을 1669년 3월 그의 논문인 「문제에 대한 논술: 프랑스 또는 네덜란드와의 동맹 가운데 어느 것이 영국에 유리할 것인가」(Dissertation sur la question: quelle des deux alliances de France ou de Hollande peut estre plus avantageuse à l'Angleterre)에서 세계무역 선단의 규모와 개별 국가의 비중에 관한 개관을 통하여 설명했다(Colbert, VI, 264쪽 이하).

그후 1672년 콜베르가 원했던 상황이 도래하고 네덜란드가 프랑스와 영국의 연합세력에 의해 해상과 육상에서 공격을 당하자, 그는 1672년 7월 8일 루이 14세에게 보내는 각서에서 프랑스가 성취해야 하는 전쟁의 목적을 요약하여 기술했다(Colbert, II/2, 658쪽). 그는 전쟁의 최대목적을 네덜란드가 프랑스 국왕의 통치에 완전히 굴복하는 것이라고 보았다. 만약 이 목적이 달성되어 네덜란드의 교역이 국왕의 백성들에 의한 교역이 될 경우, "이익을 따지자면 더 이상 바랄 나위가 없을 것이다."

한편 최소목적은 다음과 같다. 네덜란드의 주권을 인정한다 하더라도 프랑스 국민의 경제적 이익을 위한 조건들, 특히 프랑스의 높은 관세에 대한 대응책으로 네덜란드가 규정한 프랑스산 포도주와 공산품의 수입금지 해제, 그리고 프랑스의 항만에서 네덜란드 선박과 제품에 대하여 프랑스의 재량에 따라 관세를 부과할 수 있는 국왕의 권한인정이 충족되어야 한다. 따라서 네덜란드는 항해조례를 인정한 것과 마찬가지로──콜베르가 여러 차례 각서에서 암시한 바 있어 루이 14세와 자문화의 구성원들은 이것이 무엇을 의미하는지 알고 있었다──프랑스의 높은 보호관세를 효과적인 저항수단 없이 감내해야만 했다. 항해조례를 인정한 것과 마찬가지로 프랑스의 높은 보호관세를 효과적인 반박수단을 사용하지 못하면서 감내해야만 한 것이다.

그러나 최대목적은 물론 매우 높게 설정된 최소목적도 달성되지 못했다. 그 이유는 프랑스가 네덜란드를 완전히 정복하는 데 실패했기 때문이다. 네덜란드는 주요 지방의 핵심지역의 수문을 열어 공격을 막았다.

한편 영국은 1674년 네덜란드와 항해조례를 무제한으로 인정하는 것을 내용으로 하는 특별 평화협정을 체결했다. 그리고 네덜란드를 보호하기 위하여 황제와 제국, 에스파냐, 덴마크, 브란덴부르크 등과 거대동맹을 구축했다. 따라서 프랑스는 1678년 네이메헨 평화협정에서 프랑스 제품에 대한 네덜란드의 수입금지를 해제하는 무역정책적 성과는 얻었지만, 이에 대한 반대급부로 프랑스의 보호관세도 인하해야만 했다. 해상의 지배권도 콜베르가 계획한 것처럼 네덜란드에서 프랑스로 넘어간 것이 아니라, 영국으로 귀속되었다.

영향

콜베르가 후세에 미친 영향을 지적하자면 한편으로는 하나의 모범으로서 콜베르의 중요성을, 다른 한편으로는 그의 정책이 가져다준 포괄적인 결과들을 들 수 있다. 콜베르의 개별적 조치들은 그 자체의 관계 속에서 보통 "콜베르주의"(Colbertismus)이라고 일컬어지는 하나의 잘 짜인 체계를 형성한다. 그가 사망하자마자 프랑스에서도 콜베르주의를 평가하는 제각기 다른 의견들이 넘쳐났다. 1700년 통상위원회가 재건될 때 랑그도크 지방의 대표단은 콜베르주의의 대외경제적 원칙을 다음과 같이 비판했다. "프랑스는 여타의 다른 세계를 필요로 하지 않으며, 게다가 우리는 외국에서 우리의 것을 구매하라고 강요할 수 있다고 주장한 콜베르의 원칙에서 자유로워야 한다. 이것은 자연법과 상호교역을 하도록 모든 민족에게 선물을 분배한 신의 섭리에도 어긋난다 (Blaich 1973, 139쪽 인용)."

콜베르의 조카인 데마레(N. Desmarets)는 재정 총감독으로서 에스파냐의 왕위계승 전쟁 후 상호주의 원칙에 따라 여러 개의 무역협정을 체결했는데, 이는 그의 삼촌인 콜베르의 무역정책 신조에 배치되는 것이다. 그러나 콜베르 자신도 이미 네덜란드 전쟁의 끝 무렵에 이미 무역에서 상호주의의 원칙을 수용해야만 했다.

문헌상으로 콜베르를 옹호한 사람도 있었는데, 그는 저명한 요새구축 전문가였던 보방(S. Vauban)으로 그의 저작 『왕궁의 십일조 초안』 (*Projet d'une dîme royale*, 1707)에서 콜베르의 원칙을 대변했다. 하지만 보방도 "순수한" 콜베르주의자는 아니었다. 그는 18세기 초 다시 등장한 군주의 절대주의에 반대하는 비주류 귀족의 대변자에 속했으며, 이러한 입장에서 루이 14세의 정책을 비판했기 때문이다. 이와는 반대로 콜베르에게 절대군주는 당연한 것이었으며, 그는 경제를 군주와 군주의 강권정책을 위해 운용했다. 만약 그가 루이 14세를 비판했다면, 이것은 정치체제에 관한 것이 아니라 국가재정에 대한 군주의 단호하지 못한 처신에 관한 것이었다.

18세기의 고위 정치인 가운데 프리드리히 대제가 아마도 콜베르의 가장 강력한 숭배자였을 것이다. 그는 콜베르의 업적과 원칙을 볼테르의 『루이 14세의 세기』(*Siècle de Louis XIV*)를 통하여 알게 되었는데, 그는 이 저작의 제1장을 1738년 필사본 형태로 볼테르에게서 직접 전달받았다. 1740년 3월 프리드리히 대제는 『부의 이용에 관한 서한』(*Epître sur l'usage de la fortune*)에서 17세기 말 프랑스의 부유함과 "인간의 복리를 위해 향상된 숙련"을 콜베르의 업적으로 보았다(*Œuvres de Frédéric le Grand*, t.14, 79쪽). 그는 재정정책과 무역정책에서 완전한 "콜베르주의자"였다. 결국 18세기 중상주의의 원칙을 따른 유럽의 모든 군주와 대신들에게는 위대한 프랑스 재상의 정책이 모범이자 교훈이었다.

더욱 중요한 것은 콜베르의 업적이 남긴 광범위한 결과들이었다. 그는 나폴레옹 1세의 몰락까지 지속된 유럽 대륙에서의 프랑스 패권시대의 창시자들 가운데 한 명이었다. 그는 루이 14세의 패권주의 정책에 경제적, 재정적 기반을 제공했다.

마자랭, 루이 14세, 그리고 루부아가 해양의 중요성에 대한 관심과 이해심이 부족했던 반면, 콜베르는 상선단의 확충과 강력한 함대의 구축 그리고 여기에 필요한 조선소와 병기창 거점확보를 위한 정력적이며 확고한 노력으로 해상강국 프랑스의 선구자가 되었다. 프랑스는 19세기 말까지 영국 다음으로 제2의 해상강국이었다. 끝으로 프랑스의 산업은 콜베르의 산업확충과 질적 향상에 대한 독려에 의해 몇몇 영역, 특히 사치품과 취향과 유행이 중시되는 고급제품 분야에서는 유럽에서 선두자리를 차지하는 동인을 갖게 되었다.

| 카를 에리히 보른 · 김용원 옮김 |

5 │ 케네

François Quesnay, 1694~1774

"하느님과 유사한 중세 철학."

• 히포크라테스, 『정직』(*De bonestate*), V, 2쪽.

연혁

케네가 62세가 되어 처음 경제문제를 공개적으로 다루었을 때, 그는 이미 직업적 이력에서 합리적으로 이룰 수 있는 모든 목표를 성취한 상태였다.

케네는 1694년 프랑스의 메레(Méré)라는 마을의 농가에서 태어났다. 케네는 배움에 지나칠 정도로 많은 욕심이 있었다. 열두 살의 나이로 그는 정원사의 도움을 받아 읽고 쓰는 것을 배웠다. 그의 첫 번째 교재는 의사인 에스티엔(Charles Estienne)과 리에발(Jean Liébalt)에 의해 쓰어진 『농업과 시골집』(*L'agriculture et la maison rustique*)이라는, 100년이나 되었지만 그 시대에 여전히 유행하던 단행본이었다. 그는 계속해서 독학으로 공부했으며, 마침내 파리에서 공부하게 되었다. 케네는 해부학 도판을 조각하는 일을 하며 생활비를 벌었다. 1718년에 케네는 외과의사 면허증을 취득했다.

짐작해보면 케네는 건전한 인간의 사고력을 가진 뛰어난 개업의사였다. 특히 그의 과묵한 성격은 귀족들에게 신임받는 의사로서 경력을 쌓는 데 아주 유용한 덕목이었다. 1734년에 그는 볼루아(Volleroy) 공작의 집에 취직했다. 예의범절이 깍듯하고 에스트라데(d'Estrades) 백작부인의 간질병 발작과 관련해서 민첩성을 공개적으로 증명해 보이기까지 하여 그는 왕궁에서 일할 수 있는 기회를 얻게 되었다(Hecht 1958, 238쪽). 1749년에 퐁파두르(Marquise de Pompadour) 후작부인은 그를 주치의로 불러들였으며 케네는 베르사유로 이사했다.

그가 주로 명성을 얻은 것은 외과의사들의 지위를 위해 의학자들에 대항하여 싸워서 해결한 끝이 없는 논쟁의 학문적 영역이었다. 그는 1730년부터 대략 20년 동안 권리를 인정받지 못한 외과의사들을 위해 투쟁적이고 언변이 능숙한 대변인이 되었다. 그의 이러한 이력도 그가 1744년에 의학박사 학위를 받는 것을 방해하지는 못했다. 하지만 파리에 있는 그의 적대자들은 그의 학위가 지명도가 낮은 퐁 타 무송 학부에서 수여한 것이라고 평가절하하여 발표했다.

당연해 보이는 일이지만, 오늘날 케네의 의학적 저술은 외관상으로는 사람들에게 잊혀졌다. 그의 공격적 투쟁에 대해서 동료 외과의사들을 제외하면 동시대에 살았던 사람들은 아무도 그를 칭찬하지 않았다. 그가 공공연하게 은사라고 불렀던 사람은 네덜란드 인 부르하베(Boerhaave)였으며, 당시 매우 유명한 의사였다.

그러나 부르하베의 가장 뛰어난 수제자는 할러(Albrecht von Haller)로 케네의 저술과는 언제나 멀찍이 거리를 두고 있었다. 케네의 저술은 독창성이 그리 많은 편이 아니었으며, 과장되게 묘사하는 편이었다. 할러는 케네의 "아시아적 스타일"을 조롱하기도 했다(Oncken 1888, 741쪽).

케네의 모든 노력은 추상적이고 종파적인 사변의 영향에서 생리학과 심리학을 벗어나게 하는 데 있었으며, 실증적 기초 위에 생리학과 심리학을 새로이 성립시키고자 했다. 18세기의 위대한 생물학과 비교한다면 그의 경험적 능력들은 매우 소박하다고 할 만하다. 그러나 외과적 경험과 기술을 위하여, 그리고 스스로 철학자로 자칭하던 의학자들의 허구적 학문에 반대하여 그가 싸운 투쟁은 그에게 다양한 공감을 가져다주었다. 이러한 정황들이 그가 훗날 경제학 연구로 전환했을 때 결정적으로 나타났다.

베르사유에 옮겨온 지 2년 뒤인 1751년에 케네는 열에 대한 논문인 그의 마지막 의학 저술을 썼다. 바로 60세가 되던 1754년에 그는 처음으로 정치적 철학적 문제에 관심을 보였다. 흄의 정치연설의 번역자인 르 블랑 신부에게 보낸 한 편지에서 그는 흄의 생각에 대해 토론했으며, 이 철학파의 생각이 영국에서는 설득력 있으나, 대륙의 현실에는 걸맞지 않다고 생각했다(Zapperi 1972, 62쪽).

아마도 같은 해에 그는 디드로와 달랑베르로부터 『백과전서』(Encyclopédie)를 같이 만들자는 제안을 받은 것 같다. 케네는 「명백성」(Evidence)과 「영혼의 기능」(Fonction de l'âme)이라는 제목의 논문을 준비하겠다고 했다. 이것들은 당시 심리학에 대한 그의 지배적인 관심과 일치했다(『백과전서』의 구분에 따르면 형이상학). 첫 번째 논문은 『백과전서』 제6권에 발표되었다. 여기서 케네는 데카르트의 전통과 특히 말브랑슈(Malebranche)의 심리학을 인용했다. 이 논문은 형이상학적 궤변에는 애착이 없었던 "철학인들"(백과전서파를 가리킴―옮긴이)의 서클에서는 별로 지지를 받지 못하던 논문이었다(Hecht 1958, 253쪽). 그리하여 다음 권에 싣기로 한 두 번째 기고문의 작성은 포기하게 되었다.

그러나 조심스러운 익명의 논문 「명백성」이 실린 제6권에서(1756년 1월) 우리는 눈에 금방 띄는 가명인 "케네 2세"(M. Quesnay le fils)라는 이름으로 "정치경제학"의 대개념 틀 아래 「농경자」(Fermiers)라는 그의 논문도 찾을 수 있다. 동일한 가명으로 다음 권(1757년 11월)에 「곡물」(Grains)이라는 논문이 발표되었다. 이러한 것들이 케네가 경제문제를 다룬 최초의 공개된 기회들이었다.

농업경제와 경제문제들에 대해 그가 이렇듯 새로운 관심을 갖게 된 이유를 찾아내는 것은 별로 어렵지 않다. 케네는 농촌에서 보낸 어린

프랑수아 케네(1694~1774)

시절을 아마도 잊지 않았을 것이다. 퐁파두르 후작부인의 시녀였던 뒤 오세 부인(Mme. du Hausset)이 보고하고 있듯이, 그는 베르사유에서 궁중의 음모들보다는 농업기술을 논하는 데 더욱 많은 관심을 기울였 다. 아마도 그의 친구들 가운데는 베르사유 공원 내 왕실수렵단의 르 루아(George Le Roy)가 있었던 것 같다. 르 루아 또한『백과전서』에서 농업경제를 다룬 논문「농경자」의 저자였으며, 새로운 종파의 첫 번째 추종자들 중 하나가 되었다.

왕세자가 천연두에서 완쾌되는 데 공헌함으로써 그는 "귀족증서"를 수여받는 명예를 얻게 되었다. 이러한 기회를 케네는 잘 이용했으며 1754년에는 프랑스 중부에 어느 정도의 토지를 구입했다. 이는 귀족칭 호를 얻을 수 있는 권리와 결부되어 있었다. 그는 보다 많은 수입을 보 장받는 조세징수원이라는 직장을 제안받고 있던 아들 블레즈(Blaise) 를 새로운 재산의 관리인으로 보냈다(Oncken 1888, 801쪽). "적어도 그곳에서도 자기 아들이 조국에 유용한 방식으로 부유해질 수 있을 것" 이라는 이유에서였다(Oncken 1888, 801쪽).[1]

『백과전서』의 공동작업에서 "사람들"(Hommes), "조세"(Impôt) 그 리고 "이자"(Intérêt de l'argent) 등의 표제어들이 계속 등장했다. 그 러나 논문들은 완성되었음에도 발표되지 않았다. 정치적 분위기의 변 화가 주의를 요했기 때문이다. 그러나 경제학 연구는 결코 중단되지 않 았다.

1758년 9월 9일 포르본네(Forbonnais)에게 보낸 한 편지에서 케네 는 순환체계를 바탕으로 경제를 새로이 구축하고자 한다는 것을 미리 알릴 수 있었다. 그는 자부심을 느꼈다. "이것은 멋진 일이며 인류역사 상 오늘날까지 알려지지 않은 일이다. 우리는 유용하거나 유용하지 않 은 화폐순환과 관련된 모든 일을 하고자 한다. 그러나 이러한 일에 국 민들이 비웃으면서 평가를 하고 있다는 것도 우리는 알아 볼 수 있다 (Quesnay 1958, 300쪽; 1971~6, I, 468쪽)." 다음 해에 첫 번째『경제 표』(*Tableau Économique*)의 인쇄본이 몇 명의 가까운 지인들 사이에 나돌기 시작했다.

그 다음 10년간 케네는 완전히 경제분야에 전념했다. 이때 그는 그의 창의력을, 그리고 외과학교 비서로서 이미 보여주었던 논쟁자로서의 완벽성을 발휘했다. 그러나 곧 그는 상반되는 두 가지 요구를 조화시켜야만 했다. 한편으로는 새롭고 모험적인 독자적 이론의 형태를 알리며 또한 이로부터 얻어질 급진적 개혁을 위하여 홍보해야 한다는 기대와, 다른 한편으로는 공공연히 혁명적인 입장을 취함으로써 고도로 숙련된 궁중의사라는 저명한 그의 이력에 모험을 걸 수밖에 없는 상황이었다.

그리하여 신임하는 학생들(오로지 중농주의 종파의 "경제학자"들)이 그를 도와주었다. 그들은 이러한 학교의 사상을 확산시키고 경우에 따라서는 실제로 실행할 준비가 되어 있었다. 그는 실제적인 논문은 쓰지 않았다. 그보다도 그는 대개 익명이라는 보호 아래 대화체로 된 짧고 시사적인 소논문을 쓰는 것을 선호했다. 또한 그는 자기자신이 마음대로 반박할 수 있도록 자신에 대한 반대의 글들을 스스로 써대는 지적 악습에 빠지기도 했다.

더 나아가 케네는 제자의 이름으로 자기논문을 발표했다. 그리하여 원래는 『백과전서』에 싣기로 한 그의 미공개 저작인 『사람들』(Hommes)은 새로운 종파의 첫 번째 추종자 중 한 사람인 파튈로(Henry Pattullo)에 의해 1758년 발표된 초라한 논문에서 부분적으로 선보이게 되었다. 미라보 후작(Marquis von Mirabeau)의 중농주의적 저술의 대부분은 스승의 손에 의해 씌어졌다.

이러한 모든 사실과 함께 그의 저술에 대한 비판적인 언급이 부족한 상태에서 케네의 경제학적 이론을 정의하고 체계화한다는 것은 어려운 모험이 될 수밖에 없다. 실제로 독자들은 지금까지도 『경제표』에 대해서만 유일하게 관심을 집중해왔다. "가장 천재적이라는 데에는 논란의 여지가 없으며, 정치경제학이 지금까지도 빚을 지고 있는 가장 천재적인 착상"이라고 했던 마르크스의 생각은 오늘날에도 몇 가지 타당성을 여전히 갖고 있다(Karl Marx 1965, 319쪽).

『경제표』가 전체 중농주의 경제학적 분석의 "대전"(Summa)으로 간주될 수 없다는 주장에 대한 반대는 부당한 것이 아니다. 결국 중요한 것은 상세한 형식으로 이루어진 몇 쪽 안 되는 글이다. 다른 한편 『경제표』에 근본적으로 경제분석의 핵심이라는 역할을 부여한 "경제이론가"들이 실제로 존재한 것이 사실이다. 케네가 경제에 대해 첫 번째 방향을 잡았을 때 중요하게 강조했던 것은 바로 『경제표』의 설명과 논의였었다. 저명하면서도 매우 극단적인 찬양문에서 미라보는 케네의 『경제표』 발견을 인간이 발견한 것들 가운데 활자와 화폐발견 다음가는 세 번째로 대단한 발견이라고 적고 있다.

다음 해에도 케네의 『경제표』는 적어도 다섯 가지의 판본으로 씌어져 그의 이론적 발전을 증명해보였다. 실제로 『경제표』는 무엇보다도 하나의 분석적 도구이며 오늘날 우리가 모델이라고 부르는 바로 그것이다. 변경을 거듭해야만 했던 것은 책의 구성이 케네 스스로에 의해 현실에 어울리도록 세워졌음에도, 언제나 추가적으로 다가오는 이론적 어려움을 극복해야 하는 필요성 때문이다. 실제로 『경제표』에 나타난 숫자들(특히 그들 상호간의 비율)은 실증적 관찰을 통해 얻은 것들이 아니고, 모델 내에 내재해 있는 논리에 의해서 결정되었다.

당대의 많은 사람들에게 깊은 인상을 주었던 첫 번째 『경제표』는 유명한 지그재그-도표였으며, 이는 토지소유자(부유한 계층을 나타냄) 측면에서 지대의 지출이 다른 계층의 수입이 되는 작용을 체계적으로 나타내었다. 경제학에 처음으로 접근을 시도하던 1757년 초에 이미 케네는 마르몽텔(Marmontel)이 알아차렸듯이(Oncken 1888, 142쪽) "순생산을 나타내는 지그재그-경제표에 전념하여" 퐁파두르 후작부인을 왕진하는 일에 신경을 쓰지 않았다. 또한 최초의 『경제표』 개요가 이미 "사람들" 항목에 대한 논의에 나타난다. 추측컨대 이는 같은 해에 작성되었다.

10년 뒤에 케네가 『경제표』에 전체 경제를 나타내고자 했을 때, 지그

재그-도표는 보다 설득력이 있고 다루기 쉬우며 숫자적 예에 적합한 "산술적 공식"으로 바뀌었다. 여러 번 작성한 표들 가운데 단지 이것만이 1767년 뒤퐁 드 느무르(Dupont de Nemours)에 의해 발간된 반(半)공무적 중농주의 학파 저술전집인 『중농주의』(*Physiocratie*)에 한 자리를 차지했다. 이 사실은 시사하는 바가 크다. 여기에 실린 저술들의 선정은 대가의 직접적인 감독 아래 이루어진 것이 거의 확실하기 때문이다. 『중농주의』는 후에 1846년 데르(Eugène Daire)에 의해 편집된 중농주의 논문들의 출간에 기초가 되었다. 이에 반해 지그재그-경제표는 1894년에 비로소 런던에서 다시 발간되었다. 그리하여 이것이 지난 한 세기 동안에, 그리고 경우에 따라선 지금까지도 자주 산술적 공식이 완전한 『경제표』로 간주되는 이유이다.

물론 케네의 의학적 구상은 연구들을 특정 방향으로 요구했다. 사람들은 그의 경제적 분석, 특히 『경제표』가 생물학적 유추에 의하여 유발되었는가라는 질문을 던졌다(Foley 1973 참조). 그러나 인간의 신체와 사회적 신체 간의 비교, 혈액과 화폐의 비교는 상투적인 표현에 지나지 않으며 이미 15세기에 이와 비슷한 예가 있었던 것을 우리는 알 수 있다. "혈액이 인간의 신체를 위한 것과 같이 화폐는 국가를 위한 것(*Etats Généraux*, 1484)"이라는 문장은 결코 의학적 교육을 전제로 하지 않는다.

확실히 케네가 읽었을 것인 『백과전서』 제5권의 루소에 의해 편집된 「경제」(Economie)라는 논문에서 비교는 상세하게 나타났다. 여기에서는 다음과 같이 이야기되고 있다. "공공재정은 심장의 기능과 비교될 수 있는 지혜로운 경제학, 즉 음식과 생명을 가져다주기 위하여 모든 신체를 약동시키는 혈액이다." 케네는 결코 이처럼 명백히 언급하지는 않았다.

그러나 『경제표』에 나타난 우연한 생물학적 연계점의 문제는 마찬가지로 흥미로운 관점으로 보일 수 있다. 케네의 의학적 교육이 그가 경제분석에서 사용한 방법에 영향을 주었는가? 답변은 결코 간단할 수가 없다. 케네의 자연관은 결코 생물학적인 것만이 아니다(그의 방법론적 모델은 오히려 물리학 모델에 가깝다). 물론 그 관점은 그가 행한 의학적 연구과정에서 발전시킨 것이다.

케네는 데카르트적 표현을 사용하여 완전히 역학적인 자연상을 만들어냈다. 그의 사위인 해번(Prudent Hévin)의 말에 따르면, 케네는 20세 이후로 데카르트와 말브랑슈의 저서들을 읽었으며 그에 대해 깊이 고찰했다. 여러 번 언급되긴 하지만 이러한 세계관에서 신은 "학문적 기본법칙"을 보증하는 장치로서 중요하지만 수동적인 역할로 밀려나 있는 것 같다. 신은 "자연을 변하지 않는 법칙에 따라 관리했다"고 케네는 기술했으며, 이와 함께 말브랑슈의 표현을 고쳐 사용했다(Weulersse 1910, b II, 115쪽).

역학적 사고가 데카르트적 전통에 접목된다는 것이 옳다면 이미 언급했듯이 그의 의학적 연구가 계속해서 그의 사고방식 속에 각인되어 있다는 것도 마찬가지로 옳다. 케네의 스승인 부르하베가 소속되어 있던 의료화학 학파에서도 당시 순수수압적, 역학적 원칙을 바탕으로 생리학적이고 병리학적인 현상들을 설명하려고 노력했다. 예를 들면 근육의 움직임은 물리학적 법칙을 바탕으로 고도의 수학이 도입되어 연구되었다. 실제로 소화를 분명히 역학적으로 해석하는 것은 그리 적합하지 않지만 소화는 순수하게 "잘게 만드는 것"으로 간주되었다.

이러한 지적 환경(데카르트 철학과 역학적 생리학)의 전형적 결과가 유명한 라 메트리(Julien de la Mettrie)의 『인간기계론』(Homme machine)이었다. 케네의 많지 않은 친구들 가운데 라 메트리가 자리하고 있다는 사실은 놀라운 것이 아니다.[2]

케네와 의사조합 사이에 벌어졌던 초기 논쟁을 기억해보자. 1730년에 케네는 실바(Silva)라는 인물이 표명한 생각들이 그릇됐다는 것을 다시 나타내기 위해서 그의 첫 번째 저서인 『유체정력학의 법칙에 바탕을 둔 …… 자락(刺絡)효과에 관한 관찰』(Observations sur les éffets de la saignée …… fondées sur les lois l'hydrostatique)을 저술했다.

책은 제목에 표명한 의도를 실제로 실행했다(물론 유체정력학에서 유체동력학으로의 명료한 변천과 함께). 케네의 논지는 사람들이 간단한 관과 밸브를 가지고 인간의 순환체계를 나타낼 수 있다는 결과를 통해 마무리될 수 있는 것으로 여겨진다.

또한 모델은 많은 개별적인 것들로 '도출과 운행에 관한 저자의 수압적 경험'(Hydraulisches Experiment des Autors bezüglich der Ableitung und der Revulsion)이라는 표제 아래 다시금 이해되었다. 쉽게 이야기하면 독자는 케네의 "경험적" 병리학이 있는 미숙한 단계를 간단하게 마음속으로 그려낼 수 있게 되었다. 더욱 흥미로운 것은 단순한 수압적 모델의 관찰로부터 치료효과에 대해 일반적으로 적용되는 결과를 얻을 수 있다는 가능성에 대한 아이디어였다.

그리하여 의학과 경제학 간, 혈액순환 체계와 『경제표』("순환기계") 간의 연관성을 찾고자 한다면 방법론상에서 공통점을 찾을 수 있는 것으로 보인다. 『경제표』는 경제정책적 수단의 작용에 대한 탐구를 위한 단순한 그래픽 모델로 보인다. 이러한 모델 사용의 저변에 깔려 있는 역학적 입장은 의학에서 유래하지 않았으며, 모델들이 경제학 분야에서보다는 의학 분야에서 먼저 사용되었다는 점을 찾아볼 수 있는 것으로 이해된다.

케네가 이러한 연관을 증명하고자 한 것은 "명료한" 종류와 방법을 통해서 확실하게 하고자 했기 때문이다. 병리학적 문헌에서 빈번하게 반복되는 단어 중 하나인 "명료함"은 데카르트의 공준(公準)을, 여기에서는 순수한 합리적인 영역에서 실증적 영역으로 전달시키는 명확하고 분명한 지각이다. 산술적 방법은 경제적 사실을 확실하게 하는 가장 좋은 방법이다. 즉 숫자를 가지고 예를 만들어내는 것이다. "경제학에서 계산하는 것은 뼈가 인간의 신체에서 갖는 의미와 같다. 계산이 없는 경제학은 부정확하며 혼란스럽다. 또한 모든 부문에서 오해와 편견이 있게 된다"고 케네는 미라보에게 편지를 썼다(Weulersse 1950, b II, 124쪽).

이때 이러한 표의 수많은 예들보다 적지 않은 예들이 미라보의 『농촌의 철학』(*Philosophie rurale*)에서는 이미 발표된 상태에 있었다. 케네와 그의 교파가 경제학에서 지닌 산술적 방법에 대한 믿음은 무조건적이었으며 이는 그 시대 사람들의 비웃음을 불러일으켰다. 케네 스스로가 경제학 숭배에 몰두한 절정의 시기였다.[3]

74세가 된 1768년에 케네는 경제학에 대한 그의 마지막 논문을 발표했다. 이후 수년 동안 그는 각을 삼등분하는 것, 또는 원의 구적법(求積法)과 같은 기하학적 문제에 전념했다. 케네의 제자들은 스승의 이러한 행동에 무척 부끄러워했으며 연구결과의 성공여부와는 관계없이 온갖 수단들을 동원하여 케네가 발표하는 것을 방해했다.

그렇지만 케네는 두 개의 소논문 「다면체들에 관하여」(Sur la polygonométrie)를 1770년에 발표했다. "이는 케네 자신을 어렵게 만든 스캔들 중의 스캔들이었다"고 튀르고는 비평했다(Hecht 1958, 278쪽). 4년 뒤에 튀르고는 장관에 임명되었으며 곧 "경제학자"들의 아이디어가 실현될 수 있을 것으로 기대되었다. 그러나 1774년 12월 16일 케네는 영면했다.

『경제표』

이미 언급한 1758년의 한 편지에 "아름다우며 …… 지금까지 알려지지 않은 부류의 논문을" 작성할 수 있을 것 같은 느낌을 받았다고 적었을 때 케네는 실제로 공명심 있는 모험을 계획했다. 즉 생산과 소비활동을 결정하는 법칙을 발견하기 위하여 생산과 소비를 분석하는 것이었으며 이를 응집력 있게 만들어 사람들이 전체를 하나의 통일된 과정으로 파악할 수 있도록 하는 것이었다. 동시에 간단하면서도 아주 쉽게 활용할 수 있도록 추상적인 도식에 따라 이를 세우는 것이었다. 『경제표』는 이러한 의도와 일치했으며 경제분석과 관련하여 이론적으로 완벽한 첫 번째 모델로 인정받을 수 있게 되었다.

엥겔스가 "스핑크스 수수께끼"로 평했듯이 『경제표』를 해석한다는 것은 결코 쉬운 모험이 아니었다.[4] 우리의 과제를 보다 쉽게 하기 위해 여기에서는 케네가 1766년에 산술적 형식으로 기술한 보다 널리 알려진 표현만을 다루고자 한다. 따라서 그것은 중농주의적 교리에서 결정적인 역할을 한, 그리고 편향된 봉건적 외형과는 달리 자유로웠다. 우리는 뒤에 고전 경제정책 사상에 전수된 케네의 기본적인 아이디어 몇 개만을 소개하고자 한다. 이러한 아이디어들은 결코 필연적일 수도 없으며 케네 혼자에 의해 씌어진 것도 아니다. 이와는 반대로 케네보다 앞서간 17~18세기 사람들의 저서에서 아이디어를 확인할 수 있다는 사실은 그리 어려운 일이 아니었다.

생산과 소비의 체계는 순환적 과정으로 파악된다. 따라서 동일한 재화들이 생산요소들과 마찬가지로 생산에서 대두될 수 있다. 이는 그 무엇보다도 농업적 생산순환의 간단한 관찰에서 알 수 있다. 모든 생산활동의 분명한 최종목표인 인간들의 소비는 스스로 이전 생산에 의해서 결정되며, 동시에 미래의 생산을 위해서 필수적인 전제조건이 된다. 경제학은 근본적으로 과정의 반복이 허용하는 기술적인, 그리고 사회적인 조건들에 대한 연구라는 과제를 갖는다.

생산과정의 순환에 대한 서술은 곧바로 과잉의 개념을 유도한다. 만약 소비된 예비량의 재생산을 위해서 필수적으로 요구되는 최소한의 것보다 더 많은 생산량을 경제가 생산한다면 과잉이 생겨난다. 이렇게 초과로 나타나는 수치의 화폐적 등가를 중농주의자들은 "순생산"이라고 명명했다. 이것이 전체 경제적 생활의 전략적 변수이다. 한 국가의 부는 그 국가의 연간 순생산의 크기에 의해 결정된다.

개인들은 그들이 생산과 소비과정에서 받아들이는 기능에 따라 계급으로 구분된다. 『경제표』에 나타난 사회에서는 세 계급들이 관여한다. 지주계급은 생산에 참여하지 않고서도 모든 초과생산을 소비한다. "비생산"계급에는 재화를 생산하는 수공업자들이 포함된다. 농업경제적 생산에 조직된 소작인들은 생산적 계급으로 불린다. 농업경제적 날품

팔이꾼들은 생산적 계급에 속하지만 순수하게 수동적이라는 특징을 갖는다. 따라서 그들의 역할은 노동을 하는 가축들의 역할과 큰 차이가 없다.

생산은 시간(평균 1년)을 필요로 하기 때문에 "예비량"이 요구된다. 예를 들어 날품팔이들을 부양하기 위하여 필수적인 무엇인가는 수확하기 전에 준비되어야 한다. 케네는 생산과정이 진행되는 동안 완전히 소비되는 연간 예비량(유동자본, 종자, 농촌노동자의 부양)과 소비되지 않는 기본예비량(상환이 예견되는 기본자본)을 구분했다.

이제 『경제표』의 작업방법에 대해서 논의해보자. 생산은 연초에 두 가지의 실행분야에서 시작될 수 있다. 왜냐하면 수확은 필수적인 저장(예비량)인 지난해의 활동에 유효하기 때문이다. 농부(생산계급)는 20억 리브르 크기의 식량과 원자재를 소유하고 있다. 이때 이 크기는 농부들이 일년 동안 살아가는 것을, 그리고 종자를 구입하는 것을 가능케 하는 크기이다. 이에 더하여 10억 리브르는 노동과정이 진행되는 동안 소모되는 기구들을 구입하는 데 소비되는 소모재들에 필요하다. 이와 비슷하게 비생산계급인 수공업자들 또한 그들이 생활과 일을 위하여 필요로 하는 식량과 원자재에 요구되는 20억 리브르를 가지고 있다.

연말에 농부는 50억 리브르 크기의 식량과 원료를 수확했다. 그는 현재 가치 20억 리브르를 다음 해를 위한 예비량으로 비축해두어야 한다. 농부는 10억 리브르 크기의 액수를 수공업자에게 팔았으며 그들은 동일한 액수만큼의 필요한 농기구를 수공업자들에게서 살 수 있다. 그 외에 그들은 토지임대료 20억 리브르를 지주에게 지불한다. 지주는 지대의 절반은 식량을 사기 위하여, 그리고 나머지 절반은 제작된 소비재 구입에 지불한다. 마지막으로 농부와 부자에게 생산물을 팔아 20억 리브르를 얻은 수공업자는 다시 생산하기 위하여 요구되는 식량과 원자재를 다시 구입하고자 한다.

이러한 관계들을 그래프로 그려보면 더욱 뚜렷하게 이해할 수 있다.

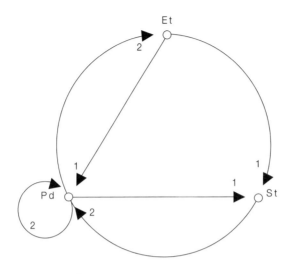

Et: 소유주(지주)
Pd: 생산자 계급(농부)
St: 비생산계급(수공업자)

그래프에는 각 카테고리당 하나씩의 세 점들이 조정을 나타내는 선으로 연결되어 있다. 선들은 그들의 크기(10억 리브르)를 나타낸 화폐흐름 방향에 맞추어 화살표로 나타냈다.

각 점에서는 유출되는 화폐흐름의 총액이 유입되는 화폐흐름의 총액과 같다는 사실을 통해서 체계는 재생이 가능하다는 점이 보장된다. 그러나 분석은 이러한 확정만으로 끝나지 않는다. 체계의 재생가능성은 한편으로는 기술이 활동력이라는 점, 즉 초과공급을 생산할 수 있다는 점과 다른 한편으로는 생산자에게 재화를 다시 충족시킬 수 있을 정도의 상대적 가격이 이루어져야 한다는 점을 요구한다.

실제로 케네는 가격으로부터 더 많은 것을 요구했다. 수공업자는 제조과정에서 오로지 생산에 필요한 만큼의 양만을 만들 수 있다는 입장이다(수입은 이윤 없이 각자의 비용만으로 충당된다). 농업에서 소작인에게는 다만 지대만을 지불할 수 있다는 가능성이 있다(수확은 비용보다는 많아야 한다).

다른 말로 표현한다면, 농업 생산물과 제조업 제품 간의 교환비율은 생산재개를 위해서 필요한 거래를 가능하게 할 뿐만 아니라, 체계의 총 순이익은 지대의 형태로 지주에게 귀속된다는 사실이다. 이것이 『경제표』 구조의 기초가 된 "복지측정 가격"이라는 이름으로 불리는 것이다. 다르게 표현한다면, 곡물(여기서는 모든 농업 생산물을 대표하지만)의 복지측정 가격은 가격이 지주가 취득한 과잉분 전부에 대해 소비하는 것을 허용하도록 이루어져야 한다.

두 종류의 표현은 물론 동일한 가치를 갖지만, 처음에는 부분적으로 서로 다른 두 가지의 이론적 입장을 나타냈다. 첫 번째 경우에서는 생산가격의 고전이론을 이끌어내는 방법을 기술한다(고전이론은 체계의 재생산을 허용하는 동시에 여러 계급 간의 소득분배를 보장한다). 두 번째 경우는 오늘날 레온티예프(Wassily Leontief)의 "폐쇄적 모델"과 결부되어 있는 가격이론과 유사하다. 실제로 이러한 두 번째 방법은 이미 18세기 말경에 『경제표』에 대한 비판을 대부분 확신을 가지고 이루어지게 했다. 수학적 수단을 갖지 못한 케네는 퐁 쇼이 행정관서의 기술자인 이스나(Achille Nicolas Isnard)에게 유감을 가졌다.

케네의 이론에 대한 가장 많은 논쟁거리는 언제나 이른바 농업의 독점적 생산성의 독트린이었다. 수공업자 계급을 위한 지침은 스미스의 "낮춤"에 따라 "무(無)생산"이라는 별명을 얻게 된다. 중농주의자들이 당시 유행과는 달리 행동했으며 (독자적인 정치적 연민에) 공물을 바친다고 케네가 주장하던 것과는 다를 수 있다고 많은 사람들은 주장했다. 케네의 주장은 결코 옳지도 그르지도 않았으며, 더욱이 긍정적 분석의 시각으로도 보이지 않았다.

의심할 여지없이 중농주의 저서들에 나오는 강제적이며 제한적인 지식 편을 든 마르크스의 가설이 고무적이다. 왜냐하면 케네는 가치에 대한 어떠한 이론도 가지고 있지 않았기 때문에, 농업부문을 제외한 다른 부문에서는 과잉의 존재를 확정지을 수 없는 상태였다. 농업은 투입(부양과 종자)과 생산한 산출이 동일한 종류의 수량으로 고려될 수 있으며, 동시에 물리적으로 비교할 수 있는 유일한 분야이다.

설명은 천재적이었으나 농업적 투입과 산출이 여러 종류라는 것과 수공업자에게도 과잉이 전제한다고 명확하게 제시한 케네의 독자적인 저술들은 반박되었다. 보일레르세(Weulersse)뿐만 아니라 쿠친스키(Marguerite Kuczynski) 그리고 중농주의자에 대한 강력한 마르크스적 해석들에 의해서 이러한 관점은 무시되었음에도 마르크스의 설명은 오늘날까지도 상당히 널리 알려져 있다.

독특한 학설을 세울 수 있도록 케네를 자극한 이유를 알아내기 위하여 하나의 특별한 관점으로부터 사실을 고찰하도록 하는 것이 케네에게 추천되었다. 『경제표』 작업과정에 참가하는 당사자 가운데 하나, 즉 소유주 계급의 눈으로 『경제표』 작업과정을 보는 것은 매우 현명한 것이었다. 이러한 관점을 선택한 것은 그렇게 임의적이지 않았다. 왜냐하면 지주들(귀족, 승려, 왕실)은 케네 자신도 속했던 방관자들이었기 때문만이 아니라, 그보다도 그들은 스스로 가처분 소득의 수령자들이었기 때문이다.

이스나는 이것은 "고귀함을 즐기는 것"이라고 특징지었다. 또한 이러한 소득은 재생산 메커니즘을 방해하지 않고 재원을 만들 수 있는 유일한 것이기 때문이다(공공수입의 증대는 바로 그 당시 프랑스에서 경제정책적 논쟁들을 불러일으킨 하나의 문제였다).

지주는 수입의 절반을 식량을 위하여 사용하고 나머지 절반을 제조업 제품을 위하여 사용한다. 그들의 관점에서 보았을 때 수공업자의 노동도 농부의 노동과 마찬가지로 쓸모가 있다는 데는 의심할 여지가 없다. 그러나 그들의 수입은 두 계급 중에서 단지 하나의 계급에서만 창출된다. 오로지 소작인만이 지대를 지불한다.

이러한 관점에서 의심할 여지없이 농부와 수공업자는 지주에게 다른 불빛으로 비쳐진다. 즉 지주는 자기의 소비욕구를 충족시키기 위하여 수공업자의 노동을 필요로 한다. 그러나 수공업자의 노동은 농부들의 노동과는 차이가 나며 수익을 가져오지는 않는다. 편익에 유용한 수공업자들의 노동은 지주에겐 생산적이지 못한 노동이며, 이와는 반대로 지대를 보장하는 농부의 노동은 유용하고 생산적 노동이라고 우리는 말할 수 있다.

순생산과 순소득이 동의어라는 점과 『경제표』에서는 지대가 유일한 순소득을 나타낸다는 점을 우리가 반영한다면 오로지 농업만이 순생산을 가져다주기 때문에 농부계급만이 생산적이라는 케네의 여러 표현은 확실하게 된다. 왜냐하면 우리는 경제에는 곡물의 편익측정 가격이 유효하다고 전제했기 때문이다. 생산계급과 비생산계급의 구분은 특이한 중농주의적 가격이론과 매우 밀접하게 결합되어 있다는 점을 나타낸다.

이 전제조건은 이스나의 가격이론 표현에서 정확하게 윤곽을 드러냈다. "가치에 대한 특별한 가설로 인하여 그들(수공업자)은 가처분 소득을 결코 가질 수 없으며, 사람들은 처분이 가능한 재산의 일부분만을 자신들에게 남아 있도록 한다는 여러 가설을 세울 수 있다(Isnard 1781, 42쪽)."

이것은 바로 생산과 소비의 순환능력, 근본적인 분류로서의 과잉 등 중농주의자들이 습관적으로 기술한 "발명"의 몇 가지가 실제로 가끔은 무엇인가 부정확하지만, 많은 관계에서 중상주의 전통과는 벗어나 17~18세기 각 경제의 분석적 견문을 확대시켰다는 것을 의미한다. 의심할 여지없이 케네는 생산을 지주의 "가처분" 소득사용에 의해 세워지는 순환으로 나타내는 데에서 캉티용(Cantillon)의 논문과 그의 천재적인 수량적 예에서 매우 많은 영향을 받았다. 더욱 밀접한 연관은 케네의 편익측정 가격이론과 캉티용의 내재적 가치이론 간에 있는 것으로 보인다(Schumpeter 1914, 1954; Gilibert 1977 참조).

더 나아가 『경제표』는 마르크스의 유명한 재생산체계에 직접적인 영향을 주었다. 특히 단순한 재생산체계는 (1863년 7월 6일 마르크스가 엥겔스에게 보낸 한 편지에서 설명하듯이) 『경제표』를 적절한 시기인

1766년에 작업한 결과이다. 그것은 마르크스를 봉건적 구속에서 벗어나게 했으며 공업적 자본주의라는 새로운 현실에 적응시키고자 하는 것이었다. 그리하여 지주의 자리에는 자본가가 들어섰고 농부와 수공업자 계급들의 자리에는 소비재들("유동"자본과 사치재)과 중간재들("고정"자본)을 생산하는 두 개의 산업이 들어섰다.

더욱이 마르크스는 확정된 재생산을 동시에 고려할 수 있도록 하기 위하여 후에 독자적 체계를 다시 개발했다. 이와 함께 그의 독자적인 단어에 따라 원형의 묘사에서 나선형의 묘사로 바뀌었다. 더 나아가 최근에 노이만(John von Neumann)의 유명한 모형이 우리에게 규칙적 증가인 나선형 재생산과정의 완전한 표현을 가져다주었다. 이러한 관점에서 케네와 마르크스의 『경제표』는 지금까지 이지적이고 가장 자부심이 큰 유산으로 여겨진다.

그러나 경제분석에 대한 케네의 영향은 알려져 있는 이지적인 것들보다 훨씬 많은 의미를 가지고 있다. 어떠한 견해에 의하면 많은 중농주의적 지식들은 스미스의 행동을 통해 거의 수장된 채 고전경제학의 한 부분이 되었다. 『국부론』에서 스미스는 중농주의자들과 어느 정도의 거리를 두었다. 그는 "착상이 풍부하고 깊게 사색하는 저자들"에 감탄했다. 그러나 추상적, 체계적 정신에 대해서는 비판했으며, 마지막엔 "농업적 체계"와 "중상주의 체계"에 독자적인 "정치경제학"을 대비시켰다.

『국부론』이 발표된 시기에 이미 케네가 사망했다는 사실과 결국 중농주의가 유행에서 지나갔다는 사실을 우리는 잊어서는 안 된다. 이와는 반대로 스미스가 『중농주의』의 증정본을 선물로 받았다는 사실과, 바로 케네에게 그의 대작을 헌정하려는 의도가 처음에 있었다는 사실을 우리는 알고 있다.

케네의 분석적 새로움이 스미스의 사고적 이론에 미친 영향을 추정한다는 것은 실제로 거의 불가능하다. 이론적 가설들 간에 개방되어 있는 대립을 확립해야 하는 곳에서 우리는 분석적 도구들의 근본적 지속성을 인지할 수 있다. 아마도 가장 주목할 만한 예는 제조업은 생산성이 없다는 중농주의적 가설과 노동생산성 이론을 가지고 이러한 중농주의적 가설을 대체하려고 한 논쟁이다. 이와 관련하여 "독자적 임금을 포함하여 직접적 생산비용을 충당할 뿐만 아니라, 더 나아가 비용에 대해 이익과 과잉까지 가져오는 생산적 노동에 대한 인식이 근본적인 중농주의 인식에도 있었다는 것을 우리는 정확히 확정지을 수 있다(Dobb 1973, 60쪽)."

정치

중농주의 경제정책은 대개 "유일한 조세"(impôt unique)와 "자유방임"(laissez faire)이라는 두 가지의 본질적인 개념으로 압축된다. 실제로 전자는 농업의 독점적 생산성 이론과 연계된 가격이론의 직접적인 결과이다. 만약 지대가 체계 내에서 유일하게 자유로운 순소득이라면 재생산을 위해서는 그 어떤 부정적 결과도 발생하지 않도록 하기 위하여 조세체계가 오로지 순소득으로부터 이루어질 수 있다는 것은 당연한 일이다.

가정 위주의 중농주의적 자유주의에 우리의 관심을 집중하는 것은 보다 흥미로운 것이다. 이와 관련된 정확한 연구는 정치와 관련해서 다양하지만 기대되지 않은 원칙적인 입지를 케네가 기술했을 것이라는 점을 우리에게 제공한다.

케네가 "자유방임주의"의 맹종적인 추종자라는 뿌리 깊은 생각으로부터 주변을 정리하는 것이 바람직하다. 일반적인 표현에 의하면 케네는 자유무역에 대한 근대적 독트린의 창시자로 보일 수 있다. 왜냐하면 그는 보다 큰 지방의 자유를 위하여 구르네(Vincent de Gournay) 학파의 요청을 들어주었기 때문이다. 물론 적당하다고 여겨지지만 잘못 인도하는 것으로 생각되는 이러한 가설을 비판 없이 수용하는 것에 대해 중농주의자를 포함한 많은 학자들은 언제나 경고했다.

옹켄은 이미 1세기 전에 "자유방임주의, 자유무역주의"의 원칙은 결코 중농주의자들에게서 유래한 것이 아니고, 그보다 훨씬 이전으로 돌릴 수 있다는 사실을 인식했다. 실제로 자유방임주의는 케네의 저서에서는 단 한 번 인용되어 나타났다. 그리고 보일레르세는 자유무역에 매우 유리한 까다로운 조건을 보고 중농주의자들의 몇 가지 특징을 생각하는 것은 굉장히 어렵다는 것에 주목했다.

중농주의자들은 국내무역의 장점을 열렬히 옹호하고, 시골에 있는 성으로 귀족들이 귀향하는 것을 지극히 무시한다는 사실에 우리는 주목하게 된다. 사람들은 공업 제품의 무역에 대해서 특히 불신을 가졌다. (케네가 생각하기에 수출되는 공업 제품은 호화상품이었다. 특히 이들에 대한 무역은 불확실하며 믿음이 가지 않는 항목이었다). 그 밖에도 구르네 스스로가 자유무역을 알선하는 데에서 중농주의자들보다 더욱 조심스러워했다. 예를 들어 그는 공업적 보호주의의 제거를 즉시 요구하지는 않았다.

그러나 중농주의자들은 곡물의 자유무역이라는 면에서는 아주 완고하게 결심했던 것으로 보인다. 그러나 이 경우에도 약간의 설명이 필수적이다. 케네는 자유무역을 옹호했다. 왜냐하면 곡물가격을 상승시키기 위해서는 자유무역이 가장 간단하고, 가장 효율적인 방법이었기 때문이다. (국내 곡물가를 낮게 유지하기 위하여 프랑스 중상주의 체계에서는 곡물의 수출이 금지되어 있었다는 사실을 우리는 알아야 한다 〔Anm. d. Hg.〕.)

중농주의자들의 목적은 농업부문의 복지이며 낮은 곡물가격에서는 프랑스 농업의 근간을 부식시킨다는 폐해가 곧바로 확인되었다. 곡물가의 붕괴가능성이 자유무역에 대항하는 하나의 주장으로 고려되었다는 사실은 특이한 것이다.

또한 케네는 그것들이 실제적으로 불가능하다는 것을 증명하고자 노력했다. "아메리카 식민지의 풍요와 새로운 세계의 농업부문에서의 성장은 농민들의 동요에 동기를 부여할 수 있었다. 그러나 프랑스 곡물의 질은 다른 국가들의, 그리고 그 어딘가에서 성장하는 곡물의 질과 결코 다르지 않았다. 그리하여 경쟁이 동일한 조건에서 출발한다는 것을 그들은 결코 두려워할 필요가 없게 되었다(Quesnay 1958, 495쪽; 1971~6, I, 123쪽)."

물론 매우 깊게 뿌리 내린 케네의 자유무역주의에 대한 신념은 곡물의 국내무역과 대외무역에 한정되었을 뿐만 아니라, 무엇보다도 자유무역이 특정 목적에만 요구된다는 것을 증명했다. 뒤따르는 비평들은 중농주의자들의 이러한 입장에서 결론을 도출했다. 우리는 자유무역이 보다 좋은 농산물 가격을 획득하기 위한 하나의 수단이라는 사실과, 실패할 경우에는 배제될 수 있다는 사실을 그리 어렵지 않게 확정지을 수 있다. 만약 자유무역이 이러한 모든 기대와는 반대로 곡물수입을 허용하고 가격을 하락시킨다고 가정한다면, 정부는 간섭할 수 있으며 또한 간섭해야 한다는 것은 너무나 자명한 일이다.[5]

우리는 하나의 단순한 목적에 대한 과정을 만드는 것으로만 보이는 이러한 주장이 어떠한 관심을 불러일으킬 수 있을지에 대해서 스스로 의문을 가질 수 있다. 의심할 여지없이 케네는 곡물자유주의의 추종자였으며 사람들도 이 편이었을 것이다. 왜냐하면 보일레르세의 단어를 사용하기 위한 "원칙의 자유주의"(Liberalisme de principe)와 "결과나 상황의 자유주의"(Liberalisme de conséquence ou de circonstance)를 구분하는 배후에는 근본적인 여러 학설이 존재하기 때문이다.

근대 자유주의의 순수론자인 하예크(Friedrich von Hayek)에게는 이러한 주제가 특히 가슴에 와닿았다. 지난 20년 동안에 흄, 퍼거슨(Ferguson) 그리고 스미스까지 소급해가는 영국 자유주의와, 계몽주의자 그리고 중농주의자에게까지 소급되는 프랑스 자유주의라는 서로 상반되는 두 개의 자유무역적 전통을 구분해야 한다고 그는 반복해서 강조했다.

두 개의 전통은 우선 사회적 기구들과 관련된 인간의 이성이 허락하는 역할에 따라 구분된다. "크게 데카르트적 합리주의에 가득 차 있는"

프랑스 식 전통을 생각하는 의견에 의하면 제도는 인간에 의해서 완전히 조절된다. 그들의 말에 따르면 제도는 각기 이성원칙에 따라 형식을 갖출 수 있으며 또한 갖추고자 한다는 것이다. 자유에 대한 그들의 요구는 인간을 편견과 미신에서 해방시키는 데 있다. 이를 통해 인간은 이성의 고취에 따라 살 수 있다.

이와는 반대로 스코틀랜드 식 표현의 자유주의는 인간의 이성의 한계와 그릇된 의식에서 기인한다. 사회질서는 개인들의 자발적 행동의 결과로 간주되었으며 의식적으로 지향하는 대상이 아니었다. 제도는 개선의 능력이 확실하게 있다. 그러나 제도는 결코 임의로 변형되는 것이 아니다. 즉 이는 두 학설에서 각기 다르게 정의하고 있는 자유의 개념 그 자체이다. 한 경우에서 자유는 입법적 침해에 대한 보호이다. 다른 경우에서 자유는 법에서 실현되는 합리적인 자치이다.

만약 우리가 경제체제의 작용과 경제분석의 역할에 대해 언급하게 될 경우, 자유주의의 이러한 두 가지 형태와 하예크에 의해 개발된 합리주의의 각기 다른 두 가지 개념들에 대한 합의된 의견들은 서로 일치하지 않는다. 경제생활은 무한정으로 다양하고, 현실에서 그러한 여러 문제들이 나타난다는 사실과 이를 해결하기 위해서는 시장지배력의 물적인 작용("보이지 않는 손")만이 존재한다는 사실을 사람들은 주장한다. 국가주의적 전통에 반대하는 사람들은 이 경우를 수긍하지 않는다. 정부 개입은 오로지 손실만을 가져올 수 있다고 충고한다. 이와 함께 경쟁은 시장이 제 기능을 발휘할 수 있는 최선의 방법을 제시해줄 뿐만 아니라, 하나의 경제를 위한 최적의 양과 가격을 예측할 수 있게 하는 지식을 얻기 위한 수단과 역할을 한다.

이와는 반대로 국민경제학자들이 (그리고 목적에 맞게 충고를 하는 정부가) 상품의 생산과 분배의 매우 복잡한 진행과정에서, 각기 다른 매우 작은 항목을 조절시킨 것을 바로 "새로운 학문"의 업적이라고 사람들은 생각할 수 있다. 그리하여 우선 프랑스 농업을 위한 후생척도라는 면에서 곡물가격을 예측하는 것이 가능하게 되었다(15리터의 옛 용적단위인 세스터당 18리브르). 결국 시장에는 오로지 세스터당 18리브르의 곡물가격만 실현될 수 있었다.

그리하여 케네의 "자유방임" 기구적 특성은 새롭게 출현했다. 이른바 수량적으로 알 수 있는 하나의 경제표를 실현시키는 것을 결정하는 하나의 메커니즘으로서 중농주의적 경쟁은 경기 전에 이미 승자가 결정되는 스포츠 경기처럼 허무맹랑한 것으로 자유무역의 순수추종자들은 평가했다. 아주 완벽하게 짜인 한 경제체제의 사전적 가격과 수량을 예측할 수 있을 것으로 표현되는 경제학자들의 능력은 자유무역의 기구적 사용과 완전하게 일치되는 경제정책에 대한 잠재적이고 독자적인 해석을 어쩔 수 없이 이끌어낸다.

절대군주 정부형태에 대하여 솔직하게 설명하던 케네의 공감은 그리 놀라운 것이 아니다(또한 사람들은 궁중의사의 이러한 공감을 기회적인 활동요인으로 되돌리려고 시도해볼 수도 있다). 이러한 "자연질서"를 강요하기 위하여 프랑스에서는 손상된 사회계층의 피할 수 없는 반대를 극복할 수 있는 능력을 가진 하나의 강력하고 집중된 힘이 필수적인 것으로 보였다.

2년 동안 장관실에서 근무했으며 결국은 오로지 암시적으로 교주의 원칙을 상기시키는 개혁만을 주창한 튀르고의 불행한 경험과, 중농주의를 한 마을에서만 실현시키려고 한 바덴 후작의 시도 등 놀라우면서도 적지 않은 불행한 역사는 이러한 견해를 보여준다. 경우에 따라서는 여전히 증명이 필요하다.

중농주의자들은 의식적으로 강력한 하나의 중심세력에 의해서 끌려가는 하나의 진정한 혁명(단순한 학문적 의미에서뿐만 아니라 천문학적 의미에서의 원초적 자연질서로의 복귀)을 요구했다. 경제에 대한 그들의 학문은 정부의 학문, 즉 그들의 영향범위의 확대에 맞춰 정치와 동일했다. 이와는 반대로 영국의 자유주의 대변인들은 경제학을 인간들이 세운 계획의 결과로 보지 않고 개인 행동의 자발적 결과로 보는 혁명의 전환으로 작용할 것을 꾀했다. 그리하여 시장의 능력이 스스로 조절된다는 것을 증명하고자 한 그들의 분석은 정치적 개입을 최소한으로 제한시킬 수 있었다.

중농주의로의 변화에서 케네의 견해에 따른 하나의 강력한 중앙집권적인 권력의 요구는 근거가 없을 것이라는 것을 사람들은 믿으려 하지 않는다. 만약 자연질서가 하나의 현실이 되었다면 우선 "재산과 법의 지배가" 세워지게 된다. 지배자는 원칙적으로 이중의 힘을 갖게 되며, 이 힘은 자연법칙과 같은 절대적인 것이지만, 수동적으로만 적용할 수 있다. 다른 한편으로는 중심권력에 맞서는 시민을 보호하려는 그 어떠한 세력도 결코 존재하지 않는다. 간단하게 말하자면 왜 지배자가 지배자의 관심과 일치하는 자연법칙을 고려하지 않으려 하는가에 대하여 사람들은 그 어떠한 이유도 찾을 수 없다.

현실에서 케네와 그의 추종자들이 꿈꿨던 절대적인 힘은 국민의 손에도, 또한 그 어떠한 지배자에게도 있지 않았다. 그보다는 유일한 해석자인 경제학자들의 손에 있었다. 경제학자들은 사회질서의 보편적이고 명백한 법칙을 알아내는 권리를 가진 유일한 해석자이다. 경제학에서는 원칙적으로 (우선 시장에 의존하지 않고) 모든 것을 계산할 수 있도록 전문가들에게는 허용되었다는 것은 사상사가 진행되면서 자주 대두되었다. 모든 것을 계산할 수 있도록 전문가들에게 허용되었다는 것은 무엇보다도 생산조직이 기술적 기회라는 점과, 기술적 기회는 자연과학자와 엔지니어들이 협의의 경제학자들보다 더욱 많이 가진다는 것을 증명함으로써 자주 일치한다.

생 시몽의 산업체계는 다음과 같은 하나의 특별한 에피소드를 19세기에 만들어냈다. 시장의 "혼란"이 불신의 확산에서 생겨났을 때, 우리가 살고 있는 세기에도 비슷한 현상이 다시금 나타났다. 제1차 세계대전 이후의 독일에서, 그리고 세계 대공황 기간 중의 미국에서 베블런(Veblen)에 의해 영감을 받은 "기술지상주의 경제학"을 위한 운동이 나타났다.

독일의 에피소드는 분석적으로 보다 흥미진진한 결과를 나타냈다. 그것은 바로 동시에 나타난 두 가지 커다란 사건들로 인한 독일 전쟁경제의 조절과 경제개혁에서 소련의 첫 번째 시도이다. 이미 전쟁이 종말에 가까웠을 때 시장을 기피하는 경제지도를 위한 제안들이 있었다. 사람들은 전쟁원자재 사무국 책임자인 라테나우(Walther Rathenau)의 그 유명한 "새로운 경제"를 생각한다. 또는 반대측에서 짧은 기간 존재했던 바이에른 공화국의 중앙경제 국장 노이라트(Otto Neurath)의 자연적 경제를 생각한다.[6]

아마도 보르트키비츠(Ladislaus von Bortkiewicz) 교수의 영향으로 10년 뒤에 베를린 대학교의 연구원 세 사람이 하나의 공통점을 갖는 문제를 연구했을 것이다. 최종목표들이 중앙당국에 의해 확정되거나 또는 사람들이 비례적 성장의 극대화를 가정하고 있기 때문에 모든 거래들은 알려졌다고 전제하는 하나의 경제를 위하여 베를린 대학교의 세 명의 학자들이 상대가격의 사전적 계산을 했다. 세 명의 학자는 베를린에서 경제학 분야 박사학위를 취득한 레온티예프와 동 대학 수학과 강사 레마크(Robert Remak)와 노이만 두 사람이다.

거의 200년이 지난 뒤에야 비로소 "경제학자"들에 의해서 기초가 닦였으며, 엔지니어인 이스나에 의해서 작성되었던 가격이론이 다시금 대두되었다. 레온티예프는 이를 "이른바 객관적 가치론"이라고 불렀다. 그리고 이 이론은 하예크가 쟁취한 "지식의 찬탈"과 관련되어 있는 것으로 보였다. 하예크는 그들에게 노벨상 기념강의를 헌정했다. "지식의 찬탈"이란 "사람들은 모든 사실을 알고 있는 것으로 또한 그들과 함께 완성될 과제는 이지적인 순수자연인 것(Hayek 1967, 90쪽)"과 같이 반대로 현실적 문제들을 나타나게 하는 관점이며, "모든 현대 사회주의, 전체주의 또는 계획주의"의 시작인 하나의 관점이다.[7]

하예크에 의해 "구조적"이라고 특징지어진 이러한 관점이 성공하게 된 것은 물론 시대와 밀접한 관계가 있다. 그 시대 사람들은 소비자 주권에 대해서 더 이상 신뢰를 가지고 있지 않았으며, 생산체계의 합리화에 대한 요구는 그전 어느 때보다 더 컸다. 레온티예프의 가장 중요한 저서를 하예크가 논쟁의 목표로 삼은 것은 이상한 일이 아니다. 필연적으로 구조주의의 의혹은 바로 한 권의 책으로 발간되었다. 책은 케네의 주석으로 시작하여 현대 경제를 위하여 충분히 쓰일 『경제표』의 창출을 설명하려는 의도로 보였다.

| 기오르기오 길리베르트 · 정진상 옮김 |

6 | 스미스
Adam Smith, 1723~90

한 비범한 학자의 개성과 인생역정에 대하여

스미스의 저술의 주제와 그 영향력을 제대로 이해하기 위해서는 당시의 역사적 "상황"과 더불어 저자의 개성과 인생역정에 대해 알아야 한다. 이 두 가지는 서로 긴밀하게 연결되어 있다. 스미스의 이론 안에는 저자의 개성과 그가 살았던 시대로부터의 영향이, 한편으로는 문제제기, 전제, 방법론에서 결론의 논증에 이르기까지 종종 무의식적으로 스며들어 있으며, 다른 한편으로는 현실을 설명하고 재구성하는 과정에서 새로운 것을 창조해내는 데 필수불가결한 직관과 환상을 제공하고 있다.

스미스의 저술들은 18세기의 순수한 스코틀랜드 인에 의해 씌어진 고전이며, 일찍이 아버지를 잃고(1723), 어머니와 사촌누이의 돌봄 속에서 자란 후, 글래스고 대학교(1737~40)와 옥스퍼드 대학교(1740~46)에서 수학한, 뛰어난 지적 능력과 보장된 환경을 누렸던 청년의 작품이다. 철저하고 광범위한 교육을 받았으며, 이 때문에 다소 산만하기도 했던 스미스는 글래스고 대학교에서 처음에는 논리학, 나중에는 도덕철학 교수로 재직했다(1751~63).

교육적, 사회적 지위에 관한 한, 그는 아쉬울 게 없는 사람이었다. 1764년부터 1766년 사이에 스미스는 개인교사의 자격으로 버클루 공작(Herzog von Buccleuch)의 프랑스 여행에 동행했다. 글래스고, 런던, 에든버러 그리고 프랑스에서, 경제학자이자 도덕철학자인 스미스는 자신이 살던 시대의 경제와 문화를 철저하고 비판적인 시각으로 관찰한다. 그는 높은 문학적, 도덕적인 소양을 가진 저술가이면서도 자연스러움과 유머에 대해 관대했으며, 영국의 정치가들은 그의 지식을 아끼고 있었다.

스미스는 자신이 살았던 시대의 정신적 문화와 경제, 정치에 깊은 관심을 가지고 있었을 뿐 아니라, 이에 적극적으로 참여했다. 후대의 동향인인 케인스(John Maynard Keynes)와 마찬가지로, 스미스는 자신이 고백했듯이 멋을 아끼고 진귀한 문학 고전을 애호하는 사람이었다. 화가인 레이놀즈(Joshua Reynolds), 철학자 흄, 경제학자 튀르고, 자연과학자 와트(James Watt), 역사학자 기번(Edward Gibbon), 연극배우 개릭(David Garrick), 작가 스콧(Walter Scott)와 존슨(Samuel Johnson) 그리고 정치가 피트(William Pitt) 등과 스미스는 친분이 있거나 친구관계였다.

스미스의 저술은 그가 이기심, 무지, 선입견을 과대평가하지 않고, 이웃에 대한 애정과 현명함 그리고 솔직함을 과소평가하지 않은, 사회의 모든 계층에 대해 단절되지 않은 관계를 유지한 현실적인 인본주의자임을 보여준다. 기꺼이, 그러나 지나침 없이, 그는 단순한 인간들인 가난한 노동자들을 옹호했으며, 그들과의 연계를 주장했다. 자신의 시대에 존재하던 잘못된 이론과 악습에 대해서도 스미스는 마찬가지로 자유롭게 그리고 고집스럽게 비판했다.

스미스는 도덕적 행위를 설명하기 위한 목적으로 시장경제의 분석 (1776)과 "동정", "공평한 관찰자"의 원리(1759)에 관한 기초를 마련했다. 그는 순화된 이기심(Selbstinteresse, 이하 "자기이익의 추구"—

옮긴이)을 발견했으며, 이것을 도덕적인 관점에서 이중으로 정당화하는 한편, 아리스토텔레스적 사고의 전통을 계승하며 최초로 "자연적 자유의 단순한 체계"(das einfache System der natürlichen Freiheit) 안에서 도덕, 시장과 국가를 서로 연결시킴으로써, 실생활에 적용되는 질서의 핵심적인 정리를 만들어냈다. 학자로서 스미스는 "체계"와 과정이라는 상위 개념에서 사고했으며, 동시대의 자연과학과 정신과학의 방법론을 총체적으로 파악하는 능력을 가지고 있었다. 또한 그는 스코틀랜드의 계몽주의 사상에 대한 박식한 연구자였으며, 런던 문학 클럽과 에든버러 왕립학회의 정회원이기도 했다.

우리는 스미스의 조용하고 숨겨진 삶에 대해서도 어느 정도 알고 있다. 스미스에 대한 가장 중요한 전기작가로는 생전에 그를 개인적으로 알고 지냈고, 그의 "시대정신"(Zeitgeit)과 영향력을 기렸던, 에든버러의 도덕철학 교수(1785~1810)였던 스튜어트(Dugald Stewart)가 있으며, 또한 스미스가 사망한 100년 후에 그의 "이력"(curriculum vitae)을 저술한 레이(John Rae)를 들 수 있다.

다른 모든 전기작가들은 결국 이 두 사람의 저술과 스미스 자신의 편지, 작품을 참고했으며, 이들의 작품은 이러한 자료들을 수정하거나, 많은 경우에는 주관적으로 고치고 해석하여 자신들의 시대상에 맞추거나, 일화를 집어넣거나 하여 겉치장한 것에 지나지 않는다. 다수의 자료들은 렉텐발트가 저술한 『스미스-생애와 작품』(*Adam Smith - Leben und Werk*, 1976)에 최초로 포함되었다. 스미스에 대한 전기의 결정판은 로스(Ian Ross)에 의해 『글래스고 에디션』(*Glasgow-Edition*)으로 발간될 예정이다.

스미스의 전체 작품 - 비판적 분석

"삼부작" 입문

오늘날 스미스의 전체 저술에 대해 르네상스와 유사한 현상이 일어나

애덤 스미스(1723~90)

고 있다는 사실이 많은 사람들에게 놀라움을 불러일으키고 있다. 즉 전 세계적으로 학문적, 정치적 의미에서 스미스의 저술에 대한 공감이 커 지고 있다. 현대의 경제학자와 철학자들이 그의 이론을 비판적으로 발 전시키는 가운데, 스미스 해석의 새로운 시대가 열린 것이다. 예를 들 어 새뮤얼슨(Paul Samuelson, 성장이론), 하예크(진화적 경쟁), 애로 (Kenneth Arrow), 드브뢰(Gérard Debreu, 일반균형 또는 보이지 않 는 손의 정리), 프리드먼(Milton Friedman, 이기심), 스티글러 (George Stigler, 국가와 시장)등과 같은 노벨상 수상자들 그리고 렉텐 발트(질서개념과 이기심)와 같은 사람들이 스미스의 이론을 비판적으 로 탐구했다.

이들은 현대적 방법론과 통찰력, 경험을 통하여 스미스 이론의 논리 적 구조를 엄격히 검증하고 약점을 보완해나갔다. 이들은 모두 스미스 의 체계가 200여 년이 지난 이후에도 모순이 없으며, 현실적인 경제질 서의 토대가 된다고 옹호하고 있다. 이 결과, 이제는 바이너(Jacob Viner)가 1973년에 평가한 것처럼 스미스가 위대한 절충론자라거나, 슈몰러(Gustav Schmoller)가 말한 것처럼 "추정론자"(Deduktionist), 또는 "물질주의자"(Materialist)라는 견해는 점점 더 받아들여지지 않 고 있다.

스미스의 저술이라는 건축물을 받치고 있는 세 개의 기둥은 『도덕감 정론』(*Theorie der ethischen Gefühle*, 「언어의 기원에 관한 논문」 〔Abhandlung über den Ursprung der Sprachen〕 포함), 『국부론』 (*Wohlstand der Nationen*, 「법률학 강의」〔Vorlesung über Jurisprudenz〕 포함)과 『철학적 주제들에 관한 소론』(*Essays über Philosophische Gegenstände*)이다. 스미스의 윤리학, 즉 그의 행위이 론이 『도덕감정론』에서 논의되고 있는데 반해, 『국부론』은 경제와 국가 에 대한 분석적인 통찰, 즉 스미스의 정치경제학을 내용으로 한다.

그의 정치경제학은 경제사상사에서 결정과 책임을 연결 짓는 개인의 자유에 대한 이론을 태동시키는 전환점이 되었으며, 인간의 삶에 밀착된 그의 질서이론은 윤리, 시장과 국가라는 세 가지 체계를 의미 있게 결합하고 있다. 『철학적 주제들에 관한 소론』에서는 스미스의 학문적인 방법론과 인식론에 대한 비판적 검토가 이루어지고 있다.

이미 19세기에 독일의 경제학자와 철학자들이 스미스의 윤리론, 경제론 그리고 국가론이라는 삼부작의 역사적 차원을 이해하기 위해서는 이 세 가지 모두를 함께 검토해야 한다는 견해를 주창했다는 사실이 오늘날 국제적인 문헌에서 점차 인정되고 있다. 또한 이러한 방법을 통해서만이 어느 경우에 근본적인 비판이 정당화되는지 검증할 수 있다. 왜냐하면 이 경우에만 전체 체계의 어느 한 부분에 실제로 약점이 있으며, 어째서 전체 저술에 대한 거친 왜곡과 곡해가 오늘날까지 가능했으며, 얼마나 이러한 왜곡과 곡해가 치밀하지 않은 사고와 불충분한 분석, 또는 비평가의 표면적인 강의나 선입관에 기인하는 것인가를 명확히 할 수 있기 때문이다.

수십 년 동안 스미스에 대해 행해진 적지 않은 희화화가 오늘날까지도 여전히 그에 관한 평가에 상당한 영향을 미치고 있다. 하지만 적어도 학술적인 저술에서는 그가 "추정론자"라거나, 경제적인 것, 물질적인 것을 절대화하고 관습, 도덕과 인간의 행태를 무시하고 있다는 등의 비난을 더 이상 찾아보기 힘들다. 실제로 도덕철학자인 스미스는 다른 어떤 경제학자의 경우보다 더 스스로의 윤리적 원칙을 고집하지 않았으며, 이 결과 언제든지 진지하고 비판적인 검토의 대상이 될 수 있다.

스미스의 철학적 세계관

스미스적 사고의 정신적 뿌리에 대해서는 이미 많은 저술과 논쟁이 있어왔다. 인문학 분야에 대한 광범위한 교육과 교양을 습득한 인물인 스미스는 고대의 고전과 그 이후의 스콜라 철학에서 큰 영향을 받았다. 스미스 작품의 거의 모든 쪽에서 그가 젊은 시절에 인류문화의 역사와 이론에 대한 집필을 계획한 바 있었다는 사실을 느낄 수 있으며, 이것은 스미스의 정신적인 범위와 가톨릭적인 인품을 확신시켜준다. 역사상 어떤 위대한 철학자도 "자신의 다양한 가르침의 영역"을 통일시키 거나, 모든 영역에서 "최종적인 원인" 또는 "최종적인 의미"의 구축을 시도하지 않았으며(Schumpeter 1965), 자연과학 역시 최소한 논리적 인 의미에서라도 전체 체계를 구성하는 어떠한 "세계체계"(Weltformel) 를 아직 개발할 수 없었던 것과 마찬가지로, 스미스의 전체 체계 역시 열려 있는 체계이다.

그런데도 스미스의 윤리적, 경제적 그리고 정치적 하부구조는 우리 시대의 고도로 분업화된 학문의 제 영역에서는 물론, 18세기의 어떤 박 식한 학자의 경우에서도 보기 드물 정도로 각각 매우 긴밀하게 조화를 이루고 있다. 인간의 존재에 결정적인 의미를 갖는 경제적, 정치적, 윤 리적 현상들을 역사상 그 누구보다도 면밀한 관찰을 통해 인식하고, 심 사숙고를 통해 체계적으로 규명하고 설명한 것은, 통찰력과 논리적인 구조에서 유일무이한 한 철학자의 저술이었던 것이다. 이와 동시에 우 리는 스미스가 기본적으로 경제학이라는 학문이 생겨나기 시작하던 시 기에 살았고 활동했음도 염두에 두어야 할 것이다.

철학적 세계관으로 볼 때, 스미스는 허치슨에 의해 전승된 아리스토 텔레스와 토마스 아퀴나스에 가장 가깝다고 말할 수 있다. 즉, 토마스 아퀴나스가 교회를 마을 안에 두고 둘 사이의 잘못된 대립을 제거하려 했으며, 인간을 한 부분이 아닌 전체적인 모습으로 파악하려 한 것처 럼, 스미스도 인간 자체와 인간의 사회적 행태에 내재한 균형에 대한 생각, 즉 인간의 내적인 그리고 외적인 자기조절이 새로운 균형에 다다 른다는, 결국 그의 "보이지 않는 손"으로 표현된 섭리에 대한 생각을 가 지고 있었다.

누가 스미스의 생각 하나하나를 열매 맺게 했는가? 중농학파가 그에 게 영향을 주었는가, 또는 거꾸로 그가 중농주의자들에게 영향을 주었 는가, "자연적 자유"(die natürliche Freiheit)의 사상을 그가 발견했는 가 아니면 퍼거슨인가, 분업의 원리와 이로 인해 나타나는 부정적인 결 과에 대해서는 플라톤, 아리스토텔레스 또는 로크가 최초로 얘기한 것인가, 그로티우스(Grotius) 또는 푸펜도르프(Pufendorf)가 스미스의 이론체계의 일부분을 이미 가지고 있었는가, 아니면 개개의 분석적 요소들이 이미 다른 저술들 이곳저곳에 존재하고 있었는가, 이것이 가설의 형태였던가 아니면 잘 발전된 이론의 형태였던가.

이 모든 질문들은 우선권을 따지는 학설사가에게는 매우 중요할지도 모른다. 그러나 최소한 이에 못지않게 중요한 것은, 스미스의 광범위한 체계는 정신사에서 가장 중요한 사상가들의 생각과 통찰력으로부터, 그의 방법론은 자연과학의 가장 중요한 학자들로부터 영향을 받았을 뿐 아니라 이를 계승하고 있다는 사실이다. 최소한 서양인의 생각과 행동을 200년 이상 지속적으로 결정한, 단일한 윤리적 토대 위에 세워진 정치적, 경제적 질서가 이러한 관계 이상 얼마나 더 뛰어나고 훌륭한 열매를 맺을 수 있단 말인가? 이렇게 볼 때, 스미스의 "자연적 자유의 체계"는 그 독창성에 전혀 손상을 입지 않는다.

파괴될 수 없는 질서개념 – 윤리학, 경제학 그리고 정치학

스미스의 중심적인 관심사는 개개인과 사회가 생존을 확보하고 부를 축적하는 과정의 원인, 질서와 기본원칙에 대한 탐구이다. 이 같은 삼중의 구조는 현대적 정신과학과 자연과학에서의 실증론, 규범론 그리고 규정론의 개념과 맞아떨어진다. 간단히 말하자면, 이것들은 어떠한 현상이 왜 그렇게 일어나는가, 그것은 어떠해야 하는가 그리고 어떻게 그것을 의미 있는 최적의 상태로 바꿀 수 있는가에 대한 이론들이다. 균형 잡힌 고도의 질서이론에 대한 접근을 용이하게 할 수 있도록, 나는 광범위한 체계의 "규범안"(das kanonische Konzept)을 재구성하여 요약한 바 있다.

자연적 질서의 개념에서 보면, 어떠해야 하는가가 아닌 있는 그대로의 인간의 행위가 고려의 대상이 된다. 희소성의 세계에 사는 인간의 본성으로부터 스미스는 규범과 규칙을 이끌어낸다. 한 사회의 경제적, 정치적, 문화적 발전의 기본적인 동력은 인간 개개인이 그가 처한 "상황을 개선시키고자 하는" 자연스런 노력이다. 즉 인간이 생존(E)을 확보하고, (종종 주관적인 가정에 의한) 생활의 쾌적함(A)을 향상시키고, 사회 안에서 그의 "위치"(P), 즉 사회적인 인정을 획득하며, 마지막으로 자신의 자유(F), 즉 "안락과 평온"(ease and tranquillity)을 확대하려는 노력이다.

이것은 다름이 아니라 현대적인 표현에 따르면 바로 고전적인 포괄적 후생함수, 즉 $W_m = W_m(E, A, P, F)$이다. 우리는 200년 이상 이것을 크게 왜곡하여, 유형의 것 또는 물질적인 것에만 의존하는 것으로 일방적으로 한정해왔는데, 최근에 들어서야 다시 후생함수의 광범위함을 상기함으로써 보다 현실에 가까워지고 있다.

자기중심주의(Egoismus)나 아욕(我慾, Selbstsucht)이 아닌, 위와 같은 자애(自愛, Eigenliebe)에 기초한 자기이익의 추구(Selbstinteresse)가 바로 자연적 질서를 떠받치는 기초가 된다. 자신을 고려하는 행동은 단지 경제활동에서 성취욕구의 동인이 되는 것이 아니라, 인간이 행동하고 생각하는 모든 분야인 정치, 예술, 과학, 나아가 사회적, 종교적 활동에서 핵심적인 중요성을 가진다.

자연적인 자애에서 성장한 자기이익의 추구는 개인의 발전에 추진력이 되며, 이를 통해 의도되거나 의식되지 않는 사이에 사회와 국가의 후생을 증진시키게 된다. 자기이익의 추구가 너무 많은 상태(즉, 자기중심주의 또는 아욕)나 너무 적은 상태(즉 나태 또는 무능)는 모두 도덕적으로 비난받게 된다. 『도덕감정론』과 『국부론』에서는 이러한 자신과 관련된 행위가 분석되고 있다.

자기이익의 추구는 감정, 정서, 취향으로 인간의 천성이다. 이것은 동정심과 마찬가지로 인간의 본성에서 우러나는 것이며, 본능과 이성 사이에 존재하며 시간과 공간의 영향을 받지 않는다. 이것은 현대 유전학에서 말하는 생물학적인 또는 "자연적인" 이기심과 닮았으나, 스스로를 보존하고자 하는 욕구 이상의 것이다. 거래나 교환행위가 그러하듯이, 동태적인 자기이익의 추구 역시 인간이 살아가는 한——스미스는 "무덤에 들어가기까지"라고 말했다——지속되는 자연스러운 욕구이다. 누구나 언제든지, 원시사회에서도, 이것을 경험하고 관찰할 수 있다. 이것은 상상이나 고안에 의한 것, 즉 만들어낸 것이 아니다.

경제학의 핵심적인 정리(자세한 내용은 Recktenwald 1986 참조)로서 이것은 인간이 내적, 외적 경험으로부터 인식할 수 있고, 집단이나 집단적 이념, 강제, 또는 오웰(Orwell) 식의 감시를 통해서 제거할 수 없으며, 역사가 가르쳐주듯이, 단지 짧은 기간 동안에 극단적인 조건 아래서만이 억제될 수 있는 변치 않는 자연적인 사실이다. 이처럼 자기이익의 추구는 많은 저술들의 주장과 같이 특정한 이데올로기가 지향하는 상태, 또는 순수한 형이상학적 추상의 산물이 아니며, 가상의 것도 분석의 목적을 위해 만들어진 것도 아니다. 뉴턴에게서와 마찬가지로 스미스에게서도 통하는 원칙은 '나는 가정을 만들지 않는다' (Hypotheses non fingo)는 것이다.

스코틀랜드의 경제학자이자 도덕철학자의 가장 위대하고 변치 않는 업적의 하나는, 그가 이 같은 기본원칙의 전체적 의미와 영향력을 인식했음은 물론, 이것을 그의 "명백하고 간결한 자연적 자유의 체계"의 토대로 만들었다는 것이다. 이와 같은 업적은 스미스가 자기이익의 추구라는 동태적인 동인이 개인은 물론, 개인적인 의도와 인식이 없이 사회 전체에도 이익을 가져다줄 수 있다는 두 측면에서 윤리적으로 긍정적이라고 판단함으로써 더욱 확대되었다. 이를 통해 자신을 위한 영리와 인정(認定)의 추구가 사회적으로도 유용하게 된 것이다. 스미스는 이 같은 견해를 많은 선구자들, 홉스, 맨더빌(Bernard de Mandeville)과 자신의 스승인 허치슨에 대항하여 고집스럽게 방어했다.

물론 이 같은 중요한 행동양식은 이미 스미스 이전에 알려져 있었다. 그러나 스미스 이전의 어느 누구도 이를 하나의 일관된 체계의 중심에 놓고 도덕적인 특질로서 인정한 적은 없다. 스미스 이전이나 이후의 많은 사람들은 순화된 자기이익의 추구를 단순한 이기심 또는 아욕——독일의 경우는 "물질주의"——으로 해석하고, 스미스의 체계란 단지 인간이 여러 세대 동안 겪어온 이 두 가지의 악덕을 미덕으로 격상시킨 것이라고 치부하면서, 스미스의 이론을 공개적으로 비난했다.

종교적 또는 경제적, 정치적 집단주의는 자기이익의 추구를 이 같은 악덕의 근원으로서 극단적으로 저주했으며, 스미스가 한 것처럼 사적 소유와 개인적 이익추구를 바른 길로 유도하고 그 한계를 제시하는 대신, 이것들을 단순히 금지시키고 근절시킴으로써 정치적으로 폐지해버리려 했다. 그러나 모든 다른 미덕과 마찬가지로 자기이익의 추구 역시 "적절치 않은 정도로"(improper) 사용된다면 악덕이 되는 것이 당연하다.

『도덕감정론』에 기술되어 있는 바에 따르면, 개인적 노력과 노고를 완화시키고 규율을 지키게 하는 네 종류의 감시하는 힘 또는 방어막이 있는데, 이 안에서만이 개인적인 이익은 사회적인 이익과 조화를 이루게 된다. 이 고전적 질서론이 지적하고 있는 네 가지 교정수단은 다음과 같은 것들이다. (1) 동정심과 도덕적 규준을 발견하고 지키는 것을 도와줄 "공정한 감시자"(unparteiische Beobachter) (2) 사람들이 자발적으로 인정하고 따르는 자연적인 윤리규칙 (3) 강제권력을 가진 국가를 통해 준수가 보장되는 규범적인 법규 (4) 발전적인 경쟁 또는 대항관계.

자연이나 생물들 본연의 모습을 관찰할 때, 어떤 행위와 그에 대한 대항행위를 통해 전개되는 발전과정에서 극단적인 일탈을 방지하는 조절작용이 존재하는 것처럼, 위에 설명된 교정수단들은 자기이익의 추구가 개인과 사회를 위해 "정상적인" 것, 즉 악덕이 아닌 하나의 미덕으로 남도록 해준다. 몽테스키외뿐 아니라 파스칼(Pascal)도 불완전하며 희소성이 존재하는 이 세상에서 모든 윤리적인 행위에 이러한 조절작용이 존재하고 있음을 지적하고 있다.[1] 지나친 미덕은 나쁜 결과를 낳을 수 있다.

최근 들어 경제학자, 진화생물학자와 철학자, 법률가들이 윤리적 행위의 원리를 찾기 위한 핵심적인 열쇠로서 스미스의 윤리론을 재인식하고 있다. 이 과정에서 이상화된 가상의 세계가 아니라 인간본연의 성질에 부합하는, 자원이 희소하고 설명가능한 가설이 존재하는 실제 세계에서 도덕적인 통찰을 얻을 수 있다는 고전적인 인식이 점차 지지를 얻어가고 있다.

자기이익의 추구 또는 개인의 자연적 자유는 이러한 질서 안에서 인간이 자기와의 관련 속에서 행동하고 도덕적으로 스스로 책임을 질 수 있는 능력에 기초하고 있다. 이 경우에 자유의사에 의한, 실행가능한 정의와 발전적 경쟁의 법칙이 개개인의 경제적, 정치적, 문화적 자아의 실현을 통제하게 될 것이다. 이때 국가가 얼마나, 그리고 어떻게 개인의 자유를 제한해야 하는가의 문제는 우선 도덕과 시장을 통한 감시와 보호가 얼마나 효율적인가에 따라 달라지게 된다.

위에 든 네 가지 조건 아래서 자기이익을 추구하는 모든 참여자들이 재화와 아이디어를 자유로이 교환하고 구매할 때 이들은 이익을 얻게 된다. 이익을 기대할 수 없다면 누구도 주거나 받으려고 하지 않을 것이며, 모든 사람들의 복지를 향상시키기 위한 분업은 의미가 없을 것이다. 이익을 기대하며 교환에 참여한 모든 참여자들이 인정하는 교환가치는 의도하지 않은 사이에 전체 사회에게도 이익이 된다. 이러한 현상은 실증적인 관찰과 경험의 대상이며, 결코 추상적인 사유나 이념으로부터 도출된 결과가 아니다. 바로 이것이 저 유명한 "보이지 않는 손"의 뒤에 숨어 있는 핵심적인 생각인바, 이는 애로나 드브뢰가 수식을 통해 증명해냈던 것처럼 어떤 근거가 박약한 신화가 아닌 것이다.

우리는 현실적인 인간들의 행위를 관찰한 결과인 스미스의 도덕론, 경제론 그리고 국가론과 조화되지 않는 다른 사유체계들을 알고 있다. 홉스나 맨더빌에서 최근의 노지크(Nozick, "아무도 어떤 것을 하도록 강제되지 않는다")에 이르는 무정부주의 지지자들은 이기적인 자기이익의 추구를 의식적으로 미화한다. 무정부주의는 종종 비할 데 없이 인상적이긴 하지만, 매우 의심스러운 방법을 통해 확대된 자기이익의 추구만이 현실인 것처럼 찬양하는 "자기 위주의 체계"(selfish-system)

안에서 이기심의 도덕(Egoismus-Moral)을 이상화한다. 맨체스터-자유주의는 이 사상의 경제적인 각인이다.

이와는 반대로 윤리적 엄숙주의는 인간에게 자연스런 동정심을 훨씬 뛰어넘는 이타적인 행동을 요구한다. 이것은 스미스가 미덕으로서의 한계를 명확히 인식하고 있는 선행(Wohlwollen)의 범위도 넘어서고 있다. 스미스는 "선행은 인간을 위해서가 아니라 신을 위해서 유일한 원칙일지도 모른다(305쪽)"고 했다.

공격적이고 종파적인 이타주의는 "부패"(Korruption) 또는 수혜자에 대한 부당한 기대라는 존재를 완전히 부정하는 원칙에 도달하게 된다. 마지막으로 집단주의에서는 자기이익의 추구가 거의 존재가 없어지는 반면 일방적인 집단의 강제만이 존재하게 된다. 극단적인 경우에 집단주의는 인간을 전체에 완전히 종속시킨다. 즉, 너 자신은 아무것도 아니며, 민족, 당 또는 국가가 모든 것이라는 식이다.

다시 말하면, 위에 기술된 세 가지 "부자연스러운" 질서(무정부주의, 이타주의, 집단주의―옮긴이)는 타인에게 무리한 요구를 하고 있는 것이다. 스미스에 따르면 이들은 인간의 본성에 상처를 입히거나 이를 거역하는 것들이다. 이러한 부자연스러운 질서의 윤리적 원칙들은 대부분 추상적인 이상형에서 도출된다. 이들은 견강부회이거나 군중심리에 기초한 이상향이며, 결국 이념일 뿐이다.

역사적 경험과 냉정한 성찰이 가르쳐주듯이, 이들 세 가지의 극단적인 질서를 통해서는 장기적으로 어떠한 문명화된 사회(동질적인 소규모 사회일지라도)를 건설하거나 조직할 수 없다. 이 밖에도 인간이 언제나 공동체의 근원이고 주체이며 목적이라는 스미스 체계의 기본원리를 생각한다면, 스미스의 체계는 그가 "신의 현명함"(göttliche Weisheit)이나 "창조자"(Schöpfer)를 거론한 사실을 들지 않더라도 기독교의 중심원리와도 본질적인 점에서 공통점을 가지고 있다.

자유의 자연적 질서: 도덕(M), 자기이익의 추구(SI)와 공익(GW)의 개요도

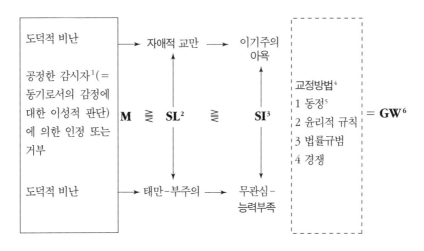

[1] "감시자"는 도덕적 기준(M)을 설정하는 이성적 판단의 원칙이다. 감시자의 원칙은 칸트의 "초월적 양심"(transzendentales Gewissen)이나 아리스토텔레스 식으로 이해되어서는 안 된다. >와 <는 SI(자기이익의 추구)와 GW(공익) 사이가 균형을 이루거나 또는 조화된 행태에서 벗어난 상황을 표현한다.

[2] 자애(=개인적 행동의 동기)는 자연스러운 감정으로서, "모태에서부터 주어져서 무덤에 들어가기까지 결코 없어지지 않는다."

[3] 미덕 또는 악덕으로서, 또는 우리의 상황을 개선하기 위한 노력으로서 모든 가능한 형태의 자기이익의 추구(예를 들어 영리를 취하려는 노력)는 시간, 공간 그리고 정보와 관련하여 상대적인 목표이다. 인간의 복지함수(W_m)는 다음과 같다. $W_m = W_m(N, C, S, L)$. N=생존에 필수적인 재화, C=안락함, S=신분 또는 지위, L=여가.

[4] 교정방법을 나타내는 사각형이 점선으로 표시된 것은 조정적인 기능을 가지고 있음을 나타내기 위함이다.

[5] 자선 또는 이타심과 혼동하지 말아야 한다(beneficience와 benevolence의 차이). 동정이 없는 이성은 비정하고 무능한 것이다. 반면에 이성적인 판단이 없는 동정은 속이 빈 것이다. 동정이나 자선을 토대로는 항구적인 질서가 마련될 수 없다. 자선은 인간이 아니라 신에게만이 유일한 원리가 될 수 있을 것이다.

[6] 공익 또는 공공의 이해.

출처: H. C. Recktenwald 1985.

질서개념의 결함과 불완전함

그런데도 스미스의 자연적 자유의 이론은 하나의 미완성 작품에 불과하다. 앞서 본 것처럼 자기이익의 추구는 시장에서뿐 아니라 공동체의 참여자에게 행동의 동기가 된다. 그러나 스미스도 현대의 경제학도, 정치가, 유권자, 관료의 자기이익의 추구가 어떠한 조건에서 공동의 이익과 일치하게 되며, 공동의 이익을 촉진시키는지를 설명할 유사한 개념을 개발하지는 못했다.

나아가 스미스의 질서체계 안에는 효과적인 상벌 메커니즘을 통해 집단의 이익을 "공공의 이익"(bonum commune)에 일치시키려는 시도가 없다. 시장에서라면 경쟁 메커니즘이 집단의 이익을 보장해줄 것이다. 물론 집단 안에서의 개인의 (비효율적인) 행위에 관해서는 수많은 분석과 이론이 존재하고 있으나, 예전이나 지금이나 의미 있고 포괄적인 체계화는 이루어지고 있지 않다.

미완성인 채로 남아 있는 스미스의 국가론과 국가의 역사에 대한 연구가 이러한 결함을 어느 정도 보완해줄 것인지는 아직도 명확히 밝혀지고 있지 않으나, 어쨌든 스미스의 저작에서 적지 않은 단초를 발견할 수 있다. 예를 들어 스미스는 공무원에 대한 보상은 적어도 부분적으로는 그들의 업적과 연계되어야 함을 주장한 바 있으며, 어떻게 대학이 비효율적이 될 수 있는가를 규명한 바 있다.

윤리적 감정의 궁극적인 원천을 신과 섭리로 보는 스미스의 견해는 (그는 결코 그 어떤 인간의 이성에 기인하는 것으로는 보지 않았다) 결국 그가 최종적으로 의지하는 곳이 어디인지를 보여준다. 토마스 아퀴나스의 영향을 받은 스미스의 낙관적인 이신론(理神論, 칼뱅과 흄은 이를 부정했다)은 일방적인 이기적 행위가 신의 섭리에 의한 계획과 다를 경우에는 문제를 낳게 될 것이다. 풍속과 관습의 변화가 윤리적 감정이 발현되는 방식에 영향을 미칠 때 이러한 현상이 발생할 수 있는데, 스미스는 윤리적 감정에는 그러한 일탈현상을 제거하려는 경향이 있다고 믿었다.

이러한 경향은 바이너가 제대로 지적한 것처럼, 동태적인 실체(Homöostasis)의 현대적인 개념, 즉 자연에 존재하면서 스스로를 제어하는 균형 메커니즘과 유사하다. 현대의 생물학도 이와 같이 스스로를 조절하는 제어 메커니즘의 존재를 가정하고 있다. 그러나 우리는 스미스의 견해를 본질적으로 훼손하지 않으면서도 신학자들의 추론적인, 특히 내세와 관련된 질서를 실증을 추구하는 스미스의 개념으로부터 분리시킬 수 있을 것이다.

윤리적 감정의 이론 – 비판적 분석

스미스의 『도덕감정론』은 토마스 아퀴나스의 『신학 대전』과 유사하게 글래스고 대학교의 젊은 학생들을 대상으로 행한 윤리학 강연을 책으로 엮은 것이다. 일목요연하게 구상된 언어는 스미스의 탐구대상인 현실을 인상적으로 그리고 뚜렷하게 반영하고 있다. 『도덕감정론』에서 우리는 자연적 자유의 도덕적인 기초와 부에 대한 분석적인 모델을 발견할 수 있다. 따라서 기본조건이 유사하다는 것을 전제로 할 때, 『도덕감정론』은 서구의 이원적인 경제질서에 윤리적인 정당성을 부여해줄 수 있다.

『도덕감정론』은 『국부론』과 유사한 방식으로 구상되었다. 제7권의 서두에서 스미스는 모든 도덕철학자들과 똑같은 그의 관심사에 대해 설명하는데, 그것은 첫째 미덕(Tugend)은 어디에 존재하는가, 둘째 윤리적 행위에 대한 인간의 판단은 어떻게 내려지는가 하는 문제이다(『도덕감정론』, 265쪽). 간단히 말하면, 스미스는 그에게 중요하면서도 독창적인 동정(同情)의 원리에 대해 설명을 시도하면서, 도덕적인 동기와 판단에 대해 질문하고 있다.

그 다음에 스미스는 공정한 감시자의 원리를 설명해나간다. 이 책의 부제에 따라 스미스는 "인간이 우선 이웃의, 그리고 다음에는 자기자신의 행위와 성격에 대해 판단을 내리게 되는 데에서의 원리를 분석한다." 스미스에 의하면, 우리는 다른 사람을 평가하는 가운데 자연스럽게 그러한 원리를 습득하게 되는데, 이 경우에 우리는 우리 자신을 이웃의 입장에 놓음으로써 그를 이해하게 된다. 이때 스미스의 "자연스럽게"라는 말은 현대의 경제학이 "경제인"(Homo oeconomicus)을, 또는 윤리학이 이상화된 인간형을 염두에 둘 경우에 종종 가정하는 것과 같은 이성의 이상적인 지배상태와는 전혀 다른 개념이다. 스미스의 자연스러움이란 현실에 기초를 둔, 심리적으로 정상적인 상태를 의미한다. 따라서 스미스는 효용이 우리의 윤리적인 그리고 미적인 공감에 미치는 영향 역시 실용적인 판단에 근거해서 분석한다. 나아가 스미스는 관습과 풍속[2]의 영향에 대해 철저히 검토하고, 이것들을 그의 논의에 끌어들인다.

가장 마지막 부분에 다루어지는 것은, "최고의" 미덕은 아니지만 가장 행하기 어려운 미덕인 자제력에 대해서이다. 자신의 감정을 스스로 억제할 수 있는 사람만이 미덕을 발휘할 수 있다. 현명함, 정의 그리고 호의와 같은 미덕에 도달하기 위해서는 자신을 제어할 수 있어야 하며, "자제"(self-command)는 흥분을 가라앉히고, 내적인 그리고 외적인 균형을 찾도록 해준다. 그러나 이러한 균형은 언제고 다시 흔들릴 수 있다.

이어서 스미스는 고전과 그가 살았던 동시대의 미덕론에 대해 의연한 논술을 전개하는데, 이 부분은 요델(Jodel)에 의해 "생산적인 비판의 모범"(Muster für produktive Kritik)으로 지적된 바 있다. 스미스는 이러한 논술을 역사적인 관점에 서서, 그리고 자신의 이론을 준거로 하여 하나하나 전개해나간다. 이미 이에 앞서 6개의 장에서 한 단계씩 누구나 쉽게 이해할 수 있도록 발전되어온 스미스의 이론은 이 같은 과정에서 독창성과 수미일관함 그리고 세련됨을 뚜렷이 드러낸다.

스미스는 모든 미덕론의 체계들이 부분적으로 진실을 포함하고 있다는 결론에 도달한다. 그리고 어떠한 체계들로부터도 가치 있고 독특한 무엇인가를 얻을 수 있다고 겸손하게 부언한다. 그러나 스미스는 어떠한 고전의 미덕론도 앞서 제기된 두 가지의 기본적인 의문에 대해 만족스러운 해답을 주지는 않는다고 본다.

우리는 이와 같은 배경을 고려하여 스미스의 이론체계를 평가해야 한다. 스미스의 이론은 그의 분석적, 종합적 사고가 어떻게 하나로 합쳐져 새롭고 독창적인 것을 형성해냈는지를 증명하고 있다. 스미스의『도덕감정론』의 가치를 선구자들과의 비교 속에서 인식한 슘페터도 스미스 체계의 이 같은 천재성을 깨닫지는 못했다. 스미스의 이론에 정통한 사람의 하나이며, 이를 최초로 여섯 권의 책에서 철저히 분석한 바 있는 엑슈타인(Walther Eckstein)은 "이렇게 스미스는 이질적인 도덕철학의 이론적 요소들을 결합시켜…… 하나의 체계로 녹여냈다"고 말한 바 있다(『도덕감정론』, 서문 XXV).

『국부론』 – 역사적, 경제적, 정치적 토대

이 작품의 중심적인 관심사는 부의 본질과 원인, 분배(리카도는 이것을 지나치게 일방적으로 강조했다)에 대한 탐구이다. 즉, 어떻게 개인과 사회가 "생활을 위해 필요한 것들, 쾌적한 것들을 가장 효율적으로 마련할 수 있을까?" 하는 물음이다. 스미스는 생존의 확보, 부와 인정(認定), 즉 물질적, 정신적 가치를 향한 인간의 끊임없는 추구를 분석한다. 이때 그의 방법론은 현대의 정신과학과 자연과학의 실증적, 규범적 그리고 규정적(präskriptiv) 분석과 대부분 일치한다. 현대적인 의미에서 볼 때, 『국부론』에는 세 가지의 모델이 서로 모순 없이 결합되어 있는데, 이들은 역사적, 순환론적 그리고 성장론적 "체계"이다.

경제적 발전과 사회적 발전: 역사적 모델

스미스의 역사이론은 사회의 원시적 상태, 즉 수렵과 채취를 위주로 살아가는 집단이 대규모 국가단위의 문명화된 사회로 발전하기까지의 자연스러운 과정을 대상으로 하고 있다. 그의 방법론은 서술적 설명적이 아니라, 분석적 해설적이다. 즉, 이론적이며 추론적인 방법으로써,

스미스는 그에게 영향을 미친 몽테스키외나 볼테르가 한 것보다 훨씬 체계적인 접근을 시도하고 있다. 이 두 사람의 프랑스 인은 "이성으로서의 역사"(histoire raisonnée)를 얘기한 바 있다.

스미스에게 현대적인 시장경제와 세계경제에 이르는 발전과정에서 중요한 역할을 하는 것은 나중에 마르크스에서처럼 경제적인 힘이며, 이것은 정치적, 사회적 구조에도 영향을 미친다. 이와 같은 역사적 체계의 구조를 이해하기 위해서는 사회발전의 네 단계를 구별짓는 특징을 알아야 하며, 나아가 하나의 사회를 다른 사회로 바꾸는 경제적인 힘의 작용방식을 이해해야 한다.

스미스에게 그것은 단순한 관계로 환원시켜 생각하면 인간이 삶을 영위하기 위해 행하는 다양한 생산활동과 이에 상응하는 소유권의 형태였는바, 후자는 다시 권위와 복종의 특정한 질서구조를 낳게 된다. 이 같은 기준에 의해 스미스는 수렵단계, 유목단계, 농경단계 그리고 마지막으로 상공업(Handel und Gewerbe) 단계라는 네 가지 단계를 구분한다.

스미스는 물질적 · 정신적 · 사회적 상태를 개선하고자 하는 인간의 끊임없는 노력이 이 같은 발전을 진행시키는 원인이며 추진력이라고 생각했다. 이와 같은 노력이 가능성을 발견하게 될 경우, 어느 곳에서나 인간의 근로(Erwerbsfleiß)는 모든 생산력을 발휘하도록 하며, 이에 따라 점차 전체 사회의 상태가 개선된다. 스미스는 이와 같은 메커니즘의 작동원리와 과정에 대해 상세히 설명하고 있다.

인간의 경제방식(Wirtschaftsweise)이 변화하는 데에서 "대혁명"(산업혁명—옮긴이)처럼 커다란 변혁을 가져온 예는 없었다. 이는 현대적인 교환경제 또는 시장경제를 발전시켰을 뿐 아니라, 법, 사회 그리고 정치적인 질서에 광범위한 변화를 불러일으켰다. 이러한 네 번째 발전단계에 들어서면서 개인들은 삶에 필요한 재화를 세 가지의 방식의 교환행위를 통해 획득하게 되었다. 이것들은 재화의 생산을 위해 직접투입되는 노동력, 토지와 자본에 대해서 임금, 지대 또는 이윤으로써 보상받는 것을 말한다.

이로부터 생겨나는 소득으로 사람들은 "생활필수품과 쾌적한 생활을 위해 필요한 물건들", 즉 자신의 경제적, 사회적 그리고 문화적인 상황을 개선하기 위해 필요한 것들을 구입한다. 제공된 생산요소에 대해 시장에서 형성되는 교환가격을 매개로 하여 그 이전의 일방적인 의존성과 다른 쌍방향의 의존성이 발생하는데, 이를 통해서 개인과 사회계층들의 법률적, 개인적 자유가 증대된다.

이렇게 분업과 새로운 시장의 등장으로 발생하는 교환과 상업행위의 확대라는 간단한 원리를 가지고 봉건주의의 몰락과 시민계급의 등장 그리고 이를 통한 전체 사회의 변화가 설명된다. 부를 축적하는 과정에 있는 계층과 과거의 부를 여전히 소유하고 있는 계층 사이에서, 즉 수공업자, 공장주, 상인, 기사, 지주(봉건영주를 포함하여)와 보통선거권을 가지게 된 노동자 계층 사이에서는 일정한 권력의 균형이 형성된다.

스미스는 나중에 봉건제에서 자본주의와 사회주의로의 발전론을 변증법적으로 시도한 마르크스나, 독일 역사학파의 엄격한 단계론의 경우에서와 같이 역사발전의 과정을 결정론적으로 설명하는 위험에 빠지지 않는다. 스미스는 노벨상 수상자인 힉스(John Hicks 1969)와 마찬가지로 정상적인 발전과정이 종종 중단될 수도 있다는 것을 분명히 인식하고 있다. 예를 들어 전체적인 행위규범이 서서히 변화하는 경우에는 시장경제의 질서 아래서도 일방적인 봉건적 종속관계의 잔재가 남아 있을 수 있으며, 또 인간은 통상적으로 위대하거나 고귀한 신분으로 태어난 사람이나 재산가를 숭배하고 존중하려는 속성을 가지고 있기 때문에 권력이나 권위가 유지되는 경우도 있는 것이다.

스미스는 뮈르달(Gunnar Myrdal)과는 달리 불화와 이해집단 사이의 충돌이 언제고 가능한 것으로 보았다. 단지 이러한 충돌을 절대시하거나 비인간적인 방법을 통해 해결하려 하지 않았을 뿐이다. 스미스의 체계는 개방적이며 투명하다. 그의 체계에는 혁명적인 변화의 가능성이 포함되어 있으며, 동시에 경쟁과 새로운 기술의 발명을 통해 적응이 발생하고, 정치적으로는 "엘리트의 순환(파레토)"이 발생한다.

이러한 역사이론은 『국부론』과 더불어 『도덕감정론』에서도 설명되고 있다. 이러한 이론의 기초가 되는 것은 이해관계가 사회와 환경 안에서 또는 감정이 인간 내부에서 균형상태에 도달하거나 조화를 이룰 수 있다는 생각이다. 주위의 상황에 비추어 너무 많거나 너무 적은 상태는 언제나 적응 또는 교정의 과정을 낳게 되며, 사회 전체의 부가 개개인의 공헌에 의하고 있는 것과 마찬가지로, 개인의 복지 역시 주변의 평가에 의존하고 있다는 것이다. 불균형 상태가 균형으로 변화하는 메커니즘은 『국부론』과 『도덕감정론』 두 작품 모두에서 자세히 설명되고 있다.

시장경제의 기초로서의 경제모델

스미스의 분석적 방법론의 전형은 짧은 서론과 함께 시작하는 『국부론』 제1장과 제2장에서 발견할 수 있다. 논의의 출발점이자 핵심은 우선 사회적인 분업의 개념인데, 이것이 없이는 노동의 생산성 그리고 이를 통한 한 나라의 국부의 증대는 본질적으로 불가능하다.

경제적, 사회적 상승에 대한 개인의 지향, 즉 역동적인 자기이익의 추구에 의해 추진되는 사회적 분업은 전문화와 스미스가 핵심을 알기 쉽게 설명한 것처럼 단순작업의 반복을 가능하게 함으로써 노동의 숙련도를 향상시킨다. 나아가 분업은 한 작업에서 다른 작업으로의 전환을 위한 시간을 절약시켜줄 뿐 아니라, 노동자나 수공업자, 또는 직접 노동에 참여하지 않는 사람들에 의한 기계의 발명과 투입을 용이하게 한다. 컴퓨터 시대인 현대의 기술은 이러한 원리가 지금까지 최고조로 발현된 결과인 것이다.

이렇게 분업은 스미스에게 그 이전의 어느 누구도 인식하지 못한 정도로 기술적 진보 및 투자와 밀접하게 연결되어 있으며 발전을 촉진하고 있다. 분업의 한계는 시장의 확장이 더 이상 불가능한 때이다. 이때

가 되면 교환행위를 동반하지 않는 전문화는 의미를 잃게 된다. 그러나 다른 한편으로, 분업은 관료주의를 확대시키는 중요한 원인이 된다. 스미스 역시 어떠한 사회체제 내에서도 분업이 인간에게 소외를 불러일으킬 위험이 있음을 인식하고 있었다. 이미 플라톤도 인식한, 분업이 낳는 이 같은 폐해에 대해서 스미스가 보여준 현실적인 통찰력과 이를 제거하기 위해서 권하는 처방은 실로 인상적이다.

분업에 의해 생산되어 시장에 제공되는 상품이 시장에서 교환될 때 가치, 즉 가격이 형성되는데, 가격은 생산에 참여한 요소인 토지, 노동과 자본에 대한 보상의 규모를 결정하며, 동시에 국민경제 전체의 산출물을 지대, 임금, 이윤으로 나눌 수 있도록 한다. 이에 따라 가치, 즉 가격은 고전적인 시장 메커니즘에 논리적인 일관성——이를 스미스는 『도덕감정론』에서 "아름다움"(Schönheit)이라고 표현했다——을 부여한다는 사회적인 의미를 가진다. 노벨상 수상자인 애로는 가격체계가 "인류의 지적 성취 중에서 가장 중요한 것 중의 하나(1951)"라고 말한 바 있다.

가격은 자동적으로 희소성의 정도를 알려주고 보여준다. 균형가격에서 시장의 수요와 공급은 과부족이 없이 일치하게 된다. 경쟁가격은 가장 낮은 가격이 되며, 최선의 재화공급을 보장한다. 따라서 자유로운 시장 메커니즘에 대한 국가의 어떠한 간섭도 시장참여자들 사이에 존재하는 이해관계의 균형을 파괴하게 되고, 결국 모두의 복지수준을 감소시킨다.

그러나 현실주의자인 스미스는 시장균형에 도달하기까지, 또는 그 이후에도 장애요인이 존재함을 간과하지 않는다. 이러한 장애는 생산요소의 투입이 완전히 자유롭게 이루어지지 않거나, 사적인 독점력 또는 국가의 간섭에 의해 경쟁이 제한되는 경우에 발생한다. 이는 임금, 지대와 이윤에 모두 해당하며, 이론적, 실증적으로도 단기, 또는 장기와 관련하여 설명될 수 있다.

가치와 변동하는 가격 이외에도 스미스의 분석적 모델에서 중요한 역할을 하는 것은 경쟁이다. 시장의 투명성과 시장진입의 가능성이 어느 정도 확보될 경우, 발전적인 경쟁의 힘은 지속적으로 기술과 구조의 변화를 낳는다. 이 같은 역동적인 경쟁의 대상으로는 분업의 가능성에 대한 새로운 발견, "초과이윤의 배출구"(vent for surplus)로서의 새롭고 더 나은 시장, 물건, 서비스, 정보, 기술과 모든 형태의 조직들이 다 포함된다. 그러나 기본적인 틀이 유지되고 게임의 규칙이 어느 정도 지켜지는 경우에 자연히 발생하기 마련인 기호의 변화와 자유로운 사회체제에서 소비자들의 자발적인 결정으로 인해 생겨날 수 있는 불확실성으로 인해 기업들은 지속적으로 미래를 예측하고 적응해나가야 한다.

경쟁은 자기방어(self-defense, 『도덕감정론』, 640쪽)를 도와주고, 발명과 모방을 촉진하며, 위험을 높이는 동시에 "근면"과 자발성을 무시하는 사람에게는 소득과 재산의 상실이라는 즉각적이고 효과적인 벌을 가하게 된다. 또한 경쟁은 "훌륭한 경영(163쪽)"을 촉진하며, 탐색, 조절과 정보획득의 과정을 도와준다. 경쟁은 익히 알려진 것들 사이에서 선택하게 할 뿐 아니라, 아직 모르는 것들을 신속하고 적절하며 이익을 보장하는 방향으로 개척하도록 하고, 항상 대안을 생각할 수 있도록 해준다.

역동적인 경쟁이란 한 사람이 승자가 되는 경우 다른 사람은 패자가 되어야 하는 정적인 제로섬 게임이 아니다. 후대의 슘페터나 하예크와 마찬가지로 스미스가 말한 경쟁 역시 진화적인 것이었다. 이러한 경쟁은 리카도가 생각한, 장기적으로 고비용의 발생이라는 잘못된 발전방향을 지향하는, 정태적 시장형태론에서의 "게으른 경쟁"(Schlafmützenwettbewerb)이 아닌 것이다. 경쟁은 어떤 확정된 전형을 가지고 있지 않으며, 어떤 정신을 왜곡시키는 원칙도 아닌, 희소성이 지배하는 세계에서 불완전한 인간을 위해 포기될 수 없는 질서원칙인 것이다.

순환분석에서 스미스는 자신의 자본, 저축, 소비와 투자론을 종합한 경제성장론에 시간의 차원을 도입하고 있다. 스미스의 순환분석과 성장론의 개념은 둘 다 신고전학파에 영향을 주어 현대 경제학의 교과서에 접목되어 있다. 스미스는 정체된 상태의 예로서 중국을, 퇴보의 예로서는 벵갈(Bengalen)을 들었으며, 상승하는 경제의 예로서는 북미와 다수의 유럽 국가들을 들고 있다. 지난 100년 동안 역사상 유례없이 상승한 1인당 실질국민 소득은 스미스와 밀의 명제가 옳았음을 인상적으로 확인시켜준다.

이러한 명제는 리카도와 맬서스의 비관적인 인구론과 정체론(Stagnationstheorie, 이에 따르면 토지의 생산력이 노동과 자본의 생산력보다 더욱 빨리 하락한다)을 이론(異論)의 여지없이 논박했으며, 무엇보다 마르크시즘의 빈곤이론(Verelendungstheorie)이 잘못된 것임을 보여주고 있다. 자본과 인구 사이의 경쟁에서 자본은 스미스의 경제발전 단계론 중 네 번째 발전단계에 다다른 나라들에서 승리했으며, 기술의 진보와 자본의 증가는 숙명적인 한계생산 감소의 법칙을 늘 극복해왔다.

현대의 정체론이나 로마 클럽의 예에서 볼 수 있는 것과 같이, 대부분의 고전적인 비관론자들은 도전에 직면한 인간이 자유로운 자기개발을 통해 성취할 수 있는 개인적인 솔선과 창조적인 사고를 과소평가했으며, 물리적인 생산요소의 의미를 지나치게 과대평가했다. 이는 환경과 관련지어서 경제성장의 한계를 논할 때도 마찬가지이다. 실제로 인구가 비약적으로 성장하는 가운데, 노동생산성과 1인당 소득은 전례없이 증가했고, 노동시간은 절반으로 줄어들었다(Recktenwald 〔Hg.〕 1985, 167~169쪽 참조).

"자연적 자유의 체계" 안에서의 국가

인간의 평화로운 공생을 가능하게 할 공동체적 조직들의 중요성과 규모는 한 국가의 발전정도에 따라 변화해왔다. 도덕과 경쟁이 자기이익의 추구를 얼마나 효과적으로 통제할 수 있는가에 따라 국가가 차지하는 몫의 크기는 달라질 것이다. 이것은 개인이 수행할 수 없거나, 또는 수행하는 데에서 국가보다 덜 효율적일 수밖에 없는 특정한 과제와 관련된 말이다. 적극적인, 또는 소극적인 행위를 행함에서 인간은 공동체의 유지를 위해 필요한 윤리적 규범들을 항상 완벽하게 준수하지는 않는다.

따라서 대내외적인 위험으로부터 신체, 생명과 재산을 지키거나, 분쟁을 공정하게 조정하는 일처럼 "본질적으로 투여한 비용을 회수할 만큼 소득을 창출하지 못하기 때문에, 1인 또는 다수의 민간인들이 생산할 것을 기대할 수 없는" 재화와 용역을 생산할 수 있을 만큼의 충분한 권력을 지니는 공동의 조직이 창조되어야 한다. 즉 스미스가 요구하는 것은 단순한 "야경국가"(Nachtwächterstaat)가 아니라, 시장경제가 기능할 수 있도록, 다시 말하면 전체 공동체가 생명을 유지할 수 있도록 공공의 과제를 효율적으로 그리고 정의롭게 완수할 수 있는 국가인 것이다.

스미스 저술의 250년 동안의 영향과 이에 대한 오해

『도덕감정론』과 『국부론』은 스미스가 살아 있는 동안 각각 제6판과 제5판이 발행될 정도로 빠르게 절판되었다. 이 작품들은 스코틀랜드와 잉글랜드뿐 아니라 대륙에서도 스미스에게 문필가로서의 명성과 학자로서의 명예를 가져다주었고, 다양한 언어로 많은 번역본이 나옴으로써 학계와 정계에 지속적인 반향을 불러일으켰다.

경제학계 내에서 『국부론』은 상이한 평가를 받아왔다. 고전적인 스미스 지지자로는 그와 동시대인이며 에든버러의 동향인이던 스튜어트, 수리경제학자이자 한계효용 이론가이던 제번스 그리고 시카고의 스미스 연구자로 잘 알려진 바이너 등이 있다. 이들의 철저한 분석은 스미스의 작품들이 후대에 영향을 미치는 데 결정적인 역할을 했다.[3]

독일에서는 스미스의 자유주의 사상이 19세기의 슈타인-하르덴베르크(Stein-Hardenberg) 개혁과 20세기의 에르하르트(Erhard)와 뮐러 아르마크(Müller-Armack)의 사회적 시장경제의 질서정책에 결정적인 영향을 미쳤다. 스미스의 경제사상은 독일의 대학과 실제정치에서 신속하게 전파되었으며, 지속적인 영향을 주었다(Recktenwald 1976). 그러나 마르크스와 역사학파들이 스미스의 이론을 극단적인 자유방임주의와 일방적으로 동일시하는 오류를 범함으로써, 스미스의 경제사상적인 영향은 20세기 중반을 지나도록 크게 제한되어 있었다.

더구나 이들은 독일이 농업국가에서 산업국가로 전환되는 변혁기에서 고조되었던 경제적 긴장상태의 원인이 역사상 유례없는 인구의 "폭발"을 야기한(이민에도 불구하고 발생한) 노동력의 범람 때문이라고 보지 않았다. 또 이들은 국가가 경제문제와 윤리문제를 규제할 권한을 가져야 한다고 주장했는데, 이는 역사적 경험에 의해 검증된 적이 없었던 것 같다.

레싱(Lessing, 「라오콘」[Laokoon]), 헤르더(Herder, 『비판적 성찰』 [Kritische Wälder]), 실러(「기쁨에 부쳐」[An die Freude])와 괴테 (『파우스트』)에서 볼 수 있는 것처럼, 스미스의 도덕이론은 무엇보다도 독일의 계몽주의에 영향을 미쳤지만, 그의 『도덕감정론』에 대한 수용은 『국부론』의 경우에 비해 매우 미약했다. 칸트 역시 스미스의 윤리학을 알고 있었으며 이를 좋아했는데, 헤르츠(Markus Herz)는 스미스가 "칸트의 총아(Liebling)"였다고 말한 적이 있다(Brief 1771). 그러나 피히테, 셸링과 특히 영향력이 컸던 헤겔 등의 이념철학은 스미스의 실증주의적 윤리학을 거의 이해하지 못했다.

낭만주의자 뮐러(Adam Müller), 리스트와 마르크스 역시 윤리와 경제의 대립이라는 관점에서 스미스의 정치경제학을 공격했다고 볼 수 있는데, 이들은 스미스의 『도덕감정론』을 간접적으로나마 제대로 접하지 못하고 있었다. 이들은 『국부론』에 대해서조차도 원본을 철저히 인용하지 못하고 오직 간접적으로 해석하기만 했다. 마르크스에게 『도덕감정론』은 오로지 "무신론적" 작품으로서만 인용할 가치가 있었던 것으로 보인다. 스미스의 『철학적 주제들에 관한 소론』은 거의 읽히지 않았다.

더욱 커다란 영향을 미친 것은 스미스의 후계자들마저도 확신을 가지고 부정한 스미스 자신의 오류였다. 스미스는 (금 또는 은으로서의) 화폐의 가치는 변동하기 때문에 안정적이고 절대적인 가치척도를 찾아야 한다고 믿었는데, 여기에서 그는 오류에 빠졌다. 곡물 또는 노동력 역시 자기가치(Eigenwert)가 없을 뿐 아니라 지속적인 내재가치 같은 것은 없다. 따라서 스미스의 절대적인 가치척도에 대한 추구는 그의 시장경제론에서 불필요한 것이다. 이에 대한 추구는 스미스 자신뿐 아니라 리카도를 혼란에 빠뜨렸으며, 마르크스를 잘못된 추론에 도달하게 했다. 오늘날까지 지속되고 있는 노동가치에 대한 논의는 현실과 유리된 것으로서 완전히 무의미한 것이다(Recktenwald 1986).

아리스토텔레스에 의한 상품의 사용가치와 교환가치의 구분 역시 스미스를 돕지 못했다. 생산적 노동과 비생산적 노동의 구분 역시 오류로서, 이는 국가의 행위에 관한 완전히 잘못된 판단을 낳게 되었다. 이 이론은 교사, 의사와 공무원의 노동이 유용하기는 하지만, 물리적인 생산물에 포함되지 않기 때문에 비생산적이며, 따라서 소비로 분류되어야 한다고 본다. 이러한 구별 역시 스미스로 하여금 그의 순 국민생산 개념에 순 자본축적을 적절한 방식으로 포함시키지 못하도록 했다. 이 같은 오류는 결국 아리스토텔레스의 권장할 만한 재화(lobenswerte Güter)와 하찮은 재화(triviale Güter) 사이의 구별에 근거를 두고 있는 것이다.

이와는 달리, 한 재화의 실제적인 효용과 가상의 효용 사이의 간격이 스미스의 체계가 가지고 있는 모순의 하나라고 비판하는 것은 완전히 잘못된 것이다. 스미스는 이러한 간격이 인간 스스로가 만든 환상에 지나지 않음을 되풀이해서 제대로 지적한 바 있다("삶에서 무질서의 근원의 절반", 『도덕감정론』, 135쪽). 왜냐하면 효용이 현실적인 것이든 또는 환상에 의한 것이든 순화된 자기이익의 추구는 현실에서 효용의 질서를 바로잡기 때문이다.

스미스 작품의 학문적, 정치적 현실성

스미스의 작품에 대한 그동안의 많은 오해에도 불구하고, 최근 들어 그의 자유주의 사상에 대해 기이하리 만큼 높은 관심이 일고 있는 것은 놀라운 일이다. 우리는 지금 스미스의 사상에 대해 예상치 않은 문예부흥을 맞고 있는데, 아래에서는 그 이유에 대해 간단히 규명해보기로 한다.

스미스의 생애에 걸친 저술들이 우리 시대에 부활하고 있는 이유는 그것들이 가지고 있는 실질적인 보편성 때문이다. 그의 저술들은 다양한 (미처 발견되지 못한 것을 포함하여) 주제와 전망을 포함하고 있으며, 또한 다양한 방법론을 채택하고 있다.

학문적인 저술, 특히 경제학 분야의 저술에서 스미스의 것만큼 현실에 대한 면밀하고 참을성 있는 관찰과 역사에 대한 심오한 인식과 경험에 기초하고, 엄격한 분석적 논리와 종합(Synthese)이 그토록 긴밀하게 결합되어 있는 작품은 매우 드물다. 아마도 바로 이 점이 스미스의 원숙한 지혜와 그가 우리의 미래에 대해서 어떻게 그토록 많은 것을 제시할 수 있는가를 설명하는 열쇠가 될 것이다. 또한 이 점이 바로 우리와 우리 이전 세대들이 스미스의 저술에 대해 그토록 열광하는 이유가 될 것이다.

스미스의 연구대상은 간단히 말하자면, 주위 환경에 해를 끼침이 없이 희소성의 세계라는 숙명과 물질적인 부족을 개선하고 스스로를 다른 사람들에게서 인정받고자 하는 인간의 끊임없는 노력이다. 이 같은 인간의 생존에 대한 걱정과, 동시에 공동체 안에서 보다 나은 삶을 살고자 하는 노력은 어느 시대에서나 있어왔던 것으로서 인간의 존재와 삶에서 가장 핵심적인 조건에 속한다. 이러한 조건을 어떻게 형성해나

갈 것인가 하는 과제는 기술이 진보한 우리의 시대에서 더 용이해진 것이 아니다. 고도로 분업화된 현대 사회에서 인간 사이의 관계는 경제적, 정치적으로 더욱 긴밀해졌으며, 상대적인 종속 대신 일방적인 종속 관계가 발생할 위험이 지속적으로 나타나고 있기 때문이다.

스미스의 사유체계를 떠받치는 기둥은 이기심이나 무관심이 아닌 순화된 자기이익의 추구이다. 이것은 성취동기로서 인간의 천성이며, 윤리적으로 이중의 장점을 가지고 있고, 특정한 조건에서는 모두에게 이익을 주게 되는, 우리가 사는 현실세계를 움직이는 결정적인 추진력이다. 이러한 자기이익의 추구가 존재한다는 사실은 특정한 이념에 기초한 희망사항이나 추상의 결과가 아니라, 실증적 관찰과 경험의 결과로서 인식할 수 있다.

삶의 광범위한 부분에서 개인적인 자유와 경제적 · 문화적 성취를 사회적인 환경과 조화시킴으로써 전체의 행복과 화합을 추구한다는 스미스의 해답은 매혹적이다. 이는 변증법적 방법이나 마르크스류의 비인간적인 계급투쟁과는 정반대의 위치에 서 있는 것이다.

스미스의 행태론(Verhaltenslehre)은 윤리학의 발전을 위해 풍부한 자극을 줄 것으로 기대된다. 세상의 대부분의 재화가 그러하듯이 미덕 역시 회소하며, 따라서 이것 역시 수단이자 목적으로서 합리적인 계산의 대상이 될 수 있다. 즉, 선행을 행하는 것은 이익이 되는 일이지만 선행이 더 이상 도움이 되지 않을 경우에는 필요가 없는 것이다. 이런 식으로 자연현상과 정치경제학의 근본원리로서 경제의 원칙은 감정과 충동의 합리성을 설명할 때에도 적용될 수 있을 것이다.

윤리를 논할 때 추상적인 이상형이나 초자연적인 관념에서 출발하는 원칙들이 제거되면 될수록, 우리가 살고 있는 제한된 사실의 세계와 설명할 수 있는 가설이 아닌 사변적인 가능성에서 비롯된 상상의 세계에서 멀어질수록, 인간의 본질에 부합하는 도덕적 규칙들을 발견할 가능성은 커질 것이다. 과학의 윤리 자체도 이 같은 기초 위에서 검토되어야 할 것이다(포퍼).

개인과 집단, 공동체의 이익을 서로 조화시키는 보이지 않는 손이 시장에서처럼 존재하지 않을 때 크고 작은 공동체 내에서는 주는 행위와 받는 행위가 서로 제각각 일어남으로써 비효율과 불공정이 발생하게 된다. 이러한 경우에 자기이익의 추구라는 경제학의 핵심적인 공리(公理)를 적용시켜보면 한 집단과 그 조직의 행태를 설명하는 데 큰 도움이 될 것이다.

진화생물학에서도 재화의 희소성과 종족보존의 필요성은 절박성(Dringlichkeit)을 낳고, 이것이 종족의 진화방향을 결정하게 된다. 이는 절박성이 인간의 욕구에 순서를 정하는 것과 마찬가지이다. 스미스에 의하면 "자연경제학"과 "정치경제학"은 서로 긴밀한 관련이 있다. 이 둘은 유전자로 이루어진 미로나 혼돈상태, 또는 극도로 분업화된 경제를 대상으로 하여 형태와 움직임의 원리를 발견하고 설명한다. 개인과 이를 둘러싼 환경 사이에서와 마찬가지로 유전자와 유기체 사이에는 균형을 향한 유사한 상호작용이 존재하고 있는데, 허쉬라이퍼(Hirshleifer), 베커(Becker) 등은 이 같은 공통점을 강조하면서 스미스적인 기초 위에서 학제 간 연구를 행할 것을 강력히 주장하고 있다.

스미스의 "자연적 자유의 단순한 체계"에서 인간이 항상 공동체의 원천이며 행위자이고 목적이라는 점은 기독교의 윤리적·현세적 질서와 스미스의 체계 사이의 근본적인 공통점이자 양자를 연결하는 다리이다. 스미스에 따르면 어떠한 사회집단도 자연의 피조물인 인간을 위해 존재해야 하며, 따라서 집단은 결코 그 자체로서 목적이 될 수 없다. 집단 자체는 어떤 것도 느끼거나 생각할 수 없기 때문에, 인간은 추상적인 집단으로부터 어떠한 윤리적인 원리도 이끌어낼 수 없다. 집단적인 욕구란 오로지 현세와 현실에 무지한 분석가들만이 만들어낼 수 있는 것이다.

더 나아가, 스미스가 규범을 설명할 때 취한 현실주의──사실과 있는 그대로의 인간에 대한 존중──를 강조할 필요가 있다. 스미스는 인간의 본성이 원칙과 행위에서 근본적으로 불변이라고 주장한다. 인간에 대한 그의 이러한 견해는, 예를 들어 리카도나 마르크스, 또는 다른 현대의 저자들에 비해 훨씬 현실적이고 포괄적인 것이다. 또한 스미스는 고상한 도덕을 설교하지 않았으며, 밀처럼 이것들의 실현을 추구하지도 않았다. 어떠한 삶의 경험의 가진 어떤 계층의 사람이라도 자신이 이러한 스미스의 윤리적 가치의 모델에 어울린다는 것을 발견할 수 있을 것이다.

마지막으로 체계적인 사고와 실제에 근접한 종합을 통해 현실적인 모델을 개발해내는 스미스의 독창적인 능력이 지적되어야 할 것이다. 현대의 연구자들이 학문의 극히 작은 영역에서 정교한 분업의 결과를 추론하거나, 종합하거나, 아니면 단순히 의미 있는 방식으로 정리하려 할 때, 스미스의 이와 같은 능력에서 커다란 매력을 발견하고 많은 암시를 받을 수 있을 것이다.

스미스의 정치경제학과 윤리학은 우리 시대의 많은 문제들에 대해서도 납득할 수 있을 뿐 아니라 실생활과 밀접한 현실적인 답을 마련해준다. 스미스의 경제적 · 정치적 자유주의 철학에서 자유란 인간이 자신과 관련하여 행동하며 도덕적 책임을 가지고 판단할 수 있는 능력을 뜻하며, 개인의 부와 명예에 대한 추구는 정의에 기초한 실천가능한 규칙에 의해 제한된다. 사회가 개인적인 자유를 제한하는 정도는 고대의 도시국가에서나 근대 국가에서나 개인의 도덕적인 자기억제와 경제적, 정치적 경쟁이 얼마나 효과적으로 작동하고 있는가에 따라 달라진다.

이와 같은 체계는 바로 20세기 시장경제 질서의 기본원리와 동일한 것이다. 현실의 삶에 근접한 이 같은 체계는 유연하고 가변적이며 투명하고 납득이 가능한 체계로서 어떠한 합리적인 개선도 수용할 수 있다. 비록 완벽한 것은 아닐지라도 이 체계는 앞으로도 지속적으로 현대적인 이론의 기초가 될 것이며, 효율적이고 공정한 미래의 경제와 사회가 어떻게 운용되어야 할 것인가를 설명하고, 이에 영향을 미치게 될 것이다.

　이렇게 볼 때 스미스의 고전적 저술들은 단지 역사적인 문헌으로만 남지 않게 될 것이 확실하다. 스미스의 저술들은 우리 시대의 고도로 분업화된 세계의 복잡한 질서를 심층적으로 이해하는 데 핵심적인 열쇠이며, 경제적 · 정치적 문화의 미래로 안내하는 확실한 동반자인 것이다.

| 호르스트 클라우스 렉텐발트 · 정여천 옮김 |

7 | 맬서스
Thomas Robert Malthus, 1766~1834

생애

맬서스는 영국의 길퍼드(Guilford)에서 일곱 남매 가운데 여섯 번째로 1766년 2월 13일에 태어났다. 아버지 다니엘 맬서스(Daniel Malthus) 는 이상한 기인으로 기록되어 있다. 그는 사회적 이상주의 사상에 아주 개방적인 사람이었으며, 서신을 주고받으며 두 번이나 만난 루소를 정열적으로 흠모하는 사람이었다. 부친의 이상주의적 성향과 열광적인 영감은 아들에게 전수되지 않았다. 이와는 반대로 세상을 개선하려는 그의 모든 계획들은 아들에게 철저히 거부당했다.

맬서스는 태어날 때부터 언청이였다. 언어는 일생동안 그에게 커다란 장애였으며, 그의 말을 이해하는 것은 어려웠다. 그리하여 그에게 성직자라는 직업은 어울리지 않을 것으로 생각했다. 그는 개인지도를 통해서, 그리고 워링턴 아카데미에서 대학 이전에 이루어지는 교육을 받았다. 부친 다니엘 맬서스가 자질 있는 아들에게 두 명의 개인교사들을 배려해준 것은 결코 우연이 아니었다. 두 명의 개인교사들은 진보적인 원칙에서 매우 알려진 사람들이었으며, 이들을 개인교사로 두기 위해 아버지 다니엘은 영국교회와의 대립에서 개인적으로 커다란 희생을 감수해야만 했다.

1784년에 맬서스는 케임브리지 대학교 지저스 칼리지에 입학했다. 그곳에서 그는 라틴어와 영어 낭독에서 수상하기도 했다. 그가 언어장애를 가지고 있었다는 점을 생각할 때, 이러한 사실은 매우 주목할 만한 가치를 지니고 있으며 그가 무척이나 부지런했다는 사실과 강한 의지력의 소유자였다는 것을 의미한다. 그가 학업에서 가장 열심히 한 과목은 수학이었다. 그 시대에 학생으로는 유일하게 맬서스는 1788년에 "아홉 번째 수학학위 시험수석"의 영예를 획득했다.

당시에는 이러한 시험을 통해 수학 과목에서 특출한 학생들이 구분되었다. 또한 맬서스는 이 시험 후 케임브리지에 남게 되었다. 1788년 성직자 서품을 받은 맬서스 목사는 5년 후에 지저스 칼리지 내 연구원 자리를 얻었다. 1789년에 그는 영국 남부 서리(Surrey) 주 앨버리(Albury)의 교구장이 되었다.

같은 해에 그의 첫 번째 책 『고드윈 씨, 콩도르세 그리고 다른 저자들의 이론에 대한 소견과 미래 사회에 대한 효과로서의 인구원칙에 대한 시론』(*An Essay on the Principle of Population, as it Affects the Future of Society, with Remarks on the Speculations of Mr. Godwin, M. Condorcet, and other Writers*, 이하 『첫 번째 시론』)이 출간되었다. 책을 발간하는 일에서 그의 아버지는 중요한 역할을 했다. 왜냐하면 맬서스를 명확하게 자극한 고드윈의 유토피아적 관념들에 대해 아버지와 의견이 서로 달랐기 때문이다.

고드윈의 유토피아적 관념들은 맬서스가 고드윈의 사상을 부정하는 것을 서면상으로 포기하고 또한 증명하도록 부추겼다. 책의 출간은 센세이션을 불러일으켰으며 그를 유명하게 만들었다. 맬서스는 "그의 나이를 가장 기만한 사람"이 되었다(Bonar 1966, 1쪽). 그리하여 그는 일반인들이 평상시에 이야기하는 과정에서 이름이 많이 거명되는 저명한 다방면의 사람들과 같은 그룹에 속하게 되었다. 그 당시 책의 초판

(『첫 번째 시론』)은 본명이 아닌 익명으로 발표되었다. 그러나 제작자가 익명의 저자를 보호하지 않아 모든 사람들이 공공연하게 알 수 있었다.

『첫 번째 시론』의 출간이 큰 성공을 거둔 데에는 여러 가지 이유가 있었다. 우선 맬서스는 『정치적 정의』(*Political Justice*, 1793)과 『심문자』(*Enquirer*, 1797) 등과 같은 저술을 통해 영국의 지식층 사이에서 그 누구보다도 열광적이었던 고드윈이라는 저자를 공격대상으로 선정했다. 이러한 도전으로 맬서스의 책은 처음부터 폭넓은 독자층의 주목을 받을 수 있었다. 두 번째는 책이 흥미로웠으며 쉽게 읽을 수 있었기 때문이다. 논쟁적인 문체는 대중의 취향에 맞아 환영을 받았다. 마지막으로 1798년에는 자코뱅 공포정치의 후유증으로 인하여 각성의 혁명을 위한 열광은 식어 있었다. 『첫 번째 시론』은 시대를 반영한 서적이었다. 이는 새로운 시대정신을 반영했으며, 기존의 사회질서에 대한 이데올로기적 증거에 관하여 지배적 계층의 욕구와 일치했다.

『첫 번째 시론』이 출간된 지 5년이 지난 1803년에 맬서스는 제목을 바꿔 『인구원칙에 대한 시론, 또는 인간들의 행복에 대한 과거와 현재의 효과에 관한 전망』(*An Essay on the Principle of Population, or a View of its Past and Present Effects on Human Happiness*, 이하 『두 번째 시론』)이라는 개정판을 발간했다. 제목이 바뀐 것과 396쪽에서 610쪽으로 늘어난 책의 분량은 이 책이 결코 그저 단순한 새로운 개정판이 아니고 완전히 새로운 저술이라는 것을 의미했다.

맬서스는 더 이상 고드윈의 공상을 가지고 논할 필요가 없었다. 그는 『첫 번째 시론』을 통해 그의 적들을 물리쳤다. 따라서 그의 적들은 맬서스와 대중들에게는 더 이상 흥미를 가져다주지 못했다. 그리하여 맬서스는 고드윈에 대한 더 이상의 논쟁적 공격을 하지 않았으며, 그보다는 인구론을 위한 실증적인 토대를 쌓고자 하는 목적에 전력투구했다.

스칸디나비아와 러시아(1799), 그리고 프랑스와 스위스(1802)에서 두 번의 장대한 여행은 새로운 시도의 전환점이 되었다. 이들 국가들의 인구통계 자료들을 그는 『두 번째 시론』에 수록했다. 매우 광범위하고

토머스 로버트 맬서스(1766~1834)

실증분석에 맞추어 실행한 학문적 저술이었던『두 번째 시론』은『첫 번째 시론』에서는 작은 영역이었던 인구론적 기본사상까지 다루었다.『첫 번째 시론』이 맬서스를 유명하게 했다면『두 번째 시론』은 그를 인정받도록 했으며, 그에게 학문적 명성을 가져다주었다. 맬서스는 생전에, 물론 초판과 재판이 거의 구분되지 않지만,『인구론』(*Essay on Population*)을 이미 네 번이나 추가로 개정하여 발행했다. 그렇지만 인구학에서는 항상『첫 번째 시론』과『두 번째 시론』만이 이야기되고 있다.

38살의 나이로 맬서스는 그의 조카인 에커설(Harriet Eckersall)과 결혼했다. 맬서스는『두 번째 시론』이 출간된 지 10개월이 지난 1804년에 결혼하여 겨우 3년 사이에 세 명의 자녀들을 낳았다. 이로 인하여 인구법칙의 저자인 그가 오늘날까지 적대자들의 조소와 경멸을 받는 것은 결코 우스운 이야기가 아니었다.

이러한 사적인 비난보다 더욱 중요했던 것은 맬서스가 결혼과 함께 떠나야 했던 지저스 칼리지의 연구원 자리였다. 그러나 1년 뒤에 맬서스는 새로 설립된 헤일리버리(Haileybury)의 동인도회사가 운영하는 대학교에서 정치경제학 교수자리를 얻었다. 동인도회사는 그들의 장래 피고용인과 식민지 관리들을 여기에서 교육시켰다. 그러나 정치경제학을 위한 강좌가 그때까지는 어느 대학에서도 개설되지 않았기 때문에 맬서스가 정치경제학을 위해서 마련된 첫 번째 교수라고 말할 수 있다. 그는 교수임명을 통해 장기적인 생존기반을 얻었으며 죽을 때까지 강의를 했다.

동인도 대학교에서 맬서스가 근무한 것에 대해서는 그리 많이 알려지지 않았다. 1820년에 그의 세 번째 주요 저서인『정치경제학 원리』(*Principles of Political Economy*)을 발표했다. 이 책은 스미스의 원리를 바탕으로 저술되었으며 가치론적 문제와 분배론적 문제들도 포함하고 있다. 그 밖에도 그는 많은 논문들을 썼으며 구빈법과 곡물법에 대한 토론에서 여러 종류의 논박문을 가지고 공격했다.

여기서 언급하지 않을 수 없는 것은 1811년에 시작하여 리카도가 사망한 1823년에야 비로소 끝난 리카도와의 방대한 서신교환이다. 두 사람은 인구법칙을 제외한 거의 모든 문제에 서로 상이한 의견을 가지고 있었다. 그런데도 그들의 우정과 존경은 서로간에 결코 단절되지 않은 채 지속되었다. 리카도의 죽음에 맬서스는 크게 상심하여 다음과 같이 기술했다. "나는 내 가족 외에는 결코 어떠한 사람도 그렇게 사랑해본 적이 없다. 우리의 의견교환은 끝없이 이루어졌으며, 우리가 찾았던 대상들은 오로지 진리뿐이었다. 그리하여 나는 항상 우리는 서로 동의할 수밖에 없다는 생각 외에는 그 어떠한 생각도 할 수 없었다(Flew 1979, 16쪽)."

맬서스는 『두 번째 시론』과 세 번째 저서인 그의 『정치경제학 원리』, 그리고 수많은 학술논문을 가지고 세계적으로 높은 지위의 주목받는 학자가 되었다. 그의 학문에 대한 인정은 황실사회, 정치경제학계 클럽, 통계학 사회, 프랑스 연구소와 베를린의 황실학교에서도 명예와 회원으로 나타났다. 또한 정치에서도 특히 구빈법에 대한 논쟁에서 그는 하원에 속하지 않았음에도 매우 중요한 역할을 했다. 이는 그의 사상과 주장을 대대적으로 반영한 1834년의 구빈법 개혁에서 더욱 확실해졌다. 맬서스는 그의 정치적 영향력이 최고의 절정이었던 1834년 12월 23일에 심장병으로 사망했다.

학문적 저술

인구론과 인구정책

만약 우리가 너무도 위대한 고전경제학자인 맬서스를 어떤 영역으로 분류해보고자 한다면, 무엇보다도 우선 인구학자로 볼 수 있다. 그는 인구논쟁에서 오늘날까지도 지배적인 인구성장의 경제적 원인과 결과에 대한 문제를 제시했으며 인구학사에서 또한 경제학에서 특출한 토대를 형성하여 인정받고 있는 인구의 법칙을 만들었다.

맬서스는 그의 『첫 번째 시론』에서 인구법칙을 개발했다. 분석의 출발점은 두 가지의 공준(公準)이었다. "인간들이 생존하기 위해선 식량이 필요하다. 이성간의 애욕은 필수적이며 어느 정도 그들의 현재 지위와 관련지을 수 있다. 이러한 두 개의 법칙은 우리가 인간에 대해 무엇인가를 알게 된 이래 자연 안에서 고착된 요소인 것으로 보인다(1798/1977, 17쪽)."

두 가지의 기본원칙은 별로 논쟁할 여지가 없으며 "법칙"으로 해석될 수 있다. 더욱 격렬하게 공박할 수 있는 것은 맬서스가 두 가지 기본원칙에서 유추해낸 그 다음이었다. "나의 공준을 완전한 것으로 예측하기 때문에 나는 토지가 인간을 위해 식량을 생산하는 힘보다 인구증대가 훨씬 큰 힘을 갖는다는 것을 주장한다(같은 책, 18쪽)." 이 가설이 바로 맬서스가 만든 "인구법칙"의 기초가 되었다.

인구법칙은 인구와 생산의 실제적 성장에 대한 진술을 포함하고 있지 않았다. 그보다는 인구와 생산의 최대가능한 성장(증대력)에 대한 진술을 포함하고 있다. 두 개, 즉 인구와 생산의 최대가능한 성장의 크기에 대해서 주장했던 차이점은 『첫 번째 시론』에서는 단순한 공리가 아니었으며 이론적으로나 실증적으로도 충분하게 증명되지 않았다. 바로 이 점이 인구법칙에 대한 논쟁이 왜 학문적 토론보다 정치적 투쟁이 되었는가에 대한 실질적인 이유가 되는 것이다.

이에 추가하여 맬서스가 일반적 작성에서 인구법칙을 마무리한 것이 아니고 그보다는 다음 단락에서 인구와 생산의 최대가능한 성장에 대해서 수치를 가진 진술을 추가했다는 사실을 통해서 토론은 더욱 어렵게 되었다. "만약 장애가 발생하지 않는다면 인구는 기하학적 급수로 증가한다. 그러나 식량은 산술적 급수로 증가한다(같은 책, 18쪽)." 이러한 수를 이용한 서술은 대중에게 매우 효과적이었으며 인구법칙과 그 개발자의 명성을 쌓는 데 결정적 역할을 하게 되었다. 그러나 이것은 인구와 생산의 증대가 조절이 불가능한 성장에서, 실제적으로 기하학적 급수와 산술적 급수를 따를 것인가라는 문제에 대한, 비생산적이고 맬서스적 논쟁을 위해서는 중요치 않은 학문적 논쟁을 야기했다.

맬서스는 조절이 불가능한 인구의 증대력이 식량생산의 발전잠재력보다 크다고 주장했다. 그가 강조한 것은 두 가지의 표기, 즉 "조절 불가능" 그리고 "힘"에 놓여 있다. 실제적 인구증대가 조절 불가능한 증대력과 동일하게 되어서는 안 된다는 것을 맬서스도 처음부터 알았다. "우리가 알고 있는 그 어떠한 국가에서도 인구는 증대력을 완전히 자유롭게 조절할 수 있는 가능성을 갖지 않는다(같은 책, 20쪽)." 물론 이는 다음과 같은 질문을 던진다. 그렇다면 과연 어떻게 방해되지 않는 인구의 증대력이 측정되고 결정될 수 있는가? 이 질문에 대한 답을 맬서스는 하지 않았다. 단지 『첫 번째 시론』에서 맬서스는 국토의 부(富) 때문에 일찍 결혼하는 것이 증대력에 결코 방해되지 않는 북아메리카에서는 인구가 25년마다 두 배가 되었다는 언급만 했을 뿐이다.

북아메리카 식민지의 인구발전에 대한 언급은 그가 주장했던 조절 불가능한 인구 증대력의 강력함을 위한 충분한 증거로 결코 볼 수 없듯이 상대적으로 낮은 식량생산의 성장에 대한 가설은 증명되지도 않았다. 맬서스는 성장이론에 대해서는 아무런 언급조차 하지 않았을 뿐만 아니라 생산통계에 대한 작업은 하지도 않았다. 공공연하게 그 자신은 가설의 명백성과 적용성에 대해 확신했기 때문에 이론적 근거뿐만 아니라 실증적 검증도 필요한 것으로 받아들이지 않았다. 물론 이 법칙에 대한 몇 가지 견해가 그의 저술들에서 보이지만 어떠한 경우에도 맬서스는 인구법칙을 확증하기 위해 후기 맬서스주의에서 요구되는 한계생산 체감의 법칙을 논의에 소개하지 않았다.

맬서스는 인구법칙에서 인구의 증대력은 결코 자유로이 억제될 수 없다는 결론을 도출해냈다. 실제 인구성장은 장애물에 의해 제약을 받으며 식량생산의 발전으로 조절된다. 맬서스는 장애물을 긍정적 장애물과 예방적 장애물로 구분했다. 그는 긍정적 장애물에 사망률의 증가를 일으키는 모든 요소들을 계산했다.

이에 대해서 그는 "건강을 해치는 모든 고용, 고된 노동 그리고 천재지변, 외형적 빈곤, 바람직하지 못한 아동보육, 대도시들, 모든 종류의 무법, 통상적인 아동들의 질병과 유행병, 전쟁, 페스트 그리고 기아 등과 같은 종류의 모든 것들(1803/ 1924, 25쪽)"을 예로 들었다. 예방적 장애물로는 출생률을 줄이는 모든 수단들이 거론되었다. 예를 들어 그는 "부부생활의 절제, ……부자연스러운 욕정, 부적절한 성관계의 결실을 은폐하기 위한 바람직하지 못한 행동(같은 책, 26쪽)" 등을 들었다. 마지막 예로 그는 중절수술까지 언급했다.

맬서스는 단순히 장애물을 구분하는 데 그치지 않았으며 그보다는 『첫 번째 시론』에서 두 가지 장애물에 대하여 다음과 같이 평가했다. "이러한 모든 장애물은 불행과 죄악으로 구성되어 있다(1798/1977, 51쪽)." 인간의 지위는 결코 바람직하지 못한 측면만으로 묘사될 수 없다. 만약 장기적으로 계속해서 식량결핍을 야기시킬 만큼 인구증대의 힘이 거대하다면 이는 결코 억제되지 않은 채로 머물러 있을 수는 없을 것이다. 그러나 인구 증대력을 극복하기 위한 수단들은 오로지 불행과 죄악이다.

사회과학자 맬서스의 이러한 자세가 종교학자 맬서스에게 문제를 일으킨다는 것은 명백하다. 왜냐하면 그는 "존경스러운" 신으로부터 오는 성스러운 기독교적 믿음을 갖고 바람직하지 못한 과제들을 조화시킬 것인가, 또는 어떻게 인구법칙과 인간의 증대에 대한 성서적 거절 간의 대립을 해결할 수 있을 것인가라는 질문들에 대한 대답을 『첫 번째 시론』의 마지막 두 구절에서 다루었기 때문이다. 답변은 특별한 언급과 주의를 받을 만했다.

인구법칙이 "여러 개별적인 폐해를 야기시켰다는 것은 의심할 여지가 없지만, 이른바 평범한 생각이 선(善)을 만들어 우위를 점할 수 있다는 사실이 아마도 이러한 우려를 불식시켰을 것이다." "욕구가 개인들을 강요하지 않는다면 인간들은 게으르고 어떠한 일도 싫어하기 때문에" 신은 인구법칙을 통해 "노력을 불러일으키고 …… 정신을 깨우치는" 필수적인 자극을 만들었다.

"만약 인구와 식량이 동일한 비율로 증가한다면 인간은 결코 원시의 상태에서 벗어나지 못할 것이다. ……한번 전염된 질병의 파괴적인 영향들은 수많은 세대에 흔적을 남길 것이며 지진은 한 지역의 인구를 영구히 전멸시킬 수 있을 것이다. 그 법칙에 따라 인구가 증가하는 법칙은 인간성의 죄악 또는 자연의 불행한 경우들이 창조의 커다란 목적에 방해가 되는 것을 가로막는다. ……지구상의 사람들은 항상 정확한 양의 식량을 유지한다. 이는 계속해서 인간들에게 영향력 있는 충동으로 작용한다. 그 결과 많아지는 인구들을 부양하기 위하여 인간들에게 토지를 더욱더 많이 경작하도록 강요한다. 물론 이러한 법칙이 몇 가지의 폐해도 야기하지 않은 채 작용하고 최상의 상태에서 의도되는 결과를 명백하게 가져올 수 있다는 것은 불가능하다(1798/1977, 156쪽 이하)."

이러한 종교학적 고찰은 『첫 번째 시론』의 맬서스는 오늘날 "인구의 제로성장" 운동의 이전 대변인이 결코 아니었으며, 그보다는 맬서스가 인구성장을 경제발전의 필수적인 동기로 보았던 것으로 보여준다. 그리하여 만약 그러한 종교학적 고찰을 그들의 종교학적 겉치레를 벗겨낸 상태에서 분석해본다면 비관적인 면이 있지만 그러한 고찰들은 맬서스파가 보인 시대정신에 반대하여 현재의 긍정적 인구론자들이 추진하고 있는 두 가지 의견들을 갖기 때문에 주목할 만하다.

첫 번째는 자녀수의 증가가 우선 가족 노동시간과 가족수입의 확대를 야기하나 결코 저축과 투자를 감소시키지는 않는다는 것이다. 두 번째는 인구밀도의 증가는 오래된 생산방법의 파기를 강요하고 보다 새롭고 결과가 좋은 생산기술의 사용을 가능케 한다는 것이다.

『첫 번째 시론』의 마지막 두 단원은 바로 몇 년 전까지만 해도 완전히 무시되거나 하찮은 것으로 취급되었다. 사람들은 종교학적 고찰이 내포하고 있는 경제학적 해결기구를 간과했으며 맬서스를 오로지 인구성장의 폐해에 대한 증인이라고 비난했다. 이러한 일방적인 관찰에 대해서는 맬서스 자신에게도 크나큰 책임이 있다. 왜냐하면 그가 『두 번째 시론』의 두 단원을 발표하지 않았기 때문이며 또는 아마도 더 이상 발표할 수도 없었기 때문일 것이다. 풀렌(Pullen 1981)은 이에 대해 그의 이교도적 사상이 영국교회에 의해 결코 동의를 받을 수 없었기에 그렇게 했을 것이라고 추측했다.

두 단원을 삭제한 것은『두 번째 시론』에서 불가피한 강조를 야기했다. 만약 인구의 증대가 식량생산의 보존과 증가를 위해서 필요한 예약조건이 더 이상 되지 못한다면, 이는 긍정적 의미를 결코 갖지 못하며 인간들에게 오로지 단절과 위험을 불러올 뿐이다. 따라서 인구증대의 조절은 긴급한 과제가 되어야 한다. 바로 이 대목에『두 번째 시론』에서의 새로운 강조와 맬서스의 암시가 놓여 있다.

이러한 비중의 변화는 조절 불가능한 장애물에 대한 새로운 평가를 요구한다. 왜냐하면 서로 상반되게도 맬서스는 한편으로는 인구증대의 조절을 위한 수단들을 추천했으며 다른 한편으로는 출생자 수의 감소를 위한 모든 수단들을 "죄악"으로 구분했기 때문이다. 이러한 이유들에서 맬서스는 조절 불가능한 장애물인 "죄악"에 더욱 불가능한 장애물인 "도덕적 금욕"을 추가했다.

그는 도덕적 금욕을 "정기적인 만족을 느끼지 못한 부부라면 그런 부부는 파기"되는 것으로 정의했다(1803/1924, 5쪽). 이러한 조절 불가능한 장애물만을 그는 시인했다. 부부간의 모든 형태의 피임을 포함하여 인간의 탄생과 관련된 방법들을 그는 확고하게 "죄악"으로 판정했다. 그런데도 이러한 분명한 거절은 신조어 맬서스주의의 그의 이름이 가족계획을 위해 대두되는 모든 운동들의 동의어가 되는 것으로부터 그를 보호하지는 못했다.

"도덕적 금욕"이 조절 불가능한 장애물로 추가되고『첫 번째 시론』에서 마지막 두 단원을 삭제함으로써『첫 번째 시론』의 인구론과『두 번째 시론』의 인구론 간의 가장 중요한 차이가 나타난다.『두 번째 시론』이 총 다섯 번에 걸쳐 출판되었음에도 (마지막 출판은 맬서스의 사망 이후에 이루어짐) 분량이 너무 방대하고 지루하여 이 책은『첫 번째 시론』의 독자 수에 겨우 근접했다.

경제이론

맬서스의 이론은 인구법칙으로 우리에게 너무나 강렬한 인상을 주었기 때문에 그의 경제이론은 그가 사망한 뒤 100년이 지날 때까지 주목받지 못하고 잊혀져 있었다. 케인스가 비로소 이를 다시 발견했으며, 그는 맬서스를 교의사에서 새롭게 환생시켜 부흥케 했다. 그 이후로 맬서스는 단지 인구법칙의 창시자로서뿐만 아니라 주목받는 고전경제학자와 케인스 학파의 선구자로 추대되었다.

맬서스의 경제이론적 관념을 종합하여 분류한다는 것은 맬서스가 그의 경제이론을 다른 경제학자들과의 논쟁을 통해서만 발전시켰고, 그의 견해를 자주 수정했다는 사실 때문에 매우 어렵다. 이때 그의 친구 리카도와의 논쟁은 특별한 의미를 갖는다. 그들 간에 주고받은 서신들에서 알 수 있듯이, 그들은 그들의 위치를 상대방에게 표명하고 의견차이가 나는 것을 조정했다. 논쟁은 두 사람을 자극시켰으며 리카도가『정치경제학과 조세의 원리』(*Principles of Political Economy and Taxation*, 1817)와 맬서스의『정치경제학의 원리』를 저술하는 데 커다란 역할을 했다.

두 저서는 스미스의『국부론』에 뿌리를 두고 있었으며, 비슷한 문제들을 다루었음에도 그들은 근본이 달랐으며 서로 일치하지 않았다. 맬서스는 귀납적 방법을 사용한 반면에 리카도는 연역적 방법을 더 좋아했다. 맬서스는 그가 세운 가설을 실증적으로 확정짓는 데 노력했으나 이와는 반대로 리카도의 주요 관심사는 순수한 추상적 이론에 있었다.

각기 다른 진행과정은 결과에도 영향을 미쳤다. 오랫동안 단지 공급 측면에만 그 중요성을 두었던 이론가 리카도와는 반대로 실증가 맬서스는 시장에서 일어나는 공급과 수요의 영향을 인식했으며, 이와 함께 수요분석을 피할 수 없는 것으로 간주했다. 수요의 역할에 대한 논쟁은 근본적인 것이었으며 경제이론의 모든 분야와 관계된 것이었다. 그리하여 리카도와 맬서스는 대부분의 문제에서 각기 다른 결론들을 얻게 되었다.

맬서스에게 보낸 편지 중 자주 인용한 편지에서 리카도는 다음과 같이 그 차이를 이야기했다. "자네가 내 논문의 현실적 이용성에 대해서 내가 했던 것보다 더 큰 비중을 두는 점에 우리의 차이가 뿌리박고 있네. 내 목표는 기본원리를 찾아 이들을 보다 명료하게 하는 데 있다네. 그리고 이러한 원리들의 영향들을 알리기 위해서 나는 간단한 모델들을 세웠네 (Peterson 1979, 84쪽)." 이러한 행동을 맬서스는 다음과 같이 비판했다. "현재의 정치경제에서 오류와 차이의 근본적 원인은 성급한 단순화와 일반화에 있네(Peterson 1979, 84쪽)."

오늘날 맬서스의 가치이론과 세의 법칙에 대한 비판은 경제이론에서 특별한 의미를 갖는다. 맬서스는 스미스의 가치론과 연계하여 이를 더욱 발전시켰다. 이로부터 그는 사용가치의 정의를 인용했으며, 한 재화의 명목적 교환가치와 본질적 교환가치를 구분한 교환가치의 개념을 명확히 규정했다. 한 재화의 명목적 교환가치를 그는 귀금속에 측정한 재화의 가치, 즉 (화폐)가치로 이해했다. 그는 다른 재화들에 대한 재화의 상대적 가격을 한 재화의 본질적 교환가치로 정의했다. 본질적 교환가치는 "한 재화가 누리는 그 재화에 대한 소유의 요구와 재화를 소유하기 위하여 겪게 되는 어려움과 관련된 평가와 동일한 의미이다. …… 본질적 교환가치는 한 재화와 관련된 각 지점과 각 시점에서 향유하는 평가, 공급과 수요의 비율을 통해 또한 관습적으로 단순한 생산비용을 통해 제한되는 평가와 일치한다(1820/1910, 111쪽 이하)."

맬서스는 교환가치를 각 개인들에 의한 재화의 개인적 평가와 연계시켰으며, 이와 함께 주관적 요소들에 비중을 두었다. 수요가 교환가치를 결정하는 가장 중요한 요인이 되었다. "우리가 한 상품의 가치라고 일컫는 것의 일반적 특징은 수요의 부족에 대한 실험에서 찾을 수 있다. 그리고 화폐는 동일한 가치로 남아 있는 반면에 일정한 수요는 화폐의 일정한 양을 통해 묘사된다(Würgler 1957, 53쪽 인용)." 맬서스의 가치론은 분명하게 주관적이며 재화의 가치를 노동수요로부터 결정하는 리카도의 가치론과는 결코 융화될 수 없는 그 반대에 놓여 있다.

세의 이론을 맬서스가 거부한 것은 오늘날의 관점에서 볼 때 대단히 뛰어난 경제이론적 성과이다. 이 법칙은 프랑스의 경제학자인 세의 이름과 결부되어 있으며, 기본사상은 오래전에 이미 중농주의 학자들과 제임스 밀에 의해 개발되었다. 즉 "모든 공급은 장기적으로 그들의 독자적인 수요를 창출한다"는 세의 법칙은 일반적 과잉생산 가능성을 배제한다는 것을 뜻한다.

세에 의하면 과잉생산은 단지 부분 시장에서만 가능하다. 개별 시장에서의 공급과잉은 다른 시장에서의 초과수요와 연계된다. 따라서 시장의 혼란은 일반적 수요부족의 표현이 아니라 개별 시장들의 잘못된 추정의 결과이다. 이러한 시장의 혼란은 상대적 가격들의 변화를 통해 극복된다.

세의 법칙은 경제주체들은 어떠한 금액의 돈도 축재하지 않으며, 그들의 저축은 이윤을 얻기 위해 자본시장에 투자한다는 전제조건에서 얻어진 것이다. 그 결과로써 소득취득자들의 저축은 자본수요자들의 투자와 언제나 동일한 크기를 갖는다. 저축의 증대는 수요의 결핍을 유발하지 않으며, 그보다는 이른바 소비에서 투자로 수요의 변화를 가져온다. 모든 소득은 수요에 영향을 미치며 그 결과 일반적 수요부족은 결코 발생할 수가 없다.

세의 법칙은 리카도에 의해 전수되었으며 고전학파와 신고전학파 정통의 핵심부분이 되었다. 세, 리카도, 그리고 케인스 이전의 대부분 경제학자들에게는 세의 법칙의 유효성은 문제가 되지 않았다. 그러면 어떤 사람들이 이자수익을 포기하고 왜 돈을 축재하고자 하는가? 이는 합리적으로 행동하는 경제주체는 그의 재산을 이자가 있는 채권이나 유가물에 투자하지 결코 이자가 없는 돈에 투자하지 않는다는 것으로 증명된다.

일반적인 경제위기를 확산시킨 나폴레옹 전쟁이 끝난 뒤에 일어난 영국에서의 판매위기는 이론가인 세와 리카도에게 세의 법칙의 유효성에 대한 의문을 결코 불러일으키지 않았다. 세와 리카도는 위기를 단기적이고 그냥 지나가는 경제현상으로 보았을 뿐 결코 추상적인 이론에 매료되지 않았다. 판매위기는 맬서스의 사고에 많은 영향을 주었으며, 그에게 일반적 수요결핍의 위험에 대한 문제를 가르쳐주었다. 판매위기가 맬서스를 세의 법칙에 대한 결정적 비판가로, 그리고 고전학파의 정통에 대한 투쟁가로 만들었다.

맬서스는 생활에 필수적인 상품들(주로 식량)의 수요와 생활에 필수적이지 않는 사치재(공산품)의 수요를 구분했다. 왜냐하면 식량에 대한 일반적인 과잉공급은 인구법칙에 따른다면 피할 수 없는 것이기 때문에 맬서스는 그러한 가능성을 배제했다. 그의 의견에 따르면 인구는 증가하고 이와 함께 식량에 대한 수요는 크게 증가한다. 그 결과 생활에 필수적인 상품들에서는 결코 수요의 부족이 대두될 수 없게 된다.

생활에 필수적이지 않는 공산품들의 경우엔 사건이 다르게 나타난다. 맬서스는 노동자의 소득은 식량을 사는 데에만 충분할 뿐이지 그 어떠한 사치품도 소비할 수 없을 정도라고 전제했다. 그리하여 공산물들은 단지 지주와 제조업자들에 의해서만 소비된다. 토지소유자와 제조업자들은 자유롭게 결정하여 소득을 사용했다. 공산물을 구입하는 것은 생활에 필수적인 것이 아니기 때문에 제조업자와 토지소유자들은 저축을 많이 하게 되며 너무 적게 소비하게 될 위험이 있다고 맬서스는 주장했다.

"언급한 학자들(세, 제임스 밀, 리카도)의 매우 중대한, 즉 엄밀하게 말하면 가장 중대한 잘못은 자본의 축적이 수요를 보장하거나 그들의 목적이 저축에 있는 제조업자와 토지소유자들에게 고용되어 있는 노동자들의 소비가 재화의 유효수요에 큰 작용을 하여 생산을 지속적으로 증가시킨다는 전제조건에 있다(1820/1910. 427쪽)." "그러나 만약 소득이 자본으로 변형되면, 즉 일정한 점을 넘어 유효수요를 감소시켜 고용자 계층이 식량부족에 처하게 되면 절약적 습관은 명백하게 일정한 점을 넘어 처음에는 서글픈 결과를, 후에는 부와 인구수의 현저한 감소를 야기하게 된다(같은 책, 431쪽 이하)." 유효수요의 촉진을 위하여, 그리고 실업의 극복을 위하여 맬서스는 공공 노동수단과 공공투자를 제안했다.

영국에서의 판매위기가 세의 법칙의 유효성에 대해 맬서스로 하여금 의문을 갖도록 했다. 그러나 맬서스는 모든 상황에서 공산물에 대한 충분한 크기의 유효수요가 보장될 수 없다는 그의 가설에 대한 만족할 만한 이론적 근거를 제시하지 못했다. 그리하여 맬서스는 고전학파와 신고전학파의 완전고용에 대한 믿음을 진정으로 교란시킬 수 없었다.

이에 대해서 리카도가 맬서스를 압도했다. 맬서스는 인구법칙의 창시자로만 존경받았다. 경제학자로서 그는 그가 남긴 업적에 못 미치는 인정을 받았다. 매컬럭(McCulloch)은 리카도에게 보낸 한 편지(1819/45)에서 맬서스의 경제학적 저술에 대해 매우 부정적으로 평가했다. "맬서스의 명성은 전적으로 그의 인구론 덕분이지 그의 다른 저술들에 의해서 그의 명성이 증폭되는 것은 아니네(Würgler 1957, 181쪽 인용)." 배은망덕한 적대자가 쓴 맬서스에 대한 이러한 부정적 판단은 오랫동안 지속되었으며, 100년이 지난 뒤에야 비로소 케인스가 등장함으로써 맬서스에 대한 평가가 수정되었다.

케인스는 맬서스를 그의 선구자로 추대했으며 다음과 같은 내용을 기술했다. "만약 리카도보다는 맬서스 혼자서 19세기 국민경제학의 근간을 이루었더라면 세상은 오늘날보다 더욱 지혜롭고 부유한 곳이 많았을 것이다(Keynes 1933/56, 153쪽)!" 케인스의 호평은 분명히 과장된 면이 있다. 맬서스는 어떠한 경우든 케인스의 혁명을 앞서 행하지는 않았다. 그는 결코 빛나는 이론가가 아니었다. 그러나 그는 고전이론들의 진술과 현실과의 차이를 느꼈으며 다른 어떠한 고전학자들보다 경제현상을 위한 수요의 중요성을 더 확실하게 인식했다. 바로 여기에 그의 업적이 있는 것이다.

영국의 경제정책과 사회정책에 대한 맬서스의 영향

맬서스는 어떠한 정치단체에도 가입하지 않았기 때문에 정치적 결정 과정에 대해서 그는 단지 발표자라는 방법만을 통해서 영향력을 미칠 수밖에 없었다. 그의 저서들과 논문들, 그리고 많은 소논문과 서신들이 이러한 목적을 달성하는 데 도움이 됐다. 그는 정치와 경제의 실력자에게 귀를 기울이게 했다. 그 이유는 정치적, 경제적 현실문제들에 대한 맬서스의 예리한 안목이 그들의 관심을 끌 수 있었기 때문이다. 그의 정치적 영향력은 특히 구빈법 개혁에 대한 토론에서 명백해졌다.

구빈법은 산업혁명의 시대에서는 영국의 사회보장을 위한 유일한 기구였다. 구빈법은 튜더 시대(영국의 왕조, 1485~1603 ─옮긴이)에 그 근원을 두고 있으며 자치단체들에게 빈민들을 도울 수 있도록 했다. 1750년에서 1850년의 기간 동안에 빈민의 수가 눈에 띄게 증가했다. 이렇게 되자 자치단체들은 재정적으로 부당한 요구를 했으며 빈민들의 궁핍을 더 이상 완화시킬 수가 없었다. 그리하여 구빈법의 개혁은 피할 수 없게 되었다. 개혁에 대한 논쟁은 수년 동안 지속되었으며 1834년에 비로소 새로운 구빈법을 의결하여 일시적으로 결말을 보았다.

이미 1797년에 피트 수상이 빈민들의 지위향상을 위하여 한 개의 법안을 의회에 제출한 바 있다. 피트 수상은 가장 먼저 이동을 제한하는 구빈법의 규정을 통해 어려움을 겪고 있는 노동력들의 동요를 완화시키고자 했다. 이에 더하여 자녀수가 많은 가정과 특히 가난한 사람들이 추가적으로 보조를 받을 수 있도록 하고자 했다. 맬서스는 이러한 제안들을 그의 『첫 번째 시론』에서 비판했다. 그의 공격은 피트 수상의 개혁 이념뿐만 아니라, 빈민구제의 모든 형태에 대해서도 꾸밈없이 적용되었다. 맬서스는 빈민구제는 결코 궁핍을 구제할 수 있는 수단이 될 수 없는 것으로 보았다. 왜냐하면 그의 생각에 의하면 빈민구제는 결혼과 임신을 촉진시켜 빈민들의 사회적 지위를 향상시키는 것보다는 차라리 더욱 나쁘게 하기 때문이다.

맬서스의 비판으로 피트 수상이 설득되었으며 결국 피트 수상은 그의 계획을 포기했다. 그때부터 맬서스는 구빈법 개혁에 종사하고 있던 많은 위원회의 위원이 아니었음에도 개혁논의에 참여했다. 1810년에 빈민구제의 모든 형태에 대해서 그는 극단적인 반대를 하지 않았다. 보다 유연한 태도를 취하면서 많은 일을 양보했음에도 의회가 1834년에 맬서스의 제안이 반영된 새로운 구빈법을 의결할 때까지는 수년이 걸렸다.

이 구빈법은 가족에 대한 보조를 폐지했으며 건강한 노동자들에 대한 보조도 없앴다. 이러한 방법들은 사회지출의 증대를 억제했을 뿐만 아니라 출생자수를 감소시키고, 인구의 증대를 억제시키기 위하여 조혼을 저지했다. 노동자 숙소의 주민들을 성별로 분리시킨 것도 동일한 목적으로 활용되었다. 이러한 규제들로 인구법칙은 『첫 번째 시론』이 출간된 지 거의 40년만에 영국의 사회입법에 고려되었다. 그리하여 동시대의 사람들은 맹목적으로 맬서스를 새로운 법의 정신적 아버지로 생각했다. 그런데도 사람들은 그의 정치적 영향력을 결코 과대평가하지 않았다. 왜냐하면 그의 재정적 관심이 1834년 개혁에 지장을 주었기 때문이다. 맬서스는 정치가들에게 그들의 계획에 대한 이데올로기적 논리만을 제공했을 뿐이다.

맬서스는 곡물법 논쟁에도 참여했다. 그는 「곡물법의 효과에 관한 고찰」(Observations on the Effects of the Corn Laws, 1814)과 「외국 곡물 수입 제한정책에 관한 의견의 근거」(Grounds of an Opinion on the Policy of Restricting the Importation of Foreign Corn, 1815) 등 두 편의 논문에서 이 주제를 다루었다. 그는 첫 번째 논문에서 국내 옥수수 생산의 보호에 대한 장단점을 중립적 입장에서 피력했으며, 또한 곡물법 제정에 대해서 명확하게 찬성도 반대도 하지 않았다. 후에 그는 곡물법을 찬성하는 편에 섰다. 이와 함께 그는 반(反)곡물법 리그에서 새로이 리카도, 그리고 그의 동료들의 반대편에 서게 되었다.

맬서스는 특화와 국제 간 자유무역이 영국과 다른 국가들의 복지를 증진시킨다는 것을 인정했다. 그러나 그는 이러한 원칙이 식량부족과 같은 생활필수적 재화에서 사용되어서는 안 된다고 주장했다. 왜냐하면 위기 때 식량수입에 대한 의존은 저울질할 수 없는 부양의 위험을 내포하고 있기 때문이다. 인구법칙의 관점에서 맬서스의 태도는 모순이 없었으며 논리에 맞았다. 왜냐하면 저렴한 식량수입은 인구증대를 막는 장애물을 제거하게 되며 이와 함께 인구법칙에 의해서 결국에는 기아와 빈곤이 증대하게 되기 때문이다.

맬서스의 태도가 보호주의자들에게, 그리고 의회 내 많은 사람들에게 불편을 주지 않은 것만은 분명히 아니었다. 왜냐하면 맬서스는 경제학자로서는 오직 혼자였으며 그의 동료들 대부분은 곡물법 입법에 반대하는 쪽으로 방향을 바꾸었기 때문이다. 그리하여 곡물법에 대한 정치적 논의에서 맬서스의 역할은 매우 작았으며 구빈법에 대한 논의에서의 그의 역할과는 비교할 수 없을 정도였다. 곡물법은 대지주들의 자기주장 추구에 기인한 것이었다. 맬서스는 곡물법을 발기하지 않았으며 단순하게 방어만 했다.

후세에 미친 영향

만약 한 인간의 역사적 가치가 얼마나 자주 자신의 이름과 사상이 생애 동안 그리고 사후에 말과 글로 언급되는가를 통해 평가될 수 있다면 맬서스도 몇 안 되는 학자들 사이에 포함될 것이다. 그들은 그들 전공 분야를 정리함에 있어서 한 자리를 차지했을 뿐 아니라, 커다란 독자층을 형성했던 학자들이다. 그는 지역귀족의 법률고문이었으며 초기 산업주의 시대에 살았다. 그러나 그 시대는 봉건제도의 관념과 원칙들로 구성된 사회였다. 그 밖에도 맬서스는 새로운 역사를 만들었다.

후세에서 그의 영향은 경제학을 넘어 인구학에까지 미쳤다. 서로간에 독자적으로 진화론을 개발한 다윈과 윌리스(Alfred Russel Wallace) 등 두 사람은 맬서스의 인구법칙이 그들에게 자연적 진화과정의 아이디어를 가져다주었다고 고백했다. 다윈은 그의 자서전에서 이렇게 기술했다. "나는 나의 체계적 연구를 시작한 지 15개월이 지났을 때인 1835년 10월에 우연히 맬서스의 『인구론』을 읽게 되었다. 나는 동물과 식물들의 생활습관에 대한 고찰에서 오랫동안 살기 위한 투쟁의 전반적인 변화는 보존되고, 부적합한 변화는 파괴되며, 이들의 결과로부터 새로운 종이 출현된다는 것을 돌발적으로 알게 되었다. 마침내 나는 그 이론을 찾게 되었으며, 그 이론을 가지고 일을 할 수 있었다(Flew 1979, 49쪽 이하)."

월리스에게 미친 맬서스의 영향도 이와 비슷하게 매우 크다. "나에게 가장 중요했던 책은 아마도 맬서스의 『인구론』이었을 것이다. 이 책이 내가 읽었던 철학적 생물학 문제에 대한 첫 번째 저서였다. 나를 완전히 붙잡아 놓았던 맬서스의 핵심원리는 20년 뒤에 유기적 종의 진화에서 추진하는 힘으로 나를 이끌어주었다(Flew 1979, 50쪽)."

마르크스와 엥겔스는 "목사" 맬서스를 그 어떤 사람들보다도 심하게 반박했다. 그들은, 맬서스의 이론에 따르면 노동자들이 그들의 빈곤에 대해 스스로 책임이 있다는 것에 반대했다. 맬서스는 자본주의적 생산양식의 폐해를 찾으려고 하지 않고 그릇되게도 노동자들이 처한 곤경의 원인을 그들의 번식과정으로 보았다. "그러나 맬서스여! 학문적으로 주어진 (그리고 그가 항시 훔쳐간) 전제들로부터 부르주아지에 대항한 귀족과 프롤레타리아트에 대항하는 두 계급(부르주아지와 귀족)들을 전제로 한 결과들만이 불행하게도 나오게 된다(Marx 1968, 111쪽 이하)."

맬서스와 그의 인구법칙에 대한 관심은 줄어들지 않았다. 그의 논제들은 여전히 토의되고 있으며 "성장의 한계", 환경파괴와 그 원인, 그리고 세계인구의 "폭발"이라는 결과에 대한 토론의 중심에 여전히 놓여 있다. 맬서스의 주장은 이전과 비슷하게 완전한 찬동 또는 결정적 반대에 봉착했다. 그러나 맬서스에 대한 대부분의 추종자와 반대자는 그의 저서들을 결코 읽어보지 않았으며, 그의 견해와 논제를 원본이 아닌 부수적 서적들로부터 단지 알고 있을 뿐이었다. 그리하여 맬서스는 본인이 대표 또는 동의하지도 않은 정치적 사건과 계획(출산조절)들에 자주 연루되었다. 이미 그가 살아 있는 동안에도 이러한 일들은 일어났으며, 그렇게 되는 데는 맬서스 자신도 공범이었다. 그는 그의 분석을 정치적 주목과 영향력을 얻기 위한 공격과 타협했다. 그는 조절 불가능한 인구 발전의 위험에 대한 공포를 일깨웠다.

이러한 공포는 오늘날에도 여전히 존재하고 있으며 옳든 그르든 개발도상국에서의 인구 "폭발"을 진정시킬 수 있게 한다. 맬서스는 다시 주목받게 되었다. 그는 가족계획의 필수성에 대한 증인으로, 그리고 "성장의 한계"에 대한 보다 앞선 예언가로 평가된다. 그러나 그는 이것도 저것도 아니었다. 그는 단지 경제학과 인구학에서 중요함을 실행한 하나의 거대한 경험가였다.

| 군터 슈타인만 · 정진상 옮김 |

8 장 밥티스트 세
Jean Baptiste Say, 1767~1832

생애

세는 1767년 1월 5일 리옹에서 신교도 상인의 아들로 태어났다. 그는 계몽주의 교육을 받으면서 아버지의 사업을 도왔다. 그의 부모는 그를 파리로 데려간 후 다시 그의 형과 함께 상업교육을 더 받도록 런던으로 보냈다. 그곳에서 세는 산업혁명의 시작을 경험하게 되었다. 그는 다시 프랑스로 돌아와 1792년의 혁명군에 자원복무를 한 뒤, 상업과 관련된 다양한 업무를 보았으며 잡지사의 편집인으로도 잠시 근무했다. 그리고 틈틈이 자신의 학문적 성과를 발표할 기회도 가졌는데, 대부분 경제학적 내용이 아닌 몇 편의 소논문들이었다.

스미스의 『국부론』은 그의 학문적 업적에 결정적인 영향을 미쳤고, 이후의 모든 저술들은 모두 여기에 기초하고 있다. 그러나 그는 가족들을 부양해야 했기에, 그에게는 학문적 작업이 오랫동안 부차적인 일로 남아 있었다. 나폴레옹 집권시기인 1799년에는 잠깐 동안 재무위원을 맡기도 했지만, 그후 나폴레옹의 집권에 반대하여 그에게 제안된 모든 관직을 거부했다. 그래서 그는 방직공장을 공동경영함으로써 생계문제를 해결했다.

1803년에는 그의 대표적 저작인 『정치경제학 개론』(Traité d'économie politique)이 발간되었는데, 대단한 성공을 거두어 짧은 기간에 자신을 전 유럽에 알리는 계기가 되었다. 그러나 이 책의 제2판은 나폴레옹의 검열로 바로 출판되지 못했다.

1815년 나폴레옹이 실각한 후 그는 정부의 위촉으로 연구활동을 할 목적으로 영국으로 떠났다. 그곳에서 리카도에게 환대를 받았으며 영국의 경제체제를 연구할 기회를 갖게 되었다. 1819년에는 공예학교에서 새로 개설된 "산업경제" 과목을 담당하게 되었으며, 1830년에는 프랑스 대학교의 교수로 초빙되었다. 이때부터 그는 저술활동을 계속했는데 특히 맬서스와는 흥미로운 내용의 서신을 교환하기도 했다. 그는 1832년 11월 15일 파리에서 생을 마감했다(세의 생애에 관한 보다 상세한 사항은 Recktenwald 1971, 137쪽 이하 참조).

대표저작

세의 대표저작은 두말할 나위 없이 수많은 개정 증보판이 나온 『정치경제학 개론』으로 이 책은 여러 차례 독일어로 번역되었다(1807년 야콥〔Ludwig Heinrich Jacob〕을 시작으로 수많은 증보판을 낸 1818/19년의 모르슈타트〔Morstadt〕등을 대표적 사례로 들 수 있다). 이 책은 영어와 이탈리아어로도 번역되었다.

간략한 문답식으로 자기학설의 핵심을 표현한 『정치경제학 입문』(Catéchisme d'économie politique, Paris 1815)과 강의록을 모은 『정치경제학 실습 종합강의』(Cours complet d'économie politique pratique, Paris 1828/29)도 여러 언어로 번역되었다. 끝으로 맬서스와의 서신교환을 내용으로 한 『정치경제학의 다양한 주제에 관한 맬서스와의 서간문』(Lettres à M. Malthus sur différents sujets d'économie politique, Paris 1820, 라우〔Rau〕에 의해 1821년 독일어로 발간)도 중

요한 의미를 갖는다.

기본사상

세는 많은 비평가들에게 스미스의 대변인으로 평가되었는데, 이 점이 그의 학문적 업적이 갖는 의미가 폄하되고 오해받게 되는 결과를 가져다주었다. 이러한 잘못된 평가는 세의 『정치경제학 개론』을 처음 번역한 야콥의 서문에서 이미 발견되고 있는데, 그 내용은 다음과 같다. "세의 저작은 지금까지 프랑스에서 나온 스미스의 저작에 관한 평론 가운데 가장 훌륭한 것이다(1814, S. III)."

그때부터 이러한 평가는 여타의 서언과 평론에도 등장하게 되었다. 그러나 이것은 오류이다. 물론 세의 이론이 스미스의 영향을 크게 받은 것은 사실이다. 그러나 후세의 모든 경제학자의 경우도 마찬가지이다. 다른 학자들의 올바른 지식을 수용하여 이를 기초로 더욱 발전시켜야만 학문이 발전할 수 있기 때문이다. 세의 경우도 이와 다를 바 없다.

세는 간단명료하면서도 알기 쉬운 서술방법으로 그 당시 학계에서 큰 성공을 거두었다. 그래서 그는 경제학을 널리 전파시키는 데 크게 기여했다. 그러나 여기에서 그는 근본적으로 상치되는 입장을 취했다. 그는 『정치경제학 개론』의 서문에서 다음과 같이 서술하고 있다. "국민경제학은 수학과 마찬가지로 소수의 기본원칙과 다수의 추론으로 이루어져 있다(1803/30, 13쪽. 모든 인용문은 모르슈타트의 번역)." 그런데도 그는 가치에 관해서는 단지 크고 작음이 결정될 수 있을 따름이지 일정한 평가를 내릴 수 없다는 이유로 경제학에서 수학의 사용을 거부했다.

그러나 이것은 오늘날의 견지에서 보면 수학을 지나치게 좁게 이해한 것이라고 볼 수 있다. 만약 세가 자신의 생각을 더욱 명료하게 표현하고 수학적으로도 형상화시킬 수 있었다면, 그 당시나 오늘의 선도적 경제학자들에게 더욱 좋은 영향을 미쳤을 것이다. 이렇게 세의 사고는 무대 뒤에 머물러 있으며 많은 불확실성과 모순점도 종종 노출하고 있다. 그 대신 자신이 표현하고자 하는 것을 그 당시의 경제정책과 경제사에서 명확한 사례들을 끌어내어 나타내었다.

또한 (가치, 소비, 생산 등과 같은) 기본개념들도 추상적으로 정의되지 않고 사례들을 통하여 구체적으로 설명되었다. 이로 인해 세의 저작은 폭넓은 독자층에서 쉽게 읽을 수 있게 되었고, 경제정책적 효력도 갖게 되었다. 또한 이것이 그로 하여금 미래의 경제발전에 관한 평가에서 (예를 들어 국민소득의 분배와 전개에 관하여 리카도가 범한 것과 같은) 근본적인 오류를 피할 수 있게 했다. 그러나 이것은 경제학에서 그의 영향력을 현저하게 제한시키는 결과도 가져왔다.

세를 특징짓는 또 다른 하나는 그의 자유주의적 인본주의적 기본입장이다. 그의 주된 관심대상은 자율적인 개인이었다. 그는 스미스와 마찬가지로 국가를 회의적으로 보았으며 교회와 교리를 모두 거부했다. 그는 국가의 번영이 아니라, 전체 시민들의 복리를 염두에 두었다. 이러한 점이 그후 국민주의의 발달시기에 로셔(Wilhelm Roscher)와 같은 학자들에게 다음과 같이 비판을 당하는 구실이 되었다.

리스트는 세가 장사꾼의 입장에서 모든 것을 보고 사물의 교환가치를 중시하며, 특별한 법규, 문화적 상황, 국가의 이익 등과 같은 데는 관심이 없다고 그를 비난했는데, 로셔도 마찬가지의 입장이었다(Roscher 1874, 975쪽). 그런데 영미지역에서 비판의 근거가 되는 것은 이러한 그의 기본입장이 아니라, 오히려 정확하지 못한 그의 표현법이라고 할 수 있다. 슘페터는 이를 "사고의 천박성"이라고 지적했다(I. Teilbd., 1965, 605쪽).

스미스를 능가하는 세의 핵심적 사고들은 다음과 같이 요약될 수 있다.

－생산요소로서 모든 가치창출의 근원이 되는 것에는 노동력뿐만 아니라 자본과 토지(즉, 자연력)도 해당된다. 자본과 토지는 독자적으로 노동과 결합될 수 없다. 이 두 가지 생산요소는 항상 함께 작용하며 기술적 지식이 이들의 결합을 결정한다.

－노동생산성의 증대는 분업만이 아니라, 학문적 연구에 의한 새로운

장 바티스트 세(1767~1832)

생산방법과 새로운 생산물의 결과이기도 하다. 그런데 세는 "학문"의 개념을 매우 포괄적으로 이해하고 있다.

－기업가는 스스로의 계산과 위험부담을 안고 생산요소들을 결합하고 생산을 계획한다. 기업가는 반드시 자본가와 동일인일 필요는 없다. 기업가의 보수도 임금으로 간주될 수 있다.

－모든 가치의 근원은 노동이 아니며, 가치의 척도는 생산비용이 아니라 상품이 수요자에게 제공하는 효용이다. 이는 고전적인 노동가치론을 원칙적으로 벗어나고 있다. 그러나 세는 효용과 생산가격과의 관계를 실제로 밝혀주는 등가효용 이론의 수립에는 실패했다. 그는 생산력이 현재와 그 이전의 생산비용, 예전의 생산단계에서 발생한 이윤을 보장한다고 했지만, 왜 그렇게 되는지는 정확하게 알지 못했다.

－서비스는 물적 생산물과 동등하게 간주되고 취급되었다. 그러나 국가의 서비스는 예외이다. 세는 국가는 아무것도 생산하지 않는다며 국가의 지출을 순수한 소비로 간주했다. 그런데 이것은 국가지출의 편익이 비용과 형평을 유지해야 한다는 것을 내용으로 한 그의 다른 주장들과는 배치된다. 그는 (서비스를 포함하는) 유용한 재화는 단지 생산활동을 통해서만 창출될 수 있다고 보았기 때문에, 여기에 모순이 있는 것이다.

－세는 가격과 생산량은 일반적인 상호의존성을 갖는다고 여러 차례 주장했지만, 이 점에서 발라(L. Walras)보다 훨씬 뒤지고 있다.

－국민경제적 종합계정의 개념들도 개괄적으로 설명되고 있다. 소득과 자산은 명확하게 구분되었으며, 해외무역은 국민소득에 미치는 영향과 관련하여 고려되었다. (현재 우리가 사용하는) 국민소득의 생성과 지출에 대한 견해도 발견되고 있다. 그렇지만 이 모든 것이 모호하고 부정확한 상태로 남아 있다.

－경제학을 생산, 분배, 소비의 세 영역으로 분류했는데, 이는 많은 교과서에서 본보기로 삼고 있는 분류법이다.

『정치경제학 개론』

세는 상세히 기술된 서문에서 그의 방법론적 기본사고와 철학적 입장을 명확하게 밝히고 있다. 그는 자신을 스미스, 중농주의자 그리고 (매우 간략하게) 리카도와 연계시키고 있다. 스미스는 세에게 많은 존경을 받았다. "만약 사람들이 스미스를 읽으면, 그의 앞에는 어떠한 국민경제도 존재하지 않았다는 사실을 알게 될 것이다(1803/30, 29쪽)." 그런데도 그는 스미스에게 맹목적으로 무비판적이지는 않았다. "스미스의 저술은 국민경제의 가장 유익한 원칙의 무질서한 비축물인데, 이것은 명확한 예시들과 흥미 있는 통계적 주해들에 근거를 두고 있으며 교훈적인 고찰도 포함하고 있다. ……이것은 의미심장한 사고와 긍정적인 정보가 뒤섞인 또 하나의 무질서이다(같은 책, 6쪽)."

또한 그는 모든 부의 원천은 노동이며, 부는 오직 물질적 재화에서 형성된다는(무역도 생산적이며 인적 자본도 존재한다) 스미스의 견해에는 반대했으며, 분배론의 부재와 소비와 투자가 명확하게 구분되지 않았다는 점도 지적했다. 그리고 세는 리카도에 대해서는 지나치게 추상적인 사고와 제약조건들이 고려되지 않은 전제에서 결론을 도출하는 것을 비판했다.

그 밖에 세는 왕조와 마찬가지로 경제를 신뢰해야 하는 개별 주민들을 위한 저술활동을 했으며, 그의 "판로이론"(théorie des débouchés)이 갖는 기본적 의미를 다음과 같이 밝혔다. "교환과 판로이론은 세계의 정책을 변화시킬 것이다(같은 책, 51쪽)."

생산문제를 다루고 있는 제1권은 몇 가지 개념에 대한 정의로 시작된다. 가치는 교환가치를 의미한다. 가치는 사적 소유의 재산에만 귀속된다. 이러한 가치는 해당 객체가 제공하는 편익에서 유래된다. 생산은 편익을 제공하는 객체를 창조하는 행위이다. 이러한 객체에는 비물질적 재화도 해당된다. 생산은 농업, 공업, 무역(수송과 교통도 포함) 등의 세 가지 영역으로 분류된다. 일반적으로 최종생산물을 형성하기 위해 이 세 가지 영역은 함께 작용해야 한다.

생산자본에는 기계, 기구, 건물, 소요되는 원료, (생산물이 완성될 때까지) 노동자에게 지불되기 위해 요구되는 임금기금 그리고 판매에 필요한 비용이 포함된다. 그런데 이러한 비용은 단지 자본의 작은 부분에 불과하다. 자본 이외에도 생산을 위해서는 노동은 물론이거니와 주로 토지에서 생성되는 자연력도 필요하다. 국민소득을 증대시키는 주 요인은 스미스가 주장한 분업의 촉진이 아니라, 노동과 자본의 절약이다.

이 세 가지의 생산요소는 생산을 위해 필요불가결한 존재이다. 생산요소의 이용은 임금, 이자, 지대의 형태로 가격을 갖는다. 기업가는 자신의 비용과 위험부담 아래 생산요소를 투입하여 제품을 생산한다. 기술진보에는 위험부담이 따른다. 기술진보는 대부분의 경우 새로운 기계의 형태로 구현된다. 새로운 기계는 단지 한시적으로만 노동자들에게 빵을 빼앗아가며, 장기적으로 생산증대는 모든 소비자와 노동자들에게 유익하다. 세도 역시 생산적 노동(서비스 포함)과 비생산적 노동(범죄자, 국가공무원, 군인 등)을 구분했다. 그는 기술진보를 분업보다는 오히려 지식의 증대와 연관시키고 있다. 분업은 수요와 제품의 수송비용에 의존한다는 한계를 갖는다(분업은 대량생산의 경우 효과가 크다). 지나친 전문화는 인간에게 오히려 불리한 영향을 미친다.

해외무역은 모든 국가에 이득을 가져다주는데, 투기적인 교역에서도 마찬가지이다. 교역에 대한 반감은 선입견이다. 자유로운 해외무역은 장기적으로는 다른 국가를 착취함으로써 자국의 부를 증대시키려는 해군력보다 더 효과적이다.

순생산(수입−비용)의 가치는 그만큼 개인소득을 증대시킨다. 그러나 세에 의하면, 사회전체적으로 볼 때 생산물의 총가치가 더욱 중요하다. 여기에서 그의 국민경제적 총계정의 일관성과 국가를 다루는 데에서의 결함이 나타나고 있다. 세는 분명히 전체 경제보다는 개별 경제적 측면을 더 중요시하고 있다.

자본축적은 소득에서 이루어지며 전체적으로 이득을 가져다준다. 국가부문에서 일반적으로 나타나는 낭비현상은 자본축적을 저해한다. 비생산적인 자본투여(화폐의 축적, 성화[聖畵]의 치장, 사치스러운 의상 등)의 경우도 마찬가지이다. 이와는 대조적으로 의사, 음악가, 연극배우 등의 비물질적 서비스는 물질적인 생산과 동등하게 인정된다.

제15장에서는 판로이론이 전개되고 있다. 이것의 기본사고는 모르슈타트가 이 장을 번역하면서 언급한 다음과 같은 내용으로 나타낼 수 있다. "재화의 구입은 단지 재화에 의해서 가능하며, 구매에 소요되는 화폐는 우선 어떤 재화와 교환되어야만 한다."

실제로 중요한 것은 화폐가 아니라 다른 재화들이다. 재화를 판매할 수 있는 사람만이 화폐를 가질 수 있으며, 그것으로 다른 재화를 구입할 수 있는 것이다. 만약 돈이 없을 경우에는 잘 알려진 상업적 수단으로 쉽게 대체할 수 있다(어음, 수표, 신용, 채권 등). 따라서 모든 재화는 다른 재화의 판매를 가능하게 한다. 이상으로 볼 때 세를 오늘날 공급정책의 아버지로 지칭할 수 있다. 국민소득을 증대시키기 위해서는 재화의 공급을 확대시켜야 한다. 채워지지 않은 수요는 항상 존재하므로 수요의 측면에는 아무런 제약도 존재하지 않는다.

이 이론에서 다음과 같은 결론을 얻을 수 있다. 모든 사람들은 다른 사람들의 경제적 욕구에 관심을 갖지만 그들을 착취하거나 방해하지 않는다. 외국의 제품을 구입하는 것이 국내산업을 해치는 것이 아니라, 오히려 자국의 산업이 더 많은 판매를 할 수 있게 한다. 중요한 것은 재화의 소비가 아니라 생산이다. 국민소득을 결정하는 것은 생산이지 화폐의 양(또는 현대적 의미로서의 화폐수요)은 아니다. 경제이론가들은 이 이론을 끊임없이 연구했고 세의 이름은 오늘날까지 교과서에 수록되고 있다. 다음 단원에서는 이에 대하여 좀더 상세히 접근할 것이다. 아무튼 세는 이 이론의 경제학적 의미를 명확히 인식하고는 있었다.

그리고 세는 (스미스와 마찬가지로) 국가에 의한 생산통제와 관련하여 기존의 상품이 새로운 상품 또는 외국의 경쟁자들에 의해 손실을 입을 수 있다는 견해에 반대입장을 취하고 있다. 그는 화폐를 순수한 유통수단으로 보았으며, 화폐의 가치저장 기능을 고려하지 않았다. 통화량은 일반적인 가격수준 이외에는 별다른 영향을 미치지 못한다. 한 국가가 보유한 통화량의 규모는 중요하지 않다. 이러한 견해는 그 당시까지도 큰 영향력을 갖고 있던 중상주의자들과는 상반된 입장이다.

나아가 세는 수입제한(그는 나폴레옹의 대륙봉쇄를 난센스로 간주했다), 독점, 동업조합의 특권, 무역회사에 대한 특혜, 식량교역의 통제 그리고 기타 국가의 개입을 반대했다. 국가는 스스로 생산하지 못하지만 개인은 더욱 저렴하게 생산할 수 있다. 그리고 국가의 생산활동은 공공재(도로, 안보 등)의 창출에만 국한되어 있다. 식민지는 결국 부담으로 작용하므로 철폐되어야 한다. 국외이민도 자국에 불이익을 가져다준다. 신민(臣民)들에 대한 배려와 법치국가의 질서는 그 나라 국민들을 자국에 정착하도록 할 것이다.

제1권의 제2편에서는 화폐제도를 다루고 있다. 세는 화폐 중에서도 오직 교환기능만을 갖는 주화를 우선으로 생각했다. 물론 그는 태환(兌換)이 가능할 수도 불가능할 수도 있는 지폐의 존재도 인식하고는 있었다. 지폐의 가치를 그는 한편으로는 희소성, 다른 한편으로는 태환가능성으로 설명했다.

그리고 화폐가치는 변동하기 때문에 화폐가 가치의 척도는 아니라고 보았으며 오직 상대가격만을 중요시했다. 만약 (예를 들어 장기간에 걸친 가격비교를 위해서) 절대가격이 필요하다면 곡물가치를 척도로 삼아야 한다. (스미스에 의해 가치척도로 널리 선전된) 노동의 경우는 다양한 교환가치를 가질 수 있기 때문에 확실한 가치척도가 될 수는 없다. 그 밖에 이 책에는 오늘날에는 더 이상 의미가 없는 화폐교환에서 그 당시의 관습에 대한 고찰과 설명도 포함되어 있다.

제2권은 소득과 자산의 분배를 다루고 있다. 가치의 근원은 욕구이다. 한 제품의 가격은 공급과 수요에 의해 생성되는데, 여기에서 공급은 생산비용에 의해, 수요는 예상되는 편익에 의해 결정된다. 생산비용에는 모든 생산요소의 성과가 포함된다. 절대적 생산비용의 하락은, 이로 인해 더 많은 재화가 판매될 수 있기 때문에 모두에게 이득이 된다.

그런데 세는 상대가격의 변화가 국민의 재산과 소득에 영향을 미치지 않는다고 생각하는 오류를 범했다.

생산은 "생산요소의 성과"를 제품과 교환하는 것으로 이해할 수 있다. 생산요소의 소유자는 기업가에게 생산적 서비스를 판매하는 것이다. 이 서비스의 가치는 공급과 수요에 의해 결정된다. 전체 소득은 노동, 자본, 토지에서 얻는 이익이다. 이제부터 세는 어떤 상이한 영향요인들이 이 "이익"을 결정하는가를 논의하고 있다. 노동임금은 일이 위험할수록 또는 불편할수록 더 많다. 이와 관련하여 세는 가톨릭 수사의 낮은 급료, (대중적 공경심에 의해 심리적으로 높은 평가를 받는) 학자들의 높은 소득수준, 부녀자와 농부의 노동에 대한 적은 급료, 수도원의 생산활동에 대한 적은 보상 등과 같은 수많은 개별 사례들을 제시하고 있다.

실업은 장기적으로 새로운 산업의 유치를 통해서만 해결이 가능한데, 이것은 오늘날 공급정책의 의미로 이해된다. 자금지원은 단지 일시적인 생산차질의 경우에만(예를 들어 흉작으로 인한 생산감소) 의의를 갖는다. 세는 당사자들이 직접 설립하고 운영하면서 유지되는 질병, 사고 및 노후보험의 창설을 주장했다. 그는 어떠한 구제책을 제시하지 않고 고용계약에서 기업주가 우위에 있음을 확인했다.

그는 노동자에 대한 부양의무를 지고 노동자의 해고를 금지시키자는 시스몽디(J. Sismondi)의 제안을 유해한 것이라며 반대했다. 고대에서 그 당시까지 결국은 전쟁으로 몰고 갔던 인구과잉을 방지하는 것이 무엇보다 중요하다. 임금에 관한 장(章)에서 그는 "궁극적으로 전쟁은 더 이상 없을 것이며, 교역과 국경의 개방이 일반적인 부의 수준을 높일 것이다"라는 낙관적인 결론을 내리고 있다.

노동력 제공의 대가가 임금인 것과 마찬가지로 자본제공의 대가는 이자이다. 그리고 자본의 공급과 수요가 이자를 결정한다. 신용은 자본의 증대를 가져다주지 않으므로 이자에 영향을 미치지 않는다. 이것은 화폐량에서도 마찬가지이다(여기서 세는 자본을 기구, 건물, 기계 등 실물자본으로 이해했기 때문에 분명히 실질이자를 염두에 두고 있다). 그에게 신용은 "신뢰"이며, 신용도 또는 돈을 빌릴 수 있는 가능성을 의미한다. 이와 같이 그는 신용이 자본을 증식하지는 못한다는 주장을 해명했다.

지속적인 자본확충 시에도 이자는 0에 근접한다. 그러나 자본축적은 이보다 훨씬 전에 멈추므로 이러한 상황이 도래하지는 않는다. 수익성이 있는 사적 자본설비라고 해도 항상 그 국가에 가장 유익한 것만은 아니다. 국가를 위해서는 농업부문의 투자가 가장 좋기 때문에, 우선 국내의 농업에 투자하고 마지막에 외국의 농업부문에 대한 투자가 이루어져야 한다.

토지에서의 소득은 토지의 생산력에서 나온다. 세는 리카도의 차액지대론이 타당하지만, 이것은 다음과 같이 간략하게 설명된 내용을 쓸데없이 까다롭게 표현한 것에 불과하다고 보았다. 인구증가는 식량가격을 상승시키지만, 이것이 소작인들 사이의 경쟁을 격화시키고 지주의 소득을 증대시킨다.

자본수입은 적합한 자본재의 경우 수입국에 이익이 되는데, 여기에서 이익은 (이자를 뺀) 해외차입에서의 순이익과 일치한다. 만약 외국자본이 소비목적으로 사용된다면 그러한 순이익은 발생하지 않으며, 오히려 자본수입이 손실을 가져다준다. 자본이 적절하게 투자될 경우 국제적 상품과 자본교류에서 사적 이익이 해당 국가의 이익과 일치한다. 그리고 상품교역이 허용될 경우 자본교역을 막을 수는 없다. 인구이론에서 세는 인구가 식량의 한계수준까지 증가한다는 맬서스의 견해에 동의한다.

제3권은 소비문제를 다루고 있다. 세는 소비를 사전적 행위로서 생산물의 투입으로 이해하면서 이를 "재생산적 소비"라고 지칭했다. 보통의 소비("향락을 가져다주는 소비")는 "비생산적 소비"이다. 그리고 사적 소비와 국가의 소비도 구분된다. 사적 소비는 도덕적 기본원칙이 내포되어 있는지의 여부에 따라 "좋은" 소비와 "좋지 못한" 소비로 분류된다. 탐욕, 낭비욕구, 허영심 등은 "좋지 못한" 소비를 유발한다. 세는 행정, 안보 등을 위한 지출을 국가소비로 분류했다.

세는 원칙적으로 국가는 생산활동을 하지 않기 때문에, 국가소비가 가치의 파괴, 부의 손실을 가져온다고 보았다. 국가의 공공재 생산을 인정한 경제학자들은 조소의 대상이 되었다. 국가는 한 상인에게 돈을 강탈한 후 다음과 같이 이야기하는 도둑과 같은 태도를 취한다. "나는 이 모든 돈을 너희 나라의 제품을 구입하는 데 전부 사용하겠다. 그런데 왜 불평을 하느냐? 너희들의 돈을 모두 되찾고 싶지 않느냐? 그리고 이것은 본래 너희 나라의 산업에 활력을 불어넣는 것이 아니냐?(1803/30, 467쪽)"

이렇게 국가는 강도와 같은 존재로 인식되고, 조세수입에서 봉급을 제공받는 국가공무원들도 전체를 위하여 아무것도 하지 않는 존재처럼 인식되었다. 그후 세는 이러한 견해를 다시 수정했는데, 국가소비에 의한 손실은 국민에게 이익을 가져다주는 한도 내에서는 인정된다고 했다(같은 책, 671쪽). 결국 그도 원칙적으로는 편익을 가져다주는 국가의 서비스 생산을 수용했다고 볼 수 있다.

그런데 국가지출이 통화유통을 촉진하여 전체적으로 편익을 가져다준다는 주장은 단호히 거부되었다. 그리고 정부는 항상 개인보다 더 낭비적이라고 보았다. 국가의 활동에는 능력급이 도입되어야 하며, 국가행위의 비용은 가능한 한 낮은 수준을 유지해야 한다. 특히 군대는 국민경제가 발전되어 전쟁을 방지함으로써 감축될 수 있다. 전쟁을 통한 타 민족에 대한 지배는 지배자에게는 편익을 가져다주지만 피지배자에게는 결코 그렇지 못하다(같은 책, 485쪽 이하).

그와 반면 공공교육, 그리고 학문과 대학을 위한 지출은 "계몽주의의 발전을 저해하지 않는 한" 이익을 가져다준다(같은 책, 488쪽). 국가는 "사회적 제도"(즉, 사회보험)를 마련할 수 있다. 그 대신 국가는 모든 종교적이고 도덕적인 문제와는 거리를 두어야 하며 교회에 대한 재정지원도 하지 말아야 한다.

조세제도와 관련해서는 세금은 적을수록 바람직하다고 했다. 지나치게 많은 조세부담은 담세능력의 근본을 무너뜨릴 수 있고 낮은 세율은 조세수입을 오히려 증대시킨다고 주장했는데, 이는 이후에 등장하는 "래퍼-곡선"(Laffer-curve)의 전신이라고 할 수 있다. 그리고 조세는 징수비용이 적게 들도록 조정되어야 한다. 조세의 누진도는 정당해야 한다. 조세는 가능한 한 자본형성에 장애가 되어서는 안 된다. 따라서 오직 자산에서 지불될 수밖에 없는 상속세는 부과되지 말아야 한다. 그밖에 조세는 해로운 소비를 방지해야 한다.

조세의 효과와 관련하여 조세부담의 전가가 상세히 설명되기 위해서는 일반적인 가격의 상호의존성 역시 언급되어야 한다. 단지 토지소유자만이 토지의 생산물에 대한 과세를 피할 수 없을 뿐만 아니라, 나아가서 토지의 가격도 이에 따라 하락한다. 토지세는 수확량과는 무관하기 때문에 전가가 불가능하다. (이것은 당연히 가장 질이 나쁜 토지도 생산능력을 갖는다고 가정할 때 가능한데, 이 가정은 리카도의 지대이론과 상충된다.) 이와 같이 세는 어느 곳에 조세가 부과되더라도 마찬가지이며, 조세부담은 모두에게 동등하게 분배된다고 주장한 카나(N. F. Carnard)의 주장에 대하여 반대의사를 명백히 했다(같은 책, 531쪽).

과중한 조세부과는 생산감축을 유발하기 때문에 외국에 대한 자국의 경쟁력을 약화시킬 수 있다. 화폐량이 불변일 경우에 조세가 부과되면 가격은 상승하고 화폐는 국외로 유출된다. 결국 인구도 감소하게 된다. 국채는 자본형성을 저해한다. 국가의 채무는 한 개인의 오른손이 왼손에 대하여 빚을 지는 것처럼 인식되어서는 안 된다. 다른 한편으로 국가의 채무는 부담이 여러 해에 걸쳐 분산된다는 장점도 있다. 그런데 어떤 경우에도 국가의 채무는 가치를 증대시킬 수 없으며, 최선의 경우 소규모 자본가들에게 투자의 또 다른 선택기회를 하나 더 제공하는 역할을 할 따름이다.

그러나 만약 국가의 채무가 너무 높은 이자율로 마련될 경우, 이것은 잘못된 선택의 기회를 제공하는 것이다. 세는 모든 국가채무에 대하여 무조건 반대하지는 않았지만 조세수입으로 조속히 상환될 수 있는 국가의 긴급한 지출이 발생한 예외적인 경우로 국한했다. 국고의 창출도 별다른 의미가 없다. 왜냐하면 국가는 자금의 여유가 있을 경우에 불필요한 지출을 시도하기 때문이다. 긴급한 목적의 "국고"도 역시 언젠가는 급속히 증대될 수 있다.

이상과 같은 『정치경제학 개론』의 내용에 대한 간략한 설명만으로는 여기에 포함되어 있는 교훈적인 예시와 현명한 조언들이 모두 표현될 수 없다. 다만 이상의 설명은 세가 경제정책적 견해와 기본사고에서 스미스에서 리카도, 밀, 발라, 오이켄을 거쳐 독일의 사회적 시장경제로 이어지는 국민경제의 자유주의 또는 신자유주의의 입장에 서고 있다는 사실을 보여주고 있다.

세의 법칙

"세의 법칙"은 『정치경제학 개론』 제15장에 다음과 같이 표현되어 있다. "사람들은 상품을 가지고 상품을 구입하며, 상품의 구입을 가능케 해주는 화폐는 먼저 어떤 상품과 교환되어야 한다." 이것은 다음과 같이 표현될 수도 있다. 일반적인 초과공급 또는 손실판매란 존재하지 않는다. (맬서스와의 서신교환과 『정치경제학 개론』의 증보판에서 세는 "상품"을 그것의 가격이 비용을 충당하는 것이라고 정의했다. 이로써 세의 법칙은 본질적으로 의미 없는 것이 되어버릴 것이다. 우리는 일단 이러한 해석을 도외시하기로 한다.)

이러한 견해는 우선 다음과 같이 정확하고 엄격하게 규정될 필요가 있다. 전체 수요는 항상 공급된 재화와 용역(생산요소의 성과를 포함)의 판매고에서 유래된다. 세의 몇 가지 진술은 다음과 같이 이해될 수 있다. "상품의 판매경로를 결정하는 것은 다름 아닌 생산이다(1803/41, 138쪽)." 또는 "따라서 한 상품의 생산 그 자체는 다른 상품의 판매경로를 열어준다는 사실을 알 수 있다(같은 책, 142쪽)." 이것은 비자발적인 실업과 경기변동은 존재하지 않는다는 것을 의미한다. 적절한 가격체계 내에서 모든 노동공급은 생산된 재화의 판매를 보장하기 때문이다. 이 설명은 균형조건으로도 이해될 수 있다.

세는 시장경제 제도는 안정적인 것으로 본다. 즉, 모든 시장은 균형으로 수렴한다. 국가의 개입과 천재지변 그리고 여타의 장애요인과 오류가 없을 경우, 시장은 결국 균형상태에 도달한다. 세의 저서에 수록된 몇몇 구절을 보면 이와 같은 해석이 타당함을 추정할 수 있다. "……만약 모든 상품들이 완전히 자유롭게 유통된다면 그 가치를 보전할 수 있을 것이다(같은 책, 143쪽)." 리카도는 세의 법칙을 엄격하게 해석하여 타당한 것으로 보았으나 맬서스는 그렇지 않았다.

세의 법칙은 지금까지도 경제이론에서 일정한 역할을 하고 있기에 이 법칙을 오늘날의 관점에서 다루어 보고자 한다. 이에 관한 문헌은 폭넓게 존재하는데, 슘페터(1965), 파틴킨(D. Patinkin, 1956), 헬름슈테터(E. Helmstädter, 1969), 블로크(M. Blaug, 1972) 등이 대표적이다. 우리는 매우 엄격한 해석을 기본으로 한다. 한 명의 경제주체를 대상으로 하고 n-1개의 재화와 용역이(노동, 자본과 토지의 성과를 포함) 존재한다고 하자. 재화 i에 대한 공급을 s_i, 수요를 d_i 가격을 p_i라고 하고, 고려되는 시기의 현금잔고 변화를 Δm으로 표시한다. 그러면 정의에 따라 경제주체에게는 다음의 식이 성립된다.

$$(1) \quad \sum_{i=1}^{n-1} p_i s_i - \sum_{i=1}^{n-1} p_i d_i = \Delta m.$$

이 시기에 경제주체의 화폐수요(d_n)와 화폐공급(s_n)은 다음과 같다.

$$d_n = \sum_{i=1}^{n-1} p_i s_i; \qquad s_n = \sum_{i=1}^{n-1} p_i d_i.$$

여기에서 $\Delta m = d_n - s_n$은 화폐에 대한 초과수요이다. 화폐의 가격 p_n

을 1로 보면, 식(1)은 다음과 같이 표시될 수 있다.

(1a) $\sum\limits_{i=1}^{n} p_i s_i - \sum\limits_{i=1}^{n} p_i d_i = 0$, 그리고 이 식은 항상 성립한다.

모든 경제주체들, 즉 가계(국가도 포함)와 기업을 합산한 전체 크기를 대문자로 표시하면 식(1)에서 다음을 얻을 수 있다.

(2) $\sum\limits_{i=1}^{n-1} p_i S_i - \sum\limits_{i=1}^{n-1} p_i D_i = \Delta M$, 그리고 $\Delta M = D_n - S_n$

또는

(2a) $\sum\limits_{i=1}^{n} p_i S_i - \sum\limits_{i=1}^{n} p_i D_i = 0$, 그리고 이것도 마찬가지로 항상 성립

한다.

이러한 관계는 종종 발라-법칙으로 지칭된다.

세의 법칙에 의하면, 재화는 단지 재화를 가지고 구매될 수 있기 때문에 일반적인 초과공급은 존재하지 않아 $\Delta M = 0$이다. 하지만 이것은 필요조건이지 충분조건은 아니다. 기업에서 Δm은 이윤을 의미한다. 이윤이 마이너스가 될 경우 기업은 장기적으로 존재할 수 없다. 따라서 세의 법칙이 성립되기 위해서는 모든 경제주체의 화폐에 대한 초과수요가 0이어야 한다.

(3) 모든 경제주체들에게 $\Delta m = 0$이 성립하면 $\Delta M = 0$이다.

이 식은 다음과 마찬가지이다.

$$\text{(3a)} \quad \sum_{i=1}^{n-1} p_i s_i = \sum_{i=1}^{n-1} p_i d_i$$

이 식은 모든 경제주체에게 성립하므로, 다음의 식도 성립한다.

$$\text{(3b)} \quad \sum_{i=1}^{n-1} p_i S_i = \sum_{i=1}^{n-1} p_i D_i.$$

등식 (3), (3a) 또는 (3b)가 바로 세의 법칙이다. 그런데 과연 이것이 성립하는가? 우선 임의의 가격 p_i에 대해서는 성립하지 않음이 분명하다. 공급과 수요는 모든 가격수준에 종속된다. 식(3a)에서는 모든 공급함수와 수요함수가 모든 가격수준에서 0차 동차함수이어야 한다. 이것은 경제주체가 화폐환상을 갖지 않는다는 것을 의미하는데, 적절한 가정이다. 재화 1을 뉴메레르(numéraire)로 선정할 경우 세의 법칙 (3a)는 다음과 같이 표시될 수 있다.

$$\text{(3b)} \quad \sum_{i=1}^{n-1} \frac{p_i}{p_1} s_i \left(\frac{p_2}{p_1}, \cdots, \frac{p_{n-1}}{p_1} \right) = \sum_{i=1}^{n-1} \frac{p_i}{p_1} d_i \left(\frac{p_2}{p_1}, \cdots, \frac{p_n}{p_1} \right).$$

가격관계는 모든 i에 대하여 $S_i = D_i$가 성립하는 것으로 결정된다. 이것을 개별적으로는 어떻게 유도해낼 수 있는지는 여기에서 보여줄 수 없다. 그래서 세의 법칙이 성립될 경우, 모든 실물크기는 $n-1$의 절대적 가격이 아니라 $n-2$의 가격관계에 종속된다. 절대가격의 수준은 동등하다. 이것의 타당성 여부는 곧 밝혀질 것이다. 우선 $\Delta m = 0$의 함축된 의미를 살펴보자. 이는 과거나 현재의 모든 가격의 절대적 수준에 관계없이 화폐잔고가 항상 일정하다는 것을 의미한다. 그러나 이것은 세가 다른 곳에서 언급한 화폐보유의 거래적 기능(더 높은 가격수준은 더 많은 거래적 화폐를 요구한다)과 그가 당초 고려하지 않았던 가치저장의 기능을 도외시한 점과 상치된다. 이렇게 하여 상품시장은 화폐부문에서 어떠한 영향도 받지 않는다.

이상의 모든 것이 성립되는 하나의 경제형태가 존재하는데, 바로 자연교환 경제이다. 그곳에서는 화폐가 존재하지 않아서 현금보유도 0이다. 마찬가지로 일반적인 가격수준도 존재하지 않으며, 단지 가격관계에 상응하는 교환관계만 있을 뿐이다. 화폐경제에서 세의 법칙은 고정된 상황의 균형에서만 성립되는데, 여기에서는 가격수준이 일정하고 기술진보도 존재하지 않으며 공급함수와 수요함수도 변화하지 않는다. 그렇다면 현금보유도 일정하게 될 것이다.

세와 여타의 고전학파, 신고전학파 경제학자들은 가격형성 과정의 2단계(Dichotomie)를 신뢰한다. 가격관계는 위에서 본 실제의 체계 속에서 결정되는데, 이것은 수량이론에 의한 절대가격이다. 세는 제1권의 제23장에서(1803/30, 248쪽) 생산량이 일정할 경우 가격수준은 화폐의 양에 비례한다고 했다. 재화 1을 뉴메레르로 보면, 이것은 다음과 같이 표시될 수 있다.

(4) $p_1 = c \cdot M$, $c > 0$.

세는 상수 c에 관하여 피셔의 교환방정식에 근접하고 있다("인간이 필요로 하는 화폐의 총량이 판매고의 크기와 중요성을 결정한다[같은 책, 같은 곳]."). 이것은 다음과 같이 식(5)로 표시될 수 있다.

(5) $M = k \cdot \sum_{i=1}^{n-1} p_i S_i$, $k > 0$,   k는 상수

식(5)는 피셔 교환방정식의 변형으로서 아래와 같이 식(6)으로 표시될 수 있는데, 여기에서 $Y := \sum_{i=1}^{n-1} \dfrac{p_i}{p_1} S$는 모든 매상고의 실제 가치를 의미하며 $c = \dfrac{1}{kY}$ 이다.

(6) $p_1 = \dfrac{1}{kY} \cdot M$

식(6)과 식(3a, 3b, 3c)가 서로 일치하는지의 여부는 파틴킨-논쟁의 대상이다(Patinkin 1956, Hahn 1960/61, Helmstädter 1969, Blaug 1972). 실제로 이들은 정체된 경제의 균형에서만 예외적으로 상호모순이 아니다. M을 변화시킬 수도 있고, 모든 가격관계가 일정할 경우 식(6)에 따라 P_1은 비례적으로 변화한다. Y는 절대적 가격수준이 아니라, 단지 가격관계에 의해 좌우되기 때문이다. 후자는 식(2)와 식(3b)에 의해 $\Delta M = 0$, 즉 M이 변화하지 않을 경우에만 유효하다. M이 변화할 경우 공급과 수요는 가격관계에만 의존하는 것이 아니다. 화폐보유의 실제 가치는 변화하며 이것은 다시 수요에 영향을 미친다(real balance effect, 실질잔고 효과). 가격형성 과정의 2단계는 일반적으로 존재하지 않는다.

따라서 식(3), 식(3a), 식(3b) 형태로서 세의 법칙은 유효성을 갖지 못한다. 더 많은 공급이 반드시 더 많은 수요를 창출하는 것은 아니다. 이것은 단지 화폐보유의 가치저장 기능이 고려될 경우에 성립된다. 화폐보유는 기대 인플레이션율과 기대 이자변화율과 같은 수많은 요인들의 영향을 받으며, 단순히 일정하다고 볼 수 없다. 환언하면 화폐이론은 단순하게 취급될 수 없다는 것이다.

세의 법칙을 균형조건으로 이해할 경우, 초과공급 또는 초과수요의 발생여부와 이의 해소가 얼마나 신속하게 진행되느냐는 가격형성 과정에 달려 있다. 그 다음에 화폐수요도 고려될 수 있다. 화폐환상이 존재하지 않는다면 식(2)는 다음과 같이 표시될 수 있다.

(7) $\displaystyle\sum_{i=1}^{n-1} p_i S_i \left(\frac{p_i}{p_1}, \cdots, \frac{p_{n-1}}{p_1} \right) - \sum_{i=1}^{n-1} p_i D_i \left(\frac{p_2}{p_1}, \cdots, \frac{p_{n-1}}{p_1} \right)$

$\qquad = \Delta M(P_1, \cdots, p_n).$

여기에 화폐공급 함수 $\Delta M = \overline{\Delta M}$이 추가된다. 가격형성 함수 $\Delta p_i = f_i(D_i - S_i)$를 가정하면, 식(7)의 체계는 모든 i에 대하여 $S_i = D_i$의 시장균형상태로 수렴한다.

블로크는 세의 법칙을 다음과 같이 해석했다(1972, 24쪽 이하). 적절한 가격형성 과정에서 결국 모든 공급은 스스로의 수요를 갖게 된다. 이것은 (일반적으로는 증명할 수 없지만) 특정한 시장경제 체제가 발라의 균형으로 수렴된다는 표현과 같다. 그러나 새로운 공급정책을 근저에 둔 이러한 생각은 세의 간략하면서도 모호한 설명만으로는 추론될 수 없다. 이것은 일반적으로 매우 특정한 형태의 공급함수와 수요함수 (모든 재화가 대체재의 관계)와 가격형성 함수에서만 유효하다. 케인스는, 세의 법칙이 단호한 어조로 표현되고 있지만, 그것은 분명히 잘못된 고전학파와 신고전학파 이론의 기조라고 혹평했다(Keynes 1936, 17쪽). 물론 예전에는 세의 법칙을 옳은 것이라고 단정한 리카도를 비롯한 몇몇 저명한 경제학자들도 존재했다. 그러나 수많은 경제위기와 경기변동을 경험한 이후부터 이것은 이미 더 이상 불가능하다.

"세의 법칙"이라는 명칭은 유보하고 그 대신 발라 균형으로의 수렴이라는 표현을 사용하는 것이 적절하다. 이러한 관점에서 세의 법칙은 의미가 없으며 현재의 경제현실에서는 성립되지 않는다.

| 빌헬름 크렐레 · 김용원 옮김 |

9 | 리카도

David Ricardo, 1772~1823

성장과정

경제학자이며 하원의원이었던 리카도는 1772년에 런던에서 태어났다.[1] 그는 유대인 가정 출신이었다. 그의 부친과 두 아저씨들은 부유한 암스테르담 증권중개인이었다. 그들은 18세기 60년대에 런던으로 이사를 했으며 영국 시민권을 획득했다. 리카도의 부친은 런던 증권시장의 위원이었으며 어린 데이비드와 그의 다섯 형제들은 평범한 가정생활을 했다. 미래의 경제학자가 21살의 나이로 기독교인과 결혼을 했을 때 가족들과 거리가 생기게 되었다. 데이비드에게는 "파문"이 내려졌으며, 이에 따라 그는 거의 빈털털이로 새로운 삶을 시작해야만 했다. 그런데도 그는 얼마 지나지 않아 큰 성공을 거두었다.

그는 1815년에 70만 파운드의 자산을 가지고 증권사업에서 손을 뗄수 있었다(만약 우리가 1온스의 금의 가치가 현재는 대략 400달러인데 당시에는 대략 4파운드였다는 것을 생각해본다면, 이는 오늘날의 계산에 의하면 아마도 7,000만 달러에 해당하는 자본일 것이다). 그에 의해 만들어진 소득분배 이론에 따라 지대의 실질가치가 크게 증가하게 되었다. 그리하여 그는 일곱 곳에 토지를 구입했다. 그 가운데에는 그가 거주지로 선정한 글로스터셔(Gloucestershire)의 갯컴비 파크(Gatcombe Park)도 있다. 그는 이웃귀족들의 존경과 인정을 받았다. 1818년에 그는 글로스터셔의 최고 백작모임의 관리로 임명되었다. 갯컴비 파크는 오늘날 왕실의 거주지가 되었으며 여왕 엘리자베스 2세의 딸인 앤 공주가 살고 있다.

리카도는 런던에서 동료들로부터 곧바로 신임을 얻었다. 그의 재산 중 일부는 리카도가 증권중개인 조합원으로 참여한 후에 축적된 것이다. 증권중개인 조합원들은 그들 이익배당금의 일부를 모아 영국 정부가 나폴레옹 전쟁 동안에 전쟁비용으로 야기된 엄청난 액수의 재정손실을 메우는 데 일익을 담당했다. 또한 증권에서의 그의 성공은 시사적 사건들이 결코 증권시세에 장기적으로는 영향을 주지 못하며 또한 증권시세의 발전추세는 언제나 경제적 기본상황에 의하여 결정된다는 그의 신념을 활용하여 이루어진 것이다.

그리하여 하나의 결함이 곧바로 일시적인 현상을 초래한다는 확실한 신념 아래 리카도는 영국의 군대나 함대가 전투에서 승리할 경우에 다른 사람들은 주식시세를 높게 책정하여 공격적인 주식거래를 하더라도 리카도 자신은 소극적인 관리로 한 발짝 물러났다. 1819년에 그는 동인도회사의 감독관 자리를 제안받았다. 그는 "어떤 사람에게 적합하지도 않으며 그 직분에 걸맞는 능력을 갖추지 않은 사람에게 과분한 직책을 맡기는 실수가 발생해서는 안 된다"는 이유로 거절했다.

리카도가 증권에서 손을 뗐을 때, 신임하는 친구이며 급진적 국민경제학자인 존 스튜어트 밀의 부친인 제임스 밀(James Mill)이 그에게 의회의원이 될 것을 권유했다. 리카도는 의회 안에서 "여러 부패한 선거구 중에서 가장 부패한 선거구"를 매수했다. 그의 생애 마지막 4년 동안에 리카도는 하원에서 합법적으로 아일랜드 선거구 포르타링턴(Portarlington, 여기에 그는 4,000파운드를 지불했으며, 이 마을을 대표하고자 하는 의회의원을 실제적으로 찾고자 한 지주에게 3만 6,000

파운드를 빌려주었다)을 대표했으며 여러 안건들에 대해 자기의 주장을 펴나갔다. 그의 중요한 연설 중 몇 개는 경제적 문제들을 포함하고 있었으며 좋은 평을 받았다. 또한 그는 비밀투표, 형법개혁 그리고 종교적 관용에도 동참했다. 1832년에 의회개혁 운동을 통해 힘을 얻은 리카도가 그동안 추진한 주요 의회활동의 업적을 우리는 탐지할 수 있다. 그러나 리카도 자신은 이보다 9년 전인 1823년에 이미 51세의 나이로 사망했다.

경제학에서의 리카도의 업적

만약 우리가 유명한 리카도를 오늘날 언급하게 될 때면, 가장 먼저 경제학 발전을 위한 그의 근본적인 업적을 생각하게 된다. "리카도는 그의 부인이 병을 앓고 있는 동안에 스미스의 『국부론』을 바스(1799)의 한 책대여점에서 우연히 읽게 될 때까지, 한 번도 정치경제학에 대해서 생각해본 적이 없다고 기술했다. 그는 한두 쪽을 넘겨본 뒤에 그 책을 사게 되었으며, 이 책을 매우 마음에 들어 했다. 그리하여 그는 책의 소재까지도 거의 파악했다."

화폐에 대한 질문

1809년과 1810년에 파운드의 교환가치에 관한 신문기사와 팸플릿 등에 리카도의 첫 번째 업적이 나타났다. 파운드의 교환가치는 1717년 위대한 수학자이며 당시 조폐국 책임자인 뉴턴 경(Sir Isaac Newton)에 의하여 확정되었다. 영국은행(이 은행은 1946년까지 사(私)기업이었다)은 1온스의 금을 각기 3.894그램의 금으로 제시된 파운드권으로 교환하는 것을 의무화했다. 1797년에 은행은 더 이상 금을 이러한 조건으로 파운드권과 교환할 수 없게 되었다. 나폴레옹 전쟁이 진행되는 동안에 파운드화의 가치는 1797년 금가치에 비해 30퍼센트나 하락했다. 파운드화의 금가치가 하락한 만큼 영국의 물가는 크게 올랐다.

데이비드 리카도(1772~1823)

많은 국민경제학자들은 이러한 인플레이션을 전쟁과 관련된 유효수요의 폭발적인 증대를 가지고 설명했다. 그러나 리카도는 이와는 반대로 영국은행은 오로지 금본위로부터 벗어나 1온스의 금을 사는 데 3.894파운드 이상인 금액은 소비되어야만 하는 방법뿐이라고 주장한 유일한 사람이었다. 언제나 그는 파운드화의 금가치가 각기 10퍼센트 하락하면 여전히 금본위에 확정되어 있는 국가들의 물가와 비교할 때, 영국의 물가는 10퍼센트만큼 상승한다고 강조했다.

리카도는 영국은행이 너무나 많은 은행권을 발행했기 때문에(이런 상황은 의외로 오래 계속될 수 있었다. 왜냐하면 이는 감독관과 주식투자자들에게는 이익이 되었기 때문이다) 금본위에서 벗어나야만 한다고 고집했다. 또한 그는 만약 은행이 전쟁 전의 가치를 유지시키면서 금본위로 되돌아가는 것을 의무화한다면, 물가는 다시금 전쟁 전의 수준으로 하락하게 될 수 있을 것이라고 주장했다. 물론 은행권 발행과 관련해서 은행장은 영국의 인플레이션은 그들이 허락할 수밖에 없는 화폐의 추가발행에 따른 결과가 결코 아니라고 비판했다. 그러나 1810년에 "금의 높은 가격"에 대한 평가 때문에 만들어진 의회의 특별위원회는 리카도가 보았던 관점의 보고서를 통과시켰다. 영국은행은 1797년 이전에 적용된 시세를 유지하면서 금본위로 돌아갈 것을 명령했다. 물론 이는 1821년에 비로소 실행되었다.

계속해서 리카도는 지폐발행자로서 중앙은행의 역할에 대한 논문들과 그의 사후인 1824년에 출간된 『중앙은행의 설립을 위한 계획』(*Plan for the Establishment of a Central Bank*)을 발표했다. 더욱이 그는 화폐의 증가로 이윤을 보게 될 은행들로부터 독립적이고, 가끔은 단기적 어려움을 화폐발행을 통해 조정하고자 하는 국가로부터 독립적이어야 하는 감독기관의 감시 아래 통화유통을 두어야 한다는 의견을 가졌다. 오늘날 미합중국의 대통령도 리카도가 생각해낸 정도의 독립성을 가진 연방준비기구에 어떤 간섭도 할 수 없다.

1809년과 1810년에 화폐문제에 관한 그의 연구를 통해 매우 유명한 영국 국민경제학자들은 리카도의 분석적 능력에 대해서 주목했다. 유명한『인구론』의 저자인 맬서스와 제임스 밀 등 두 사람은 리카도와 관계를 맺고자 했다. 그들과 친분을 가짐으로써 많은 서신교환이 이루어졌다. 다행히도 뛰어난 국민경제학자들의 이러한 서신들은 대부분 보존되어 발표되었다.

1810년 이후에 맬서스와 리카도는 화폐경제적 과정보다는 실물경제적 과정에 그들의 관심을 맞추었다. 1815년에 그들은 근본적으로 비슷하지만 스미스의 견해와 비교해볼 때 진보적인 면을 지니는 지대이론을 발표했다. 리카도의『저곡가가 자본의 이윤에 미치는 영향에 대한 시론』(*Essay on the Influence of a Low Price of Corn on the Profits of Stock*, 이하『시론』)은 그가 만든 소득분배 이론의 핵심을 포함하고 있다. 그의 소득분배이론은 1817과 1819년, 1821년에 그가 발표한『정치경제학과 조세의 원리』(*Principles of Political Economy and Taxation*)에서 확대되었으며 독자적인 논리적 기초 위에 세워졌다.

『저곡가가 자본의 이윤에 미치는 영향에 대한 시론』

1815년 발표한『시론』에서 리카도가 주장한 것은 서론에 불과한 것이었지만, 그와 동시대 사람들에게 깊은 인상을 주었다. 겨우 33쪽만으로 리카도는 소득분배의 모든 것을 서술했다. 더욱이 이는 농업에서 비용과 수확의 모든 것을 곡물량으로 표시하는 증명을 통해서 이루어졌다. 임금은 노동력을 위한 유지수단과 재생산 수단으로써 1인당 곡물량으로 확정되었다(이는 하나의 단순화한 전제조건으로 스미스와 케네의 경우에도 찾아볼 수 있다).

이러한 임금을 초과하여 수확된 모든 곡물은 지주에게 지대형태로 귀속되거나 또는 자본임차인에게 이윤으로 돌아가게 되었다.[2] 표1은 리카도가 그의『시론』에서 제시한 것을 쉽게 이해할 수 있도록 변형시킨 것이다.

리카도와 맬서스는 그들의 새로운 지대이론에서 다음과 같은 사실에

표1. 가장 비옥한 토지와 비옥하지 않은 토지에서의 곡물초과량
(모든 수치는 쿼터[Quarter]로 이는 25kg의 곡물과 같다.)

	수확량	임금	초과량	초과량/임금
아주 비옥한 토지(A)	150	100	50	50%
비옥한 토지(B)	140	100	40	40%
조금 비옥한 토지(C)	130	100	30	30%
비옥하지 않은 토지(D)	120	100	20	20%
한계토지(E)	110	100	10	10%

서 일치했다. 소작인들에 의해 겨우 경작되고 있는 가장 수확이 적고 가장 척박한 토지는 토지의 임대료를 결정하는 데에서 열악한 협상지위를 갖게 되는 그러한 토지의 지주에게는 오로지 명목지대만을 가져다준다는 것이다. 이에 따라 한계토지의 경우 임금을 초과한 수확은 이윤으로써 완전히 임차인에게 속하게 된다.

만약 임차인들이 오로지 토지 A와 토지 B만을, 즉 아주 비옥한 토지와 비옥한 토지만을 경작하게 된다면 토지 B를 경작하는 사람은 140쿼터의 곡물을 수확하게 되지만 임금으로 100쿼터를 지불하게 되어 40쿼터의 초과량을 완전한 이윤으로 갖게 된다. 이러한 140쿼터의 수확량을 얻기 위해서 투자되어야 하는 자본은 100쿼터와 동일시될 수 있다. 이는 토지를 정리하고 씨앗을 뿌리기 위해 앞으로 12개월 동안 그들의 노동력의 대가로 지불된다. 그리하여 그들의 자본에서 얻게 되는 이윤율은 40/100=40퍼센트에 달하게 된다.

가장 비옥하면서 가장 좋은 곳에 위치한 토지는 B보다 앞서 경작되는 토지 A이다. 이 토지의 경우 100쿼터의 임금을 지불하게 되며 보다 많은 수확량, 즉 150쿼터를 수확한다. 그리하여 50쿼터의 초과량을 얻게 된다. 그러나 임차인들은 그들의 자본에서 50/100=50퍼센트의 이윤율을 갖지 못한다. 이러한 가장 비옥한 토지의 경우, 임차인들은 토지의 특별한 수확능력 때문에 지주에게 10쿼터의 곡물을 지불해야만 한다. 그렇기 때문에 임차인들에게는 토지 B뿐만 아니라 토지 A에서도

표2. 토지 A와 B만이 경작될 경우의 임금, 이윤과 지대의 총액
(모든 수량은 쿼터의 곡물)

토지	수확량	임금	초과량	지대	지대/수확량	이윤
A	150	100	50	10	6.67%	40
B	140	100	40	0	0	40
합계	290	200	90	10	3.47%	80

동일한 40/100=40퍼센트의 이윤율이 발생된다.

리카도는 다음과 같이 확정지었다. "멀리 떨어져 있는 토지를 경작하는 사람이든 아주 비옥한 토지 A를 경작하는 사람이든 기본지대를 지불하게 되어 만약 자본가가 동일한 이윤을 획득하게 된다는 사실을 우리가 고려한다면, 이러한 구분이 이루어져야 한다는 것은 명백하다"(『시론』, 13쪽). 리카도와 맬서스에 의하면 임차인들 간의 경쟁은 다음과 같은 사실을 언제나 보증한다. 즉 토지 A를 또는 토지 B를 경작하는 사람은 언제나 동일한 이윤율을 갖게 되며 보다 유리한 곳에 위치한 토지나 보다 비옥한 토지로부터 얻게 되는 추가수확은 기본지대의 형태로 지주에게 지급되도록 한다.

만약 사회에서 인구와 자본량이 증가하여 토지 A와 B에 추가적으로 C, D 그리고 E가 경작되어야 한다면, 표 하단에 보여준 것과 같이 수확량은 분배되게 된다. 100쿼터의 자본투입의 경우, 임차인에게 단지 10쿼터의 이윤만을 주는 가장 척박한 토지 E도 경작되어야 하기 때문에, 경쟁은 보다 비옥한 토지를 경작하는 사람들이 10/100=10퍼센트보다 높은 수확률을 갖게 되는 것을 방해하게 될 것이다. 만약 경쟁이 모든 토지에서 모든 임차인들의 이윤을 10퍼센트로 하락시킨다면 50쿼터 초과량 중 40쿼터는 지주에게 지대로 지불되어야 한다. 토지 B의 경우는 초과량인 40쿼터의 30쿼터가 지대로 지주에게 지불되어야 한다.

토지 A의 경우 초과량은 50쿼터이며, 이는 언제나 다음과 같은 경우이다. 예를 들어 만약 새로 이주한 어떤 지역에서 토지 A가 유일하게 사용되는 토지라면 이러한 50쿼터는 분배되지 않은 채 임차인들에게

표3. 토지 A, B, C, D, E 등 모든 토지가 경작될 경우의 이윤과 지대의 총액
(모든 수량은 쿼터의 곡물)

토지	수확량	임금	초과량	지대	지대/수확량	이윤
A	150	100	50	40	26.67%	10
B	140	100	40	30	21.43%	10
C	130	100	30	20	15.38%	10
D	120	100	20	10	8.33%	10
E	110	100	10	0	0%	10
합계	650	500	150	100	15.38%	50

돌아간다. 왜냐하면 명목지대보다 더 많은 지대를 얻기 위해서는 토지 A를 소유한 소유주의 협상지위가 너무 약하기 때문이다. 만약 인구와 자본량이 증가하고 토지 B가 추가적으로 경작된다면 표2에서 토지 B보다 토지 A를 우선적으로 경작하고자 하는 것처럼 행복한 토지 A의 소유주는 임차인들로부터 10쿼터의 지대를 요구하게 된다.

만약 인구가 계속해서 증가하게 되어 토지 C, D 그리고 E도 경작된다면 한계토지 대신 토지 A를 사용함으로써 얻게 되는 장점은 40쿼터로 상승하게 된다. 그리하여 경쟁은 초과량 50쿼터 중 40쿼터를 토지소유주에게 가져다준다. 반면에 임차인은 토지 A가 가져오는 초과량 중 단지 10쿼터만을 갖게 된다.

리카도가 확정했듯이 기본지대는 "어떠한 경우든 이전에 토지에서 얻어진 이윤의 일부이다. 기본지대는 결코 새로 개발된 소득의 원천이 아니라 그것보다는 언제나 이미 얻어진 소득의 한 부분이다(같은 책, 18쪽)."

표는 단지 농업에서 이윤율을 결정하는 것을 설명하고 있다. 또한 리카도는 다음과 같이 강조했다. 만약 이윤율이 50퍼센트를 나타내면, 즉 단지 토지 A만이 경작된다면 "다른 모든 자본을 위한 이윤은, 이러한 사회의 수준과 일치하는 것처럼 단순한 제조업에서 또는 무역에서 마찬가지로 50퍼센트를 가져오게 된다. 만약 무역에 투입된 자본의 이윤이 50퍼센트를 넘게 된다면, 자본은 토지에서 빠져나와 무역업에 투자될 것이다. 만약 자본의 이윤이 보다 감소한다면 자본은 무역업 대신에 농업에 투입된다(같은 책, 12쪽)."

토지 A에서 E로의 토지사용이 확장되면 농업의 이윤율이 단계적으로 50퍼센트에서 10퍼센트로 하락하기 때문에 경쟁은 일종의 일반균형적인 틀 내의 조절과정이라는 의미에서 공업과 상업에서의 이윤율을 50퍼센트에서 10퍼센트로 떨어뜨린다. 따라서 공업과 상업에서의 이윤율은 불가피하게 경작면적에 의해 결정되는 농업에서의 이윤율과 같아지게 된다. 농업에서의 이윤율은 경작이 표들에 맞춰 아래로 이동하는 크기에 의해 결정된다.

이러한 매우 간단한 이론적 도구로부터 리카도는 계속해서 풍부한 결론을 도출했다. 우선 첫 번째로 만약 토지 A만이 경작된다면 이윤율은 50퍼센트를 나타내고, 만약 토지 E도 경작되면 표들이 보여주듯이 단지 10퍼센트만을 나타내는 것처럼 토지사용이 증대되면 이윤율은 꾸준하게 감소하는 추세를 보인다. 두 번째로 "더욱 발전된 한 지역에서 기본지대는 절대적으로 증가할 뿐만 아니라 …… 토지에 투자되는 자본에 대한 그들의 비율에서도 기본지대는 증가한다(같은 책, 16쪽)."

이는 만약 우리가 오로지 토지 A와 B만이 경작되는 경우를 설명한 표2와 토지 A, B, C, D 그리고 E가 사용된 표3을 비교해보면 확실해진다. 전자의 경우에 농업의 총수확량은 290쿼터를, 그리고 임차인의 총자본량은 200쿼터를 나타내고 있는 반면에 총 기본지대는 바로 10쿼터의 곡물을 나타낸다. 그리하여 지대는 농업부문 자본의 5퍼센트만을 확장시킨다.

두 번째 표에서는 수확량 650쿼터와 농업부문 자본량 500쿼터에서 기본지대는 150쿼터의 곡물을 나타낸다. 이에 따라 지대는 자본의 30퍼센트로 증가된다. "이는 자본집약적 효과의 특별히 주의할 만한 관점으로서 내 생각으로는 과거에는 결코 한 번도 관심을 갖지 않았던 것이다(같은 책, 16쪽)"라고 그는 생각했다. 만약 경작이 그리 비옥하지 않은 지역으로 확장된다면 총 국민생산에 대한 기본지대의 비중은 지금까지 주장한 것보다 더욱 급격하게 증가한다. 토지 A에서 E로 경작이 확장되는 경우, 이윤에 대한 관계에서 지대증가의 첫 번째 효과는 표들에서 제시되었다. 그러나 재화량으로 이루어지는 곡물의 가격은 금과 공산품과의 관계에서도 마찬가지로 증가하게 된다.

리카도에 의하면, "만약 재화를 생산하는 데 어려움이 더 커지게 되면, 모든 재화들의 교환가치는 증가하게 된다. 금, 은, 수건 등의 생산에서 보다 질 좋은 그리고 추가적인 노동력 수요가 요구되지 않는 동안에도 만약 곡물생산을 위하여 보다 많은 노동력이 필요하게 되어 곡물생산에서만 새로운 어려움이 나타나게 된다면, 곡물의 교환가치는 이러한 다른 물건들과 비교할 때 증가하게 된다. 지주는 보다 많은 토지생산량을 가질 수 있기 때문에 지주의 경제적 지위는 (집적에 의한 식량수단 창출의 어려움이 증가함에 따라) 보다 향상될 뿐만 아니라 이들 생산량의 보다 높아진 교환가치를 통해서 더욱 향상된다. 만약 그의 지대가 14쿼터에서 28쿼터로 두 배 증대된다면 교환가치는 두 배 이상이 된다. 왜냐하면 28쿼터의 교환에서 두 배 이상의 재화량을 그는 요구할 수 있기 때문이다(같은 책, 19쪽 이하)."

리카도가 이러한 결과를 얻고 난 뒤 얼마 지나지 않아 그의 재산을 지주에게 투자할 것을 결정한 것은 그리 놀라운 일이 아니다. 1815년 이후 그는 그의 모든 주식을 처분하고 오로지 한 곳만이 거주지로 활용될 수 있음에도 일곱 곳에 토지를 구입했다.

본인의 자발적인 금융투자 기회를 위한 이용가능성뿐 아니라 리카도는 그의 매우 정확한 증명과정이 광범위한 문제영역에서 사용되는 것을 알고 있었다. 특히 그는 토지 A, B, C, D, E의 잠재적 수확을 증대시킬 수 있는 농업부문에서의 발전에 대한 영향을 분석한다는 것을 이해했다. 리카도의 놀라운 분석결과는 어떠한 토지면적의 생산성이 증대할 때 농업의 기본지대는 하락해야 한다는 것이다.

모든 토지 A, B, C, D, E가 사용되고 있는 표3에서 총 농업생산은

650쿼터의 곡물량에 달하고 있다. 만약 각 토지면적들이 표3과 비교해서 20퍼센트씩 증가한다면, 거의 같은 크기의 수확량 648쿼터를 얻기 위해서는 단지 A, B, C, D만 사용되어야 한다. 다음 표4는 실제적으로 동일한 곡물수확은(리카도는 곡물수요는 오로지 인구에 의해 결정되며 하락하는 가격에서는 보다 유리한 다른 식량수단으로의 대체가 일어나지 않는다는 것을 전제했다) 생산성 진보 이전의 100쿼터가 아닌 72쿼터 크기의 기본지대를 가져온다는 것과, 이에 따라 지대는 감소되고 이윤율은 10퍼센트에서 44퍼센트로 크게 증가함을 보여준다.

표4. 농업생산성이 20퍼센트 증가할 경우의 결과
(모든 수량은 쿼터의 밀)

토지	수확량	임금	초과량	지대	지대/수확량	이윤
A	180	100	80	36	20.00%	44
B	168	100	68	24	14.29%	44
C	156	100	56	12	7.69%	44
D	144	100	44	0	0%	44
합계	648	400	248	72	11.11%	220

반대로 식량생산에서 어려움의 증대는 기본지대를 증가시키고 이윤을 감소시킨다. 그렇기 때문에 리카도는 다음과 같이 강조했다. "사회 내에서 지주의 관심은 언제나 각기 다른 계층의 관심과는 정반대에 있다. 식량이 부족하고 비쌀 때보다 지주의 입장이 보다 유리하게 될 때는 절대로 없다. 이와는 반대로 식량을 값싸게 살 수 있다면 다른 모든 계층은 이로부터 이익을 보게 된다(같은 책, 21쪽)."

만약 사회에서 요구하는 모든 식량이 생산성이 낮은 토지를 경작해야 할 필요가 없이 양질의 토지에서만 생산될 수 있다면, 지주에게는 불리하게 되고 자본가에게는 유리하게 될 농업기술 진보의 극단적 사태가 일어나게 되는 것이다.

표5. 사회에서 필요한 모든 추가식량이 토지 B에서 생산될 수 있는 경우
(모든 수량은 쿼터의 밀)

토지	수확량	임금	초과량	지대	지대/수확량	이윤
A	150	100	50	10	6.67%	40
B	700	500	200	0	0	200
합계	850	600	250	10	1.18%	240

위 표에서와 같이 우리는 토지 A에서 150쿼터의 곡물을 생산하고 사회에서 필요로 하는 나머지 모든 식량들은 40퍼센트에 달하는 초과량을 유용할 수 있는 토지 B에서 생산될 수 있다고 전제하자. 만약 곡물수요가 650쿼터가 아니라 850쿼터가 필요한 점까지 증가하게 된다면, 이윤율은 위 표와 마찬가지로 토지 B로 도달될 수 있는 것처럼 40퍼센트에 머물게 된다. 또한 이는 언제나 식량수요의 크기와 같은 크기로 머무르게 된다.

각기 임의의 곡물량은 40퍼센트의 이윤율을 가져오게 할 수 있으며 기본지대는 합쳐서 결코 10쿼터를 넘지 않을 것이다. 즉 근본적으로 보다 많은 이윤이 생기는 한정된 토지 A의 생산성 초과를 넘어서 무한정으로 확장할 수 있는 토지 B로 확장되지는 않는다.

이에 대해 리카도는 다음과 같이 확정지었다. "식량생산을 위하여 완전히 적합한 토지가 조달될 수 없기 때문에 자본의 이윤율은 떨어지게 된다. 이윤율이 감소하고 지대가 증가하는 정도는 완전히 생산비용의 상승에 달려 있다. ……그리하여 만약 복지의 증대와 인구증가가 일어나는 개별 지역에서 자본이 동시에 증가할 때, 비옥한 토지를 가진 새로운 구역을 이용할 수 있다면 결코 이윤율이 감소하거나 지대가 상승하지 않게 될 것이다(같은 책, 18쪽)."

한 국가가 만약에 식량을 자유롭게, 그리고 고정된 가격으로 외국에서 수입할 수 있다면, 비옥하지 않은 토지를 경작할 필요가 없으며 식량을 외국에서 무제한으로 조달하게 되는 극단적 경우가 발생할 수 있다. 리카도는 지대가 동시에 증가할 때 체감하는 농업생산성에서 나오는 이윤율의 감소를 경제성장의 가장 중요한 장애물로 보았기 때문에 무제한적 식량수입의 해제가 얼마나 기대할 만한 가치가 있는가에 대한 중요성을 증명해 보였다. 『시론』의 마지막 부분은 오로지 이 문제를 포함하고 있다. 또한 그의 고차원적 이론의 실행에서 도출된 가장 중요한 정치적 제안은 자유곡물 무역에 있었다.

단순화한 전제조건들 덕분에 리카도는 논문의 매우 정확한 결과들을 통해 농업경제에서 비용과 수확이 곡물량으로 표기될 수 있다는 것을 알아냈다. 이는 위에서와 같은 표들로부터 그가 농업경제적 이윤율과 기본지대들의 계산을 아주 간단하게 도출할 수 있도록 했다. 그후 6년 동안 그는 노동자의 소비와 공산품뿐만 아니라, 곡물의 공업적, 농업경제적 생산비용을 고려하고 크게 일반화한 분석을 통해 근본적으로 동일한 결과를 얻게 되었다. 이는 두 가지 문제를 해결한 것으로 여겨졌다. 그는 한 "곡물모델"의 단순화를 넘어서 비용, 이윤 및 기본지대가 어떠한 단위로 평가되어야 하는가를 결정지었다.

『정치경제학과 조세의 원리』에 대하여

리카도는『정치경제학과 조세의 원리』의 제3판과 제4판에서 두 가지 문제들에 대한 해답을 찾았다. 수확의 평가를 위한 단위의 문제에 대한 그의 대답은, 국민경제의 평균 1인당 자본을 가지고 기본지대를 내지 않는 토지를 경작하는 노동자 한 사람의 1년 생산이 "가치"의 단위로 고려되어야 한다[3]는 것이었다. 이에 맞추어 그는 만약 유일한 노동자 한 사람의 성과가 한 단위라면, 노동자 두 사람(각자 동일한 자본을 가진)의 성과는 두 단위로 평가되어야 한다는 하나의 노동가치의 표본을 제안했다.

만약 인구가 증가하고 복지가 증대되어 하나의 국민경제가 비옥하지 않은 토지를 사용해야 한다면 곡물생산을 위해 보다 많은 노동력이 투입되어야 한다. 그렇게 되면 곡물생산의 "가치"는 지속적으로 증가해야 한다. 그리하여 만약 농업에서 한계노동자 한 사람이 1년에 20쿼터의 곡물 대신 10쿼터의 곡물을 생산한다면 각 쿼터의 가치는 0.05단위에서 (노동자 한 사람의 1년 동안 성과의 1/20) 0.10단위로 증가하게 된다. 동시에 만약 기술진보에 따라 제조업에서 노동자 한 사람이 10개의 수건 대신 20개의 수건을 생산하게 되면 수건 10개의 가치는 1에서 0.5단위로 떨어진다. 리카도의 노동가치의 척도는 특수한 공업 제품의 가치가 떨어지고 있는 동안에 농업생산의 가치는(예를 들면 쿼터의 곡물) 꾸준하게 상승하는 추세를 나타낸다는 것을 보여준다.

인구재생산 보장에 충분한 균형임금 또는 자연임금은 대략 절반을 식량구입에 그리고 나머지 절반을 공산품에 지출하려고 하는 소비욕구와 연관되어 있다. 평범한 노동자의 생활수준은 식량과 공산품의 목록 또는 상품묶음으로 되어 있다.

"노동력의 수를 그들의 상태로 유지하기 위해 필요한 노동자 자신과 그의 가족의 생계를 위한 노동자의 능력은 많은 식량과 그들에게 익숙한 생활필수품, 다른 소비재들과 관련되어 있다. 그리하여 노동의 자연가격은 노동자와 가족의 생계에 필수적인 식량, 생활에 중요한 소비재, 그리고 다른 소비재의 가격에 달려 있다. 식량과 소비재들의 가격이 상승하는 경우 노동의 자연가격은 상승한다. 가격이 하락할 때에는 노동의 가격도 하락한다(『정치경제학과 조세의 원리』, 93쪽)."

공업의 생산성이 증가하며 각 개별적 공산품의 가치가 하락하고 있는 동안에 만약 사회가 비옥하지 않은 토지를 사용해야 한다면, 생활에 중요한 재화들의 구입품목 내의 각 개별적 식량의 가치는 계속해서 상승하게 된다. 종합해보면 식량에서의 가치상승은 공업 제품에서의 가치의 하락을 초래한다는 것을 리카도는 증명해 보였다. 그리하여 노동자들에게 요구되는 생활수준을 유지하기 위해서는 노동자의 자연임금은 꾸준히 증가되어야 한다.

노동자 1인당 1년 동안의 성과를 가치의 한 단위로 볼 때, 곡물재배를 위해 매우 비옥한 토지를 사용하는 데에서 자연임금이 예를 들어 0.5단위에서 0.75로 꾸준하게 증가하게 되면, 곡물생산을 위해 덜 비옥한 토지도 사용될 경우에 (노동자들이 사게 되는 0.75단위에 포함되는 공산품들은 더욱 저렴하게 됨에도) 한계토지에서까지 곡물이 생산되면 자연임금은 0.90단위까지 도달하게 된다. 그리하여 이윤을 위해 남게 되는 초과량은 계속해서 감소하게 된다.

만약 노동자 한 사람의 성과가 언제나 가치 한 단위라고 한다면, 만약 자연임금이 0.75로 증가하게 될 경우 초과량은 자연임금이 0.5단위일 경우 0.5(1-0.5)단위에서 0.25(1-0.75)단위로 감소하게 된다. 만약 자연임금이 0.9가치단위로 증가하게 되면 초과량은 0.1(1-0.9)단위가 된다.[4]

이러한 과정을 리카도는 다음과 같이 기술했다. "이윤은 자연스럽게 하향하는 추세를 나타낸다. 왜냐하면 만약 사회가 발전하고 복지가 증대하게 되면, 필수적인 식량은 점점 더 많아지는 노동의 비용을 통해 추가적으로 얻을 수 있기 때문이다. 이윤의 이러한 추세, 말하자면 크나큰 감소는 다행스럽게도 생활에 중요한 재화의 생산에 필수적인 기계들의 개량을 통해서 방지된다. 또한 이는 이전에는 필요했던 노동의 일부분을 제거시킬 수 있도록 하고 노동에서 얻어지는 발생비용을 감소시킬 수 있는 농업부문에서의 발명을 통해서도 방지된다(같은 책, 120쪽)."

리카도는 그의 『시론』에서 다루었던 테마들을 『정치경제학과 조세의 원리』에서 반복했으며 근본적으로 동일한 결과들을 얻었다. 기업가들은 곡물을 수확하기 전에 노동자들을 먹여 살리기 위해서 초과량의 곡물을 생산하며, 이로써 후에는 보다 많은 곡물들을 생산하게 된다는 가설이다. 그는 이 가설을 기업가들이 생산과정 이전에 노동자에게 생활에 필요한 재화들의 상품묶음에 대해 지불하게 되며, 노동자들은 이러한 상품묶음들을 더욱 많이 생산하게 된다는 새로운 가설로 대체했다. 그리하여 여기에 나타낸 표들의 곡물의 자리를 "생활에 중요한 재화들의 상품묶음들"로 대체했다.[5]

인구와 자본이 증가할 때, 생활에 중요한 재화들의 추가적인 상품묶음에 식량부문을 생산하기 위해서는, 사회가 비옥하지 못한 토지들을 사용해야 하기 때문에 그들의 비용은 계속해서 증가하게 된다. 이로써 한계생산자들이 갖는 상품묶음의 초과량은 점점 적어지며, 그의 이윤율은 하락한다는 결론이 나온다. 동시에 이러한 상품묶음들이 보다 저렴하게 생산될 수 있는 보다 비옥한 토지의 소유자들을 위해 기본지대는 꾸준히 증가한다. 그리하여 이윤의 하락과 지대의 증가는 정확하면서도 동일한 장기간의 추세로 이어진다.

유일한 재화인 곡물 대신 생활에 중요한 재화들의 복합적인 상품묶음들의 생산에서 리카도가 비용과 수확을 중심점에 놓으면서, 동일한 결과에 도달할 수 있는, 시각적으로도 매우 현실적으로 보인 포괄적인 분석을 할 수 있게 되었다. 실제로 리카도는 1814년 그가 세웠던 주장에서 결코 크게 벗어나지 않았다. "이윤율과 이자율은 생산을 위해 필수적인 소비에 대한 생산관계에 의존하고 있다."[6] 이는 그의 분배이론에 대한 주옥 같은 요약이다.

물론 매우 자세하게 되어 있는 『정치경제학과 조세의 원리』 안에는 여러 가지 새로운 의견들이 들어 있다. 제7장에서 리카도는 국제 간 무역에서 각 국가들이 기본적인 잠재적 이윤을 얻기 위하여 각 국가 간에 어떠한 비교비용의 차이가 있어야 하는가를 설명한 첫 번째 국민경제학자로 보였다.

그 외에도 공업적 생산이 이제 그가 중점적으로 주장하는 부분이 되었다. 공업적 생산은 실질비용의 하락 그리고 이로부터 이끌어지는 생활필수품들의 묶음가치를 줄어들게 했다. 그리하여 기계들은 이윤율을 증가시켰다. 이때 기계들은 노동자의 성과가 임금을 능가하는 판매수익을 증대시킨다. 임금은 노동자들이 사게 되는 공산품들이 더욱 저렴해진 만큼 하락시킬 수 있다. 기계들은 이윤을 증대시킬 뿐 아니라, 노동에 대한 수요를 감소시킨다. 그 사이에 기계들은 하나의 성과단위 생산을 위해서 필수적인 자본을 증대시킨다. 그리하여 기계화가 처음에는 노동자들의 이익을 침해할 수 있다. 그런데도 결국에는 노동에 대한 수요는 증가하게 될 것이다. 왜냐하면 더욱 낮아진 생산비용과 이에 따

라 보다 높아진 이윤율은 더욱 빨라진 자본량의 성장을 유도하기 때문이다.[7]

기계의 투입을 통한 생산비용의 저렴화에 관한 문제에 대해서 리카도는 매우 흥미롭게도 생활에 중요한 재화와 노동자들이 사지 않는 사치재를 구분하면서 포도주, 우단과 실크를 그 예로 들었다. 이러한 재화들의 비용이 하락할지라도 이윤에는 결코 영향을 주지 못한다. 왜냐하면 설령 그들이 더욱 저렴하게 된다고 하더라도 자연임금은 하락하지 않기 때문이다.

"나는 이번 책에서 이윤율은 단지 임금의 하락을 통해 증대된다는 사실과 구입을 위해 임금이 지불되는, 생활에 중요한 재화들이 저렴해지는 것 외에는 결코 임금의 지속적인 하락을 가져올 수 없다는 사실을 보여주고자 노력했다. ……만약 포도주, 우단, 실크 그리고 다른 고가 상품들이 50퍼센트 저렴하게 된다고 하더라도 임금률은 결코 변동하지 않는다. 이에 따라 이윤율은 아무 변화 없이 머물러 있게 된다(『정치경제학과 조세의 원리』, 132쪽)."

『정치경제학과 조세의 원리』에서 또 하나 중요하게 역설한 것은, 한 국민경제가 장기적 균형상태에 있다는 상황과 임금이 바로 자연임금—엄밀하게 말하면 일정한 인구를 재생산하기 위하여 노동자가 필요로 하는 임금—이어야 하는 상황을 리카도가 예리하게 구분했다는 것이다. 또한 임금이 자연임금의 수치를 넘게 되어 인구의 성장으로 이어지는 수확증가의 기간에 관한 것이다.

임금이 자연임금의 수치에 접근한다는 것을 고려하지 않는다면 잘 발달된 사회에서는 시장수치가 오랫동안 고정된 채 자연임금의 수치보다 높게 놓일 수 있다. 왜냐하면 자본의 증대가 결코 노동에 대한 추가수요에 어떠한 동기도 부여할 수 없었기 때문에 다른 자본의 증대에도 동일한 작용을 하게 된다. 그리하여 자본증대가 계속해서 지속된다면 노동에 대한 수요는 인구성장을 지속적으로 자극할 수 있다(같은 책, 94쪽 이하)."

리카도는 그 무엇보다도 자연임금보다 현저하게 높은 임금수준을 지닌 국가는 성공하며, 이와 함께 노동자들의 지위는 번성하고 행복하게 된다는 것을 증명하고자 했다. 자본가들이 자본을 확대하고자 하는 충분한 동기를 제공하기 위하여 이윤율도 함께 충분히 상승한다면, 노동에 대한 수요는 계속 지속적으로 증가하여 인구성장을 자극하게 된다. "소작인과 제조업자들도 임금 없는 노동자와 마찬가지로 이윤 없이는 살 수가 없다. 축적을 위한 그들의 동기는 이윤이 감소됨에 따라 점점 더 줄어들게 되고, 만약 그들이 그들의 자본을 생산적으로 투자하고자 할 때, 필연적으로 감당해야만 하는 그들의 비용과 위험을 위해 충분한 균형을 제공하는 이윤이 너무 낮다면 그 동기는 그저 유명무실할 뿐이다(같은 책, 122쪽)."

그리하여 지속적인 경제성장은 소작인들과 제조업자들의 이익증대를 위해 충분한 이윤율뿐만 아니라 인구성장을 자극하기 위하여 자연임금 수준보다 높은 임금을 요구한다. 한계노동자 한 사람의 투입으로 얻게 되는 이윤이 노동자 한 사람의 임금을 제외하고 남은 생산에 대한 한 단위의 가치이기 때문에 만약 자연임금이 1단위보다 낮은 상태에 있게 된다면 자연임금보다 높은 임금은 보다 높은 이윤율을 동시에 가질 수 있게 된다. 이는 저렴한 식량과 제조업에서 생산되는 생활에 중요한 재화들이 낮은 실질비용을 갖는다는 것을 전제로 한다.

만약 식량과 일정한 인구를 보장하기 위하여 노동자들이 필요로 하는 재화들이 단지 0.6가치단위만을 갖는다면, 그들에게 0.75단위를 인구성장을 자극하는 목적으로 지불할 수 있는 활동의 여지를 갖게 된다. 따라서 이윤을 위해 여분으로 남는 나머지 0.25단위는 빠른 자본의 증대를 실현하기 위해 충분하다. 이와는 반대로 식량이 매우 비싸져 자연임금은 0.90가치단위를 갖게 되고 자본에 대한 적절한 이자지불이 남아 있어야 한다면, 노동자들에게 자연임금 이상은 절대로 지불될 수 없다.[8]

그리하여 체감하는 농업수확량이 자연임금을 1.0가치단위 가까이 접근시키면, 인구의 성장과 자본축적은 중단된다. 그리하여 국민경제는 정체된 상태로 머물게 된다. 이 경우에 경제적 총초과량은 지역의 보다 비옥한 토지들에서 얻게 되는 모든 초과량을 요구하는 지주들에게 돌아간다.

"임금이 소작인들의 총수입과 동일해지면 축적은 종료된다. 왜냐하면 그 어떠한 자본도 이윤을 결국 가져오지 못하며 노동에 대한 추가적인 수요도 대두되지 않기 때문이다. 그 결과 인구는 최대의 상태에 도달하게 된다. 그러나 실제적으로는 오래전부터 매우 낮은 이윤율은 모든 축적을 정지상태로 만들었으며, 지역의 전체 수확은 노동자들에게 지불된 뒤에 지주의 재산으로 그리고 공과금과 조세수령자의 재산으로 가게 되었다(같은 책, 120쪽 이하)."

리카도는 국민경제가 정체된 상태로 오래 지속되기를 원했다. 왜냐하면 이 상태는 노동자들이 자연임금보다 높은 임금을 갖게 되고, 지주가 번창하는 상태까지 경제를 발전시키기 위한 충분한 자극을 자본가들에게 주기 때문이다. 만약 농업비용이 증가하여 자연임금이 1단위로 상승하면 정체상태가 대두된다.

리카도는 1820년 그의 논문 「자금조달 체계」(Funding System)에서 이는 (영국의 경우) 해외에서 들어오는 식량의 자유무역에서 제한되기 때문에 밀접하게 연계될 수 있다고 했다. "무역을 통해 한 국가의 복지와 인구는 시간과는 관계없이 성장할 수 있다. 왜냐하면 성장의 유일한 장애물은 식량과 다른 원자재의 희소성 그리고 그들의 상대적인 가격의 상승이기 때문이다. 외국이 공산품과의 교환에서 이것들을 가져다 준다면, 재산축적의 한계와 이익이 되는 사용의 한계가 어디에 놓일 것인가는 말하기 어렵다(「자금조달 체계」, 179쪽)."

나폴레옹 전쟁이 성공적으로 종료된 후에 무한정한 식량수입에도 불구하고 침체될 수 있는 위험이 추가적으로 발생했다. 막중한 정부지출을 충족시키기 위한 조세부과는 생산비용을 높였다. 그리하여 노동자들은 겨우 자연임금 수준의 임금만을 받게 되었으며 자본가들은 세금을 공제한 후에는 그들이 자본량을 증대시키기 위한 동기를 가질 수 있는 이윤을 충분히 갖지 못했다.

『정치경제학과 조세의 원리』의 많은 부분은 리카도의 소득분배 이론에서 얻어진 여러 가지 조세종류들에 대한 사건들의 분석으로 구성되어 있다. 노동자들에게는 자연임금에 상응한 생활에 필요한 재화들의 상품묶음을 구입할 수 있도록 충분히 임금이 지불되어야 한다. 따라서 이러한 재화들의 부담이 간접세로 상쇄될 수 있도록 임금은 충분히 높아야 한다. 다른 여러 세금들은 한계생산자들의 소득을 위하여 귀속된다. 그리고 만약 과세가 어떻게 해서든지 진정으로 감지될 수 있다면 단지 0.6단위의 자연임금을 위한 잠재력을 가진 국가는 과세를 통해서 0.4단위의 잠재적 초과량의 많은 부분을 흡수하게 된다는 사실을 곧바로 확정할 수 있다. 이는 서둘러 정체상태로 진입하게 되는 것을 신속하게 확정짓는 것이다.

실행을 위한 마지막 결론

나폴레옹 전쟁이 끝난 뒤에 농업부문에서 극심한 침체기가 지속되었다. 리카도 시대의 위대한 인물인 맬서스는 공공노동자들에 대한 조세로 충당되는 프로그램을 가지고, 그리고 생산적이지 못한 곳에 일하고 있는 소비자들에 대한 특별한 보조를 가지고 유효수요를 전쟁 동안의 수준으로 올리고자 했다. 리카도는 (만약 우리가 이를 오늘날 명명하게 된다면) 이러한 "케인스적" 제안을 큰 잘못으로 간주했다. 왜냐하면 특별조세는, 노동자 한 사람이 생산활동을 하고 또한 이를 통해 경제성장을 하기 위한 모든 기회들이 불가피하게 의존하는 가치단위와 자연임금의 격차를 언제나 축소시켜야 하기 때문이다.[9]

실제로 리카도는 전쟁으로 인한 과도한 정부지출을 침체의 주요 원인으로 간주했다. 영국 예산의 지출항목 중에서 가장 큰 것은 부채에 따른 이자였다. 왜냐하면 전쟁차입금은 국가부채를 1819년까지 국가수입의 세 배인 8억 4,400만 파운드로 올려놓았고, 국가는 국민소득의 10퍼센트 이상을 이렇게 어마어마한 채무부담의 이자에 지불해야만 했기 때문이다.[10] 또한 정부지출 조달을 위하여 조세수입의 많은 부분이 한계생산자의 초과량에 부담으로 되었다. 더욱이 이러한 조세수입의 많은 부분은 자연임금보다 높은 임금과 경제적 성장에 요구되는 이윤율을 위한 활동의 여지를 축소시켰다.

국가가 발행한 채권을 소유한 사람들에게 완전히 비생산적인 이전지출을 하기 위하여 한계생산자의 생산에 대해 거의 10퍼센트를 공제하는 것에 관한 리카도의 특이한 반응은 하원에서의 연설로 시작되었다. 그는 의회에서 국가채무의 해결을 위하여 (국민소득의 거의 300퍼센트에 해당하는) 자본양도를 요구했다. 이때 우리가 가장 주목해야 할 것은 그의 견해에 따르면 8억 4,400만 파운드를 국가에 지불한 지주들을 (자기자신처럼) 나쁘게 내몰지는 말도록 제안했다는 것이다.

리카도는 지주 한 사람이 10만 파운드의 국가부채에 대한 부채이자를 (그에 의해 임의로 전제된 이자율 5퍼센트의 크기로) 충당하기 위하여 연간 5,000파운드를 조달하고자 한다면, 그의 독자적 부채는 실제로 10만 파운드라는 결과가 나온다는 것을 증명했다. 왜냐하면 오랫동안 연간 5,000파운드의 세금을 내야 하는 지주들의 의무는 10만 파운드에 해당하는 독자적 부채와 동일하게 그들의 재산을 감소시키기 때문이다.

그들의 10만 파운드가 국가부채에 대한 지주들의 몫을 갚기 때문에, 국가가 만약 10만 파운드를 요구하지만 지주들과 그 상속인들이 더 이상 연 5,000파운드의 세금을 내지 않아도 된다면, 그들에겐 결코 이익도 손해도 아니라는 것이다. 그들은 국가에 10만 파운드를 지불하게 되며, 동시에 지주들의 부채도 10만 파운드 감소하게 된다(왜냐하면 지주들은 국가부채에 대한 이자를 갚기 위해서 매년 5,000파운드를 세금으로 지불해야 할 의무를 더 이상 갖지 않기 때문이다).

그러나 전체적으로 국가에는 매우 유리하게 된다. 국가부채의 상환에 따라 가능한 국민소득의 10퍼센트 정도의 조세감면은 농업과 공업에서

비용을 크게 감소시키며 노동자들에게는 자연임금보다 높은 임금지불을 허용한다. 동시에 자본량의 급격한 증대를 유발시키는 데 충분할 정도로 자본가들의 이윤율은 높아진다. 이로 인해 정체된 상태의 출현은 아주 요원해진다.[11]

1822년 5월 하원에서의 마지막 연설에서 리카도는 자유로운 곡물수입에 유리하도록 곡물관세 한계가 폐지되고, 국가채무가 청산되면 영국의 경제는 긍정적으로 성장하게 될 것이라는 놀라운 전망을 예측했다.

"그는 만약 곡물관세 법규가 한번 철폐되면, 이는 세계에서 가장 물가가 낮은 국가가 될 것이라는 것과 자본이 개방된 세계의 모든 국가들로부터 자본이 이곳으로 유입되기 때문에, 우리는 더 이상 자본의 유출에 대해 우려할 필요가 없게 될 것이라고 생각했다. 실제로 만약 우리가 국가채무를 한번 감소시킬 수 있다면 이러한 결과는 의심할 여지가 없을 것이다. 많은 사람들이 국가채무 감소는 실행될 수 없는 것으로 여겼음에도, 그는 이를 끝까지 가능한 것으로 보았다. 이러한 엄청난 부채는 모든 재산종류의 공평한 분담을 통해 감소될 수 있다. 그는 무역관계자, 지주 그리고 자본투자자가 상호 간에 협력하여 노력한다면 국가부채는 분명히 갚을 수 있다고 생각했다. 만약 이들이 서로 협력하고 국가가 곡물관세 법규에서 정확한 수단들을 실시한다면 영국은 오로지 한 사람만 살게 되는 가장 물가가 낮은 국가가 된다. 영국의 국민과 복지는 번성한 상태에 도달하게 될 것이다. 존경스러운 신사분의 상상력도 현재 시점에서는 그 번성의 정도에 대한 어떠한 그림도 그릴 수 없을 것이다(Sraffa, Bd. V, 187쪽 이하)."

이는 매우 주목할 만한 가치가 있는 분석이었으며 1822년에 20세기를 그렇게 정확히 예견한 사람은 그 누구도 없었다. 리카도의 주장은 그의 독특하고 추상적인 경제적 분석에서 얻은 간접적인 결과들이었다. 슘페터는 극단적으로 추상적인 전제조건을 가진 하나의 단순한 경제모델에서 풍부한 현실적 결론들을 끌어내는 리카도의 전개방법을

"리카도적 악습"이라고 표현했다(Schumpeter 1965, Bd. I, 583쪽 이하). 보다 실증적인 스미스의 사상과는 분명하게 반대편에 있는 이러한 경제적 분석방법은 믿을 수 없는 예측력을 가진 결과들을 리카도의 방법들로 완성하게 했다.

리카도의 영향

19세기 영국의 국민경제는 리카도가 예측한 것과 정확히 같은 형태로 발전했다. 곡물관세 법규는 1846년에 폐지되었으며 식량수입은 그 뒤 1973년 영국이 유럽공동체 회원국이 될 때까지 장애물이 없는 상태였다. 더욱이 국가부채는 자본매도를 통해 조정되지 않았다. 그러나 19세기에 모든 수상들은 부채를 점차적으로 줄이기 위하여 초과예산 관리를 주요한 경제정책의 일환으로 보았다. 그리하여 국가부채는 국민소득과의 관계에서 현저하게 감소했다.

부채이자는 나폴레옹 전쟁이 끝났을 때, 국민소득의 10퍼센트보다 많았던 상태에서 1914년까지 1퍼센트 이하로 감소되었다. (해외식민지를 포함하여) 영국의 국부는 유럽 대륙의 그 어떠한 국가들의 국부보다 컸으며 미국의 국부를 초과했다. 자유무역과 국가부채의 감소를 옹호한 소수의 영국 국민들만이 리카도의 저서를 읽었거나 이해했다. 그렇지만 읽은 사람들의 대부분은 그가 실행한 분석의 근본을 파악했으며, 이를 관습적인 진리로 전달한 재정학적 저자들의 저술을 통해 영향을 받았다.[12]

리카도는 그를 계승한 사람들의 경제학적 분석에도 큰 영향을 주었다. 마르크스는 리카도의 노동가치 이론을 계승, 발전시켰다. 이는 마르크스의 착취이론에 눈에 띄게 영향을 주었다. 한계토지는 비옥한 토지보다 생산적이지 못하다. 그리하여 가장 비옥한 토지를 지닌 행복한 소유주는 총생산의 많은 부분을 지대형태로 요구할 수 있기 때문에 리카도의 경제학적 초과를 획득한다. 마르크스의 초과는 자본가들이 노동자들을 착취하기 때문에 발생한다.

이때 자본가들은 노동자들의 노동력을 사용가치보다 더 싸게 구입하게 된다. 이를 통해 자본가들은 많은 공업적 이윤을 착복할 수 있게 된다. 따라서 초과는 마르크스와 리카도의 저서에서 매우 차이가 나는 방법으로 이루어진다. 따라서 초과로부터 효용을 얻게 되는 계급은 동일하지 않다. 그런데도 위대한 두 명의 경제학자는 가치가 근본적으로 재화생산을 위한 필수적인 노동시간에 의존한다는 사실에 그들 주장의 핵심이 있는 것으로 보았다.

영국의 국가부채가 비용부담 없이 자본의 매도만을 통해 갚아진다는 리카도의 제안은 70년대에 신고전학파 거시경제학에 의해 다시금 지배적인 학문("주류경제학")으로 도입되었다. 여기에는 누구보다도 배로(Robert Barro 1974)를 들 수 있다. 리카도와 동일한 이론적 기본진술에서 배로는 국가부채는 케인스적 경기회복 정책의 목적에서는 사회의 순복지 또는 인지할 수 있는 실질소득을 증대시킬 수 없다고 주장했다. 추가적 국가공채를 위한 이자변제 때문에 미래에 보다 많은 세금을 내야 한다는 사실을 알고서 합리적으로 행동하는 세금납세자의 재산(그리고 이에 따른 비용)은 바로 케인스적 지출을 통해서 증가되는 재산(및 비용)만큼 감소된다.

배로가 국가부채는 전체 재산을 위해서는 중립적이라고 주장한 것은, 국가부채 해결을 위한 자본매도는 재산을 결코 감소시키지 않을 것이라는 리카도의 주장과는 분명하게 대치된다. 리카도와 배로에 대한 동시대 사람들의 반응은 많이 비슷했다. 두 가설은 그들에게는 일반적으로 완전히 비현실적으로 간주되었다. 의회의원으로서 국가부채를 해결할 목적으로 자본을 매도해야 하는 것에 관한 리카도의 연설에 대해 직접적으로 반박을 한 베어링(Baring)은 리카도의 계획을 알아차렸다. "그렇게 리카도는 이론에서 또는 추상적 계산에서 매혹적으로 잘 되어 있다. 하지만 그의 이론은 그 어떠한 현실적 문제에서 아주 사소하게 사용될 수 있다." 20세기에 배로에 대해서도 사람들은 이와 동일한 반응을 보였다.

　마지막으로 "곡물모델"을 많은 사람들은 리카도의 1815년『시론』에서 알게 되었다고 생각한다. "곡물모델"은 이러한 리카도 해설에 관한 새로운 발견자 가운데 가장 중요한 사람인 스라파가 한 국민경제의 투입물과 산출물이 동일한 원자재에 있다는 가치 및 분배모델인『상품수단에 의한 상품생산』(*The Production of Commodities by Means of Commodities*, 1960)을 개발할 수 있도록 영감을 주었다.

　스라파의 모델은 커다란 공명을 얻었으며, 마르크스 학파와 함께 이를 수용할 수 있는 국민경제학의 하나인 신(新)리카도 학파의 형성을 불러왔다. 신리카도 학파는 지금까지 20세기 국민경제의 실증적 이해를 위한 단지 몇 권뿐의 현실적 저서들을 남겼다. 그 저서들은 모든 계획경제와 시장경제에 출현해야 하는 일련의 기본 교환관계의 설명을 주로 다루었다.[13]

　이와는 반대로 경제이론에 대한 리카도의 독자적 저술들은 극단적으로 현실과 밀착되어 있으며, 그의 가족 그리고 후에 영국이 엄청난 부를 축적하는 것을 가능하게 했다. 만약 리카도의 사고에서 중심적인 자리를 차지하고 있는 1차 산업부문에서 체감하는 수확이 다시금 그들의 과거 의미를 갖게 된다면, 리카도의 성장이론과 소득분배 이론은 새롭게 유효해질 것이다. 만약 미래에 원유 그리고 생활에 중요한 다른 원자재들이 세계적으로 더욱 귀해져 꾸준히 증가하게 되는 구매비용을 상쇄하기 위하여 임금이 증가하게 된다면, 또 국민경제학자들이 어떻게 그리고 왜 이러한 발전이 불가피하게 이윤을 감소시키고 점차적으로 경제성장을 멈추게 하는지에 대해 이해하고자 할 경우에는 리카도에게 되돌아가야만 할 것이다.

| 발터 엘티스 · 정진상 옮김 |

10 | 튀넨

Johann Heinrich von Thünen, 1783~1850

생애

튀넨은 1783년 6월 24일 올덴부르크 지휘관의 첫 아이로 세상에 태어났다. 그는 곧바로 정치적 혼란의 시대에 빠져들게 되었다. 종전으로 접어든 미국의 독립전쟁과 이후 6년 뒤에 발생한 프랑스 혁명은 민주주의에 의한 봉건주의의 해체와 자유주의 시대에 의한 중상주의 경제체제의 해체를 가져온 새로운 시대를 알리는 뚜렷한 신호탄이었다.

이러한 사회적 환경변화와는 관계없이 국가소유지인 시골 지역의 한적함 속에서 자유로이 띄엄띄엄 떨어져 있는 집들이 눈길을 끌었다. 이곳 사람들은 다른 걱정을 해야만 했다. 우선 홍수피해 그리고 발진티푸스와 같은 질병에 대항해 끊임없는 투쟁을 했다. 발진 티푸스로 인하여 태어난 지 얼마 되지 않은 하인리히의 동생 프리드리히는 목숨을 잃었으며 튀넨 가의 많은 사람들 그리고 심지어는 그의 아버지까지도 목숨을 잃었다. 튀넨은 후에 "내 어머니의 눈물이 나를 키웠다"고 한 적이 있다(Schumacher 1868, 5쪽 인용). 분명히 이러한 어린 시절의 경험들은 그의 생애동안 특유의 진지하고 신중한 내면의 기질형성에 많은 영향을 미쳤다.

그의 어머니는 곧바로 재혼했으며 어머니의 재혼으로 튀넨은 학교교육을 제대로 받을 수 있었다. 특히 수학 과목에서 선생님을 앞지르면서 시골학교를 다닌 뒤에 튀넨은 예버(Jever)에서 자신이 후에는 시간낭비였다고 언급한 실습과목인 농업과 같은 과목을 다루는 상급학교 교육을 받았다. 함부르크 부근 그로스-플로트베크(Groß-Flottbeck)에 있는, 더욱 심도 깊게 학문에 치중했던 사립 농업학교를 다니면서 튀넨은 비로소 올바른 교육을 받을 수 있게 되었다.

여기에서 그는 먼 훗날 그를 대표하는 『고립국가』(*Isolierten Staat*)의 기본 아이디어를 얻을 수 있었다. 그는 「그로스-플로트베크 마을의 농업경제 서술」(Beschreibung der Landwirtschaft im Dorfe Groß-Flottbeck)이라는 논문을 1803년에 썼으며 그 논문에서 『고립국가』의 기본틀을 잡았다. 그 뒤에도 그는 결코 이를 떨쳐버리지 않았다. 더욱이 같은 해에 그는 당시 가장 유명한 농업 경제학자인 타에르(Albrecht Thaer)의 강의를 듣기 위해서 첼레(Celle)로 이사했다.

훗날 튀넨이 경제학에서는 스미스가 그리고 이와는 반대로 농업경제학 부문에서는 타에르가 그의 스승이라고 기술했음에도, 그는 타에르에 대해서는 곧바로 환멸을 느꼈다. 타에르는 이른바 교육받은 의사로서 경제학자라기보다는 자연과학자에 훨씬 더 가까웠다. 특히 당시 독일에서 여전히 지배적이면서 널리 확산된 윤작과 삼포식 경작제의 경작 형태와 비교되는 영국식 윤작제를 무조건적으로 칭찬한 그를 튀넨은 이해할 수 없었다.

그러나 튀넨은 그것보다도 여러 가지 경작형태가 갖는 장점이 특히 생산물의 가격에 의존한다는 사실을 믿었다. 실제로 후에 그의 대표작에서 그는 여러 생산방법의 상대적 우월성에 관한 일반적 경제원칙의 창시자가 된 이 가설을 명백하게 증명했다. 약간 과장을 하자면 이러한 증명으로 튀넨과 크르치모프스키(Forscher Krzymowski)는 뉴턴의 상대성 이론보다 한 단계 높은 업적을 세우게 되었다.[1]

여하튼 튀넨은 당시 자신이 겉으로는 독자적이고 독창적인 생각을 가진 사람임을 내보였다. 그는 첼레에서 거주했기 때문에 그곳에서 그리 멀지 않은 괴팅겐에서 두 학기 동안 경제학을 수학했다. 그런데도 국민 경제학적 문제에서 그는 유독 독학자였다. 또한 만약 동시대 사람이 "튀넨이 실행한 것들에 대해서 아우구스타(Georgia Augusta) 교수들은 아마 거의 책임이 없을 것이다(Schumacher 1868, 18쪽 인용)"라고 기술한다면 이는 매우 적절한 것이다. 후에 슘페터(1965, 577쪽)도 이와 비슷하게 평가했다. "튀넨은 재건을 하지 않고 신축을 했다. 또한 그의 작품이 나타낸 것은 그의 시대 그리고 그 이전 시대의 경제학적 문헌들이 전혀 존재할 필요가 없도록 했다."

당시 그가 얻었던 수확 중에서 가장 큰 수확은 맥클렌부르크 출신의 대학 친구인 베를린(Otto Berlin)과 알게 된 것이었다. 튀넨은 그의 여동생 헬레네(Helene)와 1806년에 결혼했다. 튀넨이 맥클렌부르크로 이사하기로 결정한 것도 이와 연관이 있었다. 그곳에서 그는 한 농장을 짧은 기간 동안 임대했다. 1810년에 그는 로스토크 부근 텔로브(Tellow)에서 훗날 유명해진 작품을 쓰게 된다. 그는 텔로브에서 그의 모든 여생을 보냈다. 또한 그곳에서 1826년에 초판의 첫 부분이 출간된 그의 대작 『농업 및 국민경제에 관한 고립국가』(*Der isolierte Staat in Beziehung auf Landwirtschaft und Nationalökonomie*)가 탄생한다.

이 작품에서 튀넨이 세웠던 과제는 강압적이었다. 그의 목표는 토지에 대한 여러 경작형태들의 상대적 장점을 일반적으로 작용시켜 수학적으로 구성될 수 있는 법칙의 형태로 만드는 것이었다. 사람들이 이러한 과제를 어떻게 실행할 수 있을 것인가에 대한 기본 아이디어는 이미 학창시절에 그에게 떠올랐던 것으로 바로 한 국민경제의 이상적인 "고립국가" 형태였다. 문제에 대한 순수이론적 분석은 결코 그를 만족시키지 못했다.

당시 또한 우리 시대의 수많은 "모델 제조가"들과는 반대로 그는 현실적으로 "무엇인가 이러한 방법으로 창조한 모든 것들은 마지막 결론

요한 하인리히 폰 튀넨(1783~1850)

에서 결코 현실과 일치할 수 없다는 사실을 알고 있으며, 만약 내가 그 무엇인가 정말로 유익하면서도 실제적으로 필요한 것들을 갖고자 한다면, 우선 내가 계산한 것들을 경험을 통해서 보여주어야 한다는 것도" 충분히 알고 있었다(Schmucher 1868, 42쪽 인용).

이와 더불어 그가 그후 여러 해 동안 하나의 정식 표본상품을 만들었던 텔로브는 그에게 최상의 전제조건을 제공했다. 그는 순수이론적 연구를 중단하고 1810년에서 1820년까지 철저하게 텔로브에서 경제활동을 시작했으며 그들의 수확을 가장 작은 단위까지 표시하여 학문적으로 평가했다. 늦은 밤까지 튀넨은 가끔 이러한 끝없는 노동을 하면서 앉아 있었다. 동시대의 한 사람은 이에 대해 루터가 성경을 번역하는 동안 10개월을 바르트부르크(Wartburg)에서 시간을 낭비한 것과 같았다고 생각했다(Schmucher, 1868, 44쪽 이하).

더욱이 이러한 것들은 병으로 약해진 그의 시력에는 결코 좋은 처방이 되지 못했다. 곧바로 근시가 된 그는 수영휴가를 즐길 때에도, 오로지 "아주 키가 크거나, 아주 뚱뚱한 또는 등이 굽은 남자들에게만 아는 체 할 수 있었다. 왜냐하면 그러한 사람들만 알아볼 수 있었기 때문이다. 나는 카멜레온처럼 매일매일 그들의 색을 바꾸는 여자들은 전혀 알아볼 수 없었다."[2]

그러나 10년 동안 텔로브에서 장부를 정리한 노력은 보람이 있었다. 튀넨은 수치로 된 자료를 가지고 그의 근본적인 이론적 아이디어를 뒷받침할 수 있었다. 그리하여 『고립국가』는 엄정한 의미에서 하나의 계량경제학적 작품이 되었다. 왜냐하면 이론적으로 기반이 되어 있었으며, 충분한 실증적 자료들을 통해 증명되었고 수학적으로 정확히 구성되어 있었기 때문이다. 하지만 온전히 자신들을 위해 책이 쓰여졌음에도 그들 대부분의 사람들은 이해하기가 힘들었다. "튀넨이 사용한 예리한 방법은 경제학에서 매우 뛰어난 사람들에게도 익숙치 않은 방법이었다. 그리하여 사람들은 그 책은 딱딱하고 자비롭지 못하여 출판된 뒤에 경제학 분야 문헌들 사이에서 오랫동안 암적인 존재로 다루어지게 될 것"[3])이라고 말할 수 있었다.

그런데도 튀넨은 곧바로 전문가로서 최고의 대우를 받게 되었다. 모든 방면에서 자문을 받았으며 프로이센 정부뿐만 아니라 영국 정부에서도 그에게 조언을 구했다. 로스토크 대학교는 그에게 1830년에 명예박사학위를 수여했으며, 텔로브는 모든 지배국가들의 "명망 있는 남자들과 배우기를 갈망하는 젊은이들의 순례지"가 되었다(Schmucher 1868, 59쪽).

내면적 동기보다는 외적 동기가 튀넨이 『고립국가』의 재판을 출판하도록 종용했으며 재판은 1842년에 출간되었다. 그러나 오랫동안 그가 진정으로 관심을 가진 것은 농업입지론보다는 다른 대상, 즉 "자연적 노동임금"에 대한 질문이었던 것으로 여겨진다. 그는 이미 상대적으로 빠른 시기인 1826년에 작성한 「노동자의 몫에 관하여: 진정한 내용의 꿈」(Über das Loos der Arbeiter; ein Traum ernsten Inhalts)이라는 제목의 원고에서 이 문제들을 다루었다(Schumacher 1869, 5쪽 이하).

그는 그의 유명한 임금형태를 이미 1830년에 발견했다(Braeuer 1951, XXXVIII 참조). 그러나 이는 대부분의 시대에 요구된 자본투입과 순생산 간의 관계를 위한 실증적 증명이었다. 결국 1848년 7월에 그는 문제의 해답을 찾았다고 생각했다. 그리하여 그는 그 해답을 1850년에 『고립국가』 제2부 제1절에 발표했다(완결된 제2부는 사후인 1863년에 비로소 출간되었다).

그러나 그 시대에 "노동자의 몫"은 이미 현실적 정치문제였다. 1848년 혁명전선의 동요는 멀리 떨어진 맥클렌부르크도 그냥 내버려두지 않았다. 많은 지주들은 때때로 그들의 재산과 생명 때문에 분개한 노동자들에게 협박받은 것으로 짐작된다. 물론 이러한 일은 튀넨에게 일어나지 않았다. 그의 높은 학문적 명성, 그보다 그의 정당한 특성과 다른 사람들에 대한 그의 친절하고 겸손한 태도는 텔로브에서 만일 있을지 모르는 폭거에 대한 최상의 보호막이었다. 여기에 더하여 현실에서도 노동자들의 지위향상이 이루어질 수 있도록 그는 끊임없이 노력했다.

그리하여 때로는 하나의 가장된 푸리에의 유토피아적 사회주의에 대해서 그는 통상적이고 자제적이며 사양하는 부류와는 완전히 반대로 평가했다. "합리적으로 보이지 않고 제정신이 아닌 머리로 어떻게 교육시키고 있는가를 이해하기 어렵다." 하나의 사회주의적 체제 내에서는 "학정으로 지배하든 국가는 모든 게으름뱅이들을 부양해야 한다. 그리하여 이는 곧 국가의 부도를 이끌게 된다."[4]

튀넨은 그 어떠한 혁명가와도 근본적으로 달랐다. 모든 형태의 무질서와 혼란은 그에게 공포감을 안겨주었다. 그는 1832년에 그의 아들 하인리히에게 "만약 내가 무정부 상태와 전제 군주주의 중에서 오로지 하나를 선택해야 한다면 나는 전제 군주주의의 군대에 내 자신을 던지게 될 것이다"라고 썼다(Schumacher 1868, 136쪽 인용).

그리고 또한 그가 평가를 해서 발표한 제안과는 반대로 조세개혁이 결정되고 난 뒤에 다수결의 진리에 대한 그의 생각은 크게 흔들렸다. "크게 보았을 때 많은 사람들은 알고 있지만 사실에 대해서는 전혀 알지 못하는 몇 백 명의 남자들에 의해서 국가의 가장 중요한 생활문제가 다수결로 결정된다면 이는 매우 흥미로운 일이다. 정부가 제안한 의제는 160 대 15라는 표결로 부결되었다. 나는 충분히 용감했으며 내가 소수에 속했다는 것에 대단한 자부심을 갖는다."[5]

노동자에 관한 질문에서 튀넨의 입장은 농촌노동자들의 재산형성에 가부장적이었다. "노동자가 자신의 연령에서 고난으로부터 어떻게 보호되어야 하고, 빈민구호 의연금은 어떻게 줄여야 하며, 또한 노동자들에게는 한 교구에서 다른 교구로의 임의이주권이 어떻게 만들어지며 이는 국가전역에서 다시 통제되는가? 답변은 다음과 같다. 일당에 대한 보증금은 노동자의 손에 쥐어지지 않으며 그보다는 예금통장에 들어가서 지역의 우두머리에 의해 관리되고, 노동자가 이주하는 경우 그가 이주하게 되는 교구당국에 양도된다. 그리하여 노동자는 보증금으로부터 증가하게 되는 그의 자본에 대한 이자만을 얻게 된다. 만약 노동자가 사고나 질병 또는 나이 때문에 자신의 생계수단을 더 이상 얻을 수 없게 되었을 때 비로소 자본을 직접 갖게 된다. 그러나 그는 60세가 되면 모아진 자본의 처분을 완전하게 또는 부분적으로 할 수 있다."[6]

동일한 행동을 튀넨은 1848년 4월에 텔로브에서 실행했다. 그러나 "무엇인가 내가 이미 오랫동안 가슴 속에 품었던 것과 어울리지는 않지만 두려움으로 인하여 곡해될 수 있다는 걱정이 없지는 않았다."[7] 이러한 걱정은 그동안에 확증되지 않았다. 그의 명성은 매우 대단해서 그가 1847년 흉년에 많은 물품기부를 통해 도와주었던 테테로브(Teterow)시는 그를 1848년에 명예시민으로 추대했다. 또한 같은 해에 그는 프랑크푸르트 연방의회에서 맥클렌부르크 의원으로 선출되었다.

물론 그는 이러한 위촉을 건강상의 이유로 더 이상 받아들일 수 없었다. 마침내 그는 언제나 문제가 되었던 건강 때문에 1850년 9월 22일에 텔로브의 그의 장원에서 돌연사했다. 그의 일생에서 가장 긴밀한 관계를 유지한 부인 헬레네는 이미 그보다 5년 전에 사망했다. 그의 방식이었던 것처럼 튀넨은 그의 후손들에게 바르게 정리가 된, 지위와 이윤분배 체계가 40년이 지나 장원이 팔릴 때까지 여전히 보존되었던 번창한 텔로브 장원을 남겨주었다.[8]

튀넨의 저서

튀넨이 우리에게 남겨준 학문적 유산으로는 그의 이론적 명제, 특히 유명해진 농업의 입지선정과 임금이론 그리고 이자론에 대한 이론들이 있다. 그리고 무엇보다도 그의 학문적 방법론이 있다. 이는 근본적으로 오늘날 그의 선구자적인 행동으로 여겨지며 스스로는 이것을 『고립국가』의 서문에서 "본 저서에서 가장 중요한 것"이라고 했다(Thünen 1842, 4쪽).

입지론

그가 세운 입지론의 출발점은 "고립국가" 모델형성이다. "경작할 수 있는 평야 한가운데 하나의 거대한 도시가 있다고 생각해보자. 이 도시에는 배가 다닐 수 있는 강이나 운하가 통과하지 않는다. 평야는 어느 곳이나 경작이 가능한 동일한 토지들로 되어 있다. 도시에서 원거리에 위치한 평야들은 경작이 불가능한 숲으로 끝난다. 도시의 이 숲은 다른 모든 세계들로부터 도시를 완전히 고립시킨다. 평야에는 하나의 거대한 도시 말고는 그 어떠한 도시도 없다. 또한 도시는 국가를 위하여 예술분야의 모든 생산품을 공급한다. 마찬가지로 도시는 단지 도시를 둘러싼 농촌 지역들에서만 식품들을 구입할 수 있다(Thünen 1842, 1쪽)."

이러한 인위적 모델세계와 관련해서 모델 안의 "장애세력들"인 기타 요소들은 고정된 것으로 간주되어야 하며, 이러한 여러 요소들의 변화가 공간의 경작에 어떻게 작용되는가가 해명될 수 있어야 한다. 튀넨은 다음과 같은 결론에 도달했다. 즉 어쩌면 타에르에 의해서 선전된 강도 높은 작물전환 경작과 같은 하나의 특정한 생산방법이 절대적으로 장점을 갖고 있는 것이 아니라, 그보다는 각기 다른 가격의 크기에 따라 농업 생산물을 윤작 또는 삼포식 경작재배의 조방형태로 실현하는 것이 보다 유리할 수 있다는 것이다.

각기 다른 크기의 가격은 튀넨이 세운 고립국가 모델의 골격에서는 도시에서 농장까지의 거리에서 얻어진다. 튀넨은 가령 호밀의 가격을 우선 시내에서는 주어진 것으로 간주했다. 그러나 "이러한 가격을 유지하기 위해서 보리는 우선 도시로 운반되어야 한다. 또한 이는 도시지역보다 농촌지역에서 낮은 보리 가치의 차이와 동일한 비용이 든다(Thünen 1842, 16쪽)."

그리하여 튀넨은 상대적으로 높은 가격의 경우, 도시근교에서는 집약적 재배와 이와 함께 비싼 윤작재배가 타당성을 갖는다는 것을 증명했다. 이와는 반대로 농장이 도시에서 원거리에 있으면 있을수록 보다 조방적인 생산방법을 요구했다. 이로부터 도시 내의 일정한 수요와 동질의 토지라는 전제에서 중심지로부터 멀어지면서 경작의 강도가 체감하게 되는 원형형태의 경작구역을, 즉 튀넨의 원 또는 환(環)을 갖게 된다.

구역을 확정하기 위한 조절기구는 토지의 가격인 지대이다. 가장 적합한, 이른바 도시에 가장 인접한 토지들에 대한 경쟁은 그곳에서 그들의 가격을 가장 높은 크기로 상승시킨다. 그리고 이 가격은 다시금 토지를 강도 높게 경작할 때에만 높은 수확을 얻을 수 있다. 따라서 튀넨의 경우 지대는 스미스와는 명확하게 구분되어 실제로 잔여수입을 의미하며 더욱이 『고립국가』의 초판에는 리카도의 차액지대론과 같은 이론에 대해서는 언급하지 않았다.[9]

물론 튀넨은 한 종류의 작물(그는 호밀을 예로 들었다)에 대한 강도의 강약에 따른 생산방법들을 위하여 입지선정을 한정시키지 않았다. 그보다 그는 각기 다른 작물의 입지선정도 그의 분석에 포함시켰다. 그리하여 그는 마침내 그림에 보이는 것과 같이 여섯 개의 구역으로 공간을 분할하게 되었다.[10] 이때 여섯 번째 구역 저편에는 경작이 되지 않은 "황무지"가 이른바 일곱 번째 구역으로서 포함되며 그 안에서는 사냥꾼과 산딸기 채취자들만이 활동하고 있다.

그림에서 보이는 구역구분에서 확실히 조방적인 임업은 상당히 시장에 근접한 두 번째 원에 위치하고 있으며, 이와 함께 집약적인 윤작보다 빠른 순위를 차지했다는 것이 눈에 띈다. 위에서 서술한 것들에 대한 모순이 여기에 있는가? 또는 입지선정은 하나 또는 동일한 작물에 대한 각기 다른 집약적 생산방법들의 선택과는 완전히 다른 법칙들에 의해 이루어질 것인가?

오늘날까지 많은 학자들이 튀넨의 분석에서 눈에 띄는 "파괴"에 대해 이야기한다. 왜냐하면 튀넨의 체계 내에서는 실질적 법칙을 알아낼 수 없기 때문이다.[11] 사실은 이러한 관점에서 튀넨이 독자들에게 쉽지 않게 설명했다는 것을 우리는 인정해야 한다. 그 안에서 그는 이른바 무

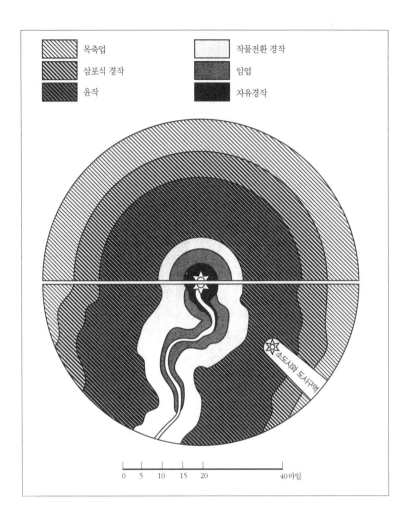

목축업

작물전환 경작

삼포식 경작

임업

윤작

자유경작

0 5 10 15 20   40마일

수한 예들의 계산과 농업경제적 개별 논의와 변형을 저술의 기본전제로 세웠다. 그런데도 전체적 체계에는 일률적이고 상당히 간단한 원칙이 깔려 있다. 경작의 강도(한 단위 면적당 수확으로 측정함) 외에도 이른바 구역구분에서 각 상품들의 운송비 민감도(특정 거리에 대한 한 단위의 수확당 교통비로 이해됨)가 동일한 등급을 갖는다. 여기에 임업이 중심지 근처에 정착해야 하는 이유가 있다.

"강도"와 "운송비 민감도" 등 영향을 미치는 두 가지 크기들은 이때 곱셈으로 결합되며, 이와 함께 입지선정을 위한 그리고 각기 다른 생산

강도들의 선정을 위한 하나의 균일한 기준을 얻게 된다.[12] 이에 대하여 받아들여지는 것은 결국은 단위면적당 운송비로서 이는 『고립국가』의 내용에 따르면 숲의 경우 윤작지에서 호밀경작을 하는 것보다 대략 1.8 배가 더 높다.[13]

그리하여 시장근교에 위치한 임업면적보다 정확히 두 배가 되는 면적에 호밀을 경작하게 된다면 무조건 장점을 갖게 된다. 또한 지대의 메커니즘도 바로 이러한 결과를 가져온다. 하나의 주어진 상품(그리고 이와 함께 균일한 운송비 민감도)을 위해서 지대의 메커니즘은 점점 더 강도가 높은 생산방법을, 즉 도시와 더욱 가까운 곳에서 면적당 수확량이 증가하는 방법을 사용하게 된다는 것이다.

해당 상품이 각기 다른 지대를 가져올 수 있게 하기 위해서는 도시에서 가격 메커니즘이 다시금 고려되어야 한다. 가격 메커니즘은 수요가 주어져 있을 때 "집약적인" 상품들의 가격을 이에 맞춰 상승시키거나 수요가 충분하지 못한 경우에는 각 생산형태의 완전한 포기를 가져온다. 그러나 어떠한 경우에서도 단위면적당 상대적으로 높은 운송비를 가진 상품은 시장에서 원거리에 있는 구역에서 경작될 수 없다. 만약 우리가 운송비에 운송 중에 상하게 되는 물건도 계산해야 된다는 것을 고려한다면, 원예업 및 낙농업과 같이 가장 가까운 내부 구역 내에서의 경작이 이 논의에 포함된다.[14]

임금이론과 자본이론

이제 고립국가 2부에 포함되어 있는 튀넨의 임금에 관한 이론으로 눈을 돌려보자. 이때 "본질적 임금"을 위하여 발견된 양식, 이른바 유명한 표시인 $\sqrt{s}$에 튀넨은 매혹되어 그 양식을 그의 묘비에 조각하게 했다. 대부분의 후대 경제학자들의 견해에 따르면 그 표시는 확실히 무덤 안에서 더욱 좋은 대우를 받고 있을 것이다. 튀넨이 그의 양식을 도출하는 데 세웠던 전제조건들은 너무 인위적으로 보였으며, 이러한 도출의 순수수학적 정확성 또한 다시금 의문시되었다. 이때 양식은 첫눈에 실제로 완전히 명백한 것으로 보인다.

양식은 이른바 최저생존(a)과 노동자 한 명당 생산한 총생산(p) 간의 기하학적 중간치 외에는 어떠한 것도 기술하지 않았다. 한편으로 노동자는 그에 의해 얻는 생산보다 많은 임금을 받는 것이 불가능하기 때문이다. 또한 다른 한편으로 적어도 그의 최저생존은 보장되어야 하기 때문에 사람들은 노동자에게 두 가지의 중간치를 정당한 임금으로 지정할 생각을 한다.

그러나 튀넨의 양식은 이렇게 원초적인 숙고에 뿌리를 두지 않았다. 그보다 양식은 하나의 매우 조심스러운 자본이론적 분석의 결과이다. 이러한 자본이론적 분석은 근대 자본론의 많은 요소들에 앞서서 이루어졌던 것이었으며, 노벨 경제학상 수상자 새뮤얼슨(1983, 1485쪽)의 평가에 따르면 튀넨을 위해서 최고의 찬사를 가져다준 것이다. 튀넨은 여기에서도 다시금 하나의 임의의 개념을 가지고 시작했다. 그 개념 내에서 그는 토지가 무한정으로 존재하고 이와 함께 자유로운 지역을 고립국가의 외곽변두리에서 다루었다. 이를 통해 지대는 보수를 받는 생산요소에서 배제되었다. 그리고 튀넨은 생산의 분배를 자본과 노동에 집중할 수 있었다.

그 밖에도 튀넨에 의하면 토지의 자유로운 처분은 토지에 의존하고 있는 임금노동자들과 토지소유자들 간의 상반되는 관심을 제거하는 효과를 낸다. 왜냐하면 토지에 의존하는 각 임금노동자는 어느 때나 토지를 소유할 수 있으며, 이에 대해 독자적으로 활용할 수 있기 때문이다.

물론 노동자는 새로운 작물을 경작하기 위해서 자본을 필요로 한다. 그들은 이러한 자본을 만들기 위하여 그들의 임금에서 최저생계비를 제외한 부분을 저축하여야 한다. 튀넨에 의하면 이때 노동자는 다음과 같은 방법으로 서로 협동하게 된다. 지금까지 자영하지 않은 농촌노동자들 한 그룹을 만든다. 그들 내에서 한 부분은 1년 동안 오로지 독자적인 작물농장의 경작에만 전념하고, 다른 부분은 지금과 같이 계속 노동일을 하게 된다. 그러나 그들은 생활하는 데 쓰고 남은 노동의 초과분을 할애하여 "자본노동자(독자적인 작물농장 경작에만 전념하는 노동자)"를 부양한다. 따라서 그룹의 모든 회원들은 그 다음에 독자적인 자본을 가지고 토지를 독자적으로 경작할 수 있다.

거기에서 그들은 외부의 일급노동자를 교육시키고 일정한 이자수입을 받아낼 수 있는 농장을 갖기 위하여 일 년 동안은 생존임금 수준에서 살게 된다. 이러한 자본수입은 경쟁의 조건에서는 다른 이자율과 일치하기 때문에 튀넨에 의하면 그들 스스로 자본가가 되든가 또는 그들의 저축을 다른 사람들에게 대여해줄 것인가는 개별 노동자들에게 결국은 동일한 가치이다. 토지에 의존하고 있는 임금노동자의 관심은 "이에 따라 자본을 창출하고자 하는 노동자의 관심과 일치한다(Thünen 1842, 552쪽)."

그러면 과연 언제 이러한 이자수입이 최대치에 도달하게 될 것인가하고 튀넨이 물었다. 이는 틀림없이 결정적으로 임금의 크기에 의존하게 된다. 여기서 임금은 이중역할을 한다. 한편으로는 만약 임금률이 상승한다면 공동농장에서 획득하는 이윤은 감소하게 된다. 왜냐하면 일급노동자의 고용은 더욱 높은 비용을 야기시키기 때문이다. 그러나다른 한편으로 보다 높은 임금률은 노동자의 저축률을 상승시키고 이를 통해 지금까지 상대적으로 자영을 하지 않던 소그룹의 노동자들은위에서 기술한 방법으로 독자적인 작물농장을 갖고자 한다. 그에 따라농장의 이윤은 적은 수의 자본가에게 분배된다. 그리하여 자본가당 이자수입은 보다 높은 임금률의 경우 비용의 증가에도 불구하고 증가할수 있게 된다.

이는 틀림없이 하나의 전형적인 극대화 문제를 다루고 있으며 튀넨은이를 미분계산을 통해서 해결했다. 결과는 그의 유명한 묘비공식인$\sqrt{ap}$이다. 만약 임금이 이 공식과 일치한다면 자본량이 주어져 있는 경우에 노동자는 그의 저축을 위한 최대의 수익을 갖게 된다.

그러나 튀넨은 이러한 지식만으로는 여전히 만족하지 않았다. 그보다그는 다음 단계에서 작물농장의 최적자본량은 과연 얼마나 되어야 하는가에 의문을 가졌다. 이때 그는 한계생산성 원칙의 발견자가 되었다. 자본투입은 마지막으로 투입된 자본 한 단위의 수익이 바로 이자율을 충당할 때까지 증가된다. 이때 임금은 단지 (총수입에서 이자수입을 뺀) 여분의 수입으로 고려된다.

그러나 이러한 여분의 수입이 공식에서 자연적 임금과 과연 일치하는 가라는 물음에 대해 튀넨은 일치한다고 답했다. 즉, 만약 노동자가 바로 그들의 이자수입을 극대화시키는 자본강도를 선정하게 된다면 그렇게 된다는 것이다. 노동자들은 따라서 임금을 $\sqrt{ap}$와 일치하도록 고정시키고, 이 표시가 그들의 절대적 최대치에 도달할 때까지 자본량을 증가시키는 것 외에는 어떠한 것도 필요로 하지 않는다. 그렇게 되면 자본의 한계생산성은 바로 이자율과 자동적으로 일치하게 된다(Thünen 1842, 562쪽).

물론 자연임금은 고립국가의 전제조건들이 주어져 있는, 특히 자유롭게 마음대로 할 수 있는 토지가 존재하는 지역에서만 나타나게 된다. 튀넨은 북아메리카를 예로 들었으며, 또한 그곳에서의 관계들을 통하여 그가 만든 임금공식을 실증적으로 확인할 수 있을 것으로 믿었다. 이와는 반대로 인구와의 관계에서 토지가 부족한 유럽에서 임금공식은 결코 자동적으로 실현될 수 없다. 여기에서는 노동자들간의 경쟁이 임금의 크기를 결정했다. 이러한 임금은 튀넨에 의하면 근본적으로 자연임금보다 낮았다.

그리하여 노동자는 일정한 저축을 통해 스스로 자본가에 속할 수 있는 가능성을 결코 갖지 못했다. 즉 하나의 "원"(Zirkel)인 것이다. 이는 튀넨에 의하면 단지 인구성장의 제한을 통해서("애욕에 대한 이성의 지배")[15] 또는 농장지배자의 자유로운 재산형성 수단을 통해서("자본가의 비용에 대한 노동임금의 증대")[16] 망가져버릴 수 있었다.

이미 앞에서 언급을 했듯이 튀넨의 공식은 후에 경제학에서 결코 동의를 얻지 못했다. 만약 우리 스스로가 실제로 고립국가의 현실과 다른 전제조건들을 한번 적용시켜본다면 몇 가지의 잘못된 점들을 발견하게 된다. 특히 왜 노동자는 이자수입뿐만 아니라, 임금수입도 포함하는 그들의 총수입에서 이자수입을 최대화시키려고 하는가라는 질문을 하게 된다. 전제조건도 무척 임의적인 것으로 보인다. 자본을 창출하는 노동자들은 이자율에 대해서는 별로 관심을 갖지 않으며 언제나 그들의 임금 중 최저생존을 초과하는 부분을 저축하고자 한다.

이러한 소득의 남은 부분에 대한 저축행위는 튀넨보다 거의 100년이 지난 뒤에야 비로소 발전된 현대의 시간선호 이론의 전제조건과는 결코 조화를 이룰 수 없다. 튀넨의 임금공식이 논리적인가, 즉 그가 세운 전제조건 아래서 옳은가라는 문제는 오랫동안 논의되었다.[17] 튀넨이 사망한 뒤 140년이 지난 최근에야 비로소 이 질문은 옳은 것으로 결정 되었다. 이른바 논쟁은 튀넨의 200살 생일과 관련해 노벨상 수상자인 새뮤얼슨의 논문으로 끝이 났다.[18]

많은 비판에도 불구하고 튀넨의 임금이론과 자본이론은 학문적으로 가치가 매우 풍부하다. 이미 노동을 유일한 근원적 생산요소로 판단한 그의 자본이론적 두 섹터모델의 정확한 개발은 생각해보면 한 대가의 작품이다. 이때 튀넨은 생각에서 결코 실수를 하지 않았으며 여기에 더하여 리카도처럼 하나의 노동가치 이론을 작성했다. 그리하여 튀넨은 리카도를 확실하게 비판했다.

오히려 튀넨은 "고정자본을 형성하기 위해서는 단지 노동만이 아니라 자본의 활용도 이미 사용되었다"는 것을 인지했다. 또한 이러한 자본은 다시금 노동에만 되돌이켜질 수 있는 것이 아니며, 그보다는 그의 가치도 이자지불 요소를 내포한다는 것을 그는 알았다. 비록 튀넨이 이를 통해 보상되는 한때의 소비를 포기한다는 개념을 명확하게 사용하지는 않았을지라도, 여기 "옆으로 새는 노동"으로부터 근본적으로 여러 생산 요소들이 나타난다는 것을 매우 뚜렷이 했다(Thünen 1842, 522쪽).

튀넨은 그가 실행했던 감자 모으는 일의 예를 통해 생산요소 노동을 위하여 명확하게 한 한계생산성 원칙의 개발에서 노동의 창조를 성취 했다. "만약 우리가 감자를 캐거나 뽑아내고 난 뒤 땅 위에 놓여 있는 감자들을 주워 모은다면 한 사람이 매일 30베를린 셰펠(Scheffel) 이상을 모을 수 있다. 그러나 만약 사람들이 많은 흙으로 덮여 있는 감자를 모으기 위해서 땅을 호미로 파헤쳐야만 한다면, 한 사람의 노동생산은 매우 크게 감소하게 된다."

그러나 농부는 이를 통해 얻게 되는 추가생산이 임금비용을 초과할 때까지 추가적인 노동력을 계속해서 투입하게 된다. 즉 "마지막으로 투입된 노동자의 노동의 가치와 임금이 같다. 그러나 마지막으로 투입된 노동에서 노동자가 얻게 되는 임금은 동일하게 숙련된 재주를 가진 모든 노동자들에게 적용되는 규정에 맞춰져야 한다. 왜냐하면 동일한 행동에 동일하지 않은 임금이 지불되어서는 결코 안 되기 때문이다(Thünen 1842, 577쪽)."

이러한 연구를 통해 튀넨은 분배에서 한계생산성 이론의 창시자가 되었으며 또한 여기에 기반을 둔 근본적인 경제적 한계원칙의 창시자가 되었다. 슈나이더의 견해에 따르면 "학문분야의 위대한 사람들 그룹에 포함시키는 한 자리를 튀넨에게 언제나 보장해주는 것은" 이러한 그의 업적 하나만으로도 충분하다(Schneider 1971, 206쪽).

방법론

이미 튀넨 자신도 그랬던 것처럼 그가 실행한 학문적 방법론이 오늘날 튀넨의 가장 중요한 업적으로 보인다. 그가 실행한 학문적 방법론은 무엇보다도 독립적인 개념을 가지고 실행한 작업방법이다. 이 방법은 이미 이전에 리카도에 의해 능숙하게 사용되었다. 그러나 튀넨은 이를 "리카도와 비교했을 때, 보다 광범위하고, 보다 고차원적인 의미에서 사용했다. 그는 경제적 사실과 과정을 결코 전체 사회적인 것들로부터 해결하려고 한정시키지 않았으며 그보다 그는 경우에 따라서 경제생활에서 일련의 사실과 과정을 고립시켰다(Kruse 1959, 106쪽)."

튀넨 스스로 이러한 "모든 것이 고정되어 있다"는 부분분석의 방법을 그도 많이 사용한 (편)미분의 수학적 방법과 비교했다. 동시에 이와 함께 그는 이러한 방법이 자신의 저서를 이해하는 데 결코 요구되지는 않는다는 것을 알고 있으면서도 이러한 방법들을 실행하여, 수학적으로 접근하는 경제학자의 개척자 중 한 명이 되었다. "그러나 수학 없이는 진실을 찾을 수 없는 곳에서는 수학의 사용은 분명히 허용되어야 한다"고 그는 후에 그의 저서 제2부에 기술했다.

"만약 사람들이 농업과 국민경제학 분야에서처럼 수학적 계산에 반대하는 다른 지식분야들에서 이러한 혐오감을 가졌다면, 우리는 하늘의 법칙에 대해 전혀 모르는 상태에 있었을 것이다. 그리고 하늘이 부여한 동기가 확장되어 지금은 세계 모든 곳을 서로 연결시켜주는 선박도 오로지 단순하게 해안가 운행만 하고 있었을 것이다(Thünen 1842, 569쪽)."

또한 튀넨이 수학을 "결코 속이지 않는 학문(Thünen 1842, 410쪽)"이라고 번역했다는 사실을 사람들은 추가적으로 이해해야 한다. 그러나 특정한 수학적 작업의 논리적 허용은 수학적 작업의 대상이 경제적 문제제기와 일치하는지에 대해서 이야기하지 않는다. 또한 특정한 수학적 작업의 논리적 허용은 사람들이 포괄적이고 해설적인 전제조건들을 선정하여 단순한 반복 또는 이른바 변수들 간의 복잡한 관계들을 그들이 결과로 얻게 되는 것에 대해서도 여전히 이야기하지 않는다.

물론 튀넨 자신은 이러한 위험에 대해서 전반적으로 자유로웠다. 왜냐하면 항상 그의 분석에서는 서술적으로 구성된 경제적 명백성이 최소한 동등하게 수학적인 증명과 함께하고 있기 때문이다. 이는 한계생산성 원칙에 대한 그의 생각에 특히 적용된다.

더욱이 그가 행한 수학적 증명들은 첫눈에 보면 가끔은 현실적으로 보이지만 별로 고급스러워 보이지 않는다. 그러나 만약 현대적인 수학적 방법들을 가지고 튀넨이 내렸던 결론을 측정하게 된다면 사람들은 그의 증명과정이 얼마나 정확했던가를 알 수 있을 것이다. 또한 명확하지 못하지만 무척이나 고급스러워 보이기 때문에 가끔은 아무런 생각 없이 우리 시대에서 사용되는 수학 방법들보다 튀넨의 방법들이 얼마나 많은 경제적 구조의 문제들을 명백하게 하는지 놀라움을 금할 수 없다.

경제적 논리성, 순수수학과 숫자를 가지고 언급한 예와 같은 혼합된 가치들에 대한 튀넨의 뛰어난 증명은 바로 위에서 언급되었으며, 후에 이러한 방법에서 얻어진 임금공식을 통해 확인되었다. 그리하여 슈나이더(1985, 71쪽)는 튀넨의 방법론을, 특히 한계분석에 대한 그의 관리를 "만약 경제이론들이 수학자와 수학적 통계학자들에 의해 해결되지 않을 경우에 수리적 경제이론들(계량경제학, 기업연구)을 통해 해결될 수 있다는 것을 보여주는 하나의 표본적인 예"라고 표현했다.

그러나 무엇보다도 쿠르노 또는 고센(Heinrich von Gossen)과 같은 대표적인 수학적 경제학자들에 비해 튀넨이 방법론적으로 한 단계 끌어올린 것은 추상적으로 찾게 된 공식을 실증적 결과와 연계하여 계측하고 급한 경우에는 스스로 조정하여 검증한 부지런한 노력 덕분이었다. "그는 이론적으로 결과를 찾아낸 뒤에는 차례차례로 분리를 단계적으로 폐지하여 이론적 결과들을 확실하게 현실에 접근시켰다(Kruse 1959, 107쪽)." 그리하여 『고립국가』에 포함되어 있는 입지법칙들에 대한 공표는 텔로브에서 10년 동안에 있었던 부기[19]에 대한 실증적 증빙자료가 없더라도 튀넨에게는 결코 문제가 되지 않았다.

우리가 슈나이더(1985, 70쪽) 그리고 엥겔하르트(Engelhardt 1986, 12쪽)와 같이 튀넨의 경우 그의 저서 초기에 실증적 검증의 경험이 이루어졌다는 생각을 하든지, 또는 적어도 젊은 튀넨의 경우 명확한 직관이 출발점이었다는 잘린(1971, 195쪽)과 차라리 의견을 같이 하든지, 어떠한 경우에도 귀납법과 연역법 그리고 직관과 추상적 모델분석이 함께 작용한다. 이것이 많은 학자들의 눈에 튀넨을 오늘날 국민경제학의 모범이 될 수 있도록 했다.

조화론

튀넨의 저서는 여러 가지 흥미로운 경제적 진술들을 포함하고 있다.

예를 들면, 오늘날에도 읽을 만한 가치가 있으며 주목을 받을 만하지만 대부분의 사람들이 간과하고 있는 자본, 즉 고갈되어가는 자원의 최적 사용에 관한 것이다. 그는 숲에서 짧은 기간 동안에 이루어지는 벌목이 가져오는 위험을 통해서 이를 다루었다. 만약 우리가 『고립국가』뿐만 아니라 그의 다른 저서들을 고려한다면, 튀넨이 모든 문제에서 무조건적으로 고전적 조화론의 대변인이 아니라는 것에 대한 많은 증거들을 찾게 된다.

그리하여 그는 (무엇보다도 철도의 등장으로 인하여) 하나의 주변 지역들이 갖게 되는 지역정책적 문제들에 대해서 비판적으로 설명했으며, 더욱이 리스트를 명확하게 인용하지 않은 채 보호관세를 주장했다.[20] 그런데도 보다 높은 의미에서 볼 때 튀넨이 진보적인 경제학자였다는 사실은 의심할 여지가 없을 것이다. 이는 예를 들어 '무역자유의 제한에 대하여'(Über die Beschränkung der Handelsfreiheit)라는 장에 명확하게 표현되어 있다.

영향

슘페터(1965, 576쪽)뿐만 아니라 새뮤얼슨(1983, 1487쪽)도 튀넨의 이론적 업적이 리카도의 업적보다 크다고 생각했으며, 최소한 쿠르노의 업적과 비슷하다고 평가했음에도 국민경제학에 미친 튀넨의 영향은 리카도 또는 쿠르노 중 한 사람의 영향보다 분명하게 작다. 더욱이 마셜은 튀넨을 자신의 생각하고 있는 실체에 대부분의 영향을 미친 가장 존경하는 스승이라고 표현했고, 그에 반해 쿠르노를 그의 수학적 "체조선생님"이었다고 표현했다(E. Schneider 1971, 203쪽 인용). 그런데도 튀넨은 "한 번도 적당한 칭찬을 받은 적이 없었다(Schumpeter 1965, 577쪽)."

튀넨이 생존해 있을 당시 그의 저서는 단지 소수만이 이해할 수 있었다. 무엇보다도 당시에 아직 사용되지 않았던 수학적 제시방법들 때문이다. 책에 대해서 타에르와 같은 비평가들은 요즈음처럼 그러한 경우에서는 보통 논쟁으로부터 몸을 사린다. 사람들은 그 무엇인가를 제대로 정확하게 이해하지도 못하면서 침이 마르도록 칭찬한다. 그리고 필요하다고 생각되면 중요하지도 않은 개별적인 것들을 마구 잡아 헐뜯는다. 조금도 조급해 하지 않은 채 실물 자체에 관심을 가졌던 튀넨은 결코 이에 대해 만족할 수가 없었다.

그는 형제들에게 "옛날부터 내가 매우 열광적으로 관심을 가졌던 대상에 대해서 명확히 하는 것이 대중들을 위하는 것이 결코 아닌 것처럼 보인다"고 편지를 썼다. "그렇게도 그들이 칭찬하고자 하지만 적어도 내 저술에 대한 모든 비평들 중에서 본래의 동일한 방법에 몰두하게 하고, 옳다는 호평으로 나를 강요하여 작업을 계속하도록 자극한 것은 거의 없었다(Schneider 1868, 56쪽)."

물론 그의 저서가 보다 큰 영향력을 발휘하지 못한 것에 대해 튀넨 자신도 전혀 잘못이 없는 것만은 아니었다. 그는 두 마리의 말이 이끄는 마차가 텔로브에서 로스토크까지 가는 데 얼마나 많은 여물이 필요한가와 같은 종류의 수많은 쓸데없는 일과 개별 문제들에 관해 많은 부담을 가졌으며, 이와 함께 당시의 사람들에게 인내를, 그리고 사실은 오늘날의 독자들에게도 인내를 요구했다.

그가 가졌던 근본적인 아이디어들은 훗날 다른 경제학자들에 의해서 재발견될 때까지 이러한 너무나 풍부한 자료들 때문에 가끔은 사라질 뻔 하기도 했다. 이는 특히 분배의 한계생산성 이론에서 일어났다. 그러나 튀넨이 가진 약점들은 이미 당시에도 그의 저서가, 짧은 역사 때문에 완전히 이론적으로 정립되지 못한 역사학교가 경제학에 대한 주권을 가지고 있었던 독일에서만 발간되었다는 사실에도 있었다. 더욱이 역사학교 창립자인 로셔(Roscher 1874, 902쪽)는 경외로운 말로써 튀넨을 칭송했다. "만약 우리의 학문이 언젠가 침몰하게 된다면, 튀넨의 저서들은 다시 일어날 수 있는 가능성을 가진 부류에 속한다."

더욱이 튀넨 스스로도 자신이 쓴 저서들의 내용에 대하여 비판적 이야기를 분명히 했다. 여하튼 이러한 비판적인 논의들은 무엇보다도 튀넨의 임금공식과 그의 저서에서 완전하게 확증되지 못한 부분에 집중되었다. 물론 이는 결국 그가 독자적인 중심을 두었던 것의 결과가 아니라는 것이다.

이렇게 튀넨의 실적은 수십 년 동안 주로 입지론의 발전에서만 보였다. 자연스럽게도 그의 이론은 이 부분에서 풍부함을 나타냈으며, 농업적 입지론뿐만 아니라 도시발전론에서도 지속적인 발전을 충족시켜 나갔다(Buhr 1983, 개요 참조). 도시중심지에 대한 유일한 고려와 활용은 사실 도시근교의 강도 높은 토지사용에 대한 튀넨의 원칙이 오늘날에도 그리고 농업적이 아닌 다른 목적을 위한 사용에서도 공공연하게 불변한다는 것을 보여준다. 튀넨에 관한 관심이 증가하고 있다는 것에 대한 유익한 증거는 그의 200세 생일에 맞춰 출간된 서적을 통한 평가로, 대부분 외국에서 이루어진 것들이다.

미국의 노벨 경제학상 수상자인 새뮤얼슨은『경제문학 저널』(*Journal of economic literature*)에서 튀넨의 저서에 대해 심도 깊게 논했다. 마지막으로 튀넨이 모든 시대에서 가장 위대한 미시경제학자 중 한 사람이라고 인정한 것은(Samuelson 1983, 1487쪽) 무엇보다 큰 의미를 갖는다.

흥미로운 것은 튀넨은 독일의 동부 지역에서도 지난 수년 동안에 커다란 명망을 얻었다는 것이다. 그곳 사람들은 수십 년 동안 마르크스의 평가만을 따랐으며, 튀넨을 과소평가하여 그의 이론들을 "존경할 만은 하지만 동시에 우스꽝스러운" "메클렌부르크의 호족"이라고 지칭했다.[21] 그간 그곳 사람들은 당시 "농장주인의 지적능력과 '확실한 이론적 지식'을 찬양하기에 그는 결코 최고가 아니다(Mrusek 1983, 13쪽)"라며 부끄러워했다. 또한 그의 기념일에 그의 명예를 위한 국제심포지움을 로스토크에서 독자적으로 개최했다(Engelhardt 1986, 6쪽 참조). 경제에 대한 튀넨의 진보적인 해석은 그를 대략 사회적 이론가의 부류에 속하도록 했기 때문에 이는 오히려 얼마 간의 시간이 지난 뒤 총체

적인 농업경제를 위해서도 사용될 수 있는 농업 경제학에 대한 그의 공적이다.[22]

독일에서도 경제학자들 외에 튀넨의 사상을 높게 평가하는 사람들은 누구보다도 농업학자들이었으며, 특히 킬 대학에서 그러했다(Schmitt 1983 참조). 폭넓게 알려진 것과는 반대로 그의 이름은 오늘날에도 여전히 낯설다. 유감스럽게도 사람들은 전문적 경제학에 대한 튀넨의 지식정도를 언급한 빙켈(Winkel 1983, 557쪽)의 다음과 같은 진술에 동의한다. "튀넨의 저서에 대한 읽을 거리와 거기서 얻게 되는 지식은 그의 작품이 내포하고 있는 이론에 대한 기본적인 의미와 일치하며 오늘날 국민경제학에서는 크게 확산되지 않았다."

| 울리히 반 순툼 · 정진상 옮김 |

11 | 리스트
Friedrich List, 1789~1846

생애와 경력

뷔르템베르크 사람들은 독일의 천재들 중에서 적지 않은 사람들을 자신들의 고향출신으로 여기고 있고 몇몇 사람들을 자랑스럽게 생각하고 있다. 그러나 그들은 다른 독일인들과 마찬가지로 리스트에 대해서는 많이 언급하지 않았다. 그의 고향인 로이틀링겐에서조차 리스트의 평판에 대해서는 오랫동안 의견이 분분했다. 같은 고향출신이면서 인정을 받지 못한 두 명의 천재, 국민경제학자 리스트와 문학인인 쿠르츠 (Heinrich Kurz)가 있다. 거의 한 세대나 더 젊은 쿠르츠는 "리스트는 고집 센 어린아이였을 때 어른들에게 훈계를 받았을 거야. 리스트가 고집이 셌던 것처럼 너도 그럴 테지" 또는 "맙소사, 넌 제2의 리스트구나 (Heuss 1947, 1쪽)"라고 언급한다.

그러나 이러한 평가는 겉으로 나타난 그의 삶을 언급하는 것일 뿐, 그의 성격이나 진정한 본성을 나타내는 것은 아니다. 왜냐하면 리스트는 반항적인 인물도 아니었고 혁명가도 아니었으며 오히려 소시민적 인간이었고 왕에게 충성했으며 가정적이었고 애국심이 강했으며 사교적이었기 때문이다. 그러나 그의 풍부한 재능은 그를 활동가로 또는 특별한 사람으로 만들었으며 그의 삶은 문학 작품에 특히 극적 감흥과 비극적인 좌절에 대한 풍부한 소재를 제공해주었다. 그렇기 때문에 리스트는 가장 유명한 대중적인 독일의 국민경제학자로 불릴 만하며 우리는 교과서에서도 그의 이름을 볼 수 있는 것이다. 비록 이유는 다를지라도 이러한 명예는 마르크스에 버금가는 것이라고 할 수 있다. 마르크스는 자기이론의 도그마에 의해서 지속적으로 살아 있다고 할 수 있으나, 리스트는 독일 역사에서 그의 경력과 영향력 그리고 상징력을 통하여 살아 있다.

리스트는 프랑스 혁명 당시인 1789년 자유제국 도시였던 로이틀링겐에서 태어나서 자랐다. 그의 생일은 정확하지 않으나 세례를 받은 날은 정확하게 기록되어 있다.[1] 부모는 11명의 자녀 가운데 여덟 번째인 그에게 다니엘 프리드리히(Daniel Friedrich)라는 세례명을 받게 했다.

가죽을 다루는 직업에 종사했던 그의 아버지 요한네스 리스트(Johannes List)는 지역에서 존경받는 시민이었으며 도시의 참사회에 속해 있었는데, 때때로 시장의 직무를 대행하기도 했으며 그 이외에도 여러 개의 명예직을 갖고 있었다. 어머니는 남들을 배려할 줄 알았고 정직했으며 리스트의 존경을 받았고 자식들에게 작은 도시에서 넉넉하게 사는 가정이라는 보호막을 제공했다.

14살의 리스트는 자신의 고향이 1803년에 나폴레옹의 명령으로 왕국으로 승격된 뷔르템베르크에 강제로 편입되는 모습을 보게 되었다. 이로 인해서 로이틀링겐은 낯설고 관료주의적인 슈투트가르트의 행정구역에 속하게 되었다. 라틴어 학교를 잠시 다닌 후에 마음에 내키지는 않았지만 아버지에게 직업교육을 받았던 리스트는 슈투트가르트 당국에 의해 뷔르템베르크 지역관청에서 16살에 사무원 교육을 받을 수 있게 되었다.

이러한 교육을 받은 후에 그는 블라우보이렌(Blaubeuren) 지역감독관을 시작으로 여러 지역에서 근무했고, 훗날 튀빙겐에서 재판소의 서기로 업무를 수행했다. 그는 대학 교육에 매력을 느끼게 되었고 공무를 수행하면서도 법학과 국가학 강좌를 수강했으며 당시 진보적인 사상을 가진 대학감독관 방겐하임(Karl August Freiherr von Wangenheim) 의 눈에 띄게 된다. 방겐하임은 슈투트가르트에 있는 왕의 내각에 장관 으로 임명된 이후에 로이틀링겐 출신인 젊은 리스트의 재능을 활용하 게 된다.

1814년 9월 리스트는 25살의 나이로 재판소의 서기가 되기 위한 국 가시험에 응시하여 훌륭한 성적으로 합격했다. 그는 당시 시험에 합격 하기 위하여 사무업무의 개혁에 대한 건의문을 작성했고 이로 인해서 주목을 받게 되었다. 2년 뒤 그는 회계관으로 승진했고 1,200굴덴 (Gulden)의 연봉을 받게 되었다. 야망을 가진 젊은이의 공직생활은 이 렇게 시작되었다.

방겐하임이 내무부 장관을 사직하고 종교·교육장관직을 맡아야 했 을 당시에 리스트는 방겐하임을 위해서 「국가학부 설립을 위한 보고서」 (Gutachten über die Errichtung einer staatswissenschaftlichen Fakultät)를 작성했는데(*List-Werke* I, 341쪽), 이로 인하여 (당연히) 국가경제학부가 설립되었을 뿐만 아니라 리스트는 "국가경제학, 특히 국가실무 담당교수"로 위촉되었다(같은 책, 7쪽). 이제 리스트는 독립 적이며 생계를 보장받은 성공한 사람이 되었다. 그의 연봉은 940굴덴 에 불과했지만, 학기마다 등록 학생수에 따라서 추가적으로 10굴덴의 청강료가 추가되었다.

이제 리스트는 자신의 결혼문제도 생각할 수 있게 되었다. 그는 한 브 레멘 출신 상인의 미망인이자 튀빙겐 대학교 고전문학 교수 자이볼트 (David Christoph Seybold, 1747~1804)의 딸인 나이트하르트 (Karoline Neidhard)와 결혼했다. 리스트는 이 결혼이 동료교수들의 지지를 받을 것으로 생각했지만 오히려 그는 대학에서 어려운 상황에 처하게 되었다. 자신들이 소외되었다고 느낀 대학의 위원회가 국가학 부의 설립을 반대한 것이다. 그는 정규과정을 이수한 것도 아니었고 그가 많은 새로운 전공과 교육과정을 스스로 꾸려나가야 했다. 이 때문에 자신이 작성한 학부설립 보고서를 제출하여 교수위촉을 받았다고 해서 대학에서 성공적인 출발을 한 것은 아니었다.

교수초빙과 관련해서 그는 원래 당시 일반화되어 있던 교육을 받지 못한 것이다. 그는 고등학교조차 졸업하지 못했고 그의 지식은 거의 독학으로 이루어졌다. 특히 튀빙겐에서의 서기시절에 그는 당시 헌법학자인 마예르(Johann Christian von Majer)의 강좌를 수강했고 몽테스키외, 스미스, 루소, 세의 저서와 기타 국가학 관련서적을 탐독했다.

그후 그는 곧바로 슈투트가르트에서 공무원으로 활동하면서 특히 지방정부와 국가학 관련 내용으로 분기별로 발행되는『뷔르템베르크 논총』(Württembergischen Archiv)과 같은 책자를 교정하고 공동발행하면서 편집과 출판활동을 했다. 이 책자는 이후 리스트가 긴밀한 관계를 유지했던 코타(Johann Friedrich Cotta)[2]라는 저명한 출판업자에 의해 발간되었지만 단지 1816년과 1817년 두 해 동안만 간행되었다.

훗날 리스트가 구금된 이후에 그가 심혈을 기울인 수많은 저술을 출판하고 마침내 그의 대표저작인『국가체계』(Nationales System)를 발행한 사람도 코타였다. 리스트는 자신의 많은 논문과 저술로 인해서 인정과 존경을 받았을 뿐만 아니라 질투와 시기도 받았다. 리스트의 비상한 노련함에 대해서 그의 동료들은 좋은 감정을 갖지 않았고 당시 상황에 대한 그의 자유로운 비판 때문에 리스트는 자신의 슈투트가르트의 선임관료들에게서 의심을 받기도 했다. 3월 혁명 전기에『슈바벤의 동포들에게』(Volksfreund aus Schwaben)라는 신문에 글을 기고했던 한 교수는 리스트가 그랬던 것처럼 밀고당하기도 했다.

1819년 3월 그에게 기회가 주어졌다. 괴팅겐으로 여행하는 도중에 리스트는 프랑크푸르트에서 신년박람회를 관람하면서 상인들과 담화를 할 수 있는 기회가 있었는데, 그들은 리스트에게「연방총회에 보내는 청원서」(Bittschrift an die Bundesversammlung)를 작성해달라고 요청했다. 청원서의 내용은 국내관세의 폐지와 독일 전 지역에 대한 단일관

프리드리히 리스트(1789~1846)

세를 요구하는 것이었다. 어쨌든 리스트는 뷔르템베르크의 공무원으로서 낯선 지역에서 자국의 주권과 관련된 제안을 했다고 볼 수 있다.

리스트는 "외국에서 의심받을 만한 조직활동"을 한 것에 대해 해명할 것을 슈투트가르트에서 요청받았다. 이에 대해 리스트는 자신이 수행해야 한다고 평상시에 생각하던 또 다른 업무, 즉 자신에 의해 설립된 "독일의 상인과 제조업자 동맹", 이른바 무역동맹에서 "법률고문", 즉 업무주관자로서 근무하기 위해 맡고 있던 직위에서 자신을 해임할 것을 청원했다. 그의 생애에서 이렇게 이른 시기에 훗날의 그의 삶을 결정짓는 특징과 운명의 윤곽들, 즉 직관적인 경제적 통찰력, 경제정책의 선견지명, 탁월한 표현능력, 표현기법과 묘사기법, 주도력과 추진력뿐만 아니라, 실패와 불행 그리고 비극적 좌절이 현실로 나타나게 된 것이다.

30세 때 리스트는 자신이 해야 할 일을 발견한 것처럼 보인다. 왜냐하면 국민경제학자로서, 정치인으로서, 언론인으로서, 선동가로서 그리고 애국자로서 그가 가지고 있던 거의 모든 특성들이 발휘되었기 때문이다. 독일은 당시 최소한 공동의 거래지역으로 통합되어야 할 39개의 주권국가로 구성되어 있었다. 그래서 리스트는 무역동맹의 전임대표자로서 당시의 독일에서는 전혀 반향이 없던 아이디어인 자신의 관세동맹 계획을 제후국의 왕실에 홍보하기 위하여 독일의 각 지역들을 여행했다.

14년 뒤에야 비로소 결성된 관세동맹은 당시에는 아직 시기상조였다. 리스트가 작성한 연방총회에 대한 청원서는 훌륭하게 설명되고 작성되었음에도 기록조차 되지 못했다. 왜냐하면 주권국가만이 연방총회의 회원이 될 수 있었고 의안을 상정할 수 있어서 시민계급의 동맹에게는 이것이 허용되지 않았기 때문이다. 따라서 자신의 임무에 대한 리스트의 열정은 오래가지 못했으며, 당시의 주(州)의회였던 뷔르템베르크 의원회의의 의원직을 맡아달라는 고향 로이틀링겐에서의 두 번째 부름을 거절할 수 없었다.

리스트는 자신의 의원직 수행 첫날(1820년 12월 7일)부터 의회활동에 열성적이었다. 의원직 수행시작 두 달 뒤에 그는 이미 이른바 로이틀링겐 청원서라는 의안을 준비했는데, 당시 그것은 왕에 대한 도전으로 받아들여졌으며 불과 1년 전에 완성된 것이었다. 리스트는 시민들의 기본권, 지방자치 단체에 대한 더 많은 자치권의 부여, 공정한 조세제도, 봉건주의의 폐해제거, 더욱 단순하고 주민에 다가서는 행정 그리고 좀더 투명하고 공개적인 재판절차에 관심을 가졌다. 이는 오늘날의 시각으로 보면 분명히 이성적인 요구라고 할 수 있을 것이다.

그러나 그 당시 리스트는 의회가 겨울휴가 기간임에도 청원서를 인쇄하도록 했고, 수백 부의 청원서를 전단지로 제작하여 배포하도록 함으로써 당시의 출판법을 위반하는 실수를 저질렀다. 또한 그의 선동적이고 비난조의 말은 메테르니히 시대에 왕과 정부뿐만 아니라, 적지 않은 공무원들이 참석하고 있던 의회의 의원들 일부도 리스트에 반대하도록 만들었다. 의회는 1821년 2월 56대 36의 표결로 리스트를 단지 의정활동 2개월만에 제명했고, 그로부터 2개월 뒤 리스트는 10개월간 성채에 갇히는 금고형을 선고받았다.

그에 대한 이러한 판결은 일반적으로 수치스러운 것으로 받아들여졌고 특히 울란트(Ludwig Uhland)와 프라이부르크 대학교 법학부에 의해서 비판을 받았다. 그런데도 리스트의 친구들은 그러한 판결에 대해 아무런 조치도 취할 수가 없었다. 그러한 판결결과는 리스트를 일생동안 따라다녔고 그는 뷔르템베르크에서뿐만 아니라 독일의 다른 지역에서도 공직을 맡을 수 없었다.

이러한 변화는 일생동안 왕에게 충정을 보인 리스트의 삶에서 이해할 수 없는 것이었다. 리스트는 "그러한 판결은 나에게 사형선고를 한 것이나 다름없다"고 출판업자인 코타에게 편지를 썼다(*List-Werke* VIII, 245쪽 참조). 또한 "밤과 안개 속에서 도둑처럼" 도망다녔다고 그의 아내에게 편지를 쓴 것처럼, 그는 판결의 부당성과 훗날의 재심가능성을 믿고 있었다. 신분증 없이 그는 배를 빌려 혼자 노를 저어서 라인 강을 건너 안전을 위해 슈트라스부르크(Straßburg)로 피신했는데, 1819년 카를스바트(Karlsbad) 선언문*에 따라 독일에서는 리스트와 같은 피고인에게 안전한 거처를 제공해줄 수 없었기 때문이다.

슈트라스부르크에서는 독일어가 통용되어 그곳에서 그는 다른 독일 출신 망명자들을 알게 되었으며, 슈투트가르트에서 발행되는 『네카 신문』(*Neckar-Zeitung*) 해외통신원으로서 익명으로 기고도 했다. 『네카 신문』은 1822년 6월 신문 『슈바벤의 동포들에게』가 폐간된 후에 리스트가 처남인 프리츠 자이볼트(Fritz Seybold)와 함께 발행한 신문이다.

그러나 그는 바로 슈트라스부르크를 떠나야 했고 2년 동안 자리를 잡지 못하고 바덴, 스위스, 프랑스 등지로 떠돌아다녀야 했다. 파리에서 그는 라파예트를 알게 되었고 그는 리스트에게 미국으로 갈 것을 권유했다. 그러나 그때까지도 그는 왕의 자비에 대한 기대와 군주에게 충정을 바치는 마음을 가지고 있었기 때문에 1824년에 뷔르템베르크로 돌아왔다. 하지만 그는 아직 유효한 판결의 집행에 따라 체포되어 호엔아스페르크(Hohenasperg)의 성채에서 5개월 동안 구금되었으며 뷔르템베르크를 영원히 떠난다는 약속, 즉 해외로 이주한다는 약속을 하고 풀려났다.

그렇게 리스트는 국적을 잃었다. 도움을 주겠다는 라파예트의 충고를 따라 그는 미국으로 이주할 것을 결심했다. 이 여행에 관한 상황은 보존된 그의 일기장에 상세히 기록되어 있다. 그의 일기기록은 당시의 시대적 상황과 리스트의 삶의 환경, 느낌, 관찰내용 그리고 자기성찰을 담고 있다. 그는 아내, 자녀들과 함께 슈트라스부르크와 파리를 경유해서 항구인 르 아브르(Le Havre)로 갔는데 그곳에서 그는 2,300프랑켄(Franken)을 주고 우편선인 "헨리"(Henry)라는 범선에 승선할 수 있었다.

6주 후 그들은 뉴욕에 도착했다. 당시 이주자들과 개척자들의 대륙으로서 미국이라는 새로운 세계에서 초기에 목숨을 연명하기 위해 리스트는 이주할 때 암소 한 마리를 가지고 갔다. 그가 기대한 것처럼 미국은 그에게 문자 그대로 자신의 능력을 적절히 발휘할 수 있는 무한한 가능성을 열어주었다.

리스트는 미국에 도착한 후 몇 달 동안 라파예트과 함께 미국의 여러 지역을 여행했다. 여행 중에 지역과 사람들을 알게 되는데, 이 가운데 에는 사회개혁가인 오언(Robert Owen)도 있었다. 그리고 그곳의 사정에 대해서도 알게 되었다. 그는 우선 농부로서 일을 시작했으나 성공적이지 못했고 다른 직업을 찾는 중에 자신에게 적합하다고 할 수 있는 출판업을 발견할 수 있었다. 펜실베니아의 리딩(Reading)에서 그는 『리딩의 독수리』(*Readinger Adler*)라는 독일어 신문을 발행하게 되었다. 이 신문은 특히 독일계 미국인들을 상대로 급속하게 확산되었으며 그에게 자신의 경제적, 정치적 견해를 전파할 수 있는 기회를 제공했다.

그는 1828년 대통령 선거에서 자신이 발행하는 신문의 많은 독자들에게 잭슨(Jackson) 후보를 지지하도록 호소했고, 그가 대통령 선거에서 승리하는 데 기여했다. 잭슨은 훗날 리스트를 독일 영사로 임명함으로써 그에게 보답했다. 그는 자신의 조국에 대한 변함없는 사랑이 있었기 때문에 오늘날 경제편지 또는 정보편지라고 표현할 수 있는 「미국에서의 편지」(Briefe aus Amerika)를 보냈다. 편지에서 그는 미국이라는 새로운 세계의 경제적, 정치적 문제와 발전상황에 대해 보고했다.

그는 저술활동을 통해서 빠른 시간에 세상에 널리 알려지게 되었고 그에게는 처음으로 기본적 형태의 국민경제 관련 논문을 집필하는 것과 같은 중요한 임무가 주어지게 되었다. 이 논문은 12차례 공개적으로 출판된 서한문 형태로 편집되었는데, 1827년 각각 『미국의 정치경제 개관』(*Outlines of American Political Economy*)이라는 책자로 발간되었다. 여기에서 리스트의 보호관세 사상이 처음으로 전개되었고 설명되었다.

그는 산업이 겨우 발달하기 시작한 농업국과는 대조적인 무역정책의 문제를 미국에서 새로이 직접 경험하게 되었다. 그는 피츠버그에서 번성하고 있는 철강산업과 목화경작에 따른 섬유산업은, 영국이 미국에서 수입되는 양곡에 대하여 캐나다의 영국령에서 수입되는 밀에 부과하는 것과 같은 수준의 낮은 관세를 부과하지 않는 한 영국에서의 수입품에 대하여 관세를 부과할 경우에만 미국 국내시장에서 유지되고 발전될 수 있다고 보았다.

미국에 도착한 지 2년도 채 안 되어 리스트는 펜실베니아에서 유명해졌고 존경받는 사람이 되었다. 당시 자유무역을 할 것인지 또는 보호관세를 부과할 것인지에 대한 국가 간의 격렬한 논쟁에 리스트는 열정적으로 참여했으며, 여론에 꾸준히 자신의 견해와 슬로건을 제공하여 관세율 개혁이 성공하도록 하는 데 적지 않은 기여를 했다.

리스트는 언론계 활동을 계속하면서 점점 더 학문적 애착도 많이 가졌지만, 또 다른 일을 해야 했기 때문에 1827년에는 『미국의 정치경제개관』 이외의 어떠한 저서도 발간하지 않았다. 그는 『리딩의 독수리』 편집업무의 보수가 너무 적어 수입이 많은 일을 찾아야 했기 때문에 기업의 프로젝트 수행업무에 전력을 투여했다. 또한 그는 석탄매장량이 풍부한 지역을 발견하는 데 기여한 자신의 지질학적 연구를 바탕으로 하여 수입이 많은 일을 발견했다.

그는 자신의 동업자인 독일인 히스터 박사(Dr. Isaac Hiester)와 함께 적은 돈으로 리틀 슐킬(Little Schuylkill) 지역에 있는 총 2만 7,000에이커 정도의 토지를 구입할 수 있었다. 그 땅은 아직 황무지였기 때문에 우선 개발되고 사람들이 정주해야 했으며, 도로, 운송로, 운반시설, 주택, 지역 행정기관, 학교, 우체국 등과 같은 필요한 사회기반 시설을 갖추게 해야 했다.

리스트는 그 지역을 두 개의 소도시 타마쿠와(Tamaqua)와 포트클린턴(Port Clinton)을 건설하기 위해 사들였다. 그 두 개의 소도시들은 당시 건설되었고 지금도 존속하고 있는데, 타마쿠와에는 약 8,800명, 포트클린턴에는 약 350명의 주민이 거주하고 있다(1980년 주민통계). 리딩에서 온 몇몇 주민들과 함께 그는 리틀 슐킬 해운철도와 운하회사를 설립했다. 이를 통하여 비록 목재선로에 쇠를 박은 형태인 그의 철도가

1831년에야 비로소 운행되었지만(*List-Werke* III, Teil 2, 612쪽 참조) 그는 미국 철도의 몇몇 개척자 가운데 한 사람이 되었다. 미국에서 최초의 대규모 증기기관차 회사인 볼티모어 오하이오 철도회사는 1828년부터 운영되었다. 자신의 기업경영으로 리스트는 2년이라는 짧은 기간에 명성과 부를 얻게 되었고 마침내 1830년에는 미국 국적을 획득할 수 있었다.

3년 전만 하더라도 뷔르템베르크에서 추방되어 낙심하고 깊이 실망한 채로 때로는 용기를 잃고 방황하던 리스트는 마침내 견고한 삶의 터전을 다지게 되었고 무한한 가능성을 가진 나라에서 자신의 창조적 능력을 발휘할 수 있었다. 그는 철도나 운하로 지방이 연결될 수 있도록 전체 교통망을 설계했다. 이 와중에서도 그는 다시 독일에 돌아가고 싶어 하며 독일을 항상 그리워했다.

1830년 자유 한자도시인 함부르크의 미국 영사 자리를 약속한 대통령 잭슨과 면담하면서 리스트에게 기회가 왔다. 그러나 당시 뷔르템베르크와의 마찰을 피하려는 함부르크 참사회는 아그레망을 지연시켰다. 리스트는 파리에서 1년 동안 헛되이 승인을 기다리며 그곳에서 『인사이클로페디크 잡지』(*Revue Encyclopédique*)에 몇편의 논문을 기고했으며 1831년 10월에 미국으로 돌아왔다.

이듬해 그는 바덴 지역 영사직을 제안받은 후에야 가족과 함께 미국을 완전히 떠날 수 있었고, 미국국적으로 보호를 받으며 독일로 돌아올 수 있었다. 그러나 바덴처럼 작고 주변부에 위치한 지역에서 수행하는 미국 영사의 업무는 리스트의 활동욕구를 만족시킬 수 없었다. 그는 미국에서 얻은 경험과 지식이 조국에도 유용하길 원했다.

지역의 발전을 위해서 교통이 어떠한 핵심적인 역할을 수행해야 하는지 리스트는 미국에서 배웠기에 자기생애의 다음 부분을 철도건설과 교통망 계획에 투여했다. 이미 1828년 미국에 있을 당시 그는 독일의 철도건설에 대한 토론과 레겐스부르크의 도나우 강 유역과 마인 강을 운하로 연결할 것인지 또는 철도로 연결할 것인지에 대해 바이에른 지역에서 있었던 논쟁에 관여했다. 리스트는 고향으로 돌아온 뒤 그가 경제발전을 위한 선행과제라고 생각한 철도건설을 위해 언론, 기업, 정치 등의 분야에서 활동을 전개했다.

그는 작센 지역에 정착하고자 1834년 라이프치히에 거주했는데, 그곳에서도 그는 미국 영사로 인준을 받았다. 이미 9월에 그는 「독일 철도제도의 기초로서 작센 지역 철도제도, 특히 라이프치히에서 드레스덴까지의 철도투자에 관하여」(Über ein sächsisches Eisenbahnsystem als Grundlage eines allgemeinen deutschen Eisenbahnsystems und insbesondere über die Anlegung einer Eisenbahn von Leipzig nach Dresden)라는 각서를 발표했다(*List-Werke* III, Teil 1, 155~195쪽). 또한 철도건설에 대한 생각을 주민들에게 알리기 위해 각서에 이어 「작센 지역의 우리 주민들에게 호소함」(Aufruf an unsere Mitbürger in Sachsen)[3]이라는 글을 발표했다.

이는 철도의 장점을 사람들의 뇌리에 심어주고 이후에 철도회사의 설립과 필요한 주식자본의 응모 그리고 궁극적으로는 이미 1835년에 개통된 구간거리가 6킬로미터에 불과한 뉘른베르크와 퓌르트(Fürth) 사이의 철도보다 20배나 긴 독일 최초의 대규모 철도의 건설을 가져다주었다. 이미 1837년에 라이프치히에서 알텐(Althen)까지 일부 노선이 개통될 수 있었다.

리스트는 1834년부터 1837년까지 여러 해 동안 열정적으로 성공적인 프로젝트를 위해 노력했지만 성공의 결실을 수확할 수는 없었다. 자신의 희망대로 철도회사의 경영진으로 위촉되지도 못했고 자신이 예약 주문한 주식자본의 지분도 갖지 못했으며 단지 한 개의 감사트로피와 4,000탈러(Taler)만을 선물로 받았을 뿐이다. 이 무어 인(Der Mohr)은 자신의 책임을 다했고 떠날 수 있었다. 실망한 리스트는 새로운 프로젝트에 관심을 갖기 시작했다.

그는 라이프치히에 거주하는 동안 베를린 정부에게 프로이센 지역에 철도노선을 건설하도록 제안했고 이에 대한 공감대를 형성하기 위해 노력했다. 그러나 이러한 그의 제안은 바덴 철도노선, 브라운슈바이크 철도노선, 한자-하노버 철도노선을 건설하자는 그의 제안들과 마찬가지로 성공을 거둘 수 없었다. 그의 그러한 제안은 위임받지 않은 상태에서 추진되었기 때문에 자신의 노력에 대한 성과를 얻을 수 없었다.

그런데도 철도시대의 도래에 대한 리스트의 꿈은 좌절되지 않았다. 그는 스스로 만든 『철도저널과 국가잡지』(Eisenbahn-Journal und National-Magazin)를 발행했고, 이를 통해서 지속적으로 철도건설을 위한 자신의 생각을 홍보했을 뿐만 아니라 국가적 관심사에 대한 다양한 뉴스들을 논평했다. 별다른 일이 없을 때에는 출판인 코타의 소유인 『아우크스부르크 일반신문』(Augsburger Allgemeine Zeitung)에 자신의 글을 기고했다. 초기에 성공적이었던 철도전문지가 1837년에 다시 발행이 중단되자 그는 연말에 두 번째로 파리에 정주했다. 그는 미국에서 돌아왔던 당시 이미 그곳에서 프랑스 철도시스템에 대한 아이디어를 개발했으며, 이에 대하여 발표하고 알렸다.

이번에는 필립(Louis Philippe) 왕과 정치인 티에르(Thiers)의 신뢰를 얻었다. 파리로의 두 번째 여행을 계기로 종종 리스트의 자문을 받은 벨기에 왕도 그들에게 리스트를 추천했다. 그는 프랑스를 위해서 철도시스템을 설계했고 이를 위한 재원조달 계획도 세웠다. 또한 유럽과 미국 사이의 우편업무를 원활하게 하기 위한 중앙우체국의 설립도 리스트의 아이디어였다. 이러한 그의 계획이 성공을 거두지는 못했다고 할지라도 철도문제 전문가로서 리스트의 명성은 견고했다.

독일에서도 리스트를 원하는 사람들이 점차 많아졌으며 그를 다시 불렀다. 그래서 그는 경제적인 면에서 큰 도움이 될 수 있었던 티에르 총리의 유혹을 거절하고 1840년 초에 철도건설 프로젝트를 진척시키기 위해서 튀링겐으로 갔다. 그러나 그곳에서 그의 첫 번째 과제는 작센-코부르크-고타, 작센-마이닝겐, 그리고 작센-바이마르와 같은 튀링겐 지역 공작들을 공동의 프로젝트에 합의하도록 하여 프로이센과 헤센-카셀(Hessen-Kassel) 지역 영주들의 협력을 얻을 수 있게 하는 일종의

정치적 임무였다.[4]

이로 인하여 1841년 4월에 체결된 잘레 강변의 할레에서 카셀까지의 철도노선 건설협정이 성사되었다. 그후 리스트는 계속 관직에 머물러 있게 되길 기대했지만 100프리드리히도르(Friedrichdor) 정도의 돈을 선물로 받고 그곳을 떠났고 1840년 11월 예나 대학교에서 명예박사 학위를 취득했다. 이로써 자신의 철도분야에서의 공적은 인정받았지만, 그 사이에 나온 자신의 주요 저작의 하나이며 최초의 훌륭한 연구논문에 대해서 아는 사람은 당시 독일에서는 아무도 없었다.

리스트는 이 논문을 당시 파리에서의 두 번째 체류기간 동안 믿을 수 없을 정도로 짧은 기간 내에 완성했다. 1837년 파리에 도착하자마자 정치윤리학 아카데미(Academié des Sciences Morales et Politiques)가 논문 접수마감을 같은 해 12월 31일로 하면서 한 논문에 대해 시상을 한다는 사실을 알았다. 그 논문의 주제는 "어느 한 국가가 자유무역을 시행하려는 의도를 가지고 있거나 또는 관세법을 개정할 경우, 그들이 가장 낮은 비용으로 자국의 생산자들의 이해와 소비자 대중의 이해가 상호형평을 유지하도록 하기 위해서 고려해야 할 사항들은 무엇인가(List 1927, 155쪽)?"로 제시되었다.

리스트는 자발적으로 연구에 착수했고 약 6주 후에 「정치경제학의 본질적 체계」(Le Système Naturel d'Economie Politique)[5]를 완성했다. 이듬해 중반 아카데미는 실망스럽게도 제출된 27개의 논문 가운데 어떤 것도 상을 받을 만한 가치가 없는 것으로 평가했다. 단지 3편만이 "주목할 만한 작품"으로 평가되었는데, 이중에는 리스트의 「본질적 체계」(Das natürliche System)라는 논문도 포함되었다.

리스트는 이후 자신의 논문에 대해서 전혀 언급하지 않았으며, 이것이 1927년 독일어 판으로 발행되기까지 한 세기나 기다려야 했다. 이러한 실패는 긍정적인 영향도 미쳤다. 그가 더 위대한 저서를 쓰기 시작한 것이다. 리스트가 철도건설에 헌신하던 시기는 점차 마무리되었지만 국민경제학자로서 일생의 과제가 그의 앞에 놓여 있었다. 그는 이미 파리에서 연구를 시작했다.

리스트는 『정치경제학의 국민적 체계』(*Das nationale System der politischen Ökonomie*)라는 제목으로 여러 권의 포괄적인 책의 집필을 시작했다. 『국제무역, 무역정책 그리고 독일 관세동맹』(*Der internationale Handel, die Handelspolitik und der deutsche Zollverein*)이라는 소제목의 제1권은 1841년에 코타 출판사에서 출간되었다.

제1권은 출간된 후 바로 절판되었고 1842년에 제1권의 내용이 수정 없이 제2판으로 출판되었으며 1844년에는 개정된 제3판이 출판되었다. 그는 제1권의 제4판을 준비했으나 뜻을 이루지 못했다(*List-Werke* IX, 362쪽 이하). 당연히 제1권 이외의 책들도 출판되지 못했다. 계획된 저서 전체의 개요에는 목차와 단편적인 내용만이 수록되어 있었는데, 이로부터 국제무역은 후반부에 저술하려고 계획되었다는 사실을 알 수 있다. 리스트는 당시 외적 상황과 독일에서의 자유무역 또는 보호관세에 대한 논란을 고려해서 책의 구성을 변경한 것이다.

리스트의 성공적인 저술활동과 그동안 그가 해외에서 얻은 명망은 과거에 독일에서 받은 상처를 치유하지는 못했으나 명성을 얻는 데는 역시 도움이 되었다. 그는 1840년 5월 가족과 함께 파리에서 독일로 돌아왔다. 1841년 여름에 사고로 인해 다리가 부러져 요양하기 위해 슈투트가르트와 빌트바트(Wildbad)에서 오랫동안 머무는 동안 그는 자신의 필생의 역작들을 왕에게 "겸손하게 헌납했다."[6]

그는 일반사면 대상에 포함되어 명예시민권을 다시 받게 되었고 왕은 그의 알현을 허락했다. 그러나 자신과 친구들의 노력에도 불구하고 뷔르템베르크와 바이에른 지역에서 고정적인 직업을 얻을 수 없었다. 오히려 그는 그곳에서 결코 정착할 수 없었으며 일정 급료를 받을 수 있는 자리를 얻을 수 없었기에 언론인으로서의 역할과 자문역할을 수행하면서 불확실한 수입으로 생활해야 했다. 그는 항상 과거로부터 벗어나지 못했고 지나친 성숙으로 인해서 단죄당하거나 정치적으로 미숙한 행동으로 인해서 성공하지 못했다. 그는 다시금 쓰디쓴 경험을 하는데, 그것은 그가 성공을 하면 많은 보호자를 갖지만, 그와 반대로 실패는 단지 한 명의 보호자만 갖는다는 사실이었다.

이제 그는 50세를 넘어섰다. 그는 계속해서 불안한 가운데 생활을 했고 자신과 가족의 미래에 대해서 걱정하기 시작했다. 그는 확실한 자리를 얻기 위해 노력했으나 헛수고였다. 그는 자신이 노쇠해지는 것을 느꼈으며 지속적이고 규칙적인 일을 원하지도 않았는데, 아마도 그는 더 이상 그럴 능력이 없었는지도 모른다. 1841년 가을 쾰른에서 설립된 『라인 신문』(*Rheinische Zeitung*)의 주필이 될 수 있었음에도 자신의 심각한 건강상태 때문에 그러한 제안을 거절했고(*List-Werke* VIII, 599쪽과 711쪽) 이 자리는 트리어 출신인 마르크스에게 돌아갔다.

그 대신 리스트는 스스로 『관세동맹지』(*Das Zollvereinsblatt*)라는 저널을 창간했다. 이 저널은 1843년 코타 출판사에서 발행되었다. 그는 같은 해 지리적으로나 영업상 이웃이라고 할 수 있는 『아우크스부르크 일반신문』이 발행되는 아우크스부르크에 살았다. 그곳에 사는 몇 년 동안 600편 이상의 글을 기고하던 『관세동맹지』는 성공적이었고 자신이 그동안 원했지만 얻지 못한 확실한 봉급 대신 일시적으로나마 생활비를 조달할 수 있었다.

그러나 리스트와 1832년 세상을 떠난 요한 프리드리히 코타의 아들이자 후계자인 요한 게오르크 코타(Johann Georg Cotta)사이에 심각한 의견대립이 있었고 리스트의 생애 말쯤에는 불화까지 있게 되었다. 자기 출판사의 이익을 위해 리스트의 글을 검열했고 리스트의 글이 너무 비판적이라고 비난한 게오르크 코타는 자신의 언론을 통한 공격에서 리스트를 힐책하고 그에게 상처를 주었다.[7] 리스트는 다시 『관세동맹지』를 등한시하기 시작했다. 또한 그의 견해가 즉시 받아들여지거나 존중되지는 않았지만 여러 곳에서 자문요청이 있었기 때문에 여행하며 전문감정가로서 활동을 했다. 게다가 그는 새로운 활동영역을 발견할 수 있었다.

독일에서 관세동맹이 실현되고 철도건설과 산업발전이 도처에서 시작된 후 리스트는 경제적으로 낙후된 도나우 강 지역에 관심을 두게 되었다. 1844년 그는 5개월 동안 빈, 프레스부르크, 부다페스트 등지로 여행했다. 예전에는 물론이거니와 아직도 혁명적인 생각을 하고 있다고 의심받는 리스트를 메테르니히조차도 두 번에 걸쳐 알현할 수 있도록 허락했다.

리스트는 독일의 관세동맹 지역과 오스트리아-헝가리 군주국 지역을 포함하는 하나의 관세동맹 성립과 라인 지역에서 도나우 지역을 거쳐 흑해를 연결하는 "동서철도"의 건설을 역설했다. 그러한 아이디어의 정치적 관계는 다른 나라의 이해와도 맞물려 있었기 때문에 그는 영국의 정치적 지원을 요청했다. 그가 세상을 떠난 해인 1846년에 그는 런던으로 가서 자신의 양육(養育)관세 구상에 대한 이해를 얻기 위해 노력했으며 하노버, 브레멘, 함부르크 지역이 관세동맹에 가입하는 데에 갖고 있었던 우려를 불식시키기 위해서 영국이 보유하던 이 지역에 대한 영향력을 약화시키려는 노력도 했다.

리스트에게는 휴식이 허락되지 않았다. 전 생애동안 그는 많은 곳을 돌아다녔고 스스로의 계획, 구상 그리고 목적을 가지고 활동했다. 그러나 이제 57세가 된 그는 자신의 기력이 끝나는 시점에 와 있었다. 그는 우울증, 무기력함 그리고 미래에 대한 두려움으로 고통받기 시작했다. 그는 다시 한 번 여행을 결심했고 그의 아내에게 편지를 썼던 것처럼 이번에는 몇 주 동안 메란(Meran) 지역에서 휴양하려고 했다. 그러나 여행 도중인 1846년 11월 30일에 쿠프슈타인(Kufstein)에서 그는 자신의 생애를 마감했다. 12월 4일 그는 그곳 공원묘지에 안장되었으며 그의 묘지는 그곳에 보존되어 있다.[8]

절망적인 마음으로 써내려간 이별의 편지에서 그는 자신의 친구인 콜프 박사(Dr. Kolb)에게 다음과 같이 쓰고 있다. "따뜻한 지역에서 짧은 기간 동안이나마 휴양을 한다면 다시 일어서서 일을 할 수 있을 거야. 그러나 그날 여행하면서 두통이 심해지고 가슴도 답답해지더군. ……

그리고 앞으로는 글을 쓴 대가로 받는 보수도 없이 나는 살아남기 위해서 내 아내의 재산을 팔아야 할 것 같아(나는 재산이 없었거든). 그 재산도 이미 아내와 자식들에게는 충분하지 않을 거야. 나는 거의 절망적이야. 신이여 내 가족을 불쌍히 여기소서. ……안녕히. 리스트(*List-Werke* VIII, 832쪽)."

그의 죽음은 그의 지인들이나 전문가들에게만 충격적이지 않았다. 작가이자 극장장인 라우베(Heinrich Laube)는 추도문에서 다음과 같이 쓰고 있다. "우리는 프리드리히 리스트라는 특별한 사람을 잃었다. 우리는 언젠가 리스트의 무덤에서 유감스럽게도 다음과 같이 말할 수 있고 말을 해야 한다. 조국은 보상받을 수 없는 손실을 입었다(*List-Werke* IX, 207쪽)."

실제로 리스트는 자신의 조국과 당대에 다른 독일의 경제학자들이 할 수 없었던 많은 공헌을 했다. 그러나 그 누구도 리스트처럼 그렇게 커다란 실망을 겪고 실패를 받아들이면서 굴욕을 참아야만 했던 경우는 없었을 것이다. 또한 리스트가 가졌던 현실적이며 실용적인 구상과 계획이 그의 생애동안 일부 실현되기도 했지만 그처럼 성공을 빼앗긴 사람도 없었을 것이다.

그의 삶의 비극은 그의 생각과 계획들이 훗날 성공적으로 실현되었으나 자신은 생애동안 개인적으로 완전한 실패를 경험할 수밖에 없었다는 사실에 있다. 리스트가 일생동안 소시민적 삶을 영위하려고 노력했음에도 그의 생애에는 모험적인 부분들이 있었다. 그는 동시대 사람들에 의해서 체구는 작지만 큰 머리를 가진 친절하며 상냥하고 물론 자발적이며 때로는 격정적이고 충동적인 사람으로 묘사되었다. 그는 기꺼이 토론하고 자신의 논리를 허심탄회하게 제시하는 활발한 대화의 상대자로 간주되었다.[9]

12권에 달하는 리스트 전집의 공동편집인이고 오랫동안 리스트 기념사업회 회장이던 잘린은 리스트의 삶에 대해서 다음과 같이 기술하고 있다. "수십 년 동안의 발전과정을 몇 달, 며칠로 단축시키려는 정열적인 정신을 가진 한 인간의 비극이고, 메테르니히의 암울한 시대에서 한 슈바벤 출신 민주주의자의 비극이며, 미래의 힘을 구축하고 현재의 힘에 의해 파괴되어버린 정치적 꿈을 가진 한 사람의 비극이며, 독일의 특별한 비극, 즉 독일이라는 조국이 없었던 한 독일인의 비극이다(Salin, 5쪽 이하)."

분류와 저서

"리스트는 우리에게 어떠한 의미를 가지는가?" 지금으로부터 100년 전에 리스트의 탄생 100주기를 기념하면서 슈몰러(1889/1913, 133쪽)는 이러한 질문을 던진다. 여기에서는 우선 국민경제학자 리스트가 아니라 정치인이자 애국자이며 선동가이고 꿈을 가진 리스트가 평가되고 있다.

리스트를 경제사상사의 한 인물이나 보호관세론자로서만 알고 있는 사람은 실제로 그에 대해서 조금만 아는 것이다. 여행을 통해서, 정치인들과 당대의 영향력 있는 많은 사람들과의 수많은 대화와 협상을 통해서 "그의 역사적 국민경제적 연구와 더불어 당시 스미스의 영향력 아래 활동하던 독일의 모든 학자들의 수준을 뛰어넘는 세계와 인간에 대한 통찰력을 가지고 있었다. 게다가 그는 19세기 독일의 가장 위대하고 가장 성과 있는 정치적, 경제적 선동가였다(같은 책, 136쪽)."

만일 슈몰러가 리스트에게서 초기의 정신적 인척관계를 인지하고 그를 역사학파의 창시자로 인식하고 있다면 그것은 분명한 사실이며 타당한 것처럼 보인다. 왜냐하면 "확실히 그는 사회적 공동체를 알거나 이해하지도 못하고 설명하는, 도움을 주지도 못하는 개인주의적 관점과는 반대로 사회적, 사회정책적 관점과 역사적 관점에서 이 학문을 이해하고 있다. 그는 모든 번영과 복지의 원인이 되는 생산적 힘에 대한 이론을 가지고 가격의 등락으로 인해서만 조절될 것이라는 기계적인 경제과정에 대한 물질주의적 관점에 대항했다. 따라서 그는 다른 어떤 것보다도 모든 사회적 삶의 심리학적 역사적 원인을 정열적으로 연구했다. 그는 천재적인 직관력을 가지고 국민경제의 역사에서 중요하게 나타나는 것은 개인이 아니라 사회공동체라는 생각을 했다. ……국가의 보호관세 제도는 그에게는 이러한 여러 상호연관된 일련의 사고들 가운데 하나의 일부에 지나지 않을 뿐이었다(같은 책, 같은 곳)."

한 가지 분명한 것은 리스트를 정확히 평가하려는 사람은 그를 국민경제학자만으로 이해해서는 안 된다는 사실이다. 왜냐하면 "학자로서가 아니고, 엄격한 학문탐구나 방법론을 적용하는 사람으로서도 아니고, 그는 자신의 거대한 이상에 헌신했기 때문이다. 그는 학자 이상의 사람이었다고 말할 수 있다. 그는 위대한 정치인이었고 40년 동안의 연방의회 통치라는 황야를 거쳐간 독일의 위대한 정신적 지도자 가운데 한 사람이었다(같은 책, 같은 곳)." 그러나 이러한 이유뿐만 아니라 그의 펜에서 나온 엄청난 규모의 글 때문에 리스트의 저작을 여기서 단지 단편적으로 개관한다는 것은 분명히 불가능하다.

독일의 그 어떤 경제학자도 리스트처럼 많은 저술을 쓰지 않았다. 편지나 일기 등을 제외한 전문가 진단서, 계획서, 보고서, 제안서, 청원서, 기획안, 신문이나 전집, 학술논문집을 위한 기고문 등과 같은 그의 저작의 연도별 목록을 보면 리스트 전집에만 963편의 글이 있고 목록의 분량만 143쪽 이상을 차지하고 있다(*List-Werke* IX, 273~416쪽). 그러나 이러한 많은 글들 중 몇 편의 글은 신문 또는 잡지에 기고한 리스트의 글을 개략적으로 포함한 것이기 때문에 그의 글은 1000편 이상이 된다고 할 수 있다.

당시 타자기나 녹음기도 없이 펜을 가지고 글을 써야 하고 리스트의 경우 비서도 없었고 단지 드물게 집필을 도와주는 사람만이 있었던 집필여건을 고려해본다면 그가 일생동안의 저작들을 어떻게 완성할 수 있었는지 놀라울 따름이다. 또한 리스트는 편지를 열심히 쓰는 편이었고 일기 쓴 것을 보고 알 수 있는 것은 그는 여행작가로서도 자신의 생활비를 조달할 수 있었을 것이라는 사실이다.[10] 종종 날림으로 썼다고 하더라도 그가 쓴 것은 항상 특별한 문장작성 능력과 천재적인 상상력을 보여주는 것이었다.

그의 학문적 저작들도 역시 살아 있는 문체로 표현되고 있다. 오늘날의 독자들은 흔히 엄격하고 자기비판적이며, 학문적인 교육이나 모범적인 인물을 통해서 훈련된 자신에 대한 평가를 중요시하지만, 리스트의 경우에는 고등학교를 졸업하거나 대학에서 어떤 분야를 전공한 것이 아니고 학문적 스승도 없었기 때문에 그의 업적은 더욱 높이 평가되어야 한다. 확실히 그의 정열적인 활동과 정당참여는 그가 꾸준히 선동가로서 활동하는 데 유익했으나 때로는 학자로서 활동하는 데 걸림돌이 되기도 했다.

오늘날의 독자도 그의 많은 논거들이 암시하는 것에서 결코 벗어날 수 없다. 그의 초기 저작도 마찬가지인데, 리스트가 1819년 관세동맹의 주도자로서 연방회의에 제출한 청원서의 다음과 같은 내용을 그 예로 들 수 있다. "독일의 38개 항목의 관세와 통행세 지침은 국내거래를 마비시키며 피가 인체의 각 기관으로 흐르지 못하게 각각의 부분을 묶는 것과 마찬가지의 효과를 가져다준다. 전쟁처럼 관세와 통행세는 단지 방어수단으로서만 정당화될 수 있다. 그런데 통행세를 부과하는 국가의 규모가 작으면 작을수록 이로 인한 부작용이 더욱 커져 국민들의 활동을 더욱 위축시키며 세금부과 비용은 더욱 증가하게 된다. 왜냐하면 규모가 작은 국가들은 도처에서 국경에 접해 있기 때문이다. 따라서 이러한 38개 항목의 통행세 지침은 이보다 3배나 높은 관세율을 규정하고 있는 독일 국경 지역의 프랑스 관세지침보다 독일 국민들에게는 더 해로운 것이다(*List-Werke* I, Teil 2, 492쪽 이하)."

당시 상황은 그러한 해법을 요구했지만 아직은 시기상조였다. 1819년은 나폴레옹 전쟁이 끝난 지 불과 4년밖에 되지 않은 시점이었다. 전쟁으로 인한 고통과 함께 경제적 위기가 찾아왔다. 당시는 전쟁이 끝나고 나폴레옹이 취한 대륙봉쇄 조치가 해제되면서 많은 영국의 상품이 유럽 대륙과 아직 전쟁에서 복구되지 못한 독일에 유입된 시기였기 때문이다. 이러한 상황에서는 전 독일로 확대된 경제권에 대해서 지역적으로 공동의 역외관세를 도입할 수 없었다.

여기에 대해서 훗날 리스트는 다음과 같이 쓰고 있다. "나의 다음과 같은 노력을 이해하기 위해서는 1819년 당시의 정신세계로 돌아갈 필요가 있다. ……독일은 예전의 주인이 자신의 재산을 되찾아 새롭게 집을 지으려고 하는 전쟁으로 파괴된 경제와 유사했다." 그는 계속하여 "이러한 신념으로 나는 독일의 지역관세를 폐지하고 하나의 공동의 독일 무역체계를 만드는 것을 목적으로 하는 독일의 상인과 제조업자의 동맹을 설립해야 겠다는 생각을 갖게 되었다(List 1959, 2쪽)."

당시 리스트는 영국처럼 한 국가의 산업정책과 무역정책이 다른 나라에 비해 우월한 경우 이것이 뒤쳐진 국가들에게 가져다주는 결과를 보여주는 강의를 처음으로 실시했다. 나중에 프랑스, 미국 그리고 새로이 독일에서 관찰을 통해 타당성이 입증되었고 그로써 확인된 생각은 『국가체계』 제26장의 제목인 '국내 제조업의 능력을 배양하고 보호하기 위한 주요수단으로서 관세'에 나타난 것처럼 리스트를 그의 보호관세 구상으로 이끌었다.

리스트는 이미 미국에 있었을 당시 『리딩의 독수리』라는 신문에서 영국 고전학파 경제학자들의 자유무역론과 첫 번째 논쟁을 벌였다. 그는 출판업자이면서 경제학자인 매튜 케리(Mathew Carey, 유명한 국민경제학자 헨리 찰스 케리[Henry Charles Carey]의 아버지)와 그와 함께 설립하여 영향력이 컸던 "공장업자와 기계기술의 장려를 위한 펜실베니아 학회"의 회장인 잉거솔(Charles J. Ingersoll)과 뜻을 함께했다.

이 단체는 리스트에게 "두 권의 책을 집필할 것을 요청했는데, 하나는 리스트 자신의 이론을 근본적으로 발전시키는 학술저서이고, 또 다른 하나는 그의 체계를 학교로 전파시킬 수 있도록 하는 대중적인 저서였다(같은 책, 8쪽, 주 IV)." 이에 따라 리스트는 우선 1827년 가을에 12편의 서한문을 쓰게 되었는데, 이것들은 필라델피아의 『국민신문』 (*Der National Gazette*)에 게재되었을 뿐만 아니라 50개 이상의 지방

신문에 다시 게재되었다."

또한 『새로운 정치경제 체계 개관』(*Outlines of a new system of political economy*)이라는 제목의 소책자로도 발행되어 수천 권 배포되었다(같은 책, 같은 곳)." 이 소책자에서 그는 해밀턴(Alexander Hamilton)이 주창한 "미국 체계"(American System)를 지지했다(*List-Werke* II, 17쪽). 이것은 독일의 국민경제학자의 저서 중에서 영문판으로 출판된 최초의 책이라고 할 수 있다.

리스트는 펜실베니아 학회가 요청한 두 번째 어려운 과제인 이론적 저서의 집필을 시작했으나[11] 기업가로서 꿈을 키울 수 있는 다른 프로젝트, 즉 리틀 슈킬 프로젝트로 인해서 중단되었다. 석탄탄광의 개발은 리스트로 하여금 운송제도와 이것이 인구성장, 학교와 교육기관, 법체계와 헌법체계 등 국민경제에 대하여 갖는 종합적 중요성에 대한 인식과 사고를 갖게 했다. 무엇보다도 리스트는 교통수단, 특히 철도와 선박의 중요성을 알았으며 이러한 인식은 일련의 저서들, 특히 그의 중요저작에 담겼다.

리스트는 독일 교통학의 창시자인 것처럼 철도분야의 선구자라고 할 수 있다. 이상가이자 선동가였던 리스트는 학자들보다 한 발 앞서 나갔다. 그는 1835년 자신에 의해 창간된 『철도저널』에 많은 글을 게재하면서 철도건설을 주장했으나, 이 저널은 2년 동안만 발행되었을 뿐이다. 리스트에 의해서 시작된 후 로테크(Rotteck)와 벨커(Welker)에 의해서 발행된 『국가백과사전』(*Staats-Lexikon*)에 대한 그의 기여는 성공적이었으나 수입은 많지 않았다. 여기에 그는 13편의 글을 썼다. 이 중에는 당시로서는 특별히 많은 지식이 투여된 철도와 운하에 대한 글이 있는데(1834~43, 650쪽 이하), 여기에서 그는 두 가지 운송방법을 비교하고 있다.

이로부터 최소한 다음과 같은 간단한 결론을 도출할 수 있다. "운하는 장기적으로 본다면 아마도 철도에 비해서 두 가지 커다란 장점이 있을 텐데, 우선 무거운 재화운송의 많은 부분을 담당할 수 있는 운송의 저렴함이다. 그리고 많은 사람들에게 포장된 도로처럼 약간의 통행료를 지불하고 자유롭게 통행할 수 있도록 하는 장점이 있다. 이에 반해서 철도라는 교통수단은 특성상 한꺼번에 집중적으로 재화를 운송해야 한다." 그 밖에 학문적으로 중요한 것은 1841년 『아우크스부르크 일반신문』의 부록으로 발행된 독일의 철도체계에 대한 세 편의 기초적인 논문이다.

리스트는 철도분야와 연관시켜서 뿐만 아니라, 한 국가의 발전을 위한 일반적인 기능이라는 측면에서 운송수단과 교통수단의 중요성을 인정하고 있다. 그는 해안에 접한 국가나 큰 규모의 강을 가진 국가의 경우 교통로, 즉 수로가 비용이 들지 않은 상태에서 이미 마련되어 있는 셈이므로 배를 건조하고 항구와 짐을 하역할 수 있는 부두를 건설하기만 하면 되는 장점을 갖고 있다고 지적했다. 이와 같이 영국이나 네덜란드, 이탈리아, 부분적으로 프랑스는 지리적으로나 개발정책적으로 특혜를 누리고 있다.

철도는 내륙을 바다에 접하게 하는 것을 가능하게 한다. 그렇기 때문에 독일의 경우 철도는 대단히 중요하다는 것이다. "유럽 대륙의 어떤 국가도 독일처럼 완전한 대륙운송 제도로부터 큰 이익을 보는 국가는 없다. 스위스를 예외로 한다면 해안과 강을 이용한 항로의 혜택을 가장 받지 못한 나라인 독일은 인공적인 운송수단을 가장 필요로 하는 국가이다(*List-Werke* III, 337쪽)."

리스트의 두 가지 주요 저서로는 『정치경제학의 본질적 체계』(*Das natürliche System der politischen Oekonomie*, 이하 『본질적 체계』)와 『정치경제학의 국민적 체계』(이하 『국민적 체계』)를 들 수 있다. 『본질적 체계』는 파리에서 상을 받은 저술로서 대부분 『국민적 체계』를 쓰기 위한 선행연구로 간주되고 있다. 실제로 그러한 저서들은 서로 나란히 병존할 수 있는 저서들이지만 주요 내용은 일치한다. 『본질적 체계』는 분량 면에서 『국민적 체계』의 절반 정도이며 역사적인 부분을 자세히 다루고 있지는 않지만, 간결성과 명료함으로 깊은 인상을 주었다.

이 두 저서는 국민경제학에서 다루고 있던 당시의 핵심문제, 즉 한 국가의 경제발전 문제를 취급하고 있다. 스미스가 국부의 원천에 대한 질문을 던지고 경제현상의 자연법칙을 가지고 설명을 하면서 경제주체들이 자유로운 경제활동을 할 수 있도록 해야 한다고 주장한 이래 학문세계는 그것을 받아들이거나 또 다른 새로운 설명을 찾아야 했다. 리스트는 그러한 설명을 찾기 위해서 많은 노력을 했다. 물론 그러한 노력은 두 권 또는 그 이상의 책으로 된 그의 저작 가운데 첫 번째 저작에만 머무르고 있지만, 여기에는 스미스에 대한 그의 비판뿐만 아니라 자신의 주요 논제도 포함되어 있다.

스미스나 세, 쿠퍼(Cooper) 등에 대한 비판은 그들이 개별경제적 이해와 국민경제적 이해를 동일시한다는 점과 그러한 논리에서 도출된 자유무역론에 집중되었다. 여기에서도 리스트는 스미스의 저작에 대한 존경심을 가지고 있었다. "(스미스) 학파의 시스템은 진실한 사고, 즉 잘못된 길로 들어서지 않기 위해 현실을 잘못 판단해서는 안 된다는 그런 사고를 기초로 하고 있다. 이 학파는 단지 각 국가의 특성이나 그들의 특별한 이해관계와 상황을 고려하는 것만을 등한시했을 뿐이다. 이 학파는 존재해야 할 상황을 실제로 존재하는 상황으로 가정했다(List 1959, 138쪽)."

리스트가 반대한 것은 자유무역과 작은 정부처럼 영국에 적합한 것을 다른 나라가 자신들이 어떤 경제적 상황과 어떤 경제발전 단계에 있는지를 고려하지 않고 동일하게 적용하는 것과 같은 절대화이다.

리스트는 고전학파 시스템의 오류를 다음과 같이 지적했다. "그러한 시스템에는 근본적으로 특별한 국가, 국민 그리고 국가 이해관계가 없다. 그 시스템은 어떠한 특별한 기본법이나 문화, 전쟁, 국민적 정서도 없는 상황을 가정하면서 그것들이 어떻게 형성되고 전개되는지를 상관하지 않는 한 국가의 모든 개인 또는 모든 남녀의 민간경제 시스템이라는 점이다. 그러한 이론은 가치론이며, 회계이론이고 장사꾼 이론이나 다름없으며, 전체 국민의 생산적인 힘이 어떻게 국민의 문명, 복지, 권력, 영속 그리고 독립성이라는 특별한 장점을 위해 일어서고 증대되고 유지되고 보존될 수 있는가를 제시하는 이론이 아니다(같은 책, 302쪽)."

영국의 고전학파 국민경제학을 비판하는 내용을 담고 있는 리스트의 저서 『국민적 체계』의 가장 중요한 요소들은 산업화를 위한 양육관세, 한 국가의 생산적 힘의 장려, 국가의 지도적 기능의 강조, 전형적인 발전단계에서의 경제발전 등이다. 그의 이론과 언급된 주요 명제를 도출하기 위해서 리스트는 엄청난 노력을 들여 당시 주요 국가들의 경제사를 개관하기 시작했다.

이와 관련된 내용은 그의 저서의 1/3을 차지하고 있다. 각 국가의 경제사에 대한 개관은 각국의 경제발전과 흥망성쇠 사이의 상호작용을 설명하고, 『국민적 체계』 제10장의 제목인 '역사로부터의 교훈'을 얻는 데 기여했다. 이것은 리스트 저서의 주요 논제였으나 체계적으로 전개되지는 못했고 대부분 개략적으로 추론되었는데, 고전학파 국민경제학과 다른 국가에서 발전된 경제이론적 체계들과의 끊임없는 논란 속에서 그 우월성을 입증해야 했다.

평가와 영향

제임스 스튜어트나 해밀턴이 리스트보다 앞서 주장했기 때문에 독창적이라고 할 수는 없다고 하더라도 보호관세론과 양육관세론은 경제학 분야에서 리스트의 중요한 논제이며 이론으로 가장 먼저 거론된다. 리스트에게 관세는 "산업을 육성하기 위한 수단"이고 "국내제조업을 보호하기 위한" 수단이며 그러한 목적을 수행하는 한 필요성이 인정된다. 영국이 "패권을 잡고 있던 상황"(Insular-Suprematie)에서 무역이 보호되지 못한 유럽 대륙은 자체 산업을 구축할 수 있는 기회를 가질 수 없었다. 무역동맹의 업무를 보던 젊은 리스트는 그가 1819년 연방회의에 제출된 자신의 청원문을 작성할 당시에 이미 이러한 신념을 가지고 있었다. 따라서 리스트를 표절자라고 할 수는 없으나 그가 최초로 양육관세 이론을 주장했다고 볼 수도 없다.

생산력 이론의 경우는 다르다. 이것은 짜임새 있고 명확하게 설명되지 않아서 이해하기 어렵지만 리스트의 독창적인 사고이다. '생산력 이론과 가치이론'이라는 제12장의 제목을 통해서 얻고자 하는 기대와 달리 이 이론은 단편적이며 고전학파 이론을 비판적으로 비교하고 있는데, 다른 장에서도 부분적으로 언급되고 있다. 생산적 힘이 무엇을 의미하는지 정의를 내리는 대신 독자는 다음과 같은 유명한 명제를 견지해야 한다. "부를 창조하는 힘은 부 그 자체보다 무한히 더 중요하다(같은 책, 144쪽)."

근본적으로 리스트는 고전학파 경제이론의 핵심이라고 할 수 있는 정태적 이론과 가치론, 가격이론의 우위에 대해서는 반대하는 입장이다. 이와는 대조적으로 그는 경제발전과 경제성장이라는 측면에 중심을 두고 있다.

경제성장과 경제발전은 시장의 자체적 힘에 의해서 영향을 받지 못하고 적절한 제반여건을 필요로 하기 때문에 리스트는 항상 경제성장과 경제발전에 결정적인 역할을 하는 사회적 조직, 즉 국가 또는 국민 그리고 기본법을 강조한다. 오직 민간경제만을 지향하는 이론은 한 국민을 위한 지도적 사고일 수 없으며 개인경제는 동시에 국민경제일 수 없다고 한다. 스미스가 국가에게 단순히 가장으로서의 역할만을 요구한다면 그것은 잘못이라는 것이다. "어떻게! 개인경제의 현명함이 국민경제의 현명함일 수 있겠는가? 장래 수백 년 동안의 인간의 욕구에 대해 관심을 두는 것이 개인의 본성이라면 이것이 어떻게 국민과 국가의 본성이라고 할 것인가(같은 책, 167쪽)?"

조금 뒤 스미스의 두 가지 유명한 사례인 머리핀의 예와 가장을 들면서 그는 풍자적으로 다음과 같이 이야기하고 있다. "아니다! 개인경제에서 어리석다고 할 수 있는 것이 국민경제에서는 현명하다고 할 수 있다. 반대로 아주 단순한 이유에서, 재단사가 국가일 수 없고 국가가 재단사일 수 없기 때문에, 어느 한 가족이 수백 만 가족으로 구성된 연합체와는 다르다는 사실과 어느 한 집이 거대한 국가영토와는 다르기 때문에(같은 책, 168쪽)."

리스트의 사고체계에는 또 다른 복잡함이 있는데, 그것은 우선 전체적으로 파악하고 이를 지지하는 것으로 경제발전의 단계론이다. 이것은 이러한 부류의 초기 이론들 중 하나이고 『본질적 체계』에는 상세히 설명되어 있으나 『국민적 체계』에는 개략적으로 제시되어 있다. 이에 따르면 경제발전은 원시단계를 시작으로 농업단계와 제조업 단계를 거쳐 마침내 무역국가로 전형적인 단계들을 일정한 순서에 따라 거치게 되어 있는데, 마지막 세 단계인 농업단계와 제조업 단계, 무역국가는 각각 전(前)단계의 요소를 하나씩 포함하고 있다. "경제적 관계에서 국가들은 다음과 같은 발전단계를 거치게 되어 있다. 원초적인 황무지 상태, 목축업 단계, 농업단계, 농업-제조업 단계, 농업-제조업-무역단계(List 1925, 212쪽)."

리스트가 세상을 떠난 후, 그의 국민경제학적 업적을 받아들이려는 분위기는 느슨해졌다. 자유무역 이론은 독일에서도 확산되었고 최소한 전환기인 1878년까지 관세정책에도 관철되었다.[12] 당시 독일의 지배적인 역사학파가 리스트의 이론에 대해 긍정적인 분위기를 마련했음에도 그는 점차 관세동맹이나 철도건설의 선구자 그리고 독일 통일의 개척자가 되었을 뿐 국민경제학자로서는 단지 드물게만 인용되었다.

그는 수백 년 동안 통일되지 못한 국가에서 일종의 전형적인 국민적 영웅이자 상징적 인물이었다. 리스트의 이론을 역사학파의 관점에서 긍정적으로 평가해야 했던 슈몰러조차도 리스트를 추모하는 자신의 글에서 리스트가 학자이기보다는 "독일의 위대한 정신적 지도자"임을 강조했다.

그런데도 리스트의 『국민적 체계』는 경제사적으로 중요한 독일 경제학자들의 다른 저서보다 더 자주 인쇄되었으며 더 많은 외국어로 번역되었다. 두 개의 영문판뿐만 아니라 각각 한 개의 프랑스어, 스웨덴어와 러시아어 판이 존재한다. 리스트의 학문적 저서의 자취를 당대의 국민경제학에서 전혀 발견할 수 없고 경제학사에서도 중요한 위치에 서 있지 않다고 할지라도 그의 저작들, 특히 『정치경제학의 국민적 체계』는 독일의 비(非)사회주의 경제학자의 다른 어떠한 저작보다도 커다란 정치적인 영향력을 가지고 있다.

| 카를 호이저 · 김용원/이방식 옮김 |

12 | 쿠르노
Antoine Augustin Cournot, 1801~77

성장과정

생애

쿠르노의 집안은 16세기 중엽부터 비밀재판관들과 같은 고위관료들이 거주하는 부르군드 지역 프랑쉬 콩테(Franche-Comtè)에 살았다. 쿠르노는 돌(Dole) 시(오트손 지역) 인근의 그레이(Gray)에서 1801년 8월 28일에 태어났다. 그는 아주 조용한 아이였는데 이는 아마도 그의 심각한 근시 때문인 것 같다. 그는 이렇게 시력이 약했음에도 안경을 쓰지 않았다. 그렇지만 그는 유년시절에 이미 까다로운 학술서적을 읽었다.

그가 읽은 책들 중에는 볼테르의 저작들이 있었다. 또한 라플라스(Laplace)도 읽었다(Reichardt 1954, 7쪽). 쿠르노의 집에는 연로하고 박식한 삼촌과 이러한 삼촌과는 달리 입법질서에 충실한 미혼의 고모가 함께 살고 있었는데, 그 둘은 정치적으로 서로 정반대의 견해를 가지고 있었다(Moore, 232쪽). 이러한 집안분위기는 그에게 커다란 장점으로 작용했다. 왜냐하면 젊은 시절부터 판단하는 방법을 그리고 명제와 반대명제로부터 자신의 의견을 내세울 수 있는 방법을 배울 수 있었기 때문이다.

15세 때 쿠르노는 그레이에서 학교를 졸업하고 4년 동안 계속 독학했다. 그는 특히 자연과학 분야의 서적과 철학 서적에 심취했는데 라플라스뿐만 아니라 무엇보다도 퐁트넬(Fontenelle)과 라이프니츠에도 많은 관심을 보였다(Moore, 233쪽; Guitton, 427쪽). 그 당시 그는 삼촌의 공증사무소에서 종업원으로 일했다(Reichardt 1954, 7쪽). 책을 읽으면서 그는 분명하고도 의식적으로 자신의 장래에 대한 삶의 방향을 수학과 철학 분야로 정했다. 그래서 그는 19세의 나이로 브장송의 왕립사범대학교에서 수학 공부를 시작했고 1821년에는 파리에 있는 국립사범고등학교에서 학문에 정진했다.

그러나 이 학교는 정치적으로 당시 부르봉 왕조로부터 분명히 자유롭지 못했기에 정부는 1822년 이 학교를 폐교시켰다. 쿠르노는 학교의 다른 선배학생들처럼 20개월 동안 국가의 재정적 지원을 받을 수 있었고 소르본에서 전공을 계속 공부할 수 있었으며 1823년에는 자연과학 분야의 학사학위를 받았다. 전공을 수학하는 동안 그는 푸르동을 알게 되었으나 그와는 경제이론적 토론 이외의 어떠한 다른 관계도 이어지지는 않았다(Moore, 235쪽).

쿠르노는 1823년 10월 구비옹 생 시르(Gouvion-Saint-Cyr) 장관의 비서직을 맡았다. 그는 장관에게 미완의 몇 가지 원고를 완결하는 데 도움을 주었고 동시에 장관아들의 가정교사 역할을 했다. 구비옹 생 시르의 집에 기거하면서 그는 프랑스의 지도적 인물들 대부분을 알게 되었는데, 이것은 이후 쿠르노에게 값진 관계가 되었으며 쿠르노는 그들과 흥미로운 친분관계를 유지했다. 그는 일을 하면서 소르본 대학교의 라플라스, 라그랑주(Lagrange), 푸아송(Poisson)과 같은 유명한 학자들 밑에서 자연과학 분야의 학문을 계속할 수 있었고 1829년에는 박사학위를 받을 수 있었다.

쿠르노는 주요 자연과학 분야의 문제에 대한 일련의 논문들을 발표했고 이를 통해서 당시 유명한 프랑스의 주도적인 수학자이던 푸아송은 쿠르노에 대해 관심을 가지게 되었다. 1833년 여름, 쿠르노는 구비옹 생 시르의 집에서 일하는 것을 그만 두었다. 푸아송은 쿠르노를 아직 개인적으로는 잘 알지 못했지만 이미 쿠르노가 일할 만한 중요한 자리를 알아보았고 그에게 리옹 대학교에 새롭게 설립된 수학과 자연과학부의 고등수학과 역학 담당교수 자리를 마련해주었다.

교수로서 자리 잡기 전에 그는 허셜(Herschel)의 『천문학』(*Astronomy*)과 라드너(Lardner)의 『역학』(*Mechanics*)을 번역할 기회를 가졌다. 이러한 번역기회를 통해서 그는 개인적으로 인정을 받았을 뿐만 아니라 경제적으로도 많은 돈을 벌었다. 그 당시 쿠르노는 자신의 저서를 출판하여 그때까지 벌어들였던 그 어떤 기회보다 더 많은 돈을 벌 수 있었다(Moore, 236쪽).

1년 뒤인 1835년에 푸아송은 쿠르노에게 그르노블 아카데미 총장직을 맡도록 했고 쿠르노는 만족할 정도로 총장직을 잘 수행했다. 여기서 그에게 도움이 되었던 것은 소르본 대학교에서 부수적으로 법학 분야를 공부했던 경력이었다. 1836년 프랑스 대학교들의 총감독관 중 한 사람이었던 물리학자 앙페르(Ampère)가 세상을 떠났을 때 쿠르노는 총장직과 더불어 총감독관직을 겸하게 되었다. 2년 뒤 그는 그르노블을 떠나서 주로 총감독관직을 수행했는데 이 또한 푸아송이 쿠르노에게 도움을 준 것이다(Moore, 237쪽).

1838년에 그는 기사가 되었고 1845년에는 명예군단의 장교가 되었다. 푸아송이 건강상의 이유로 수학 과목의 "대학교수선발위원회"의 위원장직에서 물러났을 때, 1839년 쿠르노는 이 자리를 이어받는 영광을 얻게 되었다. 또한 쿠르노는 1848년 혁명 이후에 창립된 "고등교육자문위원회"의 위원으로 활동하는 영예를 안게 되었다. 그리고 쿠르노는 어떠한 방법으로도 정치적인 입장을 밝히지 않았기 때문에 제2제국이 형성된 후에 "왕실공교육협회"의 위원이 될 수 있었다.

1848년 쿠르노는 공식적으로 오트손 지역의 의원직에 출마할 것을

앙투안 오귀스탱 쿠르노(1801~77)

요청받았다. 그러나 그는 그러한 요청을 거절했다. 왜냐하면 그는 공교육을 담당하고 있는 교육부의 총감독으로서 직업수행에서의 의무가 있었기 때문에, 의원직을 겸하는 좋지 않은 모습을 피하려 한 것이었다. 3년 뒤 그는 정치적 상황변화에 직면하여 의원직에 입후보할 준비가 되어 있었으나 1851년 12월 2일 나폴레옹의 쿠테타 이후 오트손 지역의 의원수가 줄어 의원에 입후보하려던 쿠르노의 생각은 실현될 수 없었다(Moore, 241쪽 이하).

쿠르노는 교육부의 총감독으로서 자신의 지위에 대해 점차 지루함을 느꼈고 1854년에 그는 디종 대학교의 총장직을 맡을 수 있는 기회를 얻게 되었다. 디종 대학교의 총장직을 수락한 때는 좀더 중요한 지위로 인정되던 툴루즈에 있는 같은 직책을 거절한 뒤였다(Moore, 239쪽). 1862년 쿠르노는 총장직을 그만두고 파리로 돌아왔고 학문탐구에 전념했다. 그러나 눈의 상태가 악화되어 책을 읽을 수 있는 기회를 점점 잃게 되었다. 생애를 마칠 무렵 그의 저작활동은 아주 뜸해졌으나 정신적 활동은 여전히 활발히 이루어졌다. 1877년 3월 31일 그는 거의 시력을 상실한 채 자신이 원하던 프랑스 학술회원으로 지명을 받기 직전에 세상을 떠났다.

쿠르노의 생애동안 프랑스의 정치적 상황은 매우 혼란스러웠다. 그는 나폴레옹이 지배하던 시대에 태어났다. 1814/15년은 부르봉 왕조가 회복되면서 나폴레옹 시대가 끝나는 시기였다. 그리고 1830년에는 시민왕*이 등극했다. 1848년 혁명 후는 제2공화국이 들어선 시기이며 그후 몇 년 뒤에는 제2공화국에서 제2제국이 들어선 시기였다. 마침내 쿠르노는 1870년 제3공화국 설립을 경험하게 되었다. 쿠르노가 살았던 시기는 보나파르트파(Bonapartist), 왕권주의자들과 공화주의자들이 서로 논란을 거듭하던 혼란의 시대로 특징지을 수 있다. 또한 1830년과 1848년 두 번에 걸친 혁명의 시기였으며 1870/71년 프랑스가 패배하던 시기였다.

이러한 급격한 상황변화에도 불구하고 쿠르노가 자신의 일생동안 큰 어려움 없이 직업을 가질 수 있었던 것은 그의 정치적 중립성으로 설명될 수 있다. 그는 정치적 논쟁에서 영향을 받지 않았고 직업상 의무를 다했으며 부정에 연루되지 않았다. 기통(Guitton, 428쪽)의 견해에 따르면 쿠르노는 평생동안 대학에서 가르치고 연구하며 활동할 만큼의 학문탐구의 정열을 가지고 있지 않았다. 그는 행정업무를 수행해야 하는 상황에서 보통 스승과 제자 간에 그리고 동료들 간에 있는 학문적 교류는 동료들에 비한다면 당연히 부족했다.

학문적인 활동

쿠르노는 주로 세 가지 학문분야, 즉 수학, 철학 특히 철학 중에서도 과학철학과 역사철학 그리고 경제학에 기여했다. 그는 특별한 분야의 주제에 관심을 가지고 있었을 뿐만 아니라 학문 자체를 광범위하게 설명하려고 노력했다(Verdenal, 17쪽). 그에게 학문은 "경험론적이고 실증적 사실"을 함께 포함하는 관념으로 표현된다. "왜냐하면 모든 학문은 사실과 이론으로 구성되어 있기 때문이고, 인간의 정신세계에는 사실을 연결시켜주고 설명해주는 이론이 필요하기 때문이며, 또한 특별한 사실은 흔히 이론을 통해서 해석되고 구체화되어야만 하기 때문이다(Cournot, Verdenal, 18쪽 인용)."

쿠르노는 모든 학문을 연결시켜주는 고리가 수학에 있다고 보고, 수학이 그러한 역할을 수행하고 있기 때문에 수학에 "특별한 의미"를 부여했다(Verdenal, 18쪽). 확실히 19세기 초반인 1830년대까지 프랑스에서 수학이 매우 높은 수준에 있었다는 사실은 그의 견해를 뒷받침해주는 것이라고 볼 수 있다. 당시 프랑스의 수학 수준이 높았던 것은 1794년 파리에서 파리이공계대학교라는 "유럽에서 전례 없는 학교"를 설립한 결과이다(Jacobi 1835).

당시 그 학교에서는 특히 푸아송, 푸리에, 코시(Cauchy), 라플라스, 프레넬(Fresnel), 게이 뤼삭(Gay-Lussac) 그리고 몰라(Molas)가 강의를 했다. 당시 유명한 수학자들 중 한 사람인 푸아송은 수리물리학, 확

률 그리고 해석학 발전에 기여했다. 베르누이(Bernoulli)와 라플라스
의 연구는 그의 확률론에 대한 연구결과에 근거하고 있다(Reichardt
1954, 5쪽).

쿠르노의 첫 번째 수학 분야의 저술은 1829년에 출간된 그의 박사학
위 논문이다. 그의 박사학위 논문은 1830년과 1832년에 『순수응용 수
학 학회보』(*Journal de mathématiques pures et appliquées*)라는 학
술지에 발표되었다. 그는 1841년에는 『함수이론과 미분계산 이론』
(*Traité élémentaire de la théorie des fonctions et du calcul
infinitesimal*)을 저술했고 1843년에는 『확률과 개연성 이론에 관한 소
개』(*Exposition de la théorie des chances et des probabilités*)를
발표했다. 수학 분야의 마지막 논문으로서 그는 1847년에 『대수학과
기하학의 기원과 대응한계』(*De l'origine et des limites de la
correspondance entre l'algèbre et la géométrie*)를 발표했다.

자신의 수학 분야 논문에서 쿠르노는 "함수론의 적용영역을 확대하
기 위하여" "좀더 추상적인 개념을 통한 함수론"을 좀더 일반적으로 설
명하려고 시도했다(Verdenal, 26쪽). 그는 "대수학적 계산방법에서 함
수론을 분리시키려고 노력했는데 그것은 당시 지배적인 전통과 상반되
는 것을 의미하는 것이었다. 다른 한편으로 그는 경험론적 함수론을 도
입했는데, 그러한 경험론적 함수론은 모든 현상을 표현하는 데 기여한
이론이었다(같은 책, 같은 곳)."

베르누이, 가우스(Gauss), 라플라스, 그리고 푸아송은 파스칼과 페
르마(Fermat)에 의해서 발전된 확률수학을 연구하고 발전시켰다. 쿠르
노는 그들이 발전시킨 이론을 더욱 발전시켰다. 왜냐하면 쿠르노는 "서
로 독립적으로 발생하는 원인들 또는 사실들의 여러 조직들의 조합이
론을 우연히 발견했기 때문이다(Cournot, Verdenal, 31쪽 인용)."

그에 의하면 우연한 결과라는 것은 예외적으로 발생한 결과가 아니고
예측가능하다는 점이다. 그렇게 예측가능한 것이 물리학 법칙에 따라
불가능하다면 수학적인 확률은 대단히 낮아지는 것이다. "수학적인 확

률이라는 것은 우리의 정신적 세계에 기인하는 단순한 추상적 관계를 의미하는 것이 아니라 사물들 사이에서 자연이 스스로 유지하게 되는 관계의 표현이다. 또한 수학적 확률에서는 독립적인 원인의 영향으로 우연적인 사실이 자유롭게 서로 조화를 이루며, 이러한 우연의 시작이 무한하게 뻗어나가서 마치 사회적 현상이나 자연적 현상의 질서 속에서 끊임없이 발생하는 것 같다(Cournot, 같은 곳)."

확률론 덕택에 쿠르노는 우연 속에 질서가 있음을 알게 되었다. 우연이라는 것은 근본적으로 무질서한 상태와는 다르다. 서로 독립적인 일련의 여러 가지의 인과고리가 어느 정해진 점에서 서로 만나는 것이 하나의 확률모형에서 분석될 수 있다. 쿠르노는 이러한 연구결과를 바탕으로 한계원리와 우연의 원리를 이용하여 경제학의 문제를 하나의 수학 모형에서 분석하고 해결할 수 있었다. 그는 과거 국민경제학에서 지배적이던 견해, 즉 독립변수만이 완전하다는 견해를 극복하고 있다.

그의 주된 관심은 과거 경제학자들이 분석한 경쟁제도에 있지 않았고 불완전한 시장형태에서 발생하는 경쟁과정의 분석에 있었다. 그가 절대적인 시장균형 이론을 부인하고 확률이론을 이용하여 경제문제를 분석한 점으로 볼 때, 쿠르노가 경제학에 확정적인 수학의 방법론을 도입하여 이용했다고 여전히 언급하고 있는 것은 이해할 수 없는 것이다(Guitton, 428쪽).

또한 쿠르노는 통계학에서 확률이론을 핵심적인 이론으로 본다. 쿠르노는 자신의 저서 『확률과 개연성 이론에 관한 소개』에서 주장하듯이, 사실들 간의 상호관계가 우연한 것이 아님에 틀림없는 많은 사실들을 그저 단순히 모아서 배열한 것이 통계학이라는 견해를 받아들이지 않는다.

쿠르노의 확률론은 수학과 경제학을 연결시킬 뿐만 아니라 자연과학과 철학을 연결시킨 것이다. "왜냐하면 연역법이나 확률적인 판단이 철학적인 예상이라는 본연에 앞서가기 때문이고 귀납법과 확률론이라는 방법은 철학적 사고의 방법이기 때문이다(Cournot, Verdenal, 18쪽 인용)". 쿠르노는 철학적인 확률과 수학적인 확률의 차이를 분석하고 학문적 토론의 장에 주관적 확률이란 개념을 도입했고 그러한 주관적인 확률이란 개념은 그에게 철학적 확률개념을 이해하기 위한 시발점으로 여겨진다. 수학적 확률론은 "객관적으로 존재"한다고 볼 수 있는 반면에 철학적 확률론은 주관적 특성을 가지고 있다. 철학적 확률론은 우리가 자연법칙의 단순화로부터 만들어낸 개념과 질서 그리고 현상들의 합리적인 연관에 의존하는 철학적인 통제 아래에 두어야 한다 (Cournot, 같은 곳)."

쿠르노의 스승인 푸아송과 라플라스는 수학적 확률론을 정치와 법률 분야에 직접적으로 적용시켜야 한다고 주장한 반면에(Verdenal, 30쪽 참조), 쿠르노는 그러한 방법은 학문적으로 무책임한 것으로 생각했다. 수학과 경제학, 철학을 골고루 연구하고자 한 상황이 그에게 많은 도움이 되었다. 또한 확률론적인 사고로 쿠르노는 과거의 역사와 미래와의 관계를 강조하게 되었다. 돌발적이고 가끔은 무의미하게 보이는 과거의 사건들이 미래에 예상되는 사건의 불확실성에 적용될 수 있다.

인간의 미래의 행동은 확실치 않다는 쿠르노의 견해는 그의 철학 저서의 핵심내용인 생기론(生氣論)을 연상케 한다. 생기론은 19세기의 철학 사상이라고 할 수 있는데, 이것에 의하면 유기적 삶은 특별한 생명력을 추가적으로 얻는다. 생기론에 대해서는 그의 저서 『유물론, 생기론, 합리론. 철학에서 과학적 자료사용에 관한 연구』(*Matérialisme, vitalisme, rationalisme. Etudes sur l'emploi des données de la science en philosophie*, 1875)에 자세히 설명되어 있다. 정확한 생성 (유기체의 정해진 방향으로의 진화)은 무기론적인 과정으로 설명될 수 없기 때문에 신비스러운 생성으로 가정된다.

살아 있는 유기체와 생명이 없는 무기체인 자연 사이에는 차이점이 있고, 그러한 차이점으로 인해서 생명체를 무기체로 환원시키는 것은 불가능하다는 사실을 받아들여야 한다고 쿠르노는 그의 저서 『현대 사상과 사건의 진행에 관한 고찰』(*Considérations sur la marche des idées et des événements dans les temps modernes*, 1872년 초판, 1934에 재판)에서 주장하고 있다. 그렇기 때문에 쿠르노의 견해에 따르면 생기론은 19세기 철학을 실제로 새롭게 하는 원리라고 할 수 있다.

또한 『지식기반과 철학적 비평의 특징에 관한 시론』(*Essai sur les fondements de nos connaissances et sur les caractères de la critique philosophique*, 1851, 개정판 1911)이라는 저서를 씀으로서 철학적 저술의 시대를 열었다. 1861년에는 『과학과 역사의 연계성에 관한 개론』(*Traité de l'enchaînement des idées fondamentales dans les sciences et dans l'histoire*, 1911 개정판)이 출판되었다. 생기론은 자유롭게 선택할 수 있는 공간으로서의 삶을 분석의 주된 요소로 하고 있다.

우리는 이러한 쿠르노의 논리를 그의 경제학 저서에서 다시 발견할 수 있다. 쿠르노는 자유로운 선택 또한 시장참여자의 행동의 기본이 된다고 생각하기에 그의 가격이론은 생기론의 철학에 뿌리를 두고 있다. 확률이론과 생명론의 예에서 그의 모든 저서가 요약되어 있다.

쿠르노는 언어감각이 뛰어났으며 당시 철학, 수학, 경제학 분야의 정신적 지도자로서 많은 이론들을 학문적으로 "준(準)예언적" 통합(Guitton, 428쪽)시켰음에도 살아 있는 동안에는 자신이 저술했던 그 어떠한 저서를 통해서도 결정적인 성공을 거두지 못했다. 이렇게 학문적 반응이 낮았던 이유는 무엇보다도 그의 글을 쓰고 일을 하는 스타일에 있었다. 그는 쉽게 읽고 쉽게 이해할 수 있는 글을 쓰기 위해서 특별히 노력하지 않았으며 사실과 증명내용을 열거하는 스타일이었다. 당대의 정신세계에 대한 그의 영향력이 원래 그가 향유해야 할 영향력에 훨씬 미치지 못한 것은 놀랄 만한 것이 아니다.

그가 학문분야별로 큰일을 했음에도 그는 일생동안 그가 종사한 각 학문분야별 동료들에게서 당연히 받아야 할 존경을 받지 못했다.[1] 확률이론 분야에서 그는 라플라스와 푸아송의 그림자에서 벗어나지 못했다. 경제학 분야에서는 당시 프랑스에서 쿠르노보다도 바스티아

(Bastiat), 세 또는 프루동이 더욱 잘 알려져 있었다. 당시 철학에서는 쿠르노보다 콩트와 스펜서가 유명했다(Guitton, 428쪽)

국민경제학 분야에서 쿠르노의 중요한 저서인『부의 이론의 수학적 원리에 관한 연구』(Recherches sur les principes mathématiques de la théorie des richesses, 이하『연구』)는 1838년에 발행되었지만 팔라스 수호신**과 같았다(de la Harpe, 63쪽). 왜냐하면 쿠르노는 자신의 기억에서 그러한 저서의 저작에 필요한 광범위한 학문적 선행연구에 대한 언급을 전혀 하지 않았기 때문이다. 공무원으로 일하면서 시간이 부족했음에도 저술활동을 할 시간이 있었다는 것은 놀랄 만한 일이라는 추측은 맞지 않다. 왜냐하면 오늘날과는 달리 당시 19세기에는 공무원으로서 재직하면서 독립적인 또 다른 관심사에 종사할 수 있는 것이 얼마든지 가능했기 때문이다.[2]

수학자들은『연구』에 실린 수학 논문에 흥미가 없었고 하겐(Carl Heinrich Hagen 1844)은 예외였지만 경제학자가 수학을 이해하지 못했기 때문에 저서는 큰 영향력을 발휘하지 못했다. 쿠르노는 실패의 원인을 너무 광범위하게 수학적 방법론을 적용한 데서 찾았다. 그는 1863년『부의 이론의 원리』(Principes de la théorie des richesses)와 1877년『경제이론 소개지』(Revue sommaire des doctrines économiques)를 저술했을 때 수학적 방법을 사용하지 않았다. 그러나 그러한 방법도 역시 성공적이지 못했다.

수학적 방법론을 사용하지 않았다고 해서 그의 이론이 광범위한 영향력을 미친 것은 아니었다.『연구』라는 그의 저서가 시대의 획을 긋는 훌륭한 저서라는 사실이 경제학 전공분야에서 이미 오랫동안 알려지게 된 1938년이 되어서야 비로소 프랑스에서『연구』는 다시금 재판이 발간되었다. 이탈리아 번역본은 1878년부터 있었고 1897년에 피셔에 의해서 번역된 영어판이 출판되었다. 그리고 독일어판은 바펜슈미트(Walter G. Waffenschmidt)에 의해서『부의 이론의 수학적 기초에 관한 분석』(Untersuchungen über die mathematischen Grundlagen *der Theorie des Reichtums*)으로 번역되어 1924년 출판되었다.

업적

무엇 때문에 훌륭한 수학자인 쿠르노가 경제학 분야에서 자신의 첫 번째 저술을 쓰게 되었을까? 그가 살았던 시대에 수학적 방법론은 자연과학 분야에서는 성공적으로 적용되어 성과를 거두고 있었다. 쿠르노가 존경하던 라플라스는 정치학에도 수학적인 방법론을 적용하기 위해서 노력했다(1814, 111쪽). 쿠르노는 수학적 방법론을 경제학에 적용하는 것은 근본적으로 중요하지 않다고 했음에도 라플라스의 견해를 실행에 옮기려고 열정적으로 노력했다. 그는 리카도를 언급하며 이에 대한 근거를 제공했다. 즉 리카도는 수학적으로 생각하면서도 자신의 논리를 전개할 때는 수학을 사용하지 않았지만 훌륭한 경제학자 중 한 사람이라는 사실이다.

쿠르노는 자신이 모든 경제적인 문제를 분석하려는 것은 아니었고 오히려 자신은 수학적으로 분석할 수 있는 경제문제에 국한하여 수학적 방법을 적용하려고 했다는 사실을 강조했다. 물론 그는 경제적 문제를 수학적 도구로 분석한 최초의 학자는 아니었다. 쿠르노 이전에 프랑스에는 경제적 문제에 수학적 분석을 시도한 카나라는 학자가 있었고 쿠르노는 그의 견해를 참조하곤 했다. 그러나 카나에게는 쿠르노의 넓은 안목과 깊은 사고력이 결여되어 있었다. 카나의 저서는 출판 당시에는 커다란 관심의 대상이었으나 곧바로 잊혀졌다(Reichardt 1954, 8쪽; Guitton, 428쪽).

수요와 공급

쿠르노의 경제학 저술을 평가하기 위해서 우리는 『연구』에 나와 있는 몇 가지 핵심문제에 집중하기로 한다. 『연구』의 제3장에서는 우선 환율제도를 분석하고 있다. 여기에서 일반균형 이론에 대한 첫 번째 시도를 발견할 수 있기 때문에 특별히 주목할 만한 가치가 있다. 분석에서 일반균형 이론은 훗날 발라에 의해서 발전되었다. 쿠르노가 훗날 명성을 얻게 된 것은 『연구』의 제4장에서 제9장까지의 내용 때문인데, 여기서 우리는 그의 독점이론, 복점(複占), 과점과 완전경쟁의 이론을 접할 수 있다. 이러한 그의 모든 이론들은 시대적으로 중요한 업적이다.

쿠르노의 가격이론이 어떠한 분석적 발전을 가져왔는지에 대해서 우리는 어느 특정한 경우에 수요의 증가 또는 감소가 이야기될 수 있는지에 대해 리카도와 맬서스가 논쟁을 벌였다는 사실을 통해 알 수 있다 (Sowell 1974, 106쪽).

그 정도로 중요한 또 다른 논쟁거리는 매출의 기능적인 의존성의 문제였다. 쿠르노는 수요를 가격의 함수로 정의하면서 가격을 독립변수로, 수요량을 종속변수로 보았다. 가격수요 함수 NN′ (그림1)에서 n점의 경우는 가격수준 Or에서 Oq정도의 수요량이 판매됨을 의미한다. 쿠르노는 이러한 함수의 특성으로서 수요곡선이 음의 기울기를 나타낸다는 사실을 밝혀내면서 두 번째의 미분가능성을 확신했다.

이러한 수요함수의 발전은 국민경제의 커다란 발전을 의미한다. 휴얼

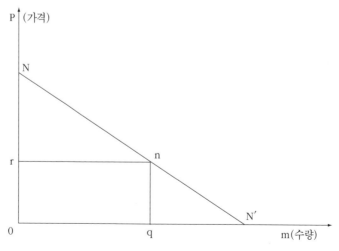

그림1 : 가격수요 함수

(W. Whewell)은 이미 1829년에 처음으로 이러한 함수관계를 발표했다(『케임브리지 철학학회 학회보』[*Transactions of the Cambridge Philosophical Society*]). 그러나 이 책은 영국이나 프랑스에서 주목받지 못했다. 그리고 이것은 당연한 것이었다. 왜냐하면 휴얼은 몇몇 경제학적인 명제를 수학적인 기호로 바꾸는 것에 그쳤기 때문이다.

쿠르노는 이에 반해서 하나의 진정한 발전적인 진보를 가져왔다. 그렇기 때문에 쿠르노가 처음으로 수요함수를 도입했다는 피셔의 언급(Fisher 1898)은 옳다. 재화의 수요는 소비자가 효용을 어떻게 평가하느냐에 달려 있다고 쿠르노는 인식하고 있었다. 즉 "각 사람은 자신의 소유 또는 자신의 노동에서 가능한 한 가장 큰 가치를 얻으려고 한다는 것이다(1830/1924, 35쪽)." 그러나 그를 주관적 가치론자로 표현하는 것은 너무나 큰 비약이다. 그는 효용과 가치판단을 스스로 근본적으로 고려하지 않았으나 그것들은 수요함수를 설명하는 데에서 반드시 필요한 보조개념이며 보조수단이었다. 그는 일반적으로 수요곡선을 음의 기울기를 가진 곡선으로 본다. 어떤 재화의 가격이 상승하면 수요량은 감소하고 가격이 하락하면 수요량은 증가하게 된다.

그러나 하나의 다른 경우도 생각해볼 수 있다. 가격변화와는 관계없이 경직되어 있으면서 오히려 가격상승과 함께 수요량이 증가하는 경우도 쿠르노는 가능하다고 생각한다. 몇몇 재화, 예컨대 땔감이라든지, 음악가에게 바이얼린이라든지 또는 천문학자들에게 망원경이라든지 이러한 재화들에 대한 수요는 어느 정도까지는 고정되어 있고 가격변화에 영향을 받지 않는다.

이러한 경우에 수요곡선, 즉 모든 가격수준과 수요량을 조합하여 연결한 것은 수직을 나타낸다는 것을 의미한다. 오늘날에 이것은 가격에 대한 수요의 탄력성은 0이라는 것을 의미한다. 또 다른 재화의 경우, 즉 사치재의 경우에는 수요가 수요자의 명예와 관련된다. 가격이 오를수록 물건을 소유하려는 마음이 커지고 수요함수는 양의 기울기를 나타낸다.

전혀 다른 이유에서도 이와 같이 양의 기울기를 갖는 것이 있는데, 기본적인 욕구충족을 위해 필요한 몇몇 재화의 경우 역시 수요곡선이 양의 기울기를 가지게 된다. 예를 들어 빵의 가격이 상승할 경우, 빈민층 사람들은 빵 이외의 다른 양식을 구입할 자금이 부족하다. 이 경우 빵의 가격이 상승했음에도 빵을 적게 사지 않고 오히려 빵에 대한 수요를 증대시키게 된다. 일정한 소득수준으로 인해 결정되는 이러한 수요를 경제이론사에서는 "기펜-역설"(Giffen-Paradoxon)이라고 표현한다. 쿠르노가 이미 인식하고 있는 바와 같이 수요는 재화의 가격에만 달려 있는 것이 아니다. 재화의 수요에 영향을 미치는 주요 요인으로는 평균적인 부의 수준과 이른바 부의 배분(소득배분)을 들 수 있다.

수요곡선은 다양한 가격수준에 따른 수요량의 조합을 연결한 곡선이다. 그렇기 때문에 수요곡선은 이유 없이 수요곡선으로 불리는 것이 아니다. 쿠르노는 통계학의 과제를 숫자상의 구체적인 수요함수를 도출하기 위한 숫자상의 토대를 만드는 데 있다고 본다. 그러나 그는 반드시 숫자로 표현될 수 없는 함수로서도 가치 있는 지식을 얻을 수 있음을 알았다(Guitton, 429쪽 참조).

쿠르노는 매출함수가 어떠한 중요한 의미를 부여하는지 알고 있었다. 수요곡선상의 각 점에 수요량에 각각 해당되는 가격을 곱할 경우 판매액이 산출되고, 이렇게 산출된 각 판매액의 조합을 연결할 경우 매출함수가 나오게 된다. 비용측면을 고려하지 않을 경우 판매자에게는 최대 판매액이 가장 좋다. 쿠르노에게는 이러한 매출극대화의 절대치가 중요한 것은 아니다. 그에게 중요한 것은 오히려 매출곡선상에서 우리가 이러한 극대점의 앞 또는 뒤 등 어디에 있는가라는 것이다.

이에 대해 쿠르노는 다음과 같이 설명하고 있다. 즉 그는 수요곡선상에 있는 한 점인 W에서 가격변화에 따른 수요량의 변화량이 W점의 가격수준에서의 수요량보다 적을(클) 경우를 분석함으로써 극대점의 앞과 뒤에 있는가를 설명했다. 달리 표현하면 W점의 수요량에 대한 가격과 W점의 수요량의 변화분에 대한 가격의 변화분을 곱한 것의 관계가 절

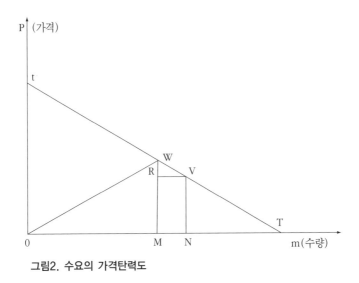

그림2. 수요의 가격탄력도

대치 1보다 큰지 또는 작은지의 문제이다. 오늘날 이러한 공식을 우리는 수요의 가격탄력성이라고 한다. 쿠르노는 이러한 수요의 가격탄력성을 발전시킨 것이다(그림2).[3]

탄력도의 절대치가 2인 탄력도의 의미는 수요량의 증가비율이 가격의 하락비율보다 2배 더 크다는 것이다. 결과적으로 가격하락으로 인한 판매액 감소는 한 개의 판매량 증가로 인한 수입액 증가의 절반과 같다는 것이다. 한계수익은 가격의 1/2이다. 탄력성이 3인 경우에는 한계수익이 가격의 2/3수준이 된다. 따라서 탄력도가 커지면 커질수록 독점가격은 점점 경쟁가격에 접근한다.

쿠르노에게 어쩌면 더 많은 빚을 진 마셜은 자신의 저서인 『경제학 원리』(*Principles of Economics*, 1927, 제7장)에서 탄력성 개념을 도입했다. 일정가격 수준에서 수요탄력성의 값을 산출하기 위한 마셜의 기하학적 방법, 이른바 접선을 사용하는 방법을 쿠르노는 이미 사용했는데 단지 탄력성이 1인 경우에 한해서 그러한 방법을 적용한 것이다. 즉 상대가격이 2만큼 상승할 경우 그 정도의 수요량 감소가 있게 되고 판매액은 불변한다는 사실이다.

공급독점

쿠르노는 수요에 대해 논의의 여지없이 명확한 정의를 내린 후 공급독점 문제에 관심을 가지게 되었다. 국민경제학자로서는 처음으로 쿠르노는 이러한 시장형태에서의 가격결정을 상세히 분석했다. 그 이전의 모든 학자들은 공급독점에 대한 뚜렷한 문제의식을 가지고 있지 않았으며 공급독점을 시장관계에서 비교적 중요하지 않는 예외적인 경우로 생각할 뿐이었다. 그러나 쿠르노는 그러한 예외적인 상황에 대해 관심을 가지고 있었는데 이는 공급독점이 방법론적으로 대단히 단순했고 그의 분석의 마지막 단계에서는 완전경쟁에서의 가격형성이라는 원래의 목적과도 일치했기 때문이다. 그의 견해를 오늘날에 설명한다면 다음과 같이 기술해볼 수 있다.

비용이 없이 원하는 만큼의 물을 제공할 수 있는 온천소유자를 생각해보자. 그의 판매액은 곧 그의 이윤을 의미하기 때문에 $G = p \cdot f(p)$에서 그는 G를 극대화할 수 있도록 가격 p를 설정해야 한다. 이것은 이윤함수를 1차 미분할 경우 미분결과가 0이 되는 점을 의미한다. 이러한 필요조건은 충분조건으로 보충되어야 한다. 즉, 이윤함수를 2차 미분한 결과가 음의 값을 나타내야 한다는 충분조건이 성립되어야 한다는 것이다. 다시 말해 한계수익 곡선이 음의 기울기를 가져야 한다는 사실이다.

독점자는 최대한 생산량의 절반을 판매함으로써 그의 매출을 극대화할 수 있다. 즉 가격이 0인 상태에서 판매한 수량의 절반에서 수량을 생산할 경우 자신의 최대판매액(즉 최대수익)을 달성할 수 있음을 수학적으로 그래프를 이용해서 보여주고 있다. 쿠르노의 그래프를 이용한 해법은 발라의 저서(Walras 1900, 440쪽)에서 찾아볼 수 있다.

또한 쿠르노는 이윤극대치 그리고 매출액 극대치가 기업의 생산능력 내에 있을 때에만 오로지 자신의 등식을 충족시키는 가격이 존재한다는 것을 잊지 않고 있었다(Schneider 1970, 123쪽). 이러한 문제는 수요의 가격탄력성을 가지고 해결될 수 있다. 쿠르노는 이미 자신이 알고 있는 개념을 이용하지 않고 탄력성의 방법을 사용했다. 탄력성이 변하는 수요곡선일 때에만 독점가격은 형성될 수 있고, 판매액은 최대치에 도달할 수 있다.

상술한 탄력성에 대한 내용을 기억한다면 판매액이 최대가 되는 곳은 수요가 좀더 적은 탄력성에서보다 큰 탄력성으로 변하는 곳이다. 수요량 숫자의 변화비율이 가격의 변화비율보다 낮을 경우에 수요는 비교적 고정적이 된다. 그러나 수요량의 변화율이 원래 원인이 되었던 가격의 변화율보다 클 경우에 수요는 비교적 더욱 탄력적이다. 독점자가 비용과 관계없이 재화를 생산할 때에 이윤을 극대화하는 가격은 탄력성이 1인 경우에 있게 된다. 즉 특정한 비율의 가격변화는 이와 동일한 비율로 수요량의 변화를 야기시키게 된다.

이 점을 오늘날에 우리는 쿠르노 점이라고 부른다. 쿠르노는 생산수량을 결정할 때에는 가격을 자의적으로 결정할 수 없고 가격을 결정할 때 임의로 수량을 판매할 수 없는 독점자들의 함수적인 의존성을 처음으로 제시한 학자이다.

시간적으로 보아서는 쿠르노 이전에 튀넨(Schneider 1970, 123쪽, 주 2)이 한계분석을 경제이론으로 도입했다. 쿠르노가 튀넨의 작품을 사전에 알지 못했다고 생각할 수 있기 때문에 쿠르노는 한계원칙을 같이 발견한 학자로 평가될 수 있다. 그는 경제이론에서 한계분석의 의미를 알았고 "한계비용"이나 "한계수익"이라는 개념을 그대로 사용한 것은 아니지만 내용 면에서는 그러한 의미로 사용했다.

쿠르노는 이제 생산비용이 발생하는 생수 독점공급자의 경우를 가정한다면 이윤의 극대화를 달성시키기 위해서 독점공급자는 더 이상 매출액 극대화를 추구해서는 안 된다는 사실을 확인했다. 이러한 경우 그는 판매되는 생산량에 따른 생산비용을 고려해야 한다. 여기서 그가 제시하는 총비용곡선은 체감하는 수익증가 법칙을 근거로 한다. 그는 생산을 증가시킬 경우 총비용이 상승할 것이고 생산품을 한 단위 더 생산함에 따라서 발생하는 한계비용은 생산능력의 가동률이 어느 정도인가에 따라서 하락하거나 동일하거나 또는 상승한다는 사실을 확인하게 된다.

추가적으로 한 단위의 재화생산량을 증가시키면 추가적인 (한계)수익보다는 작은 규모이나 추가적인 (한계)비용을 초래한다는 가정 아래 공급자는 이윤극대화를 목적으로 재화의 생산을 증가시킬 것이다. 한계비용이 한계수익과 일치할 때 비로소 이윤극대화는 달성된다. "소비증가가 생산증가를 초과할 때 생산자는 생산을 언제나 중지할 것이다(Cournot 1838, 65쪽)."

한계비용 곡선과 한계수익 곡선의 교차점을 통과하면서 수요곡선은 세로축에 평행인 선과 교차하는 점에서 독점재화의 가격수준을 결정하는데, 이러한 점을 쿠르노 점이라고 한다. 쿠르노 점은 한계비용보다 높다. 상호경쟁하는 공급자들의 한계비용 곡선은 독점자의 한계비용 곡선과 동일하다는 가정 아래 가격은 수요곡선과 한계비용 곡선의 교차점 수준이라고 할 수 있는데, 그러한 경쟁가격의 수준은 독점가격보다는 낮다. 더욱 큰 규모로 판매된 수량과 낮은 경쟁가격은 작은 규모로 판매된 수량과 높은 독점가격에 서로 대응한다. 따라서 독점자들의 생산시설은 완전경쟁을 하는 생산자들의 생산시설보다 비효율적으로 가동되는 것이다.

물론 이것은 동일한 비용곡선이 발생한다는 가정에서 그렇다. 그러한 가정이 아주 현실적인 것은 아니다. 왜냐하면 일반적으로 기업규모가 커지면서 단위당 비용곡선이 하락할 수 있기 때문이다. 즉 독점가격이 경쟁가격과 구분되지 않을 수도 있다. 독점자는 물론 완전경쟁 상황에서 경쟁자들이 판매하는 것보다 적은 양을 판매하게 된다. 독점자는 독점이윤을 가지게 된다.

독점가격과 독점의 생산량 결정에 대한 쿠르노의 견해는 그 이후 150여 년 동안 지속되었고 새로운 내용이 추가될 수 없었다. 그의 이론에서 흥미로운 것은 그가 언급한 연극표 판매라는 특별한 경우이다. 여기서 총비용은 일정하고 한계비용은 0이다. 연극표는 한계수익이 제로 일 때까지 판매된다는 사실이다. 즉 극장소유자는 생산비용이 없는 독점자처럼 행동한다는 사실이다.

생산비용을 유발시키면서 생산하는 독점자에게도 수요탄력도(ε)는 대단히 중요하다. 탄력도가 1보다 큰 경우는 수량의 증가율보다 가격의 감소율이 작은 경우이다. 수요탄력도가 1보다 큰 경우 한계수익은 증가하는데, 그러한 한계수익은 수요탄력도가 크면 클수록 경쟁가격에 더욱 접근하게 된다. 이에 반해서 수요탄력도가 비교적 경직적일 경우 독점자는 완전경쟁과 비교해서 비교적 적은 양을 생산하는 상황에서 이미 이윤극대치를 달성하게 된다. 비용이 발생하는 생산에서 독점가격은 분명히 경쟁가격보다 높다. 그러나 독점가격 수준의 생산량은 완전경쟁시의 생산량보다는 적다.

이러한 공급독점에 대한 명확한 분석결과를 수학적으로 설명하고 증명한 것은 쿠르노의 공로이다. 그는 직접세와 간접세를 자신의 모형에 포함시킴으로써 자신의 독점에 관한 분석을 완결했다. 그는 그러한 모형에서 생산자와 소비자에 대한 각각의 효과분석도 시도했다. 슈나이더(Schneider 1970, 124쪽)가 "분석에서의 거장"이라고 본 묘사는 『연구』 제6장에 나타나 있다.

쿠르노는 가격과 수량문제의 해법은 한계비용이 생산량과 어떠한 관계에서 변화하는지에 달려 있다는 견해를 가지고 있다(E. Schneider 1970, 123쪽). 그는 가내수공업에서는 한계비용이 체감하고 농업과 광업에서는 한계비용이 체증한다고 본다. 또한 한계비용이 처음에는 체감하다가 다시 증가하는 경우, 생산비용이 변하는 경우, 즉 총 비용곡선이 이동하는 경우 그리고 독점가격 형성에 대한 영향도 분석하고 있다.

경쟁과 가격형성

쿠르노는 독점에 대해 분석한 후에 상호경쟁하는 두 명의 생산자, 즉 복점에 대한 분석에 집중했다. 두 생산자는 동일한 온천수를 공급하고 생산비용은 전혀 발생하지 않는다고 하자. 만약 두 생산자가 예컨대 하나의 판매조합을 설립했다고 할 경우, 그들은 공동으로 독점가격을 형성할 수 있을 것이고, 두 생산자에게는 각각 독점이윤의 절반이 할당될 것이다. 그러나 두 생산자는 완전히 독립적이고 상호경쟁한다.

　오늘날 상황에 적용시켜보면 그러한 두 경쟁자는 주어진 시장점유율을 확보하고 동시에 시장점유율을 지속적으로 높이기 위해 소비자들을 사이에 두고 제품차별화와 광고를 수단으로 경쟁하면서, 자신들의 각각의 상품에 대해 지속적으로 고객을 확보하기 위해 노력한다. 여기서 가격경쟁은 그다지 중요하지 않다. 이러한 가격경쟁은 150년 전 쿠르노가 자신의 이론을 발전시킬 당시에는 없었다. 그렇기 때문에 그는 가격경쟁을 가정했고 공급자 B가 자신의 이윤극대화라는 목적을 실현시키기 위해 공급자 A의 가격할인에 어떻게 반응하는지 문제를 제기한다.

　여기서 우리는 많은 가정들에서 시작할 수 있다. 이전 세기 말에 다음과 같은 문제, 즉 어떠한 가정이 좀더 현실적인지에 대한 많은 논란이 있었다. 쿠르노는 독립적인 수량전략을 가정하고 있다. 복점의 두 생산

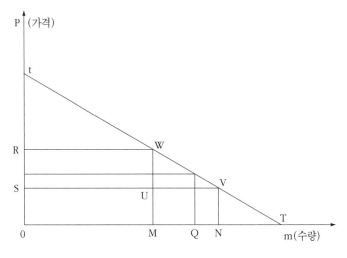

그림3. 쿠르노의 복점해법

자 각각은 자신의 공급량 변경을 통해서 경쟁자의 반응을 전혀 유발하지 않을 것으로 가정한다. 그는 선형인 총수요함수를 가정한다.

복점시장의 생산자 A는 시점 t=0인 상황에 있다고 하고 우선 복점시장 총공급량 m의 절반을 공급하면서, 즉 OM($=\frac{1}{2}$OT)을 공급하면서 독점자처럼 행동한다고 하자. 자신이 원하는 가격은 OR수준이다. t=1인 시점에 복점시장에 또 다른 공급자 B가 나타난다. 그가 독자적인 독점가로서 행동하려고 한다면 그는 총공급량의 절반, 즉 $\frac{1}{2}$m을 공급해야 한다. 즉, 시장에서의 총수요는 충족되고 가격은 0으로 하락할 것이다.

쿠르노는, 이제 복점시장에 참여한 기업 B가 기업 A에 의해 공급된 $\frac{1}{2}$m(총판매량의 절반)을 공급된 수량으로 보고 공급자 B는 자신에게 남은 절반 정도의 MT를 독점가처럼 공급할 것으로 생각한다. 다시 말해 B는 총판매량의 절반에서 $\frac{1}{2}$을 공급한다. 즉, 총수량의 $\frac{1}{4}$인 MN($=\frac{1}{4}$OT)을 공급하는 것이다. 또한 공급자 B의 가격은 A의 원래의 가격수준인 $\frac{1}{2}$Ot($=$OR)보다 절반 수준 정도이다. 즉, $\frac{1}{4}$Ot($=$OS)수준이다. 완전경쟁 시장에서는 단지 하나의 가격수준만이 유효할 수 있기 때문에 그리고 낮은 가격수준만이 유효하기 때문에 공급자 A의 온천수 가격은 절반으로 하락한다. 즉 $\frac{1}{4}$Ot정도로 하락한다. B가 시장에 진입함으로써 시장이 분할되어 A의 판매액은 절반 정도 감소한다. 공급자 A는 사각형 RWUS 정도의 수익을 잃게 된다.

원래 독점자이던 A의 판매가능한 최대치 OT($=$포화량)는 $\frac{1}{4}$m(B의 판매량) 정도 감소해서 $\frac{3}{4}$m으로 줄어든다. A는 계속해서 자신의 이윤을 극대화하기 위해서 독점자처럼 행동한다. 다시 말해 그는 $\frac{3}{4}$OT 중 절반만을 공급한다. 즉 $\frac{3}{8}$OT($=\frac{1}{2}$OT-MN)를 공급한다. 이로 인해 가격은 다시 $\frac{1}{4}$Ot($=$OS)(이러한 가격의 절반 정도)에서 $\frac{3}{8}$Ot로 상승한다. 그의 이윤은 $\frac{3}{8}$m×$\frac{3}{8}$p에 달한다. 이로 인해서 B의 입장에서는 판매가능한 최대수량이 $\frac{1}{2}$m에서 $\frac{1}{8}$m정도 많은 $\frac{5}{8}$m으로 증가한다.

이러한 독점자와 같은 행동으로 그는 이제 $\frac{3}{8}$p의 가격으로 자신의 최대수량의 절반인 $\frac{5}{16}m$ 정도를 공급한다. 이로 인해 가격은 $\frac{5}{16}p$로 하락한다. 그러한 과정은 계속된다. A는 B의 시장진입으로 단계적으로 자신의 공급량을 줄여야 하는 상황이 되고 반면에 B는 A와 같은 정도로 공급량을 공급할 정도까지, 즉 $\frac{1}{3}m$ 정도가 될 때까지 자신의 공급량을 지속적으로 증가시킬 수 있게 된다.[4] 따라서 이러한 쿠르노의 해법은 $\frac{2}{3}$해법으로 불린다. 생산비용을 고려한다고 할지라도 이러한 방법에서 근본적으로 변하는 것은 없다.

B자신의 시장진입이 우선 독점가 A가 원래의 (독점적) 공급량을 포기하도록 부추기지는 않을 것이라고 B가 전제한 쿠르노의 출발점은 나중에 자주 공격을 받았다. 예컨대 1883년 프랑스의 수학자 베르트랑(Joseph Bertrand, 502쪽)은 쿠르노의 이론을 비판했는데 그러한 비판은 슘페터가 정확히 언급한 것처럼 전문가적 비판이라고는 볼 수 없다(E. Schneider 1932, 159쪽 참조).

그후 1897년, 에지워스는 두 생산자가 가격을 하락시킴으로서 자신들의 시장점유율을 높이려고 시도할 것이기 때문에 쿠르노의 균형이론에 만족하지 않을 것이라는 사실을 증명하려고 했다. 오늘날 이러한 논란은 당시와 비교해서 차원이 상당히 다르고 그러한 논란에는 파레토와 빅셀이 참여했다. 그런데 그러한 논란에서 확인할 수 있었던 것은 독점적 경쟁에서 문제는 일반적으로 가격경쟁이 아니라 제품차별화를 통한 경쟁이 주요 이슈라는 사실이다.

쿠르노의 복점논쟁에서의 해법은 동태적 분석이라는 관점에서는 고전적 해법, 이른바 오류적 해법처럼 보인다. 왜냐하면 복점시장에 참여하는 각 공급자는 자신의 공급량을 변화시킴에 따라 경쟁자가 반응하지 않는다고 가정함에도 실제로는 끊임없이 반응하기 때문이다. 그러나 기대와 실제 간에 발생하는 이러한 모순은 정태적 분석에서는 나타나지 않는다. 오히려 쿠르노의 제안은 일관성 있는 해법으로 보인다. 20세기 초 이후 복점문제는 또 다른 다양한 이윤극대화를 달성할 수 있는 해법을 모색하면서 심화되었다. 그러나 그 누구도 다양한 모든 상황에서 타당한 해법을 제시할 수는 없었다(Ott 1968, 210쪽 이하 참조).

복점문제를 다룬 후 쿠르노는 좀더 많은 공급자가 경쟁하는 시장으로 관심을 돌렸고 제8장(완전경쟁)에서는 완전경쟁 시장에서의 경쟁문제를 다루고 있다. 모든 기업에서 어느 특정한 점부터 해당되는 경우인 생산의 증가에 따라 한계비용이 증가하게 된다면 공급자는 자신의 한계비용이 주어진 시장가격과 일치하게 되는 수량을 시장에 공급할 것이다. 공급자는 수량에 순수하게 적응하게 된다. 왜냐하면 그의 공급량이 시장에 공급되는 총공급량에 전혀 영향을 미칠 수 없을 정도로 미미하기 때문이다. 시장의 균형가격은 총공급곡선과 총수요곡선이 교차하는 곳에서 형성된다. 쿠르노는 여기서 처음으로 그림표를 가지고 시장균형을 보여주고 있는데, 이 그림표는 오늘날 학생들이 대학에서 처음 공부를 시작할 때 배우는 내용들이다.

이를 통해 쿠르노는 처음에는 "완전경쟁 시장의 수없이 많은 경쟁에서 가격결정에 대한 완벽한 하나의 이론을 발전시키는 데 성공했다(E. Schneider 1970, 125쪽 이하)." 이러한 부분균형 분석이 다른 모든 변수들, 예를 들어 다른 재화가격, 다른 시장에서의 생산자의 소득, 소비자의 소득과 같은 변수들이 이러한 고찰을 위하여 고정되어 있어야 한다고 가정한 것은 원래 원했던 종합균형 분석을 위해서는 절대적으로 장애가 되는 것으로 쿠르노는 알고 있다. 그는 여러 경제변수들 간에 상호연관이 있음에도 그러한 변수들이 일정하다고 가정할 경우에 발생하는 문제점을 알고 있었다.

하지만 그는 다음과 같이 생각했다. "만약 고정변수들의 모든 가치들이 스스로 수치적으로 파악될 수 있다면 분석에서 모든 변수들의 고려는 분석적 수학과 실제적 계산방법의 능력을 넘어서게 될 것이다(Cournot 1838/1924, 111쪽)." 그러한 문제를 분석하는 데 발라가 기여했다. 오늘날 비교-정태적 분석을 위한 균형체계와 도표가 분석되는 상황에서 쿠르노가 발전시킨 이론이 높은 가치를 가지고 있다는 사실을(E. Schneider 1970, 127쪽) 첫눈에 알 수 있는데, 이러한 내용은 쿠르노가 이미 언급하고 있는 예에서 찾을 수 있다(제7장).

무역이론

무역과 무역정책에 대해서 쿠르노는 자신의 동시대 학자들과는 다른 견해를 가지고 있었다. 오늘날까지 그의 보호무역주의 이론이 일반적으로 부정적으로 평가되고 있다는 사실은 그의 이론적 논리에 수학이 사용되지 않았음을 추측하게 한다.

쿠르노는 A국보다 B국에서 재화 M이 높은 비용으로 생산된다고 가정한다. 그렇기 때문에 B국은 재화 M에 대해서 수입규제 조치를 취한다. B국이 이러한 수입규제 조치를 취하게 되면 A국에서 재화 M이 E만큼 B국으로 수출된다. A국에서의 생산은 A국에서의 수요량과 B국으로의 수출량의 합으로 산출된다. A국에서 재화 M의 새로운 가격은 수출 전보다 높으며 생산량 역시 많아진다. 이에 상응해서 A국 생산자의 판매액은 수출을 하면서 증가하게 된다. A국에 있는 재화를 구입하는 고객들은 가격상승으로 인해 손실을 입게 되고 또한 A국에는 가격이 상승한 그러한 재화에 대한 수요는 감소하게 되며 다른 재화에 대한 수요는 증가하게 된다. 또한 B국에는 A국에서 B국으로 수출되는 재화를 사용하는 만큼 국내에 수요손실이 있게 된다.

이러한 상황에서 A국에는 수출전후의 가격을 고려해서 산출할 경우, "수출이 이루어진 이후의 재화판매액－수출 전 재화의 판매액"만큼의 총명목효과가 있게 된다. "명목소득의 증가(Cournot 1838/1924, 176쪽)"인 이러한 양(陽)의 명목효과는 계속해서 재화를 구입하는 A국에서 수요자의 실질적 구매력의 손실만큼 감소된다. 이것은 항상 양(陽)이어야 하는 실질효과라고 할 수 있는데 수출을 시작한 후에 재화의 가격이 전보다 높고 수출규모는 A국에서 수요량이 감소한 것보다 크기 때문이다. 쿠르노가 사회소득이라고 칭하고 있는 A국에서의 국민소득은 명목상으로나 실질적으로 증가하게 된다(같은 책, 같은 곳).

B국에서 재화 M의 가격은 수입규제 조치를 취한 후가 그러한 조치를

취하기 전보다 낮다. 재화 M의 생산 역시 마찬가지로 줄어든다. 따라서 생산량에 가격을 곱함으로써 산출되는 판매액은 수출 전 수입규제 조치가 유효했을 당시 산출되었던 것보다 수출이 이루어진 후에 더 적다. B국의 경우 가격하락으로 인한 소비자들의 이익을 생산자들의 손실과 수입재화 M의 판매액과 비교해봄으로써 B국에서의 국민소득에 대한 명목효과를 얻을 수 있게 된다.

그렇게 얻은 명목효과는 항상 음(陰)의 수치를 가지는데 이에 대해서 쿠르노는 다음과 같이 언급하고 있다. "명목소득의 감소(같은 책, 179쪽)." 이미 수입자유화 이전에 B국에서 재화 M을 구입한 사람들의 실질소득이 상승된다면 실질효과가 있게 된다. 여기서 낮은 가격으로 재화 M을 새로이 구입한 소비자들이 자신들에게 유익한 방법으로 소득을 새로이 배분할 수 있다는 점은 고려의 대상에서 제외된다(Reichardt 1954, 29쪽 이하 참조).

쿠르노는 자신의 견해를 제시하면서 다음과 같이 결론을 맺고 있다. 즉, 수입하는 국가는 수입규제 조치를 해제하기 전보다 상황이 어려울 것이라는 것이다. 수십 년 동안 쿠르노가 발전시킨 이론을 연구한 학자들 중 첫 번째이면서 유일한 사람은 하겐이다. 하겐은 1844년『국민경제를 위한 무역자유화의 필요성』(*Die Notwendigkeit der Handelsfreiheit für das Nationaleinkommen, mathematisch nachgewiesen*)이란 책자에서 수학적으로 쿠르노의 이론을 증명했다. 그는 본질적으로 쿠르노의 견해를 비판했다. 즉, 쿠르노가 일정 분야에서 오랫동안 도입되지 않은 수단이나 방법이 다른 분야에 도입되고, 또한 이러한 방법이 유익하다는 사실을 고려하지 않았다는 것이다.

어떠한 산업이 좀더 많은 수단을 사용한다면 덜 효율적인 다른 산업은 퇴출될 것이다. 쿠르노는 나중에 자신의 저서에서 그러한 보상문제에 대해 예견했다. 물론 무역에 대한 그의 평가는『연구』에서 난해하게 기술되어 있다. 또한 국제무역을 연구하는 데에서 쿠르노는 수출세의 효과라든지 수출입 프리미엄의 효과 그리고 수송비용의 효과에 대해 많은 분석을 했다.

드 퐁트네(R. de Fontenay 1864, 240쪽)는 A국에서 B국으로 재화 M을 수출할 경우, 이러한 수출에 상응해서 B에서 A국으로는 재화 N이 수출되어야 한다고 언급했다. 이렇게 함으로써 쿠르노가 주장한 수입국 B국이 입는 손실은 상쇄될 수 있다. 바이너(Viner 1937, 586쪽)는 쿠르노의 국제무역 이론이 훗날 많은 관심 속에 논란의 대상이 되었던 것은 단지 그의 독점이론이 유명했기 때문이라고 했는데, 이러한 언급은 타당하다고 볼 수 있다.

생산과 소비

1863년 저서『부의 이론의 원리』에서 쿠르노는 1838년의 이론을 단순히 반복하지 않고(1863, 60쪽 이하) 생산의 일반균형 이론을 도입하고 있다. 그는 두 가지 생산요소가 동일한 생산량을 생산할 수 있을 경우, 이러한 두 가지 생산요소의 양을 동일하게 본다. 또한 이러한 상황에서 어떠한 생산요소를 사용해야 할지는 큰 문제가 되지 않는다고 본다. 쿠르노는 생산자가 생산품을 생산하기 위해서 A의 m단위 또는 B의 n단위를 사용할 수 있다면 이러한 두 가지 수량은 무차별적인 것으로 본다. 여기서 중요한 것은 대체율이다.

쿠르노는 두 가지 생산요소의 가격관계가 그 대체율과 동일할 경우, 균형이 성립하는 것으로 본다. 드 퐁트네는 쿠르노가 처음으로 그 어떤 중요한 것을 언급했음을 알았다. 그러나 오늘날 모든 경제학자들에게 잘 알려진 한계대체율의 발견은 오랫동안 이상하게도 관심을 끌지 못했다.

모든 고전학파 경제학자들처럼 쿠르노는 소비가 경제활동의 최종목적이라고 생각했음에도 리스트처럼 결국에는 소비를 비로소 가능하게 하는 생산력에 대해 집중했다. 그러나 완전경쟁에서는 개별 공급자들이 총공급이나 가격에 어떠한 영향도 미칠 수 없기 때문에, 예컨대 너무 낮은 가격이나 과잉생산처럼 원하지 않는 결과를 방지할 수 없다(1863,

437쪽). 그렇기 때문에 그는 중재하는 방법을 주장한다. 이를 위해서는 강력한 정부가 필요하다(1877, 227쪽). 그리고 그는 리스트의 『창조적인 힘의 이론』(*Theorie der produktiven Kräfte*, 1877, 222쪽)을 극찬하는데, 이 책에서는 경제발전을 위해 국가의 중요성이 강조되고 있다.

쿠르노는 경제정책으로 볼 때 예컨대 1850년 『경제의 조화』(*Les harmonies économiques*)에서 바스티아에 의해 주장된 조화론의 반대론자이다. 쿠르노는 사람들이 살아 있는 유기체에서 일종의 조화를 발견한다고 생각했지만 이러한 조화는 무기체적인 것이나 인간사회에 기인하지는 않는 것으로 본다. 『부의 이론의 원리』에서 그는 사적 인간관계가 어떻게 자주 사회적 손실을 초래하는지를 묘사하고 있는데, 여기서 그는 자연적인 삶의 기반을 보호하는 것에 대해 명확하게 주제화하고 있다(Cournot 1863, 430쪽 이하).

그에 대한 평가

쿠르노 생존 당시에 분석대상이던 많은 문제들이 현대에도 모두 중요하다고는 더 이상 말할 수 없다. 복점시장 참여자들에 대한 가정과 같은 그의 많은 가정들 역시 현대에 모두 중요한 것은 아니다. 그러나 근본적인 내용들은 여전히 타당성을 지니고 있다. 독점이나 수요함수, 수요탄력도와 과세효과의 고려에 대한 그의 분석은 타당성을 가지고 있다. 그의 공적은 분석대상이 되었던 문제를 다루면서 수학적 방법을 사용했다는 데 있다. 당시는 수학과 경제학이 상호대립적인 관계에 있다고 보던 시대였다.

이에 더하여 쿠르노는 근본적으로 당시 여러 측면에서 비웃음당하고 있던 국민경제학에서 또한 오랜 역사를 가진 다른 학문들로부터 인정받는 하나의 학문을 만드는 데 기여했다. 바펜슈미트는 다음과 같이 그를 평가하고 있다. "과감한 수학적 표현과 노련함으로 그는 경제학을 발전시켰고 그의 직관적 분석력을 능가하는 사람이 후대에 곧바로 나타나지 않았다(246쪽)."

쿠르노는 경제학 사상의 고전학자로서 일반적으로 인정받고 있다. 가격이론 교과서에서 그의 위상은 영원히 확고할 것이다. 이렇게 그가 인정받기까지는 오랜 시간이 걸렸다. 특히 독일에서는 더욱 그러했다. 1909년도의 『국가학 사전』(*Handwörterbuch der Staatswissenschaften*)을 보면 그에 관한 내용이 반쪽도 안 되게 실려 있음을 알 수 있다. 1959년에는 『사회학 사전』(*Handwörterbuch der Sozialwissenschaften*)에서 그에 대해서 5쪽 이상을 할애하고 있다. 영미언어권에서도 지난 50여 년 동안 쿠르노의 이론은 점점 중요하게 인식되었다.

1930년도 『사회과학 백과사전』(*Encyclopaedia of the Social Sciences*)에는 그를 다룬 내용이 2쪽 분량을 넘지 않는다. 후속사전이라고 할 수 있는 1968년도 『사회과학의 세계백과사전』(*International Encyclopedia of the Social Sciences*)에서는 그를 다룬 분량이 10쪽 정도나 된다. "수학적 경제이론의 아버지로서(Waffenschmidt, 246쪽)" 쿠르노가 발전시킨 이론의 토대로부터 수학적 경제이론가라고 할 수 있는 발라, 제번스, 마셜 그리고 다른 많은 경제학자들은 경제이론을 더욱 발전시켰다. 그는 "위대한 학자 중의 한 사람이며(Schumpeter 1954a, 252쪽)", 선구자적인 학자이다.

| 루이스 자크 치머만/헬무트 마르콘 · 이방식/정진상 옮김 |

13 | 존 스튜어트 밀
John Stuart Mill, 1806~73

인물과 그의 시대

19세기 중엽의 영국은 더 나은 세계를 설계하기 위한 이념들로 가득 찼다. 정치적, 종교적 차별의 철폐, 노동조건의 개선, 보다 더 정의로운 재산분배, 개인의 자유 및 계발의 촉진, 경제번영을 가로막는 불필요한 장애물의 제거. 비교적 짧은 역사의 사회과학들 특히 정치경제학*의 역할은 그러한 각각의 사회적 개조작업을 실천하는 데에서 장애물이 무엇인가 하는 것과 그 작업의 결과가 어떻게 나타날 것인가를 보여주는 데 있었다.

그 경우 학자들은 대개 원인으로부터 결과에 이르는 추론을 사용했다. 즉 단순히 연역적 논리의 법칙에 따르는 방법을 사용했다. 그런데 각기 하나의 결과에 대해서 아마도 여러 개의 원인이 영향을 미쳤을 것이라는 사실로 인하여 현실의 문제는 복잡했다. 그래서 학자들은 각각의 원인의 작용을 따로따로 이해하는 방법에 의존할 수밖에 없었다.

이러한 성찰이 정책**의 영역으로 넘어가는 경우, 부적절한 정책권고를 내는 일이 결코 없도록 하기 위해선 학자들은 해당 사안에 대해서 비경제적인 여건을 포함한 특수한 주변 여건들까지도 감안해야 했다. 국가정책에 관하여 책임감이 투철한 경제학자라면 자기 전공분야에서의 인과관계를 제대로 파악해야 할 뿐만 아니라, 사물을 포괄적으로 통찰하는 능력도 있어야 한다. 밀은 바로 그런 인물이었다.

밀은 합리주의의 옹호자로 불려왔다. 그리고 그 자신의 말에 의하면 밀은 "순전히 생각하는 기계(1873/1924, 92쪽)"로 출발했다. 그렇지만 후에 그는 그것을 넘어서 대단히 광범한 개혁이념들의 가치를 높이 평가할 줄 아는 인간으로 발전했다. 밀은 "올바른" 사고가 갖고 있는 개인적, 사회적 교정잠재력을 명쾌한 방식으로 무조건 믿었다. 그리고 또한 이것 때문에 그는 합리주의의 "옹호자"로 불렸던 것이다. 그렇지만 그 자신은 사람들이 튀르고를 본받으려고 노력한 인물로 자신을 기억해주기를 더 바랐을 것 같다. 밀은 "철학의 정신을 일상생활의 활동에 결합시켰고, 지식인과 실무정치가들이 범하는 편견적 행동과 선입관으로부터 완전히 벗어나 있던", "근대에서 가장 주목할 만한 사례가 되는 인물"이라고 튀르고***를 평가했다(1833a IV, 335쪽).

밀의 일생은 19세기의 거의 3분의 2, 즉 1806~73년에 걸쳐 있었다. 이 기간에 워털루 전투가 있었고 제2차 개혁법률이 제정되었다. 또한 이 기간에 그는 벨기에 건국을 경험했고 1830년의 프랑스에서, 그리고 1848년에는 유럽 대부분의 국가에서 있었던 일련의 혁명의 열광을 경험했다.

그는 차티스트 운동과 파리 코뮌의 짧은 승리, 1844년의 영국의 은행개혁, 1856년부터 도입된, 모든 등록된 회사의 유한책임 제도 등의 목격자였다. 그는 1825년, 1837년, 1847년, 1857년, 1866년의 경제공황이 스스로 진행되어가던 것을 보았고 1873년부터 시작하여 1890년대 넘어서까지 진행되었던 장기불황의 시작까지도 볼 수 있었다. 미국 내전의 처참함과 아일랜드의 오랜 분쟁이 그를 자극했다. 그리고 그는 벤담, 콩트, 마르크스와 다윈의 사상과 씨름해야 했다.

그의 시대에 이루어진 사건과 역사발전 중에서 그를 자극하지 않은

존 스튜어트 밀(1806~73)

것은 거의 없었다. 그것들에 대한 밀의 논평은 사상의 기초, 경제학, 사회철학 등에 관한 그의 위대한 저술들과 함께 25권으로 이루어진 표준판(토론토) 『밀 전집』을 채우고 있다. 그렇지만 밀의 일생을 그의 내면적인 발전과 연관시켜서 고찰하는 것이 의미 있을 것 같다. 그것은 밀이 비록 청년시절이나 후반기에(1865년 그는 하원의원에 당선되었다) 짧은 기간의 공직생활을 한 적은 있지만 원래 자기자신의 내면으로 침잠하여 생활하는 사람이었으며, 또한 그는 모든 외부의 사건들을 소수의 근본적인 사상원리와 행동원리로 연결시켰기 때문이다.

밀의 일생은 세 시기로 나누어볼 수 있다. 철학적 급진주의에 대해 그가 일찍이 열광하던 시기(1826년까지) 그리고 대단히 다양한 사상의 흐름을 연구하고 비판적으로 흡수하던 중간단계(대체로 1834년까지), 성숙단계(1830년대 후반부터 죽을 때까지). 성숙단계에서 그는 논리학과 정치경제학에 관하여 논문을 발표했고, 개인주의와 공리주의에 대한 자신의 젊은 시절의 숭배를 재검토했으며, 경쟁에 기초하여 수립되는 시장체제를 넘어서는 사회형태를 갈망했다.

우리가 판단할 수 있는 한 이 모든 시기를 통틀어 그를 개인적으로 깊이 동요시킨 사건은 두 개뿐이었다. 하나는 1826년의 이른바 "정신적 위기"였는데, 이 위기는 아버지와의 관계를 청산하는 것으로 종결되었다. 다른 하나는 테일러(Harriet Taylor)와의 만남, 친교 그리고 나중에 그녀와의 결혼(1851)이었다.

밀의 일생이 감정의 동요와는 거리가 멀었듯이 그의 지적인 성숙과정도 정말로 조용하게 진행되었다. 그 자신이 보고하듯이(1873/1924, 161쪽) 그의 사고방식에서는 딱 한 번의 혁명이 있었을 뿐이다. 그리고 이 혁명이란 사실 자신의 젊은 시절의 편협한 합리주의에 대한 대응이었을 뿐이다. 또한 그것은 그가 종전에는 가능하다고 생각하지 않았거나 주의를 기울이지 않았지만, "이미 세상에는 다 알려진 사실들을 재발견"하는 일이었다(같은 책, 142쪽).

그의 후기의 사상발전을 확신과 행동에 의해 방향이 제시된 분명한 길을 재발견하는 것으로 묘사하는 것은 부당한 일이 아니다. 그 길은, 오로지 확실한 것은 진리의 다면성뿐인 듯이 보이는 지적 혼돈상태에서 벗어나게 해주었다.

이 사상발전의 "혁명적" 단계의 세 측면이 밀의 경제적 사상에 영향을 미쳤다. 첫째로 개인의 자아실현이야말로 곧 행복을 의미하며, 그것은 또한 경제적, 정치적 투쟁 못지않게 중요하고 진실로 지속되는 목표라는 확신이다. 밀이 순수 경제목표, 예를 들면 총소득이나 1인당 소득의 극대화로부터 발길을 돌린 것은 부분적으로는 이러한 입장에 원인이 있었다.

둘째로 밀은 일반이익(공동체 이익—옮긴이)은 철학적 교양을 갖는 국가지도자(석학)에 의해서 가장 잘 보장되며, 단순 민주주의 절차에 의하는 경우보다 더 잘 보장되며, 의회주의적 양보(Konzessionen)에 의한 경우보다는 틀림없이 더 잘 보장된다고 보았다. 후자의 방식은 중산계급만을 만족시킬 뿐이며 좀더 급진적인 개혁의 싹을 아예 없애버린다.

셋째로 그는 경제법칙에 관해서 입장을 바꾸었다. 그는 경제법칙을 더 이상 연역론적 진리로서가 아니라 원인-결과의 연쇄사슬로 간주했다. 이 사슬은 추상적인 의미에서만 참일 뿐이며 실제로는 주변 여건에 좌우된다. 이러한 이해방식의 변화에 의해서 밀은 "새로운" 경제현상(예를 들어 정기적인 공황, 자본수출, 고임금과 이윤의 공존)을 유효한 진리의 결과로 취급할 수 있게 되었다. 이 경우 그 유효한 진리는 단지 그때그때 다른 형태의 주변여건 속에서 자신을 표현했을 뿐이었다. 그뿐만 아니라 밀은 이것을 통해서 자연 속에 존재하는 불변의 현실에 의존하는 불변의 경제법칙과 사회적 선택행위의 결과로 볼 수 있는 경제법칙을 구별할 수 있었다. 겉으로 보기에 서로 독립적인 이러한 세 가지 새로운 시각을 염두에 두면서 밀의 사회경제적 세계관이 어떤 모습이었는지를 해명해보기로 하겠다.

생애와 학문적 발전

청년선동가로서의 밀(1822~26)

밀은 "생각하는 기계"가 되도록 교육받았다. 그것을 주도한 것은 스토아 학파, 에피쿠로스 학파, 키닉 학파 지향적이었던(1873/1924, 40쪽) 그의 아버지의 신념이었다. 이 신념은 논리적 진리의 힘을 가지고 밀에게 제시되었다. 이 견해들의 주입은 젊은 밀이 15세가 될 때 완결되었다. 이제 밀에게 남겨진 과제는 그저 이 견해들과 결합된 법칙에 신앙고백과 같은 힘과 통일성을 부여하는 일뿐이었다.

이 과제는 바로 1821년 최초의 벤담 독해의 결과였다. 밀은 그 독해를 마치자마자 거의 곧바로 공리주의회라는 토론회를 조직했다. 그 구성원들은 맬서스주의, 투표권, 윤리적 행위의 합리주의, 연상심리학(같은 책, 89~91쪽) 등을 그들의 기치로 내걸었다. 그들은 18세기의 프랑스 철학자들과 같아지려고 했으며 심지어 일반의 행복을 추구하는 그들의 모델을 실현하기를 희망했다. 밀은 곧바로 이러한 주장들을 광고하고 활용하기 위해 언론의 도움을 구하려 했다. 합리주의적이고 공리주의적인 개혁가로 훈련된 그는 1822년부터 4년 동안 의무에 충실한 아들의 역할을 했다.

그가 성취해야 할 것으로 교육받은 것들이 자신에게 감성적 만족을 별로 주지 못한다는 사실을 발견했을 때, 그의 열광은 마비되고 말았다. 더 나아가서 그는 "인생에서의 붕괴 그 자체"처럼 보였던 그 무엇을 발견했다. 만일 그가 추구하던 모든 것이 달성되었다고 가정한다면, 인생의 기쁨은 아마도 더 이상 기쁨으로 남아 있지 않을 것이다. 왜냐하면 그 기쁨은 "더 이상 투쟁과 절제에 의해서 획득될 필요가 없기" 때문이다. 이러한 발견은 그가 후에 "정신적 위기"라고 불렀던 문제를 1826년 가을에 가속시켰다(같은 책, 제5장).

밀이 다른 데서 기쁨의 원천을 발견했을 때, 그는 자신의 절망을 극복했다. 이 경우 우연히 워즈워스의 시를 읽게 된 것이 그에게 도움이 되었다. 밀은 당시 다음과 같은 것을 느꼈다고 회고했다. "내적인 기쁨…… 정신적으로 친숙하고 사상이 풍부한 즐거움. 그 즐거움은 모든 인간들이 같이 누릴 수 있을 것이다. 그것은 투쟁이나 불완전함 따위와는 아무런 관계도 없으며, 다만 인류의 물질적, 사회적 처지가 개선될 때마다 더 풍요로워질 즐거움이다(같은 책, 125쪽)."

이러한 발견의 힘으로 곧장 일어난 일은 밀이 자신의 독창적인 정신 교육, 즉 "수동적 감성능력"(예를 들면 시적 성향과 명상적 성향, 그는 이러한 경향을 무시까지는 아니더라도 적어도 싫어하도록 교육받았다)의 발전에 주력하게 된 것이었다. 왜냐하면 그는 그러한 감성능력이 물질적 즐거움을 위한 투쟁과 적어도 같은 중요성을 갖는다고 생각했기 때문이다.

이러한 사정으로 인하여 한편으로 밀은 경쟁투쟁의 유익함에 대해 문제를 제기하게 되었다. 다른 한편으로는 자아실현을 추구하는 것이 모든 개인의 권리라는 사상이 자유와 결정론의 문제에 대한 대답을 위해서 그에게 중요하게 되었다. 특히 자신의 인생의 역할은 아버지의 명령에 의해서 결정되었다고 하는, 밀 자신을 짓누르고 있는 느낌과 관련하여 그 사상은 중요하게 되었다(1843, 제4권, 제2장 참조).

새로운 이념에 대한 자신의 개방(1828~34)

워즈워스는 1828년 밀에 의하여 발견되었다. 그리고 다음 해에 그의 공헌에 대한 견해차이가 하나의 논쟁으로 발전되었는데, 밀은 여기서 처음으로 젊은 공리주의자들에 대하여 대립적인 입장을 취했다(1873/1924, 127쪽).

그후 그는 콜리지(Coleridge)의 제자인 모리스(Maurice)와 스털링(Sterling)과 가까워진다. 스털링에게서 밀은 정신적 동질성을 발견하는데, 벤담 추종자들과 결별한 후 그에겐 그러한 정신적 동질성이 필요했다. 편협한 합리주의에 대한 밀의 날카로운 대항의 시기가 뒤따랐다. 그는 그러한 합리주의로부터 자신이 도망가고 있는 모습을 보았다. 이 시기에 그는 "어설픔"(Halbheit)을 "지적 대가(大家)의 커다란 적"으로 간주했다(1963 XII, 173쪽).

밀은 심지어 사우디(Southey)와 같은 사람들의 "공상적 토리주의(Torytum)"의 편을 들었다. 놀랍게도 그는 인간은 "자신보다 더 높은 지성과 도덕성을 갖춘 지도자에게 복종하기 위하여(같은 책, 80~85쪽)" 지배받기를 요구한다는 사상에 동조했다. 그러나 그의 이러한 비자유주의적 색채는 전혀 다른 뿌리를 갖고 있었다. 즉 그것은 1829년 콩트의 『실증정치학 체계』(Système de politique positive)의 독해를 통해서 자라났다(같은 책, 30~38쪽).

콩트는 두 개의 대립적인 경향의 상호투쟁이 진행되던 당대의 과도기에 하나의 위기가 야기되었다고 지적했다. "한 사회체제가 몰락해가고 있으며, 새로운 사회체제가 성숙, 완성되어 가고 있다." 그렇지만 지배자나 민중이나 당시까지 그러한 발전을 정확하게 파악하지 못하고 있다는 것이었다. 그에 의하면 지배자는 단지 무정부 상태로 치닫고 있는 경향을 보았을 뿐이고, 아주 자연스러운 방법으로 새로운 사회가 발전되고 있다는 사실을 깨닫지 못했다는 것이다. 민중은 민중대로 지배자를 거부하고, 부당하게도 개인의 이성을 최고의 국가권력으로 고양시킴으로써, 일반이념(allgemeine Ideen) 체계의 발현이 저지되었는데, 그것 없이는 어떤 사회도 존립할 수 없다는 것이었다(Comte 1822/1966, 4쪽, 528쪽 이하).

콩트의 논술에 의하면, 헌법적 개혁은 단지 사회제도의 실제적 분야만을 다룰 뿐이며, 그에 반하여 새로운 공동체의 목표와 방향은 그보다 먼저 성찰되어야 한다는 사실을 민중이 알아야 한다는 것이다. 이 이론적 또는 "지적" 작업은 "석학"(碩學, savants)에게 맡겨야 하는데, 이들은 실증과학(신학이나 형이상학적 문제설정과 구분되는)의 전 분야를 포괄하는 교육을 받은 새로운 계급의 사람들이라는 것이다.

밀은 "석학"이 지도자가 되어야 한다는 이념과, 역사는 비판적 시기와 조화의 시기의 연속이라는 견해를 수용했다. 그리고 1831년 잡지

『이그재미너』(*The Examiner*)에 「시대정신」(The Spirit of the Age)이라는 제목으로 발표된 일련의 논설에서 그 내용을 다루었다(1831b). 물론 밀이 이 이념들에 동조했을 당시, 그가 이 새로운 분파에 소속된 것은 아니었다. 그가 시문학의 희열과 자극에 대해서 활짝 마음을 열고 지지한 것은 사실이지만, 동시에 그는 직관적 인식에 대해서는 회의적 태도를 견지했다.

그는 자신의 소명은, "순수논리"보다는 고차원의 의미에서이긴 하지만, 논리적 인식을 해명하는 데 있다고 보았다. 그는 자신이 할 수 있는 가장 중요한 공헌은 진리를 전달할 수 있는 방법을 탐구하는 것이라고 생각했다. 밀은 "가장 위대한 시대정신들의 연합"을 구축하기를 희망했다(1963 XII, 79쪽).

이러한 목표는 한 콩트주의자에게 어울릴 만한 것이었으며, 후에 밀의 『논리학 체계』(*System of Logic*, 1843)와 『정치경제학의 원리』(*Principles of Political Economy*, 1848)에서 상세하게 다루어졌다. 그렇지만 그는 1830년대에는 주로 한 협회, 즉 정치적 차원의 급진적 연합을 조직하려는 시도에 헌신적인 노력을 했다. "헌법적 당파"를 통한 사회관계의 개선이라는 방법은 콩트의 동의를 얻지 못했을 것이다. 그러나 밀은 1830년대 말에 이르러서야 사회적 재조직은 먼저 정신적 재조직을 필요로 한다는 견해로 되돌아왔다.

1829년 3월 밀의 합리주의 학습은 또 하나의 공격을 경험하게 된다. 그것은 제임스 밀의 『정부론』(*Essay on Government*)에 대한 매콜리(Macaulay)의 비평에 의해서였다. 이 비판에 대한 논쟁이 존 스튜어트 밀 사상의 "혁명"의 세 번째 측면의 시발점이었다.

아버지인 제임스 밀의 국가이론은, 모든 인간은 자신의 이익을 추구하며, 그 목표는 광의의 쾌락이고, 그 수단은 무엇보다도 재산과 권력이라는 전제조건에서 출발했다. 그리하여 지배자도 인간에 불과하기 때문에 자신의 이익과 우연히 일치하는 경우에만 피지배자의 이익을 고려한다는 결론이 도출된다. 그러한 우연의 일치는 기대할 수가 없으므로, 피지배자 가운데 선거권이 있는 집단에 대한 책임성이라는 기교가 필요하다는 것이다. 매콜리는 이것이 인간본성에 대한 지나치게 제한적인 시각이며, 그러한 오류는 제임스 밀의 선험적 연역적 전제조건에 기인한다고 보았다.

이러한 비판은 존 스튜어트 밀에게는 하나의 놀라운 문제제기였다. 밀에게도 그의 아버지의 전제조건은 실제로 지나치게 편협하고 따라서 오류인 것으로 보였다. 그러나 동시에 그는 오로지 연역적인 방법만이 사회과학에 적합하다고 확신했다.

이러한 확신의 핵심적 논거는, 여러 원인이 한 특정한 결과를 초래했을 때 나타난 결과 자체를 고찰하는 일 또는 특수한 개별 사례들을 증거로 채택하는 일 등은 결코 개별적 원인의 역할을 설명하기 위한 확실한 방법이 아니며, 오히려 그것은 피상적이고 잘못된 해석으로 유도하기 쉽다는 것이었다. 실험할 기회가 존재하지 않기 때문에 먼저 원인들과 그것의 작용을 인식하는 일이 중요하다는 것이다. 이러한 주장에 대한 현대의 반대파 의견은, 과학적 해명은 하나의 사례를, 이 사례와는 상관없이 이미 알려져 있거나 아니면 적어도 사전에 가설적으로 제시되어 있는 신뢰할 만한 일반법칙에 종속시켜야 한다는 견해이다.

이미 사회과학에서의 원인의 다양성을 믿고 있던 존 스튜어트 밀은 자신의 아버지가 잘못된 연역적 방법을 사용했다는 결론에 도달했다. 타인을 설득하기 위해 또한 (논리적) 진리성을 증진하기 위해, 제임스 밀은 삼단논법으로 또는 유클리드 증명법으로 논증을 전개했다는 것이다. 그러나 현실에서 그러한 증명법은 경험적 인과관계나 복합적 원인과는 아무런 관련도 없다는 것이다. 역학에서의 모든 힘의 공동작용 같은 것이 존 스튜어트 밀에게는 사회과학에서의 연역적 분석을 위해 더 적절한 모형으로 생각되었다(1873/1924, 135쪽).

다시 말하면, 경제법칙은 조건부 진술로 표현되어야 한다는 것이며, 이때 만일 모든 개별 원인 하나하나의 작용을 다 확인하려고 한다면, (한 특정한 원인의 작용과—옮긴이) 반대로 작용하는, 알려진 그리고 잠재적인(아직까지는 알려지지 않았지만) 원인들은 "다른 조건이 동일하다면"(ceteris paribus)이라는 틀 속에 감금시켜야 한다는 것이다. 그래서 항목별 예측과 논리적인 결론증명은 경향을 확인하는 일에 자리를 양보해야 한다는 것이다.

밀은 1829년 또는 1830년에 방법에 관한 논문 한 편의 초안을 작성했고 최종적으로 1836년 출판하기 전에 다시 한 번 수정작업을 했는데, 여기에서 밀은 앞에서 설명한 신념들을 설명했다. 이 논문은 경제학자들이 아직까지도 기본적으로 타당한 절차로 인정하는 것들의 요소를 포함하고 있다. 물론 그 가운데 경험적 검증과정에 관한 특수한 문제들은 내재적인 방법론적 이유로 인해서 해결되지 않은 채 남아 있었다. 밀 스스로가 방법론적인 세련화를 수행한 것은 결코 순수철학적 유희가 아니었다. 그는 이 작업을 정확하게 그가 콩트와 생 시몽주의자들의 저작 속에서 역사의 법칙을 발견했을 시기에 행한 것이다.

1829년 전까지는 합리주의적 개혁가였던 밀과 그의 아버지에게 "선(善)한 국가"는 중대 사안이었으며, 그러한 선한 국가를 보장해주는 제도의 틀이 명확하게 설계되었다. 순전히 지엽적인 이익을 배제하기 위한 선거권의 확대, 신앙과 언론의 자유, 교육제도의 확충 등이 그것이었다. 특권에 의해서가 아니라 업적에 의해서 직위를 부여할 것, 인센티브 시스템의 필요성(그러므로 토지소유와 인격보호) 등이 기본적 요구사항이었다. 1829년 이후부터 밀은 일괄적으로 구축되고 장기적 성격을 갖는 어떤 특정한 제도적 틀이 "복지"를 보장할 수 있을 것이라는 믿음을 포기했다.

밀이 느끼기에 영국인들은 어차피 "자신들을 대변하는 인물이 일반적으로 타당한 어떤 견해를 갖고 있다고 의심하는 경우에는" 너무나도 명백한 진실에 대해서도 불신한다는 것이다. 그러므로 이제 개혁은 현재와 앞으로 개발될 사회적 욕구 그리고 민중이 받아들일 수 있는 것에 맞도록 제도를 적절히 바꾸어 나가야 한다는 것이다(1963 XII, 48쪽; 1873/1924, 137쪽).

법칙과 제도의 상대성에 관한 밀의 믿음은 경향으로서의 경제법칙의 의미에 관하여, 그가 "이전의 정치경제학은 매우 제한적이고 시대국한 적인 가치"를 가질 뿐이라는 견해를 갖도록 만들었다. 그 이유는 정치 경제학이 "사적 토지소유와 상속을 신성불가침한 사항으로, 또한 무역 과 영업의 자유를 사회적 진보의 최후보루로 전제했다"는 데 있다는 것 이다. 밀이 구체적으로 열거하지는 않았지만 리카도를 제외한 적어도 소 수의 정치경제학 추종자의 머릿속에서는 그랬다는 것이다(1873/1924, 141쪽).

여기서 밀이 사유재산에 관한 그의 믿음을 팽개쳤다는 말은 아니다. 이것과 관련하여, 밀은 인간의 이기적인 본성 아래 수행되는 사유재산 의 발전추진력의 기능을 중대하게 여겼다. 그러나 그가 자신의 아버지 가 유클리드에게 영감을 얻어서 국가와 정치경제학에 관하여 행하던 논증을 방법론적인 이유 때문에 거부한 것과 마찬가지로, 그는 이제 분 명하게 말하고 있다. 정치경제학은 "사회적 제도의 불변성을 주어진 것 으로 받아들일 수는 없다. ……또한 우연히 저자가 살고 있는 사회적 상태 이외에는 어떠한 사회적 상태에 대해서도 들어맞지 않을 진술을 전개하면서, 이 진술에 대해서 보편적이고 절대적인 진리나 누릴 수 있 을, 거의 무제한한 타당성을 요구해서는 안 된다(1963 IV, 225쪽)."

밀은 암묵적으로 이러한 통찰이 생산법칙에는 들어맞지 않는다는 것 을 인정했다. 왜냐하면 생산법칙은 "물질의 법칙(농업의 수확에 영향을 미치는 지력〔地力〕을 포함하는")에 기초하기 때문이다. 그러나 그는 분 배법칙이 반드시 경쟁조건 아래서만 국한되어 적용될 필요는 없다고 주장했다(1963 IV, 225~227쪽, 같은 책, II, 20쪽 이하 참조).

이 점으로부터 우리는 밀의 개혁가 정신에 변화가 있음을 감지할 수 있다. 1830~34년 이전에 밀은 사회적, 경제적 폐해를 3계급 체제, 사 적 토지소유, 경쟁으로 각인된 경제학자의 사고 등으로 설명하면 충분 하다고 생각했다. 이제 새로운 문제제기가 자리를 잡아야 한다는 것이 었다. "사회가 발전해가면서 그 계급들의 적대적 관계에 어떠한 변화가 나타날 것인가. 그들 사이의 격차가 일정한 의미에서 서서히 소멸되는 경향이 발생하지는 않더라도, 그것이 어느 정도까지 수정될 수 있을 것인가(1963 Ⅳ, 227쪽)."

1840년대와 그 이후에 밀의 정열이 더 이상 개혁정당의 설립을 지향하지 않게 되었을 때, 그의 저작들은 다양한 토지소유 형태, 재산의 분배 그리고 외국의 경우, 영국과 다른 지주, 자본가와 노동자의 역할분담의 결과 등에 대한 관심의 증대를 보여준다. 『정치경제학의 원리』에서 이러한 연구는 분배문제에 관한 제2권에서 상당한 분량을 차지한다. 또한 이 연구는 그 저작 전체를 특징짓고 있다.

경제법칙은 결코 논리적인 증명이 아니며 조건부적인 경험적 진리내용을 갖는 진술이며, 이 진술이 반드시 모든 경우의 상황에도 들어맞는 것은 아니라는 견해로부터 직접적으로 또 하나의 결론이 도출되었다. 즉 이러한 시각은 밀이 "새로운" 경제현상을 기존의 원리로부터 도출된 것으로 취급하는 것을 허용해주었다.

그런데 이 원리는 이전에는 고려된 적이 없거나 적어도 정치경제학의 설명에서는 정규적인 요소로 인정받지 못하던 조건에서 작용하는 것이다. "새로운" 현상은 분석적으로 또는 경험적으로 획득될 수 있다. 농업에서의 기술진보가 수확체감의 효과를 상쇄했다는 이유만으로 수확체감의 법칙과 결별하려는 것을 밀이 거부하는 것은 후자의 사례가 된다. 시장의 일반적 과잉공급의 가능성은 기존이론에 대한 분석적 수정의 사례가 된다.

화폐를 스스로의 수요를 갖는 재화로 간주했을 때 밀은 일반적 수요부족은 나타나지 않을 것이라고 말할 수 있었다. 그러나 그는 또한 일시적으로 과다한 화폐에 대한 수요를 반영하는 과도한 재화공급이 상업공황의 특성일 수 있을 것이라고 인정할 수 있었다. 이것은 그의 아버지의 해결방식에 비하면 커다란 분석상의 진보였다. 그 아버지의 방식에 따른다면, 잠재적 이용자가 보유하고 있는 모든 재화는 역시 (생산적이든 비생산적이든) 소비될 수밖에 없다. 생산이란 그 자체가 소비욕망의 표현이다. 그러므로 과잉공급이란 논리적으로 불가능하다.

비슷한 방식으로 밀은 18세의 나이에 다음과 같이 주장했다. 이 결과는 "결코 확률의 연역이 아니다. 그것은 수학적 증명의 절대적 확실성을 갖고 있다. 왜냐하면 이 결과는 정확하게 수요와 공급이라는 단어의 뜻 속에 들어 있기 때문이다(1963 IV, 16쪽)." 자신의 새로운 입장으로부터 밀은 리카도의 원리가 당 세기의 중반에 그리고 후에도 변화된 여건과 변화된 분석방법에도 불구하고 여전히 적용될 수 있다는 것을 그럴 듯하게 증명할 수 있었다.

우리는 1826년 이후의 시기에 밀의 "혁명"에서 지적으로 가지가 뻗어간 것을 추적해보았다. 우리는 세 개의 변화를 파악했다. 그 변화는 편협한 합리주의와 공리주의에 대한 밀의 대응이었으며 또한 그의 사고의 전환이었다고 생각할 수 있다. 또한 그 사고의 전환은 그가 정신적 침체기 후 수년 간 개방적으로 받아들인 새로운 사상조류에 기인한 것이었다.

그는 이제 처음으로 비물질적 문화가 그 대립물인 재산보다 더 큰 행복의 잠재력을 내포할 수 있다는 것을 인정했다. 그는 제도, 특별히 단순한 민주주의만으로는 미래 사회 건설을 위해서 충분하지 않을 수도 있다는 것을 의식했다. 그리고 그는 정치경제학의 법칙들이 결코 삼단논법적 진리가 아니라 현실의 인과관계이며, 그것은 시간과 공간의 관계에서 상대적인 것으로 남아 있다는 것을 알았다. 우리는 이 지점에서 잠시 멈추고, 1830년대에 성공적이지 못했던 그의 정치적 활동에 대해서 살펴보기로 하자.

성과가 없었던 정치참여

밀 사상의 "혁명"의 세 측면은 모두 1830년에 이루어졌다. 같은 해에 이 지적 발전은 프랑스의 6월 혁명에 의해 중지된다. 그는 다음과 같이 회고했다. "6월 혁명은 나를 극도로 열광하게 만들었으며 동시에 나에게 새로운 현존을 선사했다." 이미 그의 실용적 개혁성향은 일찍이, 그가 산아제한 방법에 관한 팸플릿(이것은 당시 당국에 의해서 "악마의 전단지"로 규정되었다)을 배포하는 데 몸소 가담했던 그의 열정적 시기에 분명해졌다.

1829년 3월과 4월 "가톨릭 교도 해방령"이 통과되었을 때 그 열정적 시기는 다시 나타났다. 그는 이 조치에 관해서 다음과 같이 말했다. "이 법은 새로운 문명의 시대를 열 것이다." 왜냐하면 이 법은 특권과 편견을 떨쳐버릴 것이며, 그가 내심 희망하던 대로 토리당을 약화시킬 것이고, 자유주의자들을 정부에 참여시키게 될 것이기 때문이다(1963 XII, 26~28쪽). 그레이 경(Lord Grey)의 내각 시절과 선거법 개정안을 위한 논의시절에 그의 흥분은 고조되었다. 그는 "저술가로서 당대의 정치적 토론에 열광적으로 뛰어들었다"고 우리에게 말하고 있다.

의회의 급진주의자들이 "그 주변부적 성격을 떨쳐버리고" 독립적 주체로서 휘그당과는 구별되는 조직을 구성했으면 하는 것이 1830년대 동안 밀의 최대소망이었다(같은 책, 380쪽). 콜리지의 영향을 받은 그의 정치철학에 따라서 그는 두 개의 커다란 포괄적 세력, 즉 보수적 세력과 진보적 세력, 귀족(토리와 휘그)을 대표하는 세력과 민중을 대표하는 세력이 무대를 장악할 것이라고 믿었다. 그는 여론의 전위세력과 다양한 유형의 급진주의자들을 통합하기 위해서, 수용할 만하다고 보이는 "중간적 공준(公準)(개혁의 직접목표)"을 갖는 세력 모두와 협력할 준비가 되어 있었다. 물론 그의 개인적인 주요 목표는 선거권의 확대와 비밀선거였다.

그렇지만 급진주의자들은 서로 단결할 수 없었기 때문에 급진당은 결성되지 못했다. 게다가 그들이 휘그당으로부터 쟁취한 양보조치들(예를 들면 1835년의 "도시자치법")은 나중에 자신들에게 불리하게 작용했으니, 그 조치들은 차티스트 운동가의 극도로 급진적인 요구사항에 놀라서 등을 돌린 중간계급이 보수주의자가 되도록 만들었다는 사실이 분명해졌다. 휘그당이 1839년 비밀선거 문제를 공론에 부쳤을 때, 밀은 이제 특별한 급진당에게 기회가 남아 있지 않다고 결론을 내렸다. 정치적으로 환멸을 느낀 밀은 논리학에 관한 자신의 연구, 자유주의 사안을 위해서 오로지 보편적으로 기여할 수 있는 저술작업으로 다시 돌아왔다.

밀은 급진적 정당이 귀족세력을 해체하고, 전체 국민의 이익을 대변하는 최초의 정부를 수립할 것이라고 희망했다. 그러나 1840년까지도 토리당과 휘그당은 자연스러운 연합을 결성하지 않았다. 밀은 바로 이 연합은 양자가 국민의 소망에 공동으로 반대하는 세력임을 분명하게 밝혀줄 것이라고 가정했던 것이다. 그리고 이보다 결코 덜 비관적이지 않은 사실은 국민이 다양한 이해집단으로 분열되었다는 것이다.

이러한 분열은 계급의식이 있었던 반(反)곡물법 동맹 내부, 차티스트 운동에서 산업 노동자를 "근로자 빈곤세력"과 동일시하는 과정 내부 등에서 나타났다. 밀은 그러한 적대 그리고 곡물관세 때문에 발생한 농업과 공업 사이의 적대, 산업에서의 노동자와 사용자 사이의 적대 등은 이들 집단들이 책임져야 할 실패라고 판단했다. 그러나 귀족들에게 대항하여 그들의 공동이익을 관철하는 일은 중요하다고 보았다. 그렇지만 현실을 고려하여 그는 콩트의 해결방식으로 돌아갔다. 즉 사회혁신에서 "정신적" 자극이 우선적이라는 것이다(1963 XIII, 553쪽).

최대다수의 최대행복이라는 최종목표를 달성하기 위한 유일한 길은 새로운 제도가 아니라 새로운 인간성이라는 생각이었다. 1840년 그는 콜리지에 관한 논문에서, 안정되고 동시에 생동적인 사회를 위해서는 일정한 전제조건이 필요하다는 사실을 분명히 했다.

첫째로 개인의 사적 사안을 사회목표의 하위에 두도록 개인에게 가르쳐줄 수 있는, 억제적 규율의 교육이 필요하다. 둘째로 언제나 시민의 충직성에 기여하게 될, 그리고 그들의 특수한 사회적 공동체가 존속능력을 갖도록 만들려는 희망을 시민들에게 일깨우게 될 무언가 영속적인 것(예를 들면 정치적 평등원리의 고수)이 존재할 필요가 있다. 이러한 요소들이 존재한다면 지도세력이 실용적 정치가에서 여론과 실무를 철학적 영감으로 조종해가는 "석학"으로 넘어가는 그러한 사회적 공동체의 창조가 가능할 것이라는 것이다.

사회를 보는 새로운 시각을 향하여

이 모든 것들은 밀에게 자기자신의 재발견이었으며, 「시대정신」에서 주장한 견해들로 돌아가는 것이었다. 그러나 이제 잠시 동안 경험한 정치적 제도적 산책의 실패 후에 두 가지 다른 원천에서 획득한 확신이 추가되었다. 첫 번째 원천은 토크빌(Alexis de Tocqueville)의 미국 민주주의에 대한 연구가 그 체제에 대한 콩트의 깊은 불신을 입증했다는 사실이었는데, 밀의 견해에 의하면 그 체제는 가장 덜 유능한 자들에게 권력을 부여하려는 경향이 있다는 것이다. 두 번째 원천은 이제는 "지배적" 엘리트가 문제가 아니라 사회통합의 필요성이 중요하다는 것이었는데, 이는 테일러(Taylor) 부인의 견해였던 것 같다.

밀의 회고에 의하면 자신은 1829년 이후 4~5년간 "일상적인 사회와 세계여론에 대해서 관용적이었으며, 또한 이러한 일상적 여론에 표현된 피상적인 진보에 대해서도 받아들였는데," 이 여론과 많은 점에서 근본적으로 이질적인 신념을 가진 사람에게서 기대할 수 있는 관용의 수준을 훨씬 넘어서는 것이었다는 것이다(1873/1924, 194쪽 이하). 밀은 자신의 "가장 가치 있는 이념들"뿐만 아니라 이 기간에 자신의 크나큰 참을성을 재발견한 것도 테일러의 덕택으로 돌리고 있다(같은 책, 205쪽 이하; 또한 1963 XII, 178쪽).

그렇지만 다른 곳에서 그는 자신이 테일러와의 결합에 의해 자신의 길을 벗어난 것은 아니라고 주장하고 있다. 오히려 그녀는 자신이 "더 용감하고 동시에 더 조심스럽게 동일한 길로" 전진하도록 노력하는 계기를 주었다는 것이다(1873/1924, 161쪽). 아마도 밀에게 이 특별한 친분관계가 가져다준 결실은 어떤 새로운 이념들이 아니었고, 대신 한 특정한 이념에 대한 믿음이었던 것 같다.

테일러 부인은 인간이란 교육과 관습의 덕택으로, 개인의 능력을 사회의 이익을 위해 사용하고, 그때 각자 사회적 생산물을 평등한 몫 이상으로 갖지 않게 유도할 수 있을 것이라고 믿었다. 밀이 테일러와 공유하기 시작한 것은 바로 이러한 희망이었다(같은 책, 195~198쪽,

209쪽 이하).

그의 사상은 1831년(테일러 부인과의 결합이 더 친밀해져서 그 사상에 영향을 미칠 수 있었던 시기 이전)에 이러한 견해의 요소들로 특징을 이루었다. 1829년 그의 친구 디히탈(Gustave D'Eichtal)에게 보낸 한 편지에서 그는 "연합의 정신"의 힘에 관해 언급했다. 그리고 다시 1831년 그는 비록 실행이 불가능하더라도 생 시몽 체제를 통해서 "달성할 수 있는 거의 모든 선(善)"은 실현시켜야 한다는 견해를 표명했다. 당시 영국이 아직 그 어떤 "유기체적 통찰력"(vues organiques)을 가질 수 있을 정도로 성숙되지 않은 것이 단점이라는 것이었다.

노동자와 사용자 사이의 적대감의 완화라는 이념에 접근시킬 수 있는 노동대중을 확보하는 것은 오로지 1840년대 초반의 차티스트 운동의 성공을 통해서만 가능했다. 유기적으로 연합된 새로운 인류사회의 설계에 열중하여, 또한 의심할 바 없이 테일러 부인의 요구에 의해 밀은 산업에서의 협동조합에 관한 그의 견해를 확산시키는 일이 적절하다고 보았다. 그는 협동조합에서 가장 희망적인 토대를, 또한 박애주의자들의 가부장주의와 노동자 계급의 혁명적 색채에 대적할 수 있는 적절한 수단을 발견했다. 협동, 토지의 공동소유, 이윤참여, 일반적으로 모든 가능한 형태의 연합 등을 위한 모든 계획에 대한 이러한 개방적 태도에서 밀은『정치경제학의 원리』의 집필을 시작했다.

밀의 인생과 그의 일반적인 지적 성숙과정 사이에 분명한 경계선을 긋는다는 것이 불가능한 것과 마찬가지로, 그의 일반적 사상의 발전과정과 그의 경제학적 사상의 발전과정을 엄밀하게 분리하는 일도 실패할 것이다. 그는 경제적 분석을 위한 일류 논문들을 저술했다.

그러나 그의 최대관심은 경제이론의 영역에 있지 않았다. 또한 과학으로서의 정치경제학이 그에게는 가장 넓은 의미의 사회관계를 개선하는 가능성과 전망을 평가하기 위한 수단이었다는 사실을 항상 염두에 두지 않고 다만 그가 이룩한 경제학의 혁신과 발전에 대해서만 자세히 조사한다면 우리는 잘못된 길을 가게 될 것이다. 그의 사회관과 목표설정이 그의 제1의 관심사항이며 그의 경제학적 기여는 이러한 더 큰 목표를 추구하는 중간단계로 간주하는 것이 사실을 훨씬 더 정확히 파악하는 것이다.

그 시대의 문제

밀의 정치경제학을 이해하기 위한 주요 요점들은 그의 관심을 끌었던 그 시대의 사회문제들에서 유래한다. 첫 번째 자리를 차지한 것은 "음흉한 이익", 즉 사회의 한 부분에게 특혜를 주는 입법이었다. 두 번째로 "노동계급의 비극적…… 상태"가 있었으며 세 번째로 미래 사회를 구상하는 것이 필요했다.

1822년 이후 15년 동안 밀은 자신의 모든 정열과 저술가로서의 재능을 주로 교회와 토지귀족의 특수이익이라는 요새를 공격하는 투쟁에 쏟아부었다. 그의 견해에 의하면 선거권이 제한되어 있고, 의회구성원들이 명예직으로 근무하고 있으며, 비밀선거 절차에 의한 매수방지가 이루어지지 않고 있는 국가에서는, 대단히 부유해서 권력으로 가는 길을 돈으로 산 후에 이 권력을 자신의 이익에 유리하게 사용할 수 있는 자들이 의회를 통제하는 것을 피할 수 없다. 그리고 재산상속에 아무런 제한이 없다면, 대체로 교회가 중요한 재단과 교육기관을 통제하고 있고 중간계급은 "그들보다 상위계급을 흉내 내는" 일에 열심인 상황을 고려할 때, 앞서 언급한 권력구조의 안정성이 확보된다.

그 결과 귀족들은 자기만족에 빠졌고, 중간계급은 구체적으로 말해서 "파운드화나 물질적 힘에 자신의 가치를 표현하는" 그러한 것을 일방적으로 지향했으며, 전체 이익에 대해서는 무관심이 커졌다(1963 XII, 32쪽 이하). 그러므로 선한 정부라는 사안에 기여하기 위해서는 헌법개정을 통해서 "음흉한 이익"의 토대가 제거되고, 권력에 이르는 가장 효과적인 수단인 재산에 대한 숭배가 소용없게 되어야 했다(같은 책, 37쪽 이하).

경제영역에서 그것은 다음과 같은 것들을 의미했다. "특정한 계급의 이익에 봉사하는 독점과 무역제한 및 생산제한의 철폐. 모든 종류의 재산에 대한 과세에 의해서 우리 나라의 부채를 갚을 것. 우리 나라의 전체적 조세체계를 새로 개편하여, 필요 이상의 조세를 징수하지 않고, 가장 저렴한 방식으로 조세를 징수하며 또한 어떤 특정한 계층의 부담으로 다른 특정한 납세자 계급이 유리하게 되도록 조세를 징수하지 않을 것. 마지막으로 무엇보다도 필요한 체계적 식민지 개척, 구빈법의 남용에 의해 촉진되는 인구증가의 유인을 제거하면서 동시에 인구의 자연적 제한을 위해 필요한 모든 역량을 투입하는 일 등을 통해서 노동시장에서의 실업압력을 감소시킬 것(같은 책, IV, 227쪽)."

구빈법, 식민지 개척, 산아제한 등에 관한 언급을 제외한다면 이상의 열거는 모두 스미스에게 나온 것일 수 있다. 그러나 핵심주제로 작용하고 있는 사상, 즉 빈곤문제를 수량적 문제로 바라보는 것은 밀이 독창적으로 보완한 것이었다. 그 사상은 밀의 사고에서 위대한 상수(常數)의 하나이다. 밀은 국민이 단지 좋은 음식과 의복보다는 "더 많은 그 무엇"을 향유하기를 원했다. 그러나 이것을 달성하기 위한 유일한 효율적 방법은 빈민 스스로에 의한 빈민 인구수의 제한, 그런 연후의 훈련과 교육, 마지막으로 선한 정부였다.

이미 1823년에 그는 다음과 같이 서술했다. "모든 사람이 잘 먹기 이전까지는, 그들이 교육을 잘 받을 수 없으며, 성직자의 농간과 높은 사람들에 대한 숭배라는 이중의 질곡으로부터 자신을 해방시킬 수도 없다(1823, 750쪽 이하)." 인구과잉의 직접적 압력에서 해방되기 위한 식민지 개척은 웨이크필드 모델이 알려진 이후 1830년대에 환영받는 인구감소 수단의 목록에 올랐다. 구빈법의 개정에서 밀은, 기존의 법률이 인구문제를 더 확대시켰다고 주장하는 사람들, 빈민부조(扶助)만을 옹호하는 사람들, 심지어 자선수령자가 "공개적 경쟁을 통해서 사적인 기업가에게 고용"되도록 하고 그 기업가는 다시 해당 빈민들이 스스로의 생계를 벌도록 보장해야 한다고 제안하는 사람들 편을 들었다(1831a, 131쪽).

1840년대 중반에 빈민문제는 "노동자들의 중대한 사회문제"가 되었다. 그러나 밀의 기본관점은 변하지 않았다. 그는 당시에 그가 "싸구려 음식"-박애주의자로 불렀던 사람들을 공격하는 일이 엄청나게 중요하다고 생각했다. 이들의 기본관점은 그들이 제안한 통제방법이 빈민들의 생식관습에까지 미치기 전까지는 아무런 성과도 낼 수 없을 것이라고 밀은 역설적으로 논평했다(1963 XIII, 544쪽). "수요와 공급을 통한 통제에서 임금을 해방시키기 위한 모든 모델, 빈민들의 사고와 습관의 변혁은 스스로의 신체적 상태의 유능한 주인이 되도록 만들어주는데, 이러한 변혁이 아닌 다른 방법으로 국민을 고양시키려는 모든 모델은…… 양립불가능한 것들을 결합시키려는 모델이다(같은 책, IV, 375쪽)."

밀은 분배법칙을 변경가능한 것으로 간주했고 또한 유기적 사회통합을 목표로 하는 연합의 역량을 믿었기 때문에 임금에 의존하는 농업 노동자에게 조그만 토지를 부여하여 그들을 토지소유 농민으로 변화시키는 것이 해결책이라고 보았다. 산업 노동자는 수많은 협동조합으로 조직된 기업의 구성원, 즉 노동하는 공동소유자가 되어야 한다고 보았다. 그는 이러한 방법으로 지혜와 근면을 격려하면 복지동기는 활성화될 것이라고 생각했다. 이제는 더 이상 이것이 조화가 불가능한 것들을 서로 결합시키려는 시도가 아니라는 주장이었다.

1841년 선거에서 급진주의자들이 사실상 제거된 후 밀은 다음과 같이 썼다. "우리는 이제 자유주의 사상의 재발전이 다시…… 그동안 행해진 것이 아니라 말해지고 씌어진 것들에 좌우되는 시대로 넘어간다(1963 XIII, 481쪽, 483쪽)." 이 변화가 어디로 향하게 될지에 대해서 밀은 확신이 덜했다. 그는 "토지소유"와 "결혼"이라는 제도에서의 급진적인 변화를 기대했으며, 협동의 증가는 인류문명의 자연스러운 진보의 일부가 될 것으로 믿었다.

그러나 이미 그 당시에 그리고 죽을 때까지 그는 두 종류의 어려움을 의식하고 있었는데, 모든 사회주의적 모델은 이 문제에 직면했다. 즉 협동조합 조직은 개별적 경영조직보다 덜 효율적인 것처럼 보였으며, 개인의 행동의 자유는 생산수단과 생산물에 대한 공동소유와는 양립될 수 없는 것으로 보였다. 밀은 이 문제를 한 번도 만족스럽게 해결하지 못했으며, 개인의 합목적적인 사회문화적 발전이 이 갈등을 축소시킬 것이라는 희망에 점점 더 자신을 의탁했다.

거의 반세기 동안 한 민족 전체의 경제사상을 결정했던 밀의 『정치경제학의 원리』는 당대의 중대한 사회문제를 해결하는 데 도움을 줄 수 있는 것이 무엇인지를 해명하기 위해 정치경제학의 법칙을 이용하려는 시도에서 씌어졌다. 이 저서는 차티스트 운동가들의 활동과 사회주의 소요를 겪은 후, 1830년대 후반과 1840년대 초반 사회경제문제에 관해 재각성하게 되면서 이를 영구적으로 해결하기 위해 "올바른 길"을 제시하려는 것이었다. 또 가부장주의뿐 아니라 혁명에 들어 있는 과장과 내재적 약점을 피해야 했다. 이것도 대중적인 방법으로 이루어져야 했으며, 비타협적인 "추상적 방법으로 이런 추상적인 문제를 취급해서는 안 된다. 바로 이런 추상적인 방법 때문에 경제학자들은 신용을 잃고 말았다(1963 XIII, 642쪽, 644쪽)."

정치경제학

추상적 학문으로서의 정치경제학은 사회적 목표설정의 선택에서 결코 우선권을 갖고 있지 않았다. 사회철학자 밀에게 최종목표는 당연히 "인류(아니 오히려 인류의 다양한 구성원)를 위한 선(善)"이었다(1963 XII, 207쪽). 두 개의 직접적 목표를 통해 이 최종목표가 실현되어야 한다는 것이다. 하나는 개인의 자유이며 다른 하나는 모든 사람을 위한 "만족스러운 생계"다. 자유는 개인의 신념과 그 전파를 위해, 직업선택을 위해서 그리고 일반적인 시장의 자유를 위해서 필요하다는 것이다.

밀에게는 모든 인간이 자신의 발전을 위한 기회 그리고 자신의 능력을 모든 방면으로 사용할 수 있는 기회를 갖는 것이 중요한 일이었으므로, 그러한 의미의 자유는 물질적 영역에서의 비교우위나 분업과 비유될 수 있다. 어느 지점까지는 이 두 개의 중간목표가 서로 연결되어 있다. 개인의 자유를 시장에서 올바르게 사용하는 일은 효율성, 따라서 생계수단의 생산 등과 결코 모순되지 않을 것이다. 그러나 이 두 개의 목표는 또한 대립적으로 연결되어 있기도 하다. 최대의 물질적 풍요가 아니라 "만족스러운 생계"가 사회의 목표가 되어야 한다는 합의가 존재하지 않는다면, 시간을 전적으로 내재화되고 소극적인 감성적 생활의 영위를 위해서 쓸 것인지 아니면 경제적 과제의 해결을 위해서 쓸 것인지에 관해 분쟁이 존재하게 된다.

밀에게 정치경제학은 기본적으로 인간이 덜 부유하기보다는 더 부유하기를 원한다는 것을 전제로 하고 있었다. 또한 개인은 자신이 추구하는 목표를 바라보면서 행동한다고 가정할 수 있기 때문에 개인의 선택적 행위는 그의 안녕의 지표로 간주될 수 있다. 마찬가지로 더 많은 풍요는 더 큰 행복을 의미했다.

그런데도 사회 전체의 재산이나 1인당 재산의 극대화가 밀의 이상은 아니었다. 전자의 경우 그 이유는 간단했는데, 그러한 목표는 영국과 같은 국가가 덜 생산적인 토지까지 사용하도록 만들 것이기 때문이다. 만일 이윤율이 "사실상의 최저수준(단순재생산을 위해서 충분한 정도지만, 순저축을 위해서는 충분하지 못한)"에 도달했다면, 정상상태가 뒤따를 것이다. 적어도 자본주의적인 경쟁체제에서는 이러한 상태가 도래할 것이다. 예를 들어 아일랜드에서와 같이 비자본주의적인 토지이용 체제에서는 임금을 대신하기 위해서나 임금을 보완하기 위해서 경작될 수 있는 토지를 둘러싸고 대중이 경쟁했는데, 이러한 곳에서는 이윤율이 그 최저수준 아래로 하락할 수 있었고 주민들은 빈곤에 내몰릴 수 있었다.

자본주의적 국가에서 정상상태가 그러한 추세를 정지시킬 수 있고, 경쟁을 통한 "유린, 분쇄, 서로 밀치기" 등을 이처럼 강제로 멈추게 하는 것은, 그를 통해서 증가되는 여가시간을 정신적인 일에 사용할 수 있게 해주기 때문에 좋은 일이다(1963 III, 752~757쪽). 그렇지만 밀은 그러한 정상상태가 도래하기 전이라도 어떤 일정한 수준에서 그러한 정지가 선포되면 안 될 이유가 없다고 보았다.

그는 그 이전에서의 정지를 명시적으로 찬성했다. 최적의 인구수라는 것이 있다는 것이었다. 즉 "사회공동체의 장점을 완전히 누리려면 일정한 수준의 밀도가 절대적으로 필요하다(1825, 45쪽 이하)." 그러나 이러한 수준을 넘어선다면, 인구가 증가할 때마다 개인의 상태는 "종전보다 덜 유리"하게 변할 것이라고 생각했다(같은 책, 같은 곳). 비록 수확량 증가분이 감소하는 경우에도 (한계생산물이 0과 같아질 때까지는) 인구수는 총수확량과 함께 증가하기 때문에, 밀의 주장은 최적의 총수확량은 최대치 아래의 어느 지점에 위치할 것이라는 결론을 갖는다.

이 수확량이 최적이라는 것은 무슨 의미인가? 그 중 일부는, 사회는 물질적 생산의 의무에서 해방되어, 문명화된 인생의 길을 제시해주는 한가한 계급을 필요로 한다는 사실에 대해서 밀이 자신의 아버지와 의견이 같았다는 점이다. 또 다른 일부는, 최적에 관한 사상 속에는 그가 물질적 풍요를 둘러싼 투쟁적 경쟁에 대하여 품고 있었던 거리감이 표현되어 있다는 점이다.

1829년에 그는 "자본축적을 위해서 모든 것을 희생하고, 그와 동시에 진행되는 상황으로서, 잘난 척 하고 자신의 모든 것을 파괴하는 자기중독을 위해서 모든 것을 희생하려는 성향"을 비난했다(1963 XII, 31~33쪽). 1836년 문명에 관한 자신의 논문에서 그는 다시 "격렬한 경쟁"은 사업가들이 지나친 위험을 감행하도록 내몰고, 동시에 실패(파산)와 결합된 치욕조차도 의미가 없게 되어, "여론이 유일하게 올바로 사용할 줄 알고 있던, 간단한 제재기준 하나를 상실한다"고 한탄했다(1836b, 166쪽).

밀이 희망하던 미래 사회에서는 이와 반대로 "사회는 전체로서 과도한 부담에 시달려서도 안 되고 그렇다고 생계수단 때문에 걱정하는 경우가 있어서도 안 된다(1963 XIII, 713쪽)." 그리고 그는 『정치경제학의 원리』에서 "인간의 본성을 위한 최선의 상태는 아무도 가난하지 않기 때문에 그 누구도 더 부유해지기를 원하지 않는 상태"라고 주장했다(1963 III, 754쪽). 이로부터 우리는 밀에게 1인당 소득의 경우에도 달성가능한 최대치보다 아래에 놓여 있는 수준이 적절한 것으로 보였다고 추론할 수 있다.

이 모든 문제를 위해서 채택된 경제적 모델은 물론 3계급 분배체제, 가치의 생산비설, 경제과정의 시간적 흐름을 규정하는 한계수확 체감 등으로 구성된 리카도주의의 모델이었다. 이 모델은 엘티스의 논문에 상세하게 서술되어 있다. 우리가 그 모델의 시간적 흐름의 기본특징들을 견지한다면, 소비자의 기호는 일정하며, 곡물(식량)과 "매뉴팩처 상품"의 두 재화만 존재하고, 경작되는 토지에 투입되는 노동과 자본의 양적 비율은 일정하다고 가정하는 것이 좋을 것이다. 그렇다면 발전이 진행되면서 필요해지는, 기존경작지의 경작집약도의 증대나 덜 비옥한 토지의 경작지로의 편입은 수확물 단위당 비용(노동과 자본의)의 상승을 야기한다.

기존 이윤율의 조건에서라면, 이러한 식량비용의 상승이 있는 경우에 농업 생산자가, 비용이 일정하게 유지되고 있는 공업 생산자와 정확하게 동일한 이윤을 획득하기 위해서 자신의 생산물 가격을 인상하는 것은 정당하다. 그렇지만 식량가격의 인상은 기존의 실질임금을 유지하기 위해서 화폐임금의 인상을 초래한다.

그러므로 한계생산물의 가치가 일정한 상태에서 농업 생산자는 더 많은 임금을 지불하지 않을 수 없다. 이것은 공업 생산자에게도 마찬가지인데, 그의 노동자들도 식량가격의 인상에 해당하는 보상을 받아야 하기 때문이다. 그리하여 시간이 지남에 따라 이윤율(그리고 이윤예상을 반영하는 자본축적률)은 지속적으로 하락하게 된다. 그리하여 노동에 대한 수요증가율은 감소하게 되고, 결국 정상상태에 도달한 후에는 순저축은 0에 이르고 인구는 일정한 수준에 머무른다.

밀에게 경제문제의 사회적 측면에서의 고민은 우선 모든 사람을 위한 "만족스러운 생계"에 어울리는 총수확량과 인구수에 부합할 수 있는 이윤율(그리고 그에 상응하는 실질임금률)을 (합의에 의해서) 선택해야 한다는 데에 있었다. 다음에는 법적인 토대 위에서(소유권의 할당과 상속법을 통해서), 시간의 경과 속에서 인구수를 최적의 상태로 정지시켜주는 현명한 행동방식을 정확하게 촉발할 수 있는 정도의 "소유분산"을 이룩해야 한다는 것이었다.

밀에게 "협동의 힘"은 문명진보의 특징이었는데, 문화적 이상(理想)상태에서 그 힘은 개인들이 모든 사람을 위해 최선인 것을 선택하는 것을 원하도록 만든다는 것이다. 나이를 먹어가면서 더 성숙해진, 공리주의적 원리에 대한 새로운 평가에 관해서 그는 1861년 「공리주의」(Utilitarism)란 논문에서 더 상세히 다루고 있다.

밀은 평등을 목표로 토지소유를 재분배하여도, 그것만으로 어떤 사람은 저축하고 부지런하게 만들고 어떤 사람은 낭비적으로 만드는 그 어떤 속성의 원인을 제거할 수는 없다는 사실을 인식했다. 이미 일찍이 그는 모든 사람을 위해서 동일한 생산물을 분배하려는 오언 식 사회주의 이념을 비판했는데, 그러한 체제가 물론 이타주의를 의무로 하는 체제일지는 몰라도, 아직 이타주의자가 아닌 인간들을 이타주의자로 만들 수는 없을 것이라고 생각했다.

일반이익을 위해서 행동하려면 아직은 타율적인 독려가 필요한 단계에 인간이 머물러 있으므로, 사람은 누구나 종전과 마찬가지로 "자기자신이나 자기조상의 근면의 결실을 수확"해야 할 것이라고 밀은 생각했다(1831c, 68쪽. 또한 아래 서술도 참조). 물론 밀도 미래에는 그러한 독려가 더 이상 필요하지 않게 되기를 희망했다. 그리하여 토지소유의 재분배만이 아니라 토지소유 형태의 변화도 사회경제적 문제의 해결의 중심점이 되었다. 그러한 형태의 변화를 통해서 불평등의 제거는 개인이 새로운 상황에 적응하여 살도록 격려하는 일과 결합되었다.

첫째 단계에서는 국가가 법적으로 개입하여 토지가 더 이상 소수의 손에 집중되어 있지 않도록 보장해야 한다. 그렇지만 소유자가 사망하는 경우에 토지를 국유화하는 직접적 조치나 그 전체 토지소유를 국가가 몰수하는 것은 적절한 수단이 아니었다. 밀은 국가가 나라의 모든 토지를 "정당한 가격"에 사들이거나 또는 사적 소유의 토지를 사용하는 것이 공익을 해칠 수 있는 경우에는 그 토지를 "차별적으로 등급을 매기는 것"이 부당하지 않을 것이라고 주장했다.

그러나 그 경우에도 완전한 배상이 이루어져야 한다고 했다(1832, 295쪽). 왜냐하면 번영의 토대인 질서와 안전은 현존하는 합법적 소유권을 유지할 것을 요구하기 때문이라는 것이다. 나아가서 개인적인 차이가 존재하고, 인간의 노력에 필요한 특별한 유인(誘因)이 있어야 하기 때문에, 모든 생활수입을 정확하게 평준화시키려고 국가가 개입하는 일은 없어야 한다고 했다. 그러므로 상속에 대한 과세를 통해서 국가가 재산을 취득하는 일도 제한되어야 한다는 것이었다.

마찬가지로 밀은 누진과세에 대해서도 반대의 입장을 취했으며, "재산의 평등을 촉진하는 입법체제"도 그것이 "자신의 근면의 결실에 대한 개인의 정당한 요구"와 합치되는 경우에만 지지했다(1963 III, 755쪽). 국가는 상속으로 얻게 되는 금액을 "수수한 독립가계를 이루기 위해서 충분한" 정도의 금액으로 제한할 수 있다고 했다(같은 책, 같은 곳). 그러나 이것은 다름이 아니라 임금생활자에 대해 말하는 "만족스러운 생계"를 연금생활자에 관해 적용하는 것이나 마찬가지이다.

밀은 토지소유의 분산을 보장하기 위한 법적 틀이 마련되기만 한다면 교육기관의 확충과 앞에서 제안한 새로운 토지소유 관계의 형태는 자동적으로 뒤따를 것이고, 이를 통해, 스스로의 힘으로 최적의 수준에서 인구수를 멈추도록 만드는 내장된 유인체제가 공동체 전체를 위해서 창출될 것이라고 보았다. 생계조달을 위한 바람직한 유인을 창출하기 위해 밀은 아일랜드의 농민적 토지소유를 그리고 산업에서는 협동조합식으로 자금이 조달되는 기업을 권고했다. 이로써 농업 노동자와 산업 노동자는 그들의 노동수확물 분배에 참여할 수 있다고 보았다.

사회문제와 경제문제의 상호의존

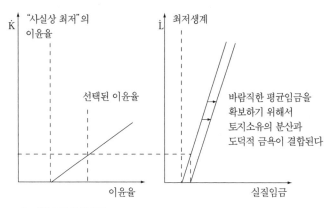

K̇: 자본스톡의 성장률
L̇: 취업인구의 성장률

위의 도표는 당시에 존재하는 경제문제와 사회문제의 상호의존에 관한 밀의 생각을 요약하여 설명하려는 것이며, 또한 그가 구하려던 해결방식을 노동계급의 혁명가와 박애주의자들의 해결방식과 대비시키려는 것이다. 왼편의 그림은 저축의 체계를 보여주는 것인데, 축적률과 이윤율의 관계가 제시되고 있다. 오른편의 그림은 실질임금의 변동과 인구성장률의 관계를 보여주고 있다.

여기까지는 이 그림은 전혀 수정되지 않은 리카도주의의 관련 모델이다. 즉 모든 저축은 투자된다고 가정된다. 자본의 축적은 (자본과 노동의 비율이 일정하다는 가정 아래) 동일한 비율의 일자리 증가를 야기한다. 또한 균형수준을 넘어서는 어떠한 일시적 실질임금의 상승에 대해서도 노동공급은 양의 방향으로 반응한다(이 경우 자본과 노동은 동일한 비율로 증가한다). 이 체제가 시간의 경과에 따라서 자연스럽게 발전할 수 있다면, 수익의 체감은 기술진보가 존재하지 않는다면 이윤율과 그에 따르는 성장률을 정상상태의 특징을 갖는 수준으로 하락시킬 것이다. "도덕적 금욕"이 존재하지 않는다면 실질임금도 시간의 경과에 따라서, 인구가 정체될 수 있을 정도의 수준으로 하락할 것이다.

리카도는 노동계급이 "안락과 여흥"에 관한 기호를 발견하게 되어 이를 통해서 지나치게 급속한 번식이 방지될 수 있기를 희망했다. "도덕적 금욕"을 결정하는 경우에 임금-인구관계는 그 자체가 우측으로 이동할 수 있을 것이다.

이와 대조적으로 밀에 의해 공격을 받은 천박한 박애주의는 빈민들에게 "외부적" 안락함을 제공함으로써 그들의 상태를 보상하려고 했다. 즉 노동자를 위한 수영장, 공원시설과 소풍시설, 공장 노동시간의 감축, 불충분한 임금을 개선하기 위한 정원식 텃밭의 할당 등이 그것이었다. 밀이 응답한 바에 의하면 이러한 일들은 사태를 종전과 똑같이 남아 있도록 만든다는 것이며, 부자들은 하층계급에 대한 그들의 가부장적인 지배를 그대로 유지한다는 것이다.

1830년대 후반에서 1850년대에 이르기까지 다양하게 논의되었던 또 다른 해결방식은 노동자들에게 토지소유를 부여하고 모든 사람에게 동일하게 분배를 하거나 또는 모든 생산수단을 국가가 통제해야 한다는 것이었다. 이 두 대안 모두는 밀에게 실행불가능한 것으로 보였다. 즉 이 대안들은 경제적 유인의 필요성을 무시하고 있기 때문에 개인의 자유를 파괴하고 복지수준을 하락시킬 것으로 짐작된다고 보았다. 생 시몽주의자들이 요구하고 박애주의자들이 바람직한 것으로 간주한 대로, 노동시장을 수요공급의 틀에서 별도로 끌어내는 일은, 밀의 견해에 따르면 인간이 이타주의자가 되기에는 아직도 대단히 불완전한 시대에서는 본질적인 제약조건을 무시하는 일이다.

밀 자신의 해결방식은 리카도의 수정이기도 하고 또한 그로부터의 급진적 결별이기도 했다. 그는 한편으로는 장기적으로 더 높은 실질임금을 보장하기 위해서 임금-인구 관계를 우측으로 이동시키려고 시도했다. 토지소유의 분산과 새로운 토지소유 형태와 교육기관의 확충 등의 목적은 바로 그것이었다. 다른 한편 그의 이상은 이 높아진 실질임금이, 가능한 최대치 이하의 수준에서 정지를 선택한 국민의 모든 계층들의 "만족스러운 소득"을 대표하는 것으로 간주되는 것이었다.

위의 그림에 의하면 그것은 "사실상의 최저" 수준보다 위에 있는 한 이윤율을 사회가 선택함으로써 달성될 수 있다. 이러한 선택이 결정되면 성장은 멈출 것이며 공동체는 정상상태에 도달하는데, 그 상태에서는 한편으로 물질적 욕구는 충분하게 충족될 것이고 다른 한편 개인적 문화를 가꾸어 가기 위해 필요한 시간과 재화가 아직도 남아 있게 된다는 것이다.

발전하는 상태가 대중들에게 가장 행복한 상태라고 생각한 스미스와는 반대로 밀은 "인간의 정열을 …… 재산을 획득하기 위한 투쟁에 투입"할 필요가 더 이상 없는 그러한 날이 올 것을 분명한 확신을 가지고 기대했다. 이상적인 정상상태에서는 "단지 힘든 고통에서 해방되었을 뿐만 아니라, 충분한 육체적, 정신적 여가를 소유하여 인생의 안락함을 즐기고 또한 덜 유리한 환경에서 자신의 계발을 위해 살아가는 계급들에게 그 모범을 제공할 수 있는 사람들의 비율이 현재보다 훨씬 더 많아질 것"으로 보았다(1963 III, 755쪽).

이것은 마르크스가 『독일 이데올로기』에서 설계한 바와 같은, 공산주의 국가에서의 개인적 문화의 전망과 별로 차이가 없다. 그러나 밀의 국가는 여전히, 교육받은 엘리트(다시 "석학")를 갖는 위계적 조직으로 남아 있고, 그 엘리트는 무엇이 적절한 것인지 판단하는 기준을 설정하며, 자신을 모범으로 삼아 대중들을 교육한다는 사실은 불변이다.

평가

오로지 그의 사회철학과의 연관 속에서만 밀의 경제학적 관념들을 전개시킬 수 있다. 그렇지 않은 접근방법은 다름 아닌 경제사상에 대한 그의 기여의 특수성을 왜곡시킬 것이다. 이제 경제학자로서의 밀을 어떻게 평가할 것인가 그리고 그가 경제분석의 발전에서 오늘날까지 살아남은 흔적을 남겼는가 하는 문제가 남는다.

바로 얼마 전까지 경제학자 밀에 대한 표준적인 해석의 결론에 의하면, 그는 단순히 리카도의 희미한 복사판에 불과했으며, 더구나 불행하게도 그가 새로운 이념에 대하여 개방적이었으면서 동시에 그의 유명한 선구자에 대하여 충직했기 때문에 불확실한 진리와 해결하지 못한 모순 속에 빠져버렸다는 것이다. 이러한 관점에서 본다면『정치경제학의 원리』는 리카도의 기본주제를 가지고 그러나 리카도와는 전혀 다른 너무나 많은 요소들을 포함시키면서 성급하게 진행된 작곡이었다는 것이다(이 점에 관해서는 Schumpeter 1954, 529쪽 이하, 567쪽, 603쪽 참조).

그러한 시각은 부분적으로 발라에 대한 대단히 긍정적인 평가와도 관계가 있었다. 즉 그 평가에 의하면 발라는 근대 경제학, 즉 상호의존적인 재화시장과 요소시장에서의 자원배분을 다루는 경제학의 아버지로 간주되었다. 밀이 재화와 요소서비스의 가격결정을 하나의 독립적인 통합과정의 측면에서 볼 수 있는 가능성을 인식했으면서도 이러한 인식을 단지 별도의 확인으로 서술했을 뿐이며 그것을 리카도의 뼈대 위에 조립시켜버린 만큼, 그는 우유부단한 것처럼 보일 수밖에 없었고, 그의 저작은 일관되지 못한 것처럼 보일 수밖에 없었다.

그가 대안적인 전망을 완전하게 인식하고 있었지만, 생산과 평가를 분배로부터 독립하여 취급하는 것 같은 낡은 리카도의 교리를 그가 자발적으로 고수한 만큼, 밀은 경제학이라는 차량을 주변 선로로 밀어낸 책임이 있었다. 제번스가 이러한 평가를 최초로 서술했으며, 최근에는 주로 영향력이 강한 학자인 슘페터에 의해서 제기되었다(앞서 제시한 부분 외에도 같은 책, 474쪽, 560쪽, 568쪽, 673쪽 참조).

그렇지만 이렇게 부정적인 해석에도 불구하고 경제분석에서의 밀의 독창성을 보여주는 놀라운 사례를 발견한다는 것은 결코 모순 되는 일이 아니다. 즉 그는 비경쟁적인 집단에 관한 이론, 결합생산의 분석, 기업이론에서의 규모의 수익의 역할 등에 관하여 일찍이 새로운 논문을 저술했다(Stigler 1955). 그는 기회비용에 대해서 확실하게 이해하고 있었다. 국제통화제도 균형의 공급곡선에 관한 그의 논의는 그 상세함에서나 그 완벽함에서 주목할 만한 것이었다(Chipman 1979). 그리고 그는 예를 들어서 소수의 기업이 관계된 경우에 어떤 충격 이후에 진행되는 시장적응의 과정에 관하여 몇 가지 흥미 있는 인식을 제공했다(Hollander 1985).

일찍이 밀이 시장에서의 재화의 과잉공급을 일시적인 과잉 화폐수요의 표현으로 설명한 것에 관하여 보몰과 베커는 다음과 같이 썼다. "우리가 이것을 읽어보면, 도대체 무엇 때문에 그 이후에 그렇게 많은 문헌들(우리의 논문을 포함하여)이 씌어질 필요가 있었는지 놀라지 않을 수 없다(Baumol/Becker 1952, 765쪽)."

그렇다면 밀은 저급의 이론가가 아니다. 그러나 특수한 문제들에 대한 새로운 분석능력과 역량만으로는 "내용빈약"과 "비일관성"이라는, 그의 저작 전체를 평가할 때 나타나는 오명을 상쇄하기에 충분하지가 않다. 그렇지만 최근에 이러한 부정적인 평가도 공격을 받았다. 아마 지금까지 밀에 관해서 저술된 것 가운데 가장 상세한 연구서에서 홀랜더(Hollander 1982, 1985)는 밀이 결코 양립불가능한 리카도주의적 요소와 신고전파적 요소를 억지로 짜맞춘 것이 아니라, 우리가 양 전통의 "실질적 동질성"으로 인식할 수 있는 것들을 성공적으로 서술했다는 증거를 제시했다. 이러한 관점에 의하면 "19세기의 그 교리의 핵심적 연속성"이 존재하는 것인데, 밀은 대단히 지적인 리카도주의적 인식을 발라 전(前)단계의 인식과 결합시킴으로써 그러한 연속성을 아주 모범적으로 밝혀주고 있다는 것이다.

홀랜더의 명제는 중요한 약점을 지니고 있다. 특히 리카도주의적 전통과 네오발라주의적 전통의 틀 속에 있는 연구자들이 실제로 채택한, 격식을 갖춘 모델진행에 관해서 깊이 검토하지 않는다는 약점을 지니고 있다(de Marchi 1986). 그러나 그의 명제는 우리의 의식 속에서 밀을 다시 중요한 사상가로서 환기시키는 것을 도와주었는데, 그는 서로 모순되는 입장들을 쉽게 받아들일 준비가 된 사람이 결코 아니었다.

밀의 공리주의를 연구, 수용하는 점점 더 많은 문헌들이 이 점을 강조하고 있는데, 이 문헌들은 개인적 자유, 전통적 어려움, 개인 사이의 효용의 비교 그리고 갈등을 해결하기 위한 포괄적 원리가 도대체 존재하는가 하는 물음에 관한 밀의 관심을 정신적, 사회적 문화단계의 위계질서 속에서 취급하려고 시도하고 있다. 최고단계에서는 사적인 희망과 사회적인 희망이 일치하여 개인의 자유는 모든 사람들에게 최선의 이익이 되는 결정을 이루어낸다(예를 들어 Riley 1983 참조). 본 논문에서 나타난 바와 같이 이러한 새로운 견해는 밀의 초기 저작에 의해서 뒷받침되고 있다.

그리고 그렇게 경계가 그려진다. 우리는 경제분석에서 크고 작은 개별 문제들에 관해 밀이 명석하게 이해하고 있음을 높게 평가할 수 있다. 그렇지만 그렇게 입증되는 평가는 어느 정도 오늘날의 문제상태와 수긍할 만한 문제해결의 수준에 좌우되는 것이다. 나아가서 밀이 경제문제의 본질을 현대적인 일반 경쟁균형 분석의 의미로 이해하고 있었다고 혹시 주장할 수 있다 하더라도, 그가 기술적인 사항 예를 들면 균형의 존재와 안정성에 관한 많은 것을 우리에게 가르쳐줄 수 있다고 믿는 것은 어리석은 일일 것이다. 그리고 이 분야에서 그는 자신의 동시대인들에게도 영향력을 미치지 못했다.

그가 자신의 시대에 평가를 받았던 주된 이유는, 그가 논리학자와 경제학자 사이의 비교(秘敎) 같은 토론이 시대의 중대한 문제에 접근할 수 있도록 그리고 그 문제와 관계가 있도록 만들었기 때문이다. 당시에 (그리고 그 이후로) 그는 "심오한" 또는 독창적인 사상가라기보다는 감성이 섬세한 사람으로 여겨졌다.

밀의 덕택으로 돌릴 수 있는 정치적·사회적 또는 심지어 경제정책적 종류의 어떤 특별한 변화를 발견하는 일은 아마 가능하지 않을 것이다. 당시 유통되던 이념을 수용하여 그것을 새로운 방식으로 요약해서, 일상적인 문제에 관해 숙고하는 다른 사람들이 그것들을 새로운 그리고 "진실한" 빛 속에서 볼 수 있게 만들었다는 것이 밀의 공헌이었다.

마찬가지로 그의 해결방식은 "진실한" 것이었으니, 그 방식은 모든 물질적이고 "정신적(문화적)"인 필연성에 대해 마땅한 존경을 표했다. 이것에 동의한다면, 밀의 최대의 영향력은, 테일러 부인이 자신에게 미친 영향력에 대해서 스스로 말했던 것처럼, "더 용감하고 동시에 더 조심스럽게 전진하려고 노력하도록" 다른 사람들에게 용기를 주었다는 점에 있었다고 결론 내린다 해도 놀랄 일이 아니다(1873/1924, 161쪽).

| 나일 드 마르치 · 황신준 옮김 |

주

서론

1) 뵘바베르크와 그의 자본론에 대한 설명은 헨닝스가 학문적으로 전 생애동안 성취한 작품이다. 그는 오스트리아와 현대적 자본론에 대한 영어 및 독일어 논의에 커다란 영향을 미쳤다. 헨닝스는 이 평론을 끝마친 뒤에(1986년 말) 곧바로 그의 생을 마감했다.

2) 메르츠(Eduard März)는 하버드 대학교의 슘페터 제자 중 한 사람이었다. 그가 슘페터의 작품을 가장 잘 아는 사람 중 한 명이라고 여겨지지는 않는다. 그는 마르크스와 비저의 아이디어와 동기들을 이어받아 슘페터가 그의 대작『경제발전 이론』(1911)을 완성하도록 그에게 영감을 준 경제적, 사회적 환경을 믿었다. 메르츠는 슘페터에 대한 그의 마지막 평론을 마친 몇 달 뒤에 죽었다 (1987).

1 플라톤과 아리스토텔레스

* 노동가치설을 주장한 영국의 경제학자.
** 마르크스 경제학에 많은 영향을 미친 19세기 독일의 경제학자.
*** 유럽의 경제발전 단계설을 정립한 독일의 경제학자.
**** 극심한 손해. 로마법에서 상인은 상품의 정당한 가격의 절반 이하만을 받았을 때 계약이행을 거부할 수 있었다.

2 토마스 아퀴나스

* 중세 이슬람의 종교철학자로 이슬람 식 이름이 이븐 루슈드(Ibn Rushd)로서 아리스토텔레스에 대한 주석으로 유명하다.

3 모어, 토머스

* 르네상스 시기의 이탈리아 철학자로서 가톨릭 신학과 르네상스 인문주의를 융합

하려 했다. 그의 저서 『태양의 나라』(*La città del sole*, 1602)는 모어의 『유토피아』의 전통을 잇는 정치적 대화편이 된다.

** 러시아 연방 코미공화국에 있는 탄광도시로 스탈린 시대에 정치범 강제수용소가 들어서면서 악명을 떨쳤다.

1) 이하 본문에서는 Surtz und Hexter 1965와 Heinisch 1960을 참조했다. 그리고 인용할 때는 원칙적으로 독일어 번역본을 이용했지만, 라틴어판과 일일이 비교하고 경우에 따라서는 가필, 수정했다.

2) 부분적으로 혁명적인 특성을 갖고 있었던 수도회와 비밀결사의 천년왕국 사상에 대한 조형적 모습을 에코(Umberto Eco)는 특히 종교재판관의 조사와 심문과정에서 보여주고 있다(『장미의 이름』[*Il nome della rosa*]). 또한 수도회와 유토피아적 공동체 간의 유추관계를 비록 제한적이긴 하지만 Manuel 1979, 50쪽이 제시하고 있다.

3) 『국가』와 『유토피아』간의 관계에 대해서는 Steintrager 1969와 Frank und Fritzie Manuel 1979, 119~121쪽 참조.

4) 이 부분은 Chambers 1946, 435쪽에서 인용한 것이다.

5) "『유토피아』의 정신은 …… 어떤 실천적 정치적 프로그램이란 의미에서 현 세상을 위한 이상이념의 본보기로서가 아니라, 거울에서처럼 이 세상의 약점을 인식하기 위해 현세와 대립되는 이상적 국가의 모습을 보여주는 데 있다. 이로써 『유토피아』는 진리탐구의 하나의 전형이 된다(Schulte-Herbrüggen 1960, 32쪽)."

6) 교조적 역사의 진기함을 드러내는 한 가지 예를 들어보자. 죽기 전 마지막 논문으로 슘페터에 관해 쓴 메르츠는 모어의 책 이 부분을 슘페터에게 지적하고 있다(Schumpeter 1965, 387쪽).

7) 시블리는 고전적인 초안들과는 달리 현대적인 청사진들은 좋은 삶과 인간적 행복의 핵심을 경제적 잉여에서 보고 있다는 사실을 상기시킨다(Sibley 1973, 276쪽).

8) "유토피아는 가정에 따르면 정태상태(static ex hypothesi)"라는 토인비의 명제는 일반적인 것으로 간주된다(Toynbee 1947, 182쪽).

9) 모어는 더럽고 힘든 일들을 자발적으로 하는 조직으로 수도원을 언급하고 있다. 하지만 수도원 노동은 유토피아 국가의 체계적 구성요소가 아니다. 수도원의 봉사활동이 충분한 노동력을 갖추고 있다고 볼 수 없기 때문이다. 따라서 이러한 일들에 대한 해결은 제도적으로 보장되어야 한다.

10) 카베 소설의 주요 부분은 룩스(Lux 1894)가 제시하고 논평했다. 룩스는 1847년의 독일어판(번역은 벤델 히플러[Wendel-Hippler])을 이용하고 있는데, 이 번역본은 역자가 부분적으로 윤색하는 등 자유롭게 편집되어 있다. 따라서 모든 인용은 원본과 대조했고 경우에 따라 가필, 수정했다.

11) 마누엘은 사람들이 고타 강령에 대한 마르크스 비판의 수사적 기법에 크게 현

혹되지 않는다면, 그의 유토피아적 공상의 전 차원을 파악할 수 있을 것이라 한다(Manuel 1979, 713쪽).

12) 헥스터 또한 이것이 핵심이라 본다. 모어는 인간의 원죄를 인식하고 있었고 인간에 의해 고안된 어떠한 제도도 인간을 죄악에 빠지게 마련인 그의 본성에서 구원할 수 없다(Hexter 1982, 165쪽 이하).

13) 매번 가장 많은 금액을 지불하는 주인에게 몸을 파는 스위스 용병을 가리켜 모어가 비꼬고 있는 것.

4 콜베르, 장 밥티스트

1) 18세기 후반까지 대부분의 군인들은 병영이 아니라 개인숙소에 머물렀는데, 숙소주인에게는 토지를 확보해야 하는 부담이 매우 컸다. 대규모 병영건설은 7년 전쟁이 끝난 후에야 프리드리히 대제에 의해 이루어졌다. 그는 이 작업을 통하여 전쟁 후의 경제복구와 시민들의 부담해소라는 두 가지 목적을 달성했다.

2) 귀족들은 직접세로부터 완전히 면제되었다. 그리고 성직자들은 타유 대신에 "돈 그라튀"(don gratuit)라는 매우 적은 액수의 기부금을 분할하여 납부했는데, 이는 세금에서 면제되는 것과 다름 없었다.

3) 콜베르는 이후 1668년 루이 14세에 의해 후작으로 승격된 센리(Seignelay) 남작 작위를 이미 구입했다.

4) 튀렌은 루이 14세의 강압에 의해 가톨릭으로 개종했다. 네덜란드 총독직은 네덜란드에 대한 프랑스의 침공과 의회 의장인 위트(Johan de Witt)의 암살 이후인 1672년에 회복되어 오라녜 빌렘 3세로 이양되었다.

5 케네, 프랑수아

1) 케네가 경제학적 논의의 장에 등장한 시기에 대지주로서 새로운 모습을 보인 것은 눈에 띄지 않을 수 없다. 당시 상황에 대한 수도원장 마블리(G.B. Mably)의 회고는 경쟁심에 불타 있지만 현실과 멀리 떨어져 있지는 않다. "무한정한 자유의 가르침이 매일같이 점점 많은 믿음과 추종자를 찾아내고 있었던 반면에, 그때까지 단지 정형외과 수술과 처방만을 알고 있었으며, 이에 더하여 즐거움을 가지고 매우 혼란스러운 형이상학에 전념하고 있던 한 남자는 부보네(Boubonnais) 지역에서 아들에게 관리를 맡겨 얼마간의 토지를 경작했다. 이제 케네는 완전히 새로운 테마에 전념했다. ……그의 첫 번째 발견은 바로 다음과 같았다. 만약 농업생산물 가격이 상승하게 된다면 그가 새롭게 소유한 것

의 소득도 동일한 방법으로 증대된다는 것이다. 이와 함께 그러한 소득은 탁월한 구매능력을 나타냈다(*Du commerce des grains*, Mably 1794~95, XIII, 294~296쪽)." 케네가 경작하던 땅은 실제로 니베르네(Nivernais)에 있다.

2) Rosenfield 1979 참조. 라 메트리의 저서 『마키아벨리의 의료정책』(*Politique du Médecin de Machiavel*)에서 케네는 쿠알리나누스(Qualinanus)라는 이름으로 풍자되고 있다.

3) "히흥(Hi-Hong) 대제의 이름 아래 중국에서는 특별한 정신적 혁명이 일어났다. 계산을 선호하는 무분별함은 모든 두뇌를 사로잡았다. 산술과 기하학은 국가언어가 된 것처럼 보였다. 한 제국이 멸망하고 다른 제국으로 넘어갈 때 사람들은 존재하고 있는 모든 사물들을 계산할 뿐 다른 그 어떠한 것들도 하지 않았다. 일반인들로부터 열광을 받으며 중국어로 '타오-푸-푸'라고 부르는, 즉 경제학이라는 새로운 학문이 생겨났다. 경제학은 다시금 그들에게 정부의 장애물들을 철저하게 조사하고 지배자의 수입을 추정하기 위하여 열정을 다 바쳤다. 메모: '푸'는 중국어로 충만, 풍부를 의미한다. '타오-푸-푸'는 예술과 부를 증대시키는 것이다. 하나의 풍부한 가치를 가진 예술은 우리가 알고 있는 것처럼 적어도 중국에서는 현명하고 심오한 경제학자에게 속한다(Linguet 1768, 3쪽)."

4) "그러나 이를 이해하는 사람을 알고 있는가라는 질문에 대해 이제 당신들은 아주 진지하게 말해야 한다. 당신들에게 지리한 설명을 하던 배움이 많다는 지휘관 당신이오? 또는 숫자들의 이러한 시리즈를 가지고 저자가 말하고자 하는 것을 …… 의미 없는 단어들과 그리고 의미 없는 선들을 어린아이처럼 모아놓은 것을 저자 스스로 알고 있소(Linguet 1771 II, 29쪽)?"

5) "중농주의자들은 자유무역의 추종자들이다. 그들은 다른 시대에는 의심할 여지없이 농업의 보호자로 대두된다(Weulersse 1910b, II, 699쪽)." 또한 "만약 케네가 1890년에 저술했다면 그가 자유무역의 완고한 추종자였을 것이라는 것에 대해 사람들은 의심을 해야 한다(Schumpeter 1954, Kap. 4, Abschn. 3b, 231쪽)."

6) 우리는 1881년 빈에서 케네에 대한 연구논문을 발표한 경제학자 빌헬름(Pater Wilhelm)에게 감사드린다. 마찬가지로 경제학자인 노이라트도 당시 그의 실증적 사회학에 『경제표』의 천재적 서술을 우리에게 제공했다. 골격은 추루(Tsuru, in: Sweezy 1942, App. A)에 의해 편집되어 유명하게 된 것과 비슷하다. 그러나 전자는 그보다 10년이 앞섰으며 또한 영향력과 짜임새에서 그보다 앞섰다.

7) 테마는 극단적으로, 또는 아마도 소위 수박 겉핥기 식으로 보일 수 있다. 그러나 유명한 선구자를 갖고 있다. "중농주의자들은 식료품의 자유로운 교환거래는 하고 있었으며(이는 이미 사실이었다), 상업과 제조업에서는 자유방임이었다. 그러나 그들은 실제로 정치적 자유에 대해서는 절대로 생각하지 않았다.

또한 만약 이러한 것들이 우연히 그들 눈에 띄게 되면 그들은 즉시 손을 떼버린다. ……사람들은 오늘날 사회주의 이름 아래 알려진 파괴이론들은 비로소 얼마 전에 생겼다고 생각한다. 이는 큰 잘못이다. 이 이론들은 최초의 경제학처럼 오래되었다(중농주의자들은 이렇게 생각한다. d. Hg.). ……집중과 사회주의는 동일한 토지의 생산물이며 재배된 과일과 야생과일이 서로 마주보고 있듯이 서로 마주보고 서 있다(Tocqueville 1856 III, 3쪽)."

6 스미스, 애덤

1) 파스칼은 다음과 같이 말했다. "인간은 천사도 동물도 아니다. 불행한 일은 천사가 되려는 사람은 동물이 된다는 사실이다."
2) 이 관계는 최근에 스티글러와 베커에 의해 분석적으로 탐구된 바 있다(*De gustibus non est disputandum*, 1977).
3) H.C. Recktenwald(Hg.) 1985에 있는 나의 글을 보라.

9 리카도, 데이비드

1) 대부분의 관련 도서자료와 모든 주석은 Sraffa 1955에서 인용함.
2) 스라파(Sraffa 1951)에 의해 제안된 리카도 『시론』의 "곡물모델"-해설은 논쟁의 여지가 있다. 리카도가 수학적으로 새롭게 구성한 곳에서는, 파시네티(Pasinetti 1960)의 경우와 같이, 곡물모델-해설은 중요한 역할을 한다. 또한 그의 문구에 의한 유효성은 가레그나니(Garegnani 1982)에 의해 변호되었으며 홀랜더(Hollander 1983)와 피치(Peach 1984)에 의해 논의되었다.
3) 리카도의 가치단위는 외관상 금으로, 금은 국민경제의 평균적 자본강도와 고정된 노동생산성을 가지고 금광에서 생산된다. 물론 이는 사람들이 노동자 한 사람의 연간활동을 가치단위로 가정하는 것과 동일한 기능을 갖는다. 리카도가 금과 노동 중에서 어느 하나를 정해야만 했을 때 (금광에서의 생산성이 두 배가 되는 하나의 가설적인 예에서) 그는 노동을 택했다(『원리』, 277쪽). 그러한 이유에서 그것이 여기에서 단위로 되었다.
4) 『원리』의 임금-이윤-이론에 관한 모든 비판과 의미에 대해서는 Hollander 1979를 참조하라.
5) 『원리』에서 생활에 중요한 재화들의 상품묶음들이 『시론』에서의 유일한 상품인 곡물처럼 아주 동일하게 분석될 수 있는 제시는 Hicks 1972에서 유래한다. 이는 상품묶음의 내용물이 『원리』에서 전제한 것처럼 일정한 비율로 소비되자마자 생활에 중요한 재화들의 상품묶음 하나는 유일한 상품으로 간주될 수 있

음을 이전에 보여주었다.

6) 많이 인용된 맬서스에게 보낸 편지에서 인용(*The Works and Correspondence of David Ricardo*, Sraffa, Bd. VI). 이는 리카도의 분배론에서 초과요소를 찾아낸 것으로, 초과요소는 다음에 마르크스 이론에 나타난다. 홀랜더는 리카도 이론에서 수요요소가 중요한 역할을 한다는 것을 강조했다. 리카도 분석 내에서 수요요소가 어느 정도 들어 있는가에 대해서는 논란의 여지가 있다. 카라발레(Caravale 1985)에 의해 발표된 논문은 논쟁의 최근 상황을 나타낸다.

7) 노동수요에 대한 기계의 영향에 관한 리카도의 분석은 『원리』 제3판 제31장에서 다루어졌으며 Eltis 1985의 경우 개별적으로 분석했다.

8) 리카도에 대한 새로운 해석에 대해선 힉스와 Hollander 1977, Casarosa 1978을 보라. 자본축적과 경제성장을 야기하기 위하여 이윤율이 충분하게 높다면 임금은 일반적으로 자연임금보다 높다.

9) 『정치경제학의 원리』(1820)에서 맬서스의 케인스적 분석과 그들의 거점을 위한 리카도의 이유들은 Eltis 1984의 제5장, 제6장에서 언급되었다.

10) 이러한 통계는 Mitchell and Deane 1962에서 인용.

11) 리카도의 의회연설문에 대한 보고서는 *The Works and Correspondence of David Ricardo*, Bd. V에 있다. 1819년 6월 9일, 1819년 12월 24일 그리고 1823년 3월 6일의 연설은 국가부채의 상환에 대한 그의 소견을 포함하고 있다.

12) 그가 죽은 뒤 수십 년간 리카도의 영향이 얼마나 큰가에 대해서는 논쟁의 여지가 있다. 그러나 Hollander 1977는 리카도가 주목할 만한 상태에 있다는 것에 대한 충분한 증거를 제시했다.

13) 론캐글리아(Roncaglia 1978)는 완전히 스라파에 의해 이루어진 신리카도 학파에 대한 참고문헌의 포괄적 목록을 만들었다.

10 튀넨, 요한 하인리히 폰

1) "농업경제학을 위한 튀넨의 강도이론은, 천문학을 위한 만유인력 이론, 화학을 위한 핵이론 또는 식물학을 위한 다윈주의와 같다(Petersen 1944, 78쪽 인용)."

2) 튀넨이 1822년에 그의 부인에게 보낸 한 편지에서. Schumacher 1868, 75쪽에서 인용.

3) 1864년 『고립국가』의 비평으로부터. Schmacher 1868, 320쪽에서 인용.

4) 1850년 그의 사후에 비로소 발간된 한 원고에서. Braeuer 1951, 206쪽에서 인용.

5) 튀넨이 1847년에 그의 딸에게 보낸 한 편지에서. Schmacher 1868, 264쪽에서 인용.

6) 1843년 튀넨이 작성했지만 그의 사후에 비로소 발간된 한 원고에서. Braeuer 1951, 209쪽에서 인용.

7) 튀넨이 1848년 그의 아들 하인리히에게 보낸 한 편지에서. Schmacher 1868, 274쪽에서 인용.

8) Braeuer 1951, XLIX 참조. 여기에 이윤분배 체계의 세목들이 기술되었다.

9) 튀넨(1842, 28쪽) 자신처럼. 이 진술의 솔직함에 대해서는 튀넨의 경우 그 어떠한 의심도 허용치 않았다.

10) 그림은 『고립국가』에 인용되었으며 튀넨의 친구로부터 유래했다. 그림의 윗부분은 튀넨의 기본모델을, 그림의 아랫부분은 강 하나를 추가했을 경우 변형된 모델을 나타낸다. 이때 각 면적들의 절반만 그려져 있다. Thünen 1842, 385쪽 이하 참조.

11) 누구보다도 Petersen 1936, 7쪽 이하와 Braeuer 1950, 163쪽 참조. 튀넨의 입지론에 대한 자세한 논쟁은 Woermann 1959, Carell 1950과 Samuelson 1983에서 찾아볼 수 있다.

12) 단순한 형식론적 제시는 van Suntum 1980에서도 참조.

13) 튀넨은 10만 맥클렌부르크 평방루테(1평방루테는 약 14평방미터—옮긴이)에 250코드(1코드는 1평의 목재—옮긴이)의 목재수확을 제시했으며 이는 텔로브와 로스토크 사이보다 5마일이나 먼 거리의 운송비인 2,667탈러(1탈러는 은화로 약 3마르크—옮긴이) 크기의 운송비를 유발한다(Thünen, 1842, 189쪽 이하). 이와는 반대로 동일한 면적에 8,000베를린 셰펠(지방에 따라 다른 곡물단위로 1셰펠은 50~180리터—옮긴이)의 호밀을 수확할 수 있으며, 이는 소위 1,494탈러 크기의 운송비를 가져온다(Thünen 1842, 19쪽 이하와 51쪽에 주어진 수치를 계산한 것이다).

14) 이 구역의 "자유경제"의 개념은 그리하여 여기서는 이전에 결정한 곡물연계에 대하여 결코 어떠한 강요도 없는 것과 연관된다. Braeuer 1951, XXXVI 참조.

15) 그의 이복형제에게 보낸 한 편지에서. Schmacher 1868, 101쪽에서 인용.

16) 튀넨(1843)의 사후에 비로소 발간된 한 원고에서. Braeuer 1951, 207쪽에서 인용.

17) 이에 대해 Leigh 1946, 499쪽 이하와 1968, 18쪽 이하; Samuelson 1983, 1482쪽 이하; Schumpeter 1965, 578쪽 이하; E. Schneider 1971, 211쪽 참조.

18) 새뮤얼슨(1983)은 원래 임금공식을 튀넨이 실시한 이치에 어긋난 수학적 작업의 한 산물로 여겨 거절했다. Dorfman 1986과 Niehans 1987이 각기 공식이 수학적으로 옳다고 증명한 이후에 그는 이를 받아들였으며 더욱이 공식의 한 변형을 유도했다(만약 고의적으로 금지될 경우에도 이를 그의 비문에 새길 것이다). Samuelson 1986, 1778쪽; Krelle 1987; Recktenwald 1986; van Suntum 1988 참조.

19) 부기의 결과는 두 권으로 된 Gerhart 1964의 총괄편 형태로 발표되었다.

20) 1846년 튀넨이 뤼초브의 장관에게 쓴 것임. Schumacher 1868, 252쪽 이하.

21) 마르크스가 슈마허에게 쓴 편지 가운데 하나. Engelhardt 1986, 4쪽에서 인용.

22) Mrusek 1983, 13쪽도 참조. 튀넨을 사회주의의 선구자로 받아들이는 것은 물론 언제나 이미 사회주의적 저자들——룩셈부르크(Rosa Luxemburg)——이 시도한 바 있다. 이에 대해 Engelhardt 1986, 1쪽 참조.

11 리스트, 프리드리히

* 독일의 여러 주를 대표하는 장관들이 보헤미아의 카를스바트 온천지에서 열린 회의에서 발표한 일련의 결의안. 이 회의가 열린 것은 당시의 혁명적인 폭력사건들에 경악한 사회분위기를 이용하여 게르만족 정부들로 하여금 자국 내의 자유주의적이고 민족주의적인 운동들을 탄압하도록 하려는 오스트리아의 외무장관 메테르니히의 야심 때문이다.

1) 그 당시에 로이틀링겐에서는 다른 곳에서와 마찬가지로 출생신고를 하지 않아 출생에 대한 기록은 세례장부에서만 찾아볼 수 있었다. 리스트의 생일에 대해서는 Gehring 1964, 4쪽을 참조하라.

2) 코텐도르프(Cottendorf)의 자유영주인 요한 프리드리히 코타(1764~1832). 슈투트가르트와 튀빙겐의 코타 서적의 소유주. 당시의 시대적인 독일 문학에서 가장 중요한 출판인이었으며, 특히 괴테와 실러의 작품도 출판했다.

3) 더 정확한 제목은 「드레스덴과 라이프치히 사이의 철도건설을 위해 작센 지역의 우리 주민들에게 호소함」(Aufruf an unsere Mitbürger in Sachsen die Anlage einer Eisenbahn zwischen Dresden and Leipzig betreffend, List-Werke III, I Teil 1, 196~213쪽 참조)이다.

4) 이에 관하여 1840년 8월 19일의 튀링겐 국가들의 협정 참조(List-Werke III, Teil 2, 5쪽에 인쇄).

5) 벤들러(Eugen Wendler)는 새로운 연구에 근거하여(List 1837/1985의 「서문」) 파리에 머무는 동안 리스트가 『진보하는 세계』(Le monde marche)라는 저술로 두 번째 논문경시 대회에 참가했다는 사실을 밝혔다(List 1837/1985).

6) 리스트가 1841년 6월 15일 왕에게 보낸 편지에서(List-Werke VIII, 585쪽 이하에 인쇄).

7) 1843년 5월 23일에 게오르크 코타는 리스트에게 보낸 편지의 원본에서 다음과 같이 쓰고 있다. "만일 당신이 그렇게 가혹하게 표현하고, 당신이 비난하지 않고 단지 상처만을 입힌다면(List-Werke III, 673쪽 참조)."

8) 쿠프슈타인 시는 특히 그의 추모비와 거기에 새긴 추모문을 통하여 리스트를 추도했는데, 이것은 리스트가 마지막에 살던 집으로 옮겨졌다.

9) 추도문에서 쉬킹(Levin Schücking)은 리스트를 다음과 같이 회고했다. "리스

트는 긍정적인 인성을 가졌다. 리스트는 중간 정도의 키에 뚱뚱한 편이었다. 그는 매우 강하고 특히 아름다운 머리와 높은 이마, 커다란 청색의 약간 튀어나온 눈, 그리고 짙고 강한 눈썹, 눈에 띄게 온화한 눈꺼풀, 게다가 흰색의 머리카락과 수염을 가졌다. 이마와 관자놀이의 굵은 혈관은 강하고 정열적인 기질을 나타냈다. 그는 뚱뚱한 남자들이 취하는 자세를 지녔고 그의 걸음은 특히 다리가 골절된 뒤에는 힘겹고 짧았다. (약 1년 전에 이와 매우 유사한 초상화가 『삽화가 든 신문』[*Illustrierte Zeitung*]에 실렸다.) 그의 담소는 거침없었으며 생명력 있고 재치가 넘쳤고 매우 컸으나 가슴으로부터 우러나오는 웃음 때문에 종종 중지되기도 했다(*List-Werke* IX, 221쪽)."

10) 특별히 인상적인 예문 하나는 1821년에 미국여행에서 썼던 일기장에서 볼 수 있다(*List Werke* II, 62쪽 이하에 인쇄).

11) 1829년 초판은 80쪽 분량이었으며 리스트의 자필원고는 실종되었다. 이에 대해서는 *List-Werke* IX, 310쪽 참조.

12) 경제정책과 통화정책의 지도자인 밤베르거(Ludwig Bamberger)는 1875년 의회에서 독일에서는 어떤 국민경제학파나 저명한 학자들도 더 이상 보호관세를 지지하지 않는다고 말했다(의회발언 1875년 12월 7일, Lambi 1963, 91쪽에서 인용).

12 쿠르노, 앙투안 오귀스탱

* 왕족출신의 한 사람으로 당시 시민들의 지지를 받고 있었으며 쿠르노도 시민들을 지지했다.
** 팔라스는 수호신으로 군사를 담당하는 여신이다.

1) 쿠르노 자신의 행정업무 활동이 이에 대한 책임이 있다. 학문적인 업적에 대한 동료들의 인정은 그리 좋지 않았다. 라우텐바흐(Wilhelm Lautenbach)도 1830년대 초에 베를린 독일 제국의 경제부처에서 고급공무원으로 종사하면서 케인스보다 훨씬 이전에 케인스의 생각을 앞섰으나 그 역시 여전히 충분하게 인정받고 있지는 않다.

2) 이런 의미에서는 고위관리이면서 자신의 작품활동을 하던 괴테나 작곡가 첼러(Carl Zeller)를 언급할 수 있다.

3) 수요의 가격탄력성을 위한 공식은 마셜에 의하여 다음과 같이 나타내졌다. $\varepsilon=dm/m : dp/p=dm/dp \cdot p/m$, 그림2에 따르면 $\varepsilon=RV/WR \cdot WM/OM = TM/WM \cdot WM/OM=TM/OM=WT/Wt$. $TM=OM$이라면, $\varepsilon=1$.

4) 개별적으로는 A를 위해서는 수량 $OT(1- 1/2 - 1/8- 1/32\cdots)=1/3OT =1/2 \, OQ$, B를 위해서는 수량 $OT(1/4+1/16+1/64\cdots)= 1/3 \, OT=1/2 \, OQ$. 따라서 두 사람은 합쳐서 수량 OQ를 판매한다.

13 밀

* 정치경제학(politische Ökonomie, political economy)이란 시장뿐만 아니라, 시장을 둘러싼 사회정치적 제도, 시장질서 자체 등을 종합적 연구대상으로 삼았던 17세기 경제사상부터 19세기 고전학파까지의 경제학을 가리키며, 고전학파 경제학자들도 이 용어를 사용했다. 시장내부의 가격분석으로 관심의 초점이 옮겨진 신고전학파 경제학은 순수경제학(pure economy) 또는 그냥 경제학(economics)으로 불리기 시작하여 오늘에 이르고 있다. 1960년대 미국의 미첼 등이 신정치경제학(new political economy)란 용어를 도입한 이래로 신제도학파 등을 중심으로 신고전학파의 순수경제학을 비판하면서 정치, 사회와 경제를 종합적으로 연구하는 정치경제학의 필요성이 강력하게 대두되고 있다. "정치경제학"이 마르크스주의 경제학을 일컫는 경우도 있다.

** 영어에서는 정치를 politics, 정책을 policy로 구분하여 사용한다. 독일어에서는 둘 다 Politik이다. 사실 정치라는 것은 국가의 의지와 행동 및 그것을 결정하는 과정을 가리키고 정책이라는 것은 국가의 의지와 행동을 의미한다. 독일어에서는 이 둘을 한 단어로 표현하기 때문에 Politik은 문맥에 따라 정치나 정책으로 옮겼다.

*** 프랑스 구체제 시대의 정치가이며, 자유주의적 중농주의자. 그는 루이 16세 밑에서 신분제 폐지, 길드제 폐지, 농업통제 폐지, 세제개혁 등 여러 가지 훌륭한 자유주의적 사회개혁을 추진했으나, 귀족과 특권부르주아지의 탄압 그리고 농산물 가격의 상승에 반대하는 서민층들의 저항 등으로 뜻을 이루지 못했다.

문헌목록

서론

서론에서 그들에 대해 명확히 인용되었거나 또는 그들이 문자나 의미로 진술을 다시 묘사한 사람들을 두 권으로 된 『경제학의 거장들』의 저자들이라 부른다. 이는 두 권의 공헌으로 여겨졌다.

● Balabkins, Nicholas (1989), *Not by Theory alone······ The Economics of Gustav von Schmoller and its Legacy to America*, Berlin.
● Buchanan, James M. (1987), "Zur Verfassung der Wirtschaftspolitik(Rede zur Verleihung des Nobelpreises für Wirtschaftswissenschaften, 8. Dez. 1986)", in: *Zeitschrift für Wirtschaftspolitik*, 36.Jg., 101~112쪽.
● Downs, Anthony (1956/68), *Ökonomische Theorie der Demokratie*, Tübingen.
● Fisher, Irving (1923), "The Business Cycle Largely a 'Dance of the Dollar'", in: *Journal of the American Statistical Association*, Vol. 18.
● v. Hayek, F.A. (1967/69), "Arten des Rationalismus", in: Ders., *Freiburger Studien*, Tübingen.
● Keynes, John Maynard (1936), *The General Theory of Employment, Interest and Money*, London.
● Niehans, Jürg (1989), "Klassik als nationalökonomischer Mythus(Thünen-Vorlesung)", in: *Zeitschrift für Wirtschafts- und Sozialwissenschaft*, 109. Jg.
● Pigou, Arthur Cecil (1912/60), *Welth and Welfare*, London, dann als: *The Economics of Welfare*, letzte Aufl. 1960.
● Pigou, Arthur Cecil (1936), "J.M. Keynes' 'General Theory of Employment, Interest and Money'", in: *Economica*, Bd. 3.
● Popper, Karl R. (1957), *Der Zauber Platons. Die offene Gesellschaft und ihre Feinde*, Bd. I, Bern und München.
● Robbins, Lionel (1952), *The Theory of Economic Policy in English Classical Political Economy*, London.
● Robinson, Joan (1965), *Doktrinen der Wirtschaftswissenschaft. Eine Auseinandersetzung mit ihren Grundgedanken und Ideologien*, München.
● Samuelson, Paul A. (1977), "Diskussionsbeitrag", in: *Keynes, Cambridge*

and the 'General Theory'. The process of criticism and discussion with the development of the 'General Theory'. ed. by D. Patinkin and J. Clark Leith, London and Basingstoke.

● Schumpeter, Joseph (1946/54), "John Maynard Keynes", in: Ders., *Dogmenhistorische und biographische Aufsätze*, Tübingen.

● Schumpeter, Joseph (1954/65), *Geschichte der ökonomischen Analyse*, Bd. I und II, Göttingen.

● Schneider, Erich (1962), *Einführung in die Wirtschaftstheorie*, IV. Teil: *Ausgewählte Kapital der Geschichte der Wirtschaftstheorie*, Tübingen.

● Veblen, Thorstein (1900), "The preconceptions of economic science", in: *Quarterly Journal of Economics*, Vol. 14, 240~269쪽.

1 플라톤과 아리스토텔레스

그리스-로마시대의 고전문헌

● Aristoteles. *Aristotle*(Loeb-Ausgabe, 그리스어와 영어), Harvard, Cambridge(Mass.) 1938, 1967, 23 Bde. Aristoteles. *Politik*, München 1973, ³1978. *Die Nikomachische Ethik*, München 1972, ³1978. 쪽 번호는 Bekker-Ausgabe(1831)에 따름.

● Hesiodos, *Werke und Tage*(그리스어와 독일어, Übertragung von A.v. Schirnding), Müchen 1966, Neudruck München 1985.

● *Platonis Opera*, hg. v. J. Burnet (Oxford-Ausgabe), Oxford 1900, 1961, 5 Bde. *Platon. Sämtliche Werke*, Heidelberg. *Platon. Sämtliche Werke*, Hamburg. 쪽번호는 Stephanus-Ausgabe(1578)에 따름.

● Xenophon. *Vorschläge zur Beschaffung von Geldeinnahmen oder Über die Staatseinkünfte*(그리스어와 독일어), hg. von E. Schütrumpf, Darmstadt o.J.

● Xenophon (1853). *Xenophons Cyropädie*, F.K. Hertlein 주해, Leipzig 1853.

플라톤과 아리스토텔레스에 관한 저술

● Crombie, I.M. (1962), *An Examination of Plato's Doctrines*, Vol. 1: *Plato on Man and Society*, London.

● Finley, M.I. (1974), "Aristole and economic analysis", in : *Studies in Ancient Society*, London, 26~52쪽.

● Gelesnoff, W. (1923), "Die ökonomische Gedankenwelt des Aristoteles", *Archiv für Sozialwissenschaft und Sozialpolitik*, Vol. 50, 1~33쪽.

● Gordon, B.J. (1964), "Aristotle and the development of value theory",

Quarterly Journal of Economics, Vol. LXXVIII, 115~128쪽.

●Heath, T. (1949), *Mathematics in Aristotle*, Oxford, repr. 1970.

●Hoffmann, E. (1961), *Platon. Eine Einführung in sein Philosophieren*, Hamburg.

●Jaffé, W. (1974), "Edgeworth's contract curve", Part 2. Two figures in its protohistory : *Aristotle and Gossen, History of Political Economy*, Vol. 6, 381~404쪽.

●Jaeger, W. (1923), *Aristotles, Grundlegung einer Geschichte seiner Entwicklung*, Berlin.

●Koslowski, P. (1979), "Haus und Geld. Zur aristotelischen Unterscheidung von Politik, Ökonomik und Chrematistik", *Philosophisches Jahrbuch*, Vol. 86, 1. Halbbd., 60~83쪽.

●Kraus, O. (1905), "Die Aristotelische Werttheorie in ihren Beziehungen zu den Lehren der modernen Psychologenschulen", *Zeitschrift für die gesamte Staatswissenschaft*, Vol. 61, 573~592쪽.

●Lowry, S.T. (1974), "Aristotle's 'natural limit' and the economics of price regulation", *Greek, Roman and Byzantine Studies*, Vol. 15, 57~63쪽.

●Morrow, G. (1960), *Plato's Cretan City*, Princeton.

●Polanyi, K. (1957), "Aristotle discovers the economy", in : Polanyi, K., Arensberg, C.M. and Pearson, H.W., *Trade and Markets in the Early Empires*, Glencoe, Ill., 64~94쪽.

●Popper, K.R. (1945), *The Open Society and its Enemies*, Vol. I : *The Spell of Plato*, London ²1952.

●Soudek, J. (1952), "Aristotle's theory of exchange. An inquiry into the origin of economic analysis", *Proceedings of the American Philosophical Society*, Vol. 96, 45~75쪽.

●Spengler, J.J. (1955), "Aristotle on economic imputation and related matters", *Southern Economic Journal*, Vol. XXI.

●Taylor, A.E. (1926), *Plato, the Man and his Work*, London ⁶1949.

●Trude, P. (1955), *Der Begriff der Gerechtigkeit in der aristotelischen Rechts- und Staatsphilosophie*, Berlin.

기타 저술

●Austin, M., Vidal-Naquet, P. (1972), *Economies et sociétés en Grèce ancienne*, Paris 1981

●Bürgin, A. (1986), *Polis, Agora und städtischer Markt*(mimeo).

●Burckhardt, J. (o. J), *Griechische Kulturgeschichte*, hg. von J. Oeri, W.

Spemann, Berlin, Stuttgart.

- De Martino, F. (1980), *Storia economica di Roma antica*, 2 Bde., Firenze.
- Gordon, B.J. (1975), *Economic Analysis before Adam Smith*, London.
- Finley, M. (Hg.) (1979), *The Bücher—Meyer Controversy*, New York.
- Harvey, F.D. (1965), "Two kinds of equality", *Classica et Mediaevalia*, Vol. XXVI, 101~146쪽.
- Hasebroek, J. (1928), *Staat und Handel im alten Griechenland*, Tübingen.
- Heinimann, F. (1945), *Nomos und Physis. Herkunft und Bedeutung einer Antithese im griechischen Denken des 5. Jahrhunderts*, Basel.
- Hollander, S. (1965), "On the interpretation of the just price", *Kyklos*, Vol. XVIII, 615~634쪽.
- Kloft, H. (1985), "Arbeit und Arbeitsverträge in der griechisch-römischen Welt", *Saeculum*, Vol XXXV, Heft 3~4, 200~221쪽.
- Lowry, S.T. (1979), "Recent literature on ancient greek economic thought", *Journal of Economic Literature*, Vol. XVII, 65~86쪽.
- Marx. K. (1867), *Das Kapital*, Erster Band, *MEW*, Bd. 23, (Ost-)Berlin 1983.
- McNulty, P.J. (1975), "A note on the division of labour in Plato and Smith", *History of Political Economy*, Vol. 7, 372~378쪽.
- Meier, Chr. (1985), *Politik und Anmut*, Berlin.
- Michell, H. (1957), *The Economics of Ancient Greece*, Cambridge.
- Polanyi, K. (1977), *The Livelihood of Man*, New York.
- Porter, A. (1965), "Value Theory as a key to the interpretation of the development of economic thought", *American Journal of Economics and Sociology*, Vol. 24, 39~50쪽.
- Rostovtzeff, M. (1941), *The Social and Economic History of the Western World*, 3 Bde., Oxford 1972.
- Salin, E. (1923), *Geschichte der Volkswirtschaftslehre*. 2, Aufl., Berlin 1929.
- Salin, E. (1930), "Kapitalbegriff und Kapitallehre von der Antike zu den Physiokraten", in: Ders., *Lynkeus, Gestalten und Probleme aus Wirtschaft und Politik*, Tübingen 1963, 153~181쪽.
- Schefold, B. (1981), "Wirtschaftsstil und Wirtschaftstheorie", in : Meyer-Abich, K.M. u. Schefold, B.: *Wie möchten wir in Zukunft leben?*, München, 112~121쪽.
- Schefold, B. (1983), "Karl Bücher und der Historismus in der deutschen Nationalökonomie", in: N. Hammerstein(Hg.), *Deutsche Geschichtswissenschaft um 1900*, Stuttgart 1988, 239~267쪽.

414

• Schefold, R. (1980), *Spielzeug für die Seelen. Kunst und Kultur der Mentawai-Inseln(Indonesien)*, Zürich, Museum Rietberg.

• Schinzinger, F. (1977), *Ansätze ökonomischen Denkens von der Antike bis zur Reformationszeit*, Darmstadt.

• Schumpeter, J.A. (1954), *History of Economic Analysis*, London.

• Sewall, H.R. (1901), *The Theory of Value before Adam Smith*, New York.

• Sraffa, P. (1960), *Production of Commodities by Means of Commodities*, Cambridge. 독일어판: *Warenproduktion mittels Waren*, Nachwort von B. Schefold, Frankfurt 1976.

• Strauss, L. (1956), *Naturrecht und Geschichte*(미국에서 출판), Stuttgart.

• Vorländer, K. (1963), *Philosophie des Altertums(Geschichte der Philosophie I)*, Hamburg.

• Wagner, F. (1968), *Das Bild der frühen Ökonomik*, Stifterbibliothek Salzburg, München.

• Weber, M. (1976), *Wirtschaft und Gesellschaft*, 5., rev. Aufl., hg. von J. Winckelmann, Tübingen.

2 토마스 아퀴나스

참고문헌

• Weisheipl, James A. (1980), *Thomas von Aquin. Sein Leben und seine Theologie*, Graz.

토마스 아퀴나스의 저술

• "*Die Deutsche Thomas-Ausgabe" der Summa*(라틴어 본, 독일어 번역) (1933년 이후), Albertus-Magnus-Akademie (Hg.), Walberberg bei Bonn, Salzburg-Leipzig(1941년 이후로는 하이델베르크, 1950년 이후로는 하이델베르크와 그라츠).

• *Opera omnia* (1852~73), *Parma* (Neudruck New York 1948~50), 전 25권, Paris(Vivès) 1872~89, 전 34권.

토마스 아퀴나스에 관한 저술

• Bernath, Klaus (Hg.) (1978/81), *Thomas von Aquin*, Bd. I u. II(연구방법, Bd. 188 u. 538), Darmstadt.

• Bujo, Bénézet (1984), *Die Begründung des Sittlichen. Zur Frage des Eudämonismus bei Thomas von Aquin*(뮌헨 대학교 출판물, Grabmann-Institutes NF Bd. 33), Paderborn.

● Michelitsch, Antonius (1981), *Kommentatoren zur Summa theologiae des hl. Thomas von Aquin* (1924년 판의 신판), Hildesheim.

● Oeing-Hanhoff, Ludger (Hrsg.) (1974), *Thomas von Aquin 1274/1974*, München.

기타 저술

● Beutter, Friedrich (1965), *Zur sittlichen Beurteilung von Inflationen* (*Freiburger Theol. Studien*, H. 83), Freiburg i. Br.

● Grice-Hutchinson, Marjorie (1952), *The School of Salamanca. Readings in Spanish Monetary Theory 1544~1605*, Oxford.

● Klöcker, Michael u. Udo Tworuschka (Hg.) (1986), *Besitz und Armut* (*Ethik der Religionen*, Bd. 4), München.

● Ott, Hugo u. Hermann Schäfer (Hg.) (1984), *Wirtschafts-Ploetz. Die Wirtschaftsgeschichte zum Nachschlagen*, Freiburg i. Br.

● *Texte zur katholischen Soziallehre* (1975), Oswald von Nell-Breuning의 서문, Kevelaer.

● Weber, Wilhelm (1962), *Geld und Zins in der Spanischen Spätscholastik*, (Schriften d. Inst. f. Christl. Sozialwiss. Münster, Hg. Jos. Höffner, Bd. 13), Münster.

3 모어, 토머스

참고문헌

● Diehl, Karl (1925), "Thomas Morus", in: *Handwörterbuch der Staatswissenschaften*, Bd. 6, 4. Aufl., Jena, 647~650쪽.

모어의 저술

● *The Complete Works of St. Thomas More* (1965[1516]), Vol. 4: *Utopia*. Edward Surtz and S.J. and J.H. Hexter (ed.), New Haven/London 1965(1974, 3쇄) (259~266쪽에 참고문헌이 있는 이 판에는 라틴어본과 영어본이 모두 포함되어 있다. 서문과 논평부분은 『유토피아』 해석에 필요불가결함).

● *Der utopische Staat* (1960): *Morus Utopia, Campanella Sonnenstaat, Bacon Neu-Atlantis.* (Klaus J. Heinisch에 의해 번역되고 편집되었는데, 여기에는 "저작과 관련문헌 및 비평에 대한 이해"란 에세이가 포함되어 있음) "Rowohlts Klassiker der Literatur und der Wissenschaft. Philosophie des Humanismus und der Renaissance", Bd. 3, Reinbek bei Hamburg.

● *Thomas Morus* (1984[1516]), *Lebenszeugnis in Briefen*, Heidelberg.

모어에 관한 저술

●Berglar, Peter (1978), *Die Stunde des Thomas Morus*, Olten and Freiburg/ Br. (참고문헌 포함).

●Bloch, Ernst (1969), *Freiheit und Ordnung. Abriß der Sozialutopien* (*Rowohlts deutsche Enzyklopädie*, Nr. 318), Reinbek bei Hamburg.

●Chambers, Richard W. (1946), *Thomas More—Ein Staatsman Heinrichs des Achten*, München/Kempten.

●Dietzel, Heinrich (1920), *Beiträge zur Geschichte des Sozialismus und Kommunismus*, Essen.

●Hexter, Jack H. (1982), "Das 'dritte Moment' der Utopia und seine Bedeutung", in: Wilhelm Voßkamp (Hg.), (*Utopie-Forschung. Interdiszi-plinäre Studien zur neuzeitlichen Utopie* (2), Stuttgart, 151~167쪽.

●Kautsky, Karl (1888), *Thomas More und seine Utopie*, Stuttgart.

●Kautsky, Karl (1921), "Thomas More", in: Kautsky/Lafargue, *Vorläufer des neueren Sozialismus*, 3. Bd.: *Die beiden ersten großen Utopisten*, Stuttgart/Berlin(internationale Bibliothek).

●Manuel, Frank E. and Manuel, Fritzie P. (1979), *Utopian Thought in the Western World*, Cambridge, Mass.

●Moreana, *Organe de l'Association Amici Thomae—A Bilingual Quarterly*, Angers.

●Ritter, Gerhard (1940), *Machtstaat und Utopie. Vom Streit um die Dämonie der Macht seit Machiavelli und Morus*, München/Berlin.

●Roper, William (1986[1555]), *Das Leben des Thomas Morus*, Heidelberg.

●Schulte-Herbrüggen, Hubertus (1960), *Utopie und Anti-Utopie*, Bochum.

●Starbatty, Joachim (1976), "Die 'Utopia' des Thomas Morus—ihre wirtschafts-und gesellschaftspolitischen Konsequenzen", in: ORDO, *Jahrbuch für die Ordnung von Wirtschaft und Gesellschaft*, Bd. 27, 14~28쪽.

●Steintrager, James (1969), "Plato and More's Utopia", in: *Social Research*, Vol. 36, 357~372쪽.

●Surtz, Edward S.J. and Hexter, Jack H. (1965), "Commentary", in: *The Complete Works of St. Thomas More*, Vol. 4: *Utopia*, New Haven/London, 257~570쪽

● *Thomas-Morus-Gesellschaft, Jahrbuch 1981 ff.*, Düsseldorf, 1982 ff.

기타 저술

● Buber, Martin (1950), *Pfade in Utopia*, Heidelberg.

● Cabet, Etienne (1848), *Voyage en Icarie*, 1. Aufl. Paris 1840, 5. (letzte) Auflage Paris 1848 (독일어 번역: *Reise nach Ikarien*, Paris).

● Claeys, Gregory (1987), "Utopias", in: *The New Palgrave. A Dictionary of Economics*, Vol. 4, London/New York/Tokio, 783~786쪽.

● Lenin, Wladimir Iljitsch (1918), *Staat und Revolution. Die Lehre des Marxismus vom Staat und die Aufgaben des Proletariats in der Revolution*, Berlin-Wilmersdorf.

● Lenin, Wladimir Iljitsch (1973[1921]), "Über die Bedeutung des Geldes jetzt und nach dem vollen Sieg des Sozialismus", in: *Lenin Werke*, Bd. 33, Berlin (5. Aufl.), 90~98쪽.

● Lux, Heinrich (1894), *Etienne Cabet und der Ikarische Kommunismus*, Stuttgart (Neudruck, Berlin und Bonn-Bad Godesberg 1974).

● Marx, K./Engels, F. (1977[1848]), "Manifest der Kommunistischen Partei", in: *MEW.*, Bd. 4, Berlin(Ost), 459~493쪽.

● Mayers, Peter (1985), "More's Utopie in marxistischer Sicht—Karl Kautsky und aktuelle Aspekte", in: *Thomas-Morus-Gesellschaft, Jahrbuch 1984/85*, Düsseldorf, 52~62쪽.

● Raupach, Hans (1964), "Utopia und Sowjetoikos", in: *Gestaltungsprobleme der Weltwirtschaft, Festschrift für Andreas Predöhl*, Göttingen, 128~140쪽.

● Schumpeter, Joseph A. (1965), *Geschichte der ökonomische Analyse*, Göttingen (Bd. I).

● Sibley, Mulford Q. (1973), "Utopian Thought and Technology", in: *American Journal of Political Economy*, Vol. 17, 255~281쪽.

● Solschenizyn, Alexander (1973), *Der erste Kreis der Hölle* (Fischer Taschenbuch, Nr. 1410), Frankfurt/M.

● Sudre, Alfred (1897), *Geschichte des Communismus oder Historische Widerlegung der sozialistischen Utopien*, Berlin (2. Aufl.).

● Toynbee, Arnold (1947), *A Study of History*, Oxford University Press, Oxford.

● Wilde, Oscar (1910), *The Soul of Man under Socialism*, Boston.

4 콜베르, 장 밥티스트

콜베르의 저술

● (1861~82/1979) *Lettres, instructions et mémoires de Colbert*, hg. v. Pierre Clément, 8 Bde. in 10, Paris, Neudruck 1979 (Bd. 1: 1650~61; Bd. 2, 1: *Finanzen, Steuern, Geld*; Bd 2, 2: *Gewerbe, Handel*; Bd. 3, 1.: *Marine*; Bd. 3, 2: *Kolonien*; Bd. 4: *Provinzialverwaltung, Landwirtschaft, Forste, Straßen, Kanäle, Bergwerke, Gestüte*; Bd. 5: *Festungen, Wissenschaften, Künste, Banken*; Bd. 6: *Justiz, Polizei, Religionsangelegenheiten*; Bd. 7: *Privatbriefe*; Bd. 8: *Druckfehlerberichtigung, Register*).

콜베르에 관한 저술

● Clément, Pierre (1892), *Histoire de Colbert et de son administration*, 2 Bde., 3. Aufl., Paris.

● Cole, Charles Woolsey (1939/64), *Colbert and a Century of French Mercantilism*, 2 Bde., New York, Neudruck London.

● Farrère, Claude (1965), *Jean Baptiste Colbert*, Paris.

● Hecht, Gustav Heinrich (1898/1967), "Colberts politische und volkswirtschaftliche Grundanschauungen", in: *Volkswirtschaftliche Abhandlungen der badischen Hochschulen*, Bd. 1, Freiburg/Tübingen/Leipzig, 197~269쪽, Neudruck als Monographie: Darmstadt.

● Malettke, Klaus (1977), *Jean Baptiste Colbert*, Göttingen.

● Mongrédien, Georges (1963), *Colbert 1619~1683*, Paris.

기타 저술

● Blaich, Fritz (1973), *Die Epoche des Merkantilismus*, Wiesbaden.

● Braudel, Fernand (1986), *Sozialgeschichte des 15.~18. Jahrhunderts*, Bd. 2: *Der Handel*, München.

● Gaxotte, Pierre (1951), *Ludwig XIV. Frankreichs Aufstieg in Europa*, München.

● Heckscher, Eli (1932), *Der Merkantilismus*, 2 Bde., Jena.

● Weis, Eberhard (1968), "Frankreich von 1661 bis 1789", in: *Handbuch der europäischen Geschichte*, hg. von Theodor Schieder, Bd. 4, Stuttgart, 164~303쪽.

5 케네, 프랑수아

참고문헌

● Hecht, Jacqueline (1958), "Tableau chronologique des œuvres de François Quesnay", in: Quesnay 1958, 301~316쪽.

● Zapperi, Renato (1972), "Per una nuova edizione degli scritti di François Quesnay", in: *Annali della fondazione Luigi Einaudi*, VI, 31~62쪽.

전기

● Hecht, Jacqueline (1958), *La vie de François Quesnay*, in: Quesnay 1958, 211~294쪽.

● Oncken, Auguste (Hg.) (1888), *Pièces biographiques*, in: Quesnay 1958, 3~142쪽.

케네의 저술

● Quesnay, François u. a. (1767), *Physiocratie*, receuil publié par Du Pont, Pékin et se trouve à Paris.

● Quesnay, François u. a. (1846), *Physiocrates*, par E. Daire, Paris.

● Quesnay, François u. a. (1888), *Œuvres économiques et philosophiques*, par A. Onken, Francfort s/M et Paris.

● Quesnay, François (1958), *François Quesnay et la physiocratie*, Paris(Institut National d'Etudes Démographiques).

● Quesnay, François (1971~76), *Ökonomische Schriften*, hg. von M. Kuczynski, Berlin (Ost).

『경제표』에 관한 최근 출판물들

● Quesnay, François (1894), *Tableau Oeconomique*, reproduced for the Britisch Economic Association, London.

● Quesnay, François (1965), *Tableau économique*, hg. von M. Kuczynski, Berlin (Ost); English edition for the Royal Economic Society, London 1972.

케네에 관한 저술

● Dobb, Maurice (1973), *Theories of Value and Distribution since Adam Smith*, Cambridge.

● Foley, V. (1973), "An Origin of the Tableau Economique", in: *History of Political Economy*, V, 121~150쪽.

● Gilibert, Giorgio (1977), *Quesnay—La costruzione della "macchina della prosperità*", Milano.

● Hayek, Friedrich A. von (1967), *Studies in Philosophy Politics, and Economics*, London.

● Isnard, Achille-Nicolas (1781), *Traité des richesses*, Londres et se vend à Lausanne.

● Linguet, Simon-Nicolas-Henri (1768), *La pierre philosophale*, La Haie.

● Linguet, Simon-Nicolas-Henri (1771), *Réponse aux docteurs modernes*, Londres.

● Mably, Gabriel Bonnot (1794~95), *Collection complète des Œuvres*, Paris.

● Marx, Karl (1965), "*Theorien über den Mehrwert*", I, in: *Marx, Engels, Werke*, Bd. 26. 1, Berlin (Ost) (Institut für Marxismus-Leninismus beim ZK der SED).

● Meek, Ronald (1962), *The Economics of Physiocracy*, London.

● Neutrath, Otto (1931), *Empirische Soziologie*, Wien.

● Peter, Hans (1954), *Mathematische Strukturlehre des Wirtschaftskreislaufes*, Göttingen.

● Rosenfield Cohen, Leonora (1979), "La Mettrie and Quesnay physician philosophes of the Enlightenment", in: *Enlightenment studies in honour of Lester G. Croker*, ed. by J. Bingham and V. Topazio, Oxford, 263~282쪽.

● Samuelson, Paul (1982), "Quesnay's 'Tableau Économique' as a Theorist would formulate it Today", in: *Classical and Marxian Political Economy: Essays in Honour of Ronald L. Meek*, ed. by I. and M. Bradly, London, 3~78쪽.

● Schumpeter, Joseph (1914), "Epochen der Dogmen- und Methoden-geschichte", in: *Grundriß der Sozialökonomik*, I, Tübingen, Abt. I, 19~124쪽.

● Schumpeter, Joseph (1954), *History of Economic Analysis*, New York.

● Smith, Adam (1776), *An Inquiry into the Nature and Causes of the Wealth of Nations*, London.

● Scherf, Harald (Hg.) (1983), "Studien zur Entwicklung der ökonomischen Theorie III", in: *Schriften des Vereins für Socialpolitik*, N. F. Bd. 115/III, Berlin (Helmstädter, Ernst, *Quesnays Multiplikatortableau als kreislaufanalytisches Instrument*; Rieter, Heinz, *Zur Rezeption der physiokratischen Kreislaufanalogie in der Wirtschaftswissenschaft*; Schmidt, Karl-Heinz, *Die finanzpolitischen Reformvorschläge der Physiokraten*).

● Sweezy, Paul (1942), *The Theory of Capitalist Development*, London.

● Tocqueville, Alexis de (1856), *L'ancien régime et la révolution*, Paris.

● Weulersse, Georges (1910), *Les manuscrits économiques de François*

Quesnay et du marquis de Mirabeau aux Archives Nationales (M 788 à M 785), Paris.

● Weulersse, Georges (1910), *Le mouvement physiocratique en France (de 1756 à 1770)*, Paris.

● Weulersse, Georges (1959), *La physiocratie à la fin du règne de Louis XV (1770~1774)*, Paris.

6 스미스, 애덤

참고문헌
풍부한 참고문헌 목록은 J.C. Wood 1983과 H.C. Recktenwald 1978에서 찾아볼 수 있다.

스미스의 저술
● (1983) *Der Wohlstand der Nationen*, übers., eingef. und hg. von H. C. Recktenwald, ⁴1988, München.

● (1926) *Theorie der ethischen Gefühle*, übers. und hg. von W. Eckstein, Hamburg, 2 Bde.

스미스에 관한 저술
● Boulding, K.E. (1971), "After Samuelson, Who Needs Adam Smith?", in: *History of Political Economy*, Bd. 3, 225~237쪽.

● Campbell, Th.D. (1971), *Adam Smith's Science of Morals*, London.

● Recktenwald, H.C. (1976), *Adam Smith—Sein Leben und sein Werk*, München.

● Recktenwald, H.C. (1978), "An Adam Smith Renaissance anno 1976? The Bicentenary Output—A Reappraisal of his Scholarship", in: *Journal of Economic Literature*, Bd. 16, 56~83쪽.

● Recktenwald, H.C. (Hg.) (1985), *Ethik, Wirtschaft und Staat, Adam Smiths Politische Ökonomie heute*, Darmstadt.

● Samuelson, P.A. (1985), "Ein moderner Theoretiker rechtfertigt Adam Smith", in: H .C. Recktenwald (Hg.) (1985), 170~185쪽.

● Stigler, G.J. (1985), "Der Ökonom und der Staat", in: H. C. Recktenwald (Hg.) (1985).

● Wood, J.C. (1983), *Adam Smith—Critical Assessments*, Bde. 1~4, London.

기타 저술

● Arrow, K. (1951), *Social Choice and Individual Values*, New York.

● Blaug, M. (1978), *Economic Theory in Retrospect*, London.

● Hayek, F.A. von (1976), *Individualismus und wirtschaftliche Ordnung*, 2. erw. Aufl., Salzburg.

● Issing, O. (Hg.) (1984), *Geschichte der Nationalökonomie*, München.

● Perlman, M. (1986), *Perceptions of our Discipline: Three Magisterial Treatments of the Evolution of Economic Thought*, HES Bulletin, Bd. 7, 2, 9~28쪽.

● Popper, K.R. (1983), *Realism and the Aim of Science*, New York.

● Ratzinger, J. (1988), *Kirche und Wirtschaft*, Symposium im Vatikan in Rom, Köln.

● Recktenwald, H.C. (1986), *Das Selbstinteresse−Zentrales Axiom der ökonomischen Wissenschaft, Abhandlungen der Leibniz-Akademie*, Wiesbaden.

● Recktenwald, H.C. (1973), *Political Economy*, London.

● Recktenwald, H.C. und Samuelson, P.A. (1986), *Über Thünens "Der isolierte Staat", Vademecum zu einem frühen Klassiker der ökonomischen Wissenschaft*, Düsseldorf.

● Recktenwald, H.C. (1989), *Die Nobel-Laureaten der ökonomischen Wissenschaft−Kritisches zum Werden neuer Tradition*, Düsseldorf.

● Schumpeter, J.A. (1965), *Geschichte der ökonomischen Analyse*, 2 Bde., Göttingen.

● Wilson, Th. (1985), "Invisible Hands: Public and Private", in: H. Hanusch et al., *Staat und Politische Ökonomie heute−Public Sector and Political Economy Today, Essays in Honour of Horst Claus Recktenwald*, Stuttgart, New York, 13~20쪽.

7 맬서스, 토머스 로버트

맬서스의 저술

● (1789/1977) *An Essay on the Principle of Population, as it Affects the Future Improvement of Society, with Remarks on the Speculations of Mr. Godwin, M. Condorcet, and other Writers*, London(=*First Essay*). A. Flew의 서문으로 재인쇄, Harmondsworth 1970. 바르트(Christian M. Barth)가 뮌헨에 서 편집하고 번역한 독일어판 맬서스의 『인구론』에서 인용.

● (1803/1924) *An Essay on the Principle of Population; or, a View of its Past and Present Effects on Human Happiness, with an Inquiry into our Prospects Perspecting the Future Removal or Mitigation of the Evils which it Occations.* A new edition, very much enlarged, London(= 2. Ed., *Second Essay*). (3. Ed. 1806, 4. Ed. 1807, 5. Ed. 1817, 6. Ed. 1826, 7. Ed. 1872). 도른(V. Dorn)이 예나에서 번역한 독일어판 『인구론』의 논문에서 인용.

● (1800) *An Investigation of the Cause of the Present High Price of Provisions, Containing an Illustration of the Nature and Limits of Fair Price in Time of Scarcity, and its Applications to the Particular Circumstances of this Country, by the Author of the Essay of the Principle on Population,* London.

● (1807) *A Letter to Samuel Whitbread, Esq., M. P., on his Proposed Bill for the Amendment of the Poor Laws,* London.

● (1814) *Observations on the Effects of the Corn Laws, and of a Rise or Fall in the Price of Corn on the Agriculture and General Wealth of the Country,* London.

● (1815) *The Grounds of an Opinion on the Policy of Restricting the Importation of Foreign Corn, Intended as an Appendix to 'Observations on the Corn Laws',* London.

● (1815a) *An Inquiry into the Nature and Progress of Rent, and the Principles by which it is Regulated,* London.

● (1820/1910) *Principles of Political Economy Considerd with a View to their Practical Application,* London. 마리노프(V. Marinoff)가 베를린에서 번역한 『정치경제학 원론』(*Grundsätze der Politischen Ökonomie*)의 독일어판에서 인용.

● (1824) "Population", in: Supplements to the 4th, 5th and 6th Eds. of the *Encyclopaedia Britannica*.

—*A Summary View of the Principle of Population,* London 1830 (브리태니커 백과사전의 부록에 들어 있는 논문들을 약간 수정하여 인쇄).

—재인쇄(「요약」), in: D.V. Glass (Ed.), *Introduction to Malthus,* London 1953.

—재인쇄(「요약」), in: *Th. R. Malthus: An Essay on the Principle of Population,* ed. by A. Flew, Harmondsworth 1970.

● (1827) *Definitions of Political Economy, Preceded by an Inquiry into the Rules which ought to Guide Political Economists in the Definition and Use of their Terms,* London.

● (1970) *The Pamphlets of Thomas Robert Malthus,* New York.

424

맬서스에 관한 저술

● Bonar, James (1966), *Malthus and his Work*, Reprints of Economics Classics, New York
● Flew, Anthony (1979), *Introduction to T. R. Malthus. An Essay on the Principle of Population*, Harmondsworth.
● Glass, D.V. (Ed.) (1953), *Introduction to Malthus*, New York.
● James, Patricia (1979), *Population Malthus, His Life and Times*, London.
● Keynes, J.M. (1933/56), "Robert Malthus: The First of the Cambridge Economists", in: *Essays on Bibliography*, London, 독일어판: J.M. Keynes (1956), *Politik und Wirtschaft—Männer und Probleme*, Tübingen, Zürich
● Petersen, William (1979), *Malthus*, London.
● Ricardo, D. (1952), *The Works and Correspondence*, Ed. P. Sraffa, 10 vols., Cambridge.
● Smith, Kenneth (1978), *The Malthusian Controversy*, New York.
● Würgler, Hans (1957), *Malthus als Kritiker der Klassik. Ein Beitrag zur Geschichte der klassischen Wirtschaftstheorie*, Winterthur.

기타 저술

● McCleary, G.F. (1953), *The Malthusian Population Theory*, London.
● Dupâquier, J. (Ed.) (1983), *Malthus Past and Present*, London.
● Marx, Karl (1968), *Theorien über den Mehrwert*, 2. Teil, Berlin (Ost).
● McCulloch, J.R. (1845), *The Literature of Political Economy*, London, Neudruck 1938.
● Pullen, J.M. (1981), "Malthus' Theological Ideas and their Influence on his Principle of Population", in: *History of Political Economy*, 13: 1.
● Rashid, Salim (1981), "Malthus' Principles and Britisch Economic Thought, 1820~1835", in: *History of Political Economy*, 13: 1.
● Turner, Michael (Ed.) (1986), *Malthus and his Time*, London.

8 세, 장 밥티스트

참고문헌

● *Handwörterbuch der Sozialwissenschaften* (1956), Band 9, Stuttgart, Tübingen, Göttingen, Artikel Jean Baptiste Say von Ammon, Alfred.
● *International Encyclopedia of Social Sciences* (1968), New York, Artikel Jean Baptiste von Leduc, Gaston.

● Braeuer, Walter (1952), *Handbuch zur Geschichte der Volkswirtschaftslehre*, Frankfurt am Main.

세의 주요 저술

● (1803/30) *Traité d'économie politique ou simple exposition de la manière dont se forment, se distribuent et se consomment les richesses*, 1. Aufl. Paris; zit. nach der 6. Aufl. Paris 1841; deutsche Übersetzung von Jacob (1807) und von Morstadt unter dem Titel: *Ausführliche Darstellung der Nationalökonomie oder der Staatswirtschaft*, 3. Aufl., Heidelberg 1830.

● (1815) *Catéchisme d'économie politique*, Paris.

● (1820) *Lettres à M. Malthus sur différents sujets d'économie politique*, Paris; deutsch von K. H. Rau, Hamburg 1821.

● (1828/29) *Cours complet d'économie politique prâtique*, Paris; deutsch von J. v. Theobald 1829.

세에 관한 저술

● Blaug, Mark (1972), *Systematische Theoriegeschichte der Ökonomie*, Bd. 2: *Say-Mill-Marx*, München.

● Hahn, F.H. (1960/61), *The Patinkin Controversy*, Rev. of Ec. Stud. XXVIII, New York, 37~43쪽.

● Helmstädter, Ernst (1969), "Patinkin-Kontroverse-Beitrag Nr. X", *Kyklos* 22, 506~517쪽.

● Keynes, John Maynard (1936), *Allgemeine Theorie der Beschäftigung, des Zinses und des Geldes*, Berlin.

● Lange, Oskar (1942), "Say's Law", in: Lange, McIntyre, Intema (Ed.), *Studies in Mathematical Economics and Econometrics*.

● Patinkin, Don (1956), *Money, Interest and Prices*, Evanston, White Plains.

● Recktenwald, Horst Claus (1965/71), *Lebensbilder großer Nationalökonomen*, Köln, Berlin, später als: *Geschichte der politischen Ökonomie*, Stuttgart.

● Roscher, Wilhelm (1874), *Geschichte der National-Ökonomik in Deutschalnd*, München.

● Schumpeter, Joseph A. (1965), *Geschichte der ökonomischen Analyse*, Göttingen.

9 리카도, 데이비드

참고문헌

● Blaug, Mark (1968), "Ricardo, David", in: *International Encyclopedia of the Social Sciences*, Bd. 13, New York.

리카도의 저술

● (1809) *The Price of Gold, Three Contributions to the Morning Chronicle*. Wiederabgedruckt in: Sraffa(1951~73), Bd. 3.

● (1810) *The High Price of Bullion, A Proof of the Depreciation of Bank Notes*. Wiederabgedruckt in: Sraffa(1951~73), Bd. 3.

● (1815) *An Essay on the Influence of a Low Price of Corn on the Profits of Stock* (London). Wiederabgedruckt in: Sraffa(1951~73), Bd. 4.

● (1817) *On the Principles of Political Economy and Taxation*, 1. Edition (London); 2. Aufl. 1819; 3. Aufl. 1821. Wiederabgedruckt in: Sraffa (1951~73), Bd. 1.

● (1820) "Funding System", in: *Encyclopedia Britannica*, 4. Edition (London). Wiederabgedruckt in: Sraffa(1951~73), Bd. 4.

● (1824) *Plan for the Establishment of a Central Bank* (London). Wiederabgedruckt in: Sraffa(1951~73), Bd. 3.

● Sraffa, Piero (Hg.) (1951~73), 11 vols., *The Works and Correspondence of David Ricardo*, Cambridge.

리카도에 관한 저술

● Caravale, Giovanni A. (1985) (Hg.), *The Legacy of Ricardo*, Oxford.

● Casarosa, Carlo (1978), "A New Formulation of the Ricardian System", in: *Oxford Economic Papers*, Bd. 30, März.

● Eltis, Walter (1985), "Ricardo on Machinery and Technological Unemployment", in: Caravale.

● Garegnani, P. (1982), "On Hollander's Interpretation of Ricardo's Early Theory of Profits", in: *Cambridge Journal of Economics*, Bd. 6, 1.

● Hicks, John (1972), "Ricardo's Theory of Distribution", in: Bernard Corry and Maurice Peston (Hg.), *Essays in Honour of Lord Robbins*, London.

● Hicks, John and Hollander, Samuel (1977), "Mr. Ricardo and the Moderns", in: *Quarterly Journal of Economics*, Bd. 91, August.

● Hollander, Samuel (1977), "The Reception of Ricardian Economics", in: *Oxford Economic Papers*, Bd. 29, Juli.

● Hollander, Samuel (1979), *The Economics of David Ricardo*, Toronto.
● Pasinetti, Luigi L. (1960), "A Mathematical Formulation of the Ricardian Systems", in: *Review of Economic Studies*, Bd. 27, Februar.
● Peach, Terry (1984), "Ricardo's Early Treatment of Profitability: A New Interpretation", in: *Economic Journal*, Dezember.
● Schumpeter, Joseph A. (1965), *Geschichte der ökonomischen Analyse*, 2 Bde., Göttingen.
● Sraffa, Piero (1951), *Introduction to Ricardo, Principles of Political Economy and Taxation*, in: Sraffa(1951~73), Bd. 1.
● Sraffa, Piero (1955), *"'Addenda to the Memoir' of David Ricardo and 'Ricardo in Business'"*, in: Sraffa(1951~73), Bd. 10.

기타 저술

● Barro, R.J. (1974), "Are Goverment Bonds Net Wealth?", in: *Journal of Political Economy*, Bd. 82.
● Eltis, Walter (1984), *The Classical Theory of Economic Growth*, London.
● Hollander, Samuel (1983), "Professor Garegnani's Defence of Sraffa on the Material Rate of Profit", in: *Cambridge Journal of Economics*, Bd. 7, 2.
● Malthus, Thomas R. (1798), *An Essay on the Principle of Population*, 1. Aufl., London.
● Malthus, Thomas R. (1815), *An Inquiry into the Nature and Progress of Rent*, London.
● Malthus, Thomas R. (1820), *Principles of Political Economy*, 1. Aufl., London.
● Marx, Karl (1867), *Das Kapital*, 1. Aufl., Hamburg.
● Mitchell, B. R. and Deane, Phyllis (1962), *Abstract of British Historical Statistics*, Cambridge.
● Roncaglia, Alessandro (1978), *Sraffa and the Theory of Prices*, New York.
● Smith, Adam (1776), *An Inquiry into the Nature and Causes of the Wealth of Nations*, 1. Aufl., London.
● Sraffa, Piero (1960), *Production of Commodities by Means of Commodities*, Cambridge.

10 튀넨, 요한 하인리히 폰

튀넨의 저술

● (1842) *Der isolierte Staat in Beziehung auf Landwirtschaft und Nationalökonomie*, Neudruck nach der Ausgabe letzter Hand(1842 bzw. 1850), Jena 1910(Thünen 1842로 인용).

● Braeuer, Walter (1951), *Johann Heinrich von Thünen. Ausgewählte Texte*, Meisenheim am Glan.

● Gerhardt, Eberhard E.A. (1964), *Thünens Tellower Buchführung*, 2 Bde., Meisenheim am Glan.

튀넨에 관한 저술

● Braeuer, Walter (1950), "Der Mathematiker-Ökonom. Zur Erinnerung an Johann Heinrich von Thünen", in: *Kyklos*, Bd. 4, 150~171쪽.

● Leigh, Arthur (1946), "von Thünen's Theory of Distribution and the Advent of Marginal Analysis", in: *Journal of Political Economy*, Vol. 54.

● Leigh, Arthur (1968), "Johann Heinrich von Thünen", in: David L. Sills (Ed.), *International Encyclopedia of the Social Sciences*, Vol. 16, 17~20쪽.

● Mrusek, Konrad (1983), "Der Herr des Mustergutes Tellow", in: *Frankfurter Allgemeine Zeitung* v. 18. 6. 1983, 13쪽.

● Recktenwald, Horst Claus (1986), "Johann Heinrich von Thünen—Der Forscher und das Klassische seines Werkes", in: Recktenwald, Horst Claus (Hg.), *Vademecum zu einem frühen Klassiker der ökonomischen Wissenschaft*, Düsseldorf.

● Salin, Edgar (1971), "Johann Heinrich von Thünen", in: Horst Claus Recktenwald (Hg.), *Geschichte der Politischen Ökonomie*, Stuttgart, 186~199쪽.

● Samuelson, Paul A. (1986), "Thünen nach zweihundert Jahren", in: Recktenwald, Horst Claus (Hg.), *Vademecum zu einem frühen Klassiker der ökonomischen Wissenschaft*, Düsseldorf.

● Schneider, Erich (1934), "Johann Heinrich von Thünen", in: *Econometrica*, Vol. 2, 1~12쪽.

● Schneider, Erich (1971), "Johann Heinrich von Thünen," in: Horst Claus Recktenwald (Hg.), *Geschichte der Politischen Ökonomie*, Stuttgart, 199~214쪽.

● Schumacher, Hermann (1868), *Johann Heinrich von Thünen. Ein Forscherleben*, Rostock.

● Schumacher, Hermann (1869), *Über Johann Heinrich von Thünens Gesetz vom naturgemäßen Arbeitslohne und die Bedeutung dieses Gesetzes für die Wirklichkeit*, Rostock.

기타 저술

● Buhr, Walter (1983), "Mikroökonomische Modelle der von Thünenschen Standorttheorie", in: *Zeitschrift für Wirtschafts- und Sozialwissenschaften*, 103. Jg., 589~627쪽.

● Carell, Erich (1950), "Die Lagerente", in: *Zeitschrift für die gesamte Staatswissenschaft*, Bd. 106, 473~491쪽.

● Dorfman, Robert (1986), "Comment: P. A. Samuelson, 'Thünen at Two Hundred'," in: *Journal of Economic Literature*, Vol. 24, 1773~1776쪽.

● Engelhardt, Werner Wilhelm (1986), "Aspekte des Ausgleichs und der Relativität bei Johann Heinrich von Thünen", in: *Jahrbuch für Sozialwissenschaft*, Bd. 37, 1~18쪽.

● Krelle, Wilhelm (1987), "von Thünen-Vorlesung", in: *Zeitschrift für Wirtschafts- und Sozialwissenschaften*, 107. Jg., H. 1.

● Kruse, Alfred (1959), *Geschichte der volkswirtschaftlichen Theorien*, 4. Aufl., Berlin.

● Leigh, Arthur (1946), "von Thünen's Theory of Distribution and the Advent of Marginal Analysis", in: *Journal of Political Economy*, Vol. 54, 481~502쪽.

● Niehans, Jürg (1987), "Johann Heinrich von Thünen", in: *The New Palgrave*, London.

● Petersen, Asmus (1936), *Die fundamentale Standortlehre Johann Heinrich von Thünens*, Jena.

● Petersen, Asmus (1944), *Thünen's Isolierter Staat*, Berlin.

● Roscher, Wilhelm (1874), *Geschichte der National-Ökonomie in Deutschland*, München.

● Samuelson, Paul A. (1983), "Thünen at Two Hundred", in: *Journal of Economic Literature*, Vol. 21, 1468~1488쪽.

● Samuelson, Paul A. (1986), "Yes to Robert Dorfman's Vindication of Thünen's Natural Wage Derivation", in: *Journal of Economic Literature*, Vol. 24, 1777~1785쪽.

● Schmitt, Günther (1983), "Johann Heinrich von Thünen und die Agrarökonomie heute", in: *Zeitschrift für Wirtschafts- und Sozialwissenschaften*, 103. Jg., 641~659쪽.

● Schneider, Dieter (1985), *Allgemeine Betriebswirtschaftslehre*, München, Wien.

● Schumpeter, Joseph A. (1965), *Geschichte der ökonomischen Analyse*, Bd. 1, Göttingen.

● van Suntum, Ulrich (1980), "Die Thünen'schen Ringe", in: *Wirtschaftswissenschaftliches Studium*, 9. Jg., 381~383쪽.

● van Suntum, Ulrich (1988), "Vindicating Thünen's Tombstone Formula √*ap*", in: *Jahrbücher für Nationalökonomie und Statistik*, Bd. 204, 393~405쪽.

● Winkel, Harald (1983), "Johann Heinrich von Thünen und die Rezeption der englichen Klassik", in: *Zeitschrift für Wirtschafts- und Sozialwissenschaften*, 103. Jg., 543~559쪽.

● Woermann, Emil (1959), "Johann Heinrich von Thünen und die landwirtschaftliche Betriebslehre der Gegenwart", in: Walter G. Hoffmann, *Probleme des räumlichen Gleichgewichts in der Wirtschaftswissenschaft* (*Schriften des Vereins für Socialpolitik*, N. F., Bd. 14), Berlin, 28~45쪽.

11 리스트, 프리드리히

참고문헌

● Henderson, William O. (1984a), 301~310쪽.

리스트의 저술

● (1927~35) *Schriften/Reden/Briefe*, im Auftrag der Friedrich-List-Gesellschaft hg. v. Erwin v. Beckerath/Karl Goeser/Friedrich Lenz/William Notz/Edgar Salin/Artur Sommer, 10 Bde., Berlin(*List-werke*에서 인용).

● (1841/1925) *Das nationale System der politischen Oekonomie*, Stuttgart.

● (1927) *Das natürliche System der politischen Oekonomie*, Basel, Tübingen.

● (1834~43) "Eisenbahnen und Canäle, Dampfboote und Dampfwagentransport", in : *Staats-Lexikon oder Encyklopädie der Staatswissenschaften*, hg. v. Carl v. Rotteck u. Carl Welker, 1. Aufl., Bd. 4, Altona u. Leipzig.

● (1837/1985) "Die Welt bewegt sich : Über die Auswirkungen der Dampfkraft und der neuen Transportmittel auf die Wirtschaft, das soziale Gefüge und die Macht der Nationen." (1837년 파리에서 당선된 논문. 원제목은 'Le monde marche'이다.) 벤들러에 의해 번역되었고 논평되었다. Göttingen.

리스트에 관한 저술

- Gehring, Paul (1964), *Friedrich List*, Tübingen.
- Henderson, William O. (1984a), *Friedrich List. Eine historische Biographie des Gründers des Deutschen Zollvereins und des ersten Visionärs eines vereinten Europa*, Düsseldorf und Wien.
- Henderson, William O. (1984b), *The Zollverein*, 3. Aufl., London.
- Heuss, Theodor (1947), *Der Reutlinger Friedrich List, Rede bei der Gedenkfeier Reutlingen zum 100. Todestag von Friedrich List am 3. November 1946*, Stuttgart und Tübingen.
- Hua, Wang Kai (1929), *Die Bedeutung der Listischen Lehre für China, Tübinger Diss.*, Tübingen und Shanghai.
- Lambi, Ivo Nikolai (1963), "Free trade and Protection in Germany 1868~1879", *Beiheft Nr. 44 der Vierteljahrsschrift für Sozial- und Wirtschaftsgeschichte*.
- Salin, Edgar (1960), "Friedrich List. Kerneuropa and die Freilhandelszone", in: *Recht und Staat in Geschichte und Gegenwart*, Tübingen.
- Schmoller, Gustav (1889/1913), "Was ist uns Friedrich List?", in : Deutsches Wochenblatt v. 15. 8. 1889. Wieder abgedruckt, in : Gustav Schmoller, *Charakterbilder*, Müchen und Leipzig, 133~137쪽.
- Wendler, Eugen (1976), *Friedrich List : Leben und Wirken in Dokumenten*, Reutlingen.

12 쿠르노, 앙투안 오귀스탱

참고문헌

- Guitton, H. (1968), "Cournot, Antoine Augustin", in: *International Encyclopedia of the Social Sciences*, hg. v. David L. Sills, Vol. III, New York.
- Reichardt, H. (1959), "Cournot, Augustin Antoine", in: *Handwörterbuch der Sozialwissenschaften*, 2. Bd., Stuttgart, Tübingen, Göttingen.
- Shubik, M. (1987), "Cournot, Antoine Augustin", in: *The New Palgrave, A Dictionary of Economics*, hg. v.J. Eatwell, M. Milgate, P. Newman, Vol. I, 708~712쪽, London, New York, Tokyo.

쿠르노의 저술

- (1830/32) "Mémoire sur le mouvement d'un corps rigide soutenu par un plan fixe (Diss.), 1829", in: *Journal de mathématiques pures et appliquées*.

● (1838/1924) *Recherches sur les principes mathématiques la théorie des richesses*, Paris, 1838, Neudruck 1938. 독일어판: *Untersuchungen über die mathematischen Grundlagen der Theorie des Reichtums*, Jena 1924. 영어판: *Researches into the Mathematical Principles of the Theory of Wealth*, with an essay by I. Fisher on Cournot, *Mathematical Economics and a bibliography on Mathematical Economics from 1711 to 1897*, London 1897, Neudruck 1929.

● (1838) "Mémoire sur les applications du calcul des chances à la statistique judiciaire", in: *Journal de mathématiques pures et appliquées*, 3, 257~334쪽.

● (1841/45) *Traité élémentaire de la théorie des fonctions et du calcul infinitésimal*, 2 Bde., Paris, ²1857, 독일어판: *Elementarbuch der Theorie der Funktionen oder der Infinitesimalanalysis*, 2 Bd., Darmstadt, 1845/46.

● (1843) *Exposition de la théorie des chances et des probabilités*, Paris.

● (1847) *De l'origine et des limites de la correspondance entre l'algèbre et la géometrie*, Paris.

● (1851) *Essai sur les fondaments de nos connaissances et sur les caratères de la critique philosophique*, 2 Bde., Paris.

● (1861) *Traité de l'enchaînement des idées fondamentales dans les sciences et dans l'histoire*, 2 Bde., Paris.

● (1863) *Principes de la théorie des richesses*, Paris.

● (1864) *Des institutions d'instruction publique en France*, Paris.

● (1872/1934) *Considérations sur la marche des idées et des événements dans les temps modernes*, 2 Bde., Paris 1872, Neudr. 1934.

● (1875/1923) *Matérialisme, vitalisme, rationalisme*, Paris.

● (1877) *Revue sommaire des doctrines économiques*, Paris.

● (1913) *Souvenirs(1760~1860)*, Paris.

● (1973) *A.A. Cournot œuvres complètes*, 5 Vols., hg. v. A. Robinet, Paris.

쿠르노에 관한 저술

●Betrand, J.L.F. (1883), (책의 논평) "'Théories mathématiques de la richesse sociale' par Léon Walras ; 'Recherches sur les principes mathématiques de la théorie de la richesse' par Augustin Cournot", in: *Journal des Savants*, 499~508쪽.

●Edgeworth, F.Y. (1963), "Antoine Augustin Cournot", in: R.H.I. Palgrave, *Palgrave's Dictonary of Political Economy*, Vol. 1, 445~447쪽, New York.

●Fisher, I. (1898), "Cournot and Mathematical Economics", in: *Quart.*

Journ. of Economics, Cambridge, Mass., 12.

● de la Harpe, J. (1936), *De l'ordre et du hasard. Le réalisme critique d'Antoine Augustin Cournot*, Neuenburg.

● Moore, H.L. (1965), "Antoine Augustin Cournot(1801~77)", I, in: Recktenwald, H.C. (Hg.), *Lebensbilder großer Nationalökonomen, Einführung in die Geschichte der Politischen Ökonomie*, Köln und Berlin.

● Palomba, G. (1984/81), "Introduction á l'œuvre de Cournot", in: *Economie Appliquée*, 37쪽, 7~97쪽, Paris ; trans. from Italian, extracted from *Cournot Opere*, Turin.

● Reichardt, H. (1954), *Augustin A. Cournot, Sein Beitrag zur exakten Wirtschaftswissenschaft*, Tübingen.

● Verdenal, R . (1975), "A.-A. Cournot", in: Bernhardt, J., u. a., *Die Philosophie im Zeitalter von Industrie und Wissenschaft(1860~1940)*, Bd. 6 der Reihe "Geschichte der Philosophie—Ideen, Lehren", hg. v. F. Châtelet, dt., Frankfurt am Main, Berlin, Wien.

● Waffenschmidt, W. G. (1965), "Antoine Augustin Cournot(1801~1877)", II, in: Recktenwald, H. C. (Hg.), *Lebensbilder großer Nationalökonomen, Einführung in die Geschichte der Politischen Ökonomie*, Köln, Berlin.

기타 저술

● Bastiat, F. (1850), *Les harmonies économiques*, 독일어판: *Volkswirtschaftliche Harmonien*, Berlin.

● de Fontenay, R. (1864), "Principes de la théorie des richesses", in: *Journal des Economistes*, Paris.

● Edgeworth, F.Y. (1897), "La teoria pura del monopolio", in: *Giornale degli Economisti*.

● Hagen, C.H. (1844), *Die Notwendigkeit der Handelsfreiheit für das Nationaleinkommen, mathematisch nachgewiesen*, Königsberg.

● Jacobi, C.G.J (1891), "Über die Pariser Polytechnische Schule, Ein Vortrag gehalten am 22. Mai 1835, off. Sitzung der physikalisch-ökonomischen Gesellschaft", in: *Gesammelte Werke*, hg. v. K. Weierstrass, Bd. 7, Berlin.

● Laplace, P.S. (1814), *Essai philosophique sur les probabilités*, Paris.

● Marshall, A. (1927), *Principles of Economics*, 8. Aufl., London.

● Ott, A.E. (1968), *Grundzüge der Preistheorie*, Göttingen.

● Ott, A.E. u. Winkel, H. (1985), *Geschichte der theoretischen Volkswirtschaftslehre*, Göttingen.

● Schneider, E. (1932), *Reine Theorie monopolitischer Wirtschaftsreformen*,

Tübingen.

● Schneider, E. (1970), *Einführung in die Wirtschaftstheorie*, IV. Teil, *Ausgewählte Kapitel der Geschichte der Wirtschaftstheorie*, 1. Bd., 3. durchges. Aufl., Tübingen.

● Schumpeter, J.A. (1914/²1924), "Epochen der Dogmen- und Methodengeschichte", in: *Grundriß der Sozialökonomik*, 1. Teil, Tübingen.

● Schumpeter, J.A. (1954), *History of Economics Analysis*, Oxford.

● Schumpeter, J.A. (1954a), *Dogmenhistorische und biographische Aufsätze*, Tübingen.

● Sowell, Th. (1974), *Classical Economics Reconsidered*, Princeton.

● Stavenhagen, G. (1964), *Geschichte der Wirtschaftstheorie*, 3. neubearb. u. erw. Aufl., Göttingen.

● Theocharis, R.D. (1983), *Early Developments in Mathematical Economics*, London.

● Viner, J. (1937), *Studies in the Theory of International Trade*, New York.

● Walras, L. (1900), *Eléments d'économie politique*, Paris.

● Whewell, W. (1829), *Mathematical Exposition of some Doctrines of Political Economy*, Cambridge.

13 밀, 존 스튜어트

참고문헌

● Macminn, N., Hainds, J.R., and McCrimmon, J. McN. (1945), *Bibliography of the Published Writings of John Stuart Mill. Edited from Mill's manuscript*, Evanston.

밀의 저술

● (1963) *The Collected Works of John Stuart Mill(CW)*, ed. by J.M. Robson, Toronto 1963. 이 판의 제XII~XVII권은 밀의 서신을 담고 있다.
본 논문에서는 다음 문헌의 원문을 인용했다.

● (1823) "Question of Population", in: *Black Dwarf*, XI. (27 November)

● (1824) "War Expenditure", in: *Westminster Review*, II., repr. in: *Collected Works(CW)*, Vol. IV.

● (1825) "Speech on 'Population', delivered at the Co-operation Society Debates", repr. in: *The Journal of Adult Education IV* (1929).

● (1831a) "The Emigration Bill", in: *Examiner* (27 February)

● (1831b) "The Spirit of the Age", in: *Examiner* (9, 23 Jan.; 6 Feb.; 3 Apr.; 15 May)

● (1831c) *Quarterly Review on the Political Economists* (30 Jan.)

● (1832) "Westminster Review-Landlords' Claims", in: *Examiner* (6 May)

● (1834) "On Miss Martineau's Summary of Political Economy", in: *Monthly Repository*, VIII, repr. in: *CW*, Vol. IV.

● (1836a) "On the Definition of Political Economy; and on the Method of Investigation Proper to It", repr. in: *CW*, Vol. IV.

● (1836b) "Civilization-Signs of the Times", in: *Westminster Review*, XXV. repr. in: J.B. Schneewind (ed.), *Mill's Essay on Literature and Society*, New York 1965.

● (1840) "Coleridge", in: *London and Westminster Review*, 23, repr. in: *CW*, Vol. X.

● (1843) "A System of Logic, Ratiocinative and Inductive", in: *CW*, Vols. VII and VIII.

● (1844) "Essays on Some Unsettled Questions of Political Economy", repr. in: *CW*, Vol. IV.

● (1845) "Claims of Labour", in: *Edinburgh Review*, 81, repr. in: *CW*, Vol. IV.

● (1848) "The Principles of Political Economy", in: *CW*, Vols. II and III.

● (1861) "Utilitarianism", repr. in: *CW*, Vol. XIX.

● (1873/1924) "Autobiography", 라스키(Harold Laski)의 서문과 밀의 발간되지 않은 연설문들과 함께 런던에서 1924년 재인쇄, in: *CW*, Vol. I.

밀에 관한 저술

●Baumol, W.J. and Becker, B.S. (1952), "The classical monetary theory", in: J.J. Spengler and W.R. Allen (Eds.), *Essays in Economic Thought*, Chicago (1960), 753~772쪽.

●Blaug, Mark (1985), *Economic Theory in Retrospect*, 4th ed., Cambridge, 특히 제6장.

●Chipman, John S. (1979), "Mill's 'superstructure': how well does it stand up?", in: *History of Political Economy*, II, 477~500쪽.

●Comte, A. (1822/1966), *System of Positive Polity*, 4 Vols., transl. by Richard Congreve, New York.

●De Marchi, Neil (1986), "Review of Hollander's The Economics of John Stuart Mill", in: *The Mill News Letter*.

●Hamburger, Joseph (1965), *Intellectuals in Politics: John Stuart Mill and the Philosophical Radicals*, New Haven.

● Hollander, Samuel (1982), "On the Substantive Identity of the Ricardian and neo-classical conceptions of economic organization: The French connection in British classicism", in: *Canadian Journal of Economics*, XV (Nov.), 586~612쪽.

● Hollander, Samuel (1985), *The Economics of John Stuart Mill*, 2 Vols., Toronto.

● Holthoon, F.L. van (1971), *The Road to Utopia. A Study of John Stuart Mill's Social Thought*, Assen.

● Macaulay, T.B. (1829), "Mill's Essay on Government-Utilitarian Logic and Politics", in: *Edinburgh Review*, 49, 159~189쪽. Available in J. Lively and J.C. Rees (Ed.), *Utilitarian Logic and Politics: James Mill's 'Essay on Government, Macaulay's Critique and the Ensuing Debate'*, Oxford 1978.

● Mueller, Iris Wessel (1956), "John Stuart Mill and French Thought", in: *Urbana*, Ill.

● Neff, Emery (1926), *Carlyle and Mill*, second ed., rev. New York.

● Packe, M. St. John (1954), *The Life of John Stuart Mill*, New York.

● Pappe, H.O. (1960), *J.S. Mill and the Harriet Taylor Myth*, Melbourne.

● Riley, J.M. (1983), "Collective Choice and Individual Liberty. A Revisionist Interpretation of J.S. Mill's Utilitarianism", 박사학위 논문, University of Oxford, 미발행.

● Robson, John M. (1968), *The Improvement of Mankind. The Social and Political Thought of John Stuart Mill*, Toronto.

● Schumpeter, J.A. (1954), *History of Economic Analysis*, Oxford. 특히 제5장.

● Schwartz, Pedro (1972), *The New Political Economy of J.S. Mill*, Durham, N.C.

● Stigler, G.J. (1955), "The Nature and Role of Originality in Scientific Progress", in: *Economica* XXII (Nov.); repr. in: *Essays in the History of Economics*, Chicago 1965.

● Thomas, William (1985), *Mill*, Oxford.

● Thomas, William (1979), *The Philosophic Radicals. Nine Studies in Theory and Practice, 1817~1841*, Oxford.

길리베르트, 기오르기오(Gilibert, Giorgio)

1944년 출생. 투린 대학교와 케임브리지 대학교에서 경제학을 전공했으며 1974~80년에 카타니아 대학교에서 경제분석 담당 강사, 1981~86년에 투린 대학교에서 경제사상사 담당 강사로 있었다. 1987년부터 모데나 대학교 경제학과 교수로 있다. 저서: "Quesnay, la costruzione della ˙macchina della prosperità'", 1977. 그 외 잡지와 편찬서에 실린 다수의 논문들이 있다.

드 마르치, 나일(De Marchi, Neil)

1939년 출생. 호주(1957~60년), 영국(옥스퍼드, 1961~64년), 다시 호주(캔버라, 1967~70년)에서 경제학을 공부하고 1970년 캔버라 대학교에서 박사학위를 취득했다. 1975~80년, 1983~86년 미국 더햄 시 듀크 대학교에서 부교수. 1980~83년 암스테르담에 있는 알게마이네방크 네덜란드(Allgemene Bank Nederland)의 경제 연구부장, 1986년 이후부터 듀크 대학교 경제학 정교수로 있다. 주요 저서: *The Popperian Legacy in Economics* (Hrsg.), 1988. *History and Methodology of Econometrics* (Hrsg. zusammen mit C. Gilbert), 1989. 기타 국제적 전문학술지에 학설사와 방법론에 관해 다수 논문을 발표했다.

렉텐발트, 호르스트 클라우스(Recktenwald, Horst Claus)

1920년 출생. 마인츠 대학교에서 경제학을 공부했다. 1954년 마인츠 대학교에서 정치학 박사, 1957년 마인츠 대학교에서 교수자격을 취득했다. 1959~63년 프라이부르크 대학교 정교수, 1963~88년 에를랑겐-뉘른베르크 대학교 경제학과 재정학 정교수, 경제학 연구소 소장, 명예교수로 있었다. 1972년 우수학술저서상을 수상했다. 세계재정학연맹 회장과 명예회장을 지내고 라이프니츠 학술문학원 정회원으로 있었다. 주요 저서: *Steuerinzidenzlehre*, 1958, ²1967. *Lebensbilder großer Nationalökonomen*, 1965(Hrsg.). *Finanztheorie und Finanzpolitik*, 1968, ²1970(Hrsg.). *Finanz- und Geldpolitik im Umbruch*, 1969 (Hrsg. zus. mit H. Haller). *Adam Smith, Der Wohlstand der Nationen*, 1974 (번역과 편집). *Adam Smith—Sein Leben und Werk*, 1976. *Staatswirtschaft und Geldwirtschaft*, 1983. *Das Selbstinteresse—Zentrales Axiom der ökonomischen Wissenschaft*, 1986. 1986년부터 *Klassiker der Nationalökonomie* 편집.

마르콘, 헬무트(Markon, Helmut)

1944년 출생. 튀빙겐 대학교에서 경제학, 경제사와 사회사를 공부했고 1972년에 박사학위를 받았다. 튀빙겐 대학교 경제학 연구소의 학술전문 연구위원으로 있었다. 주요저서 : *Arbeitsbeschaffungspolitik der Regierungen Papen und Schleicher—Grundsteinlegung für die Beschäftigungspolitik im Dritten Reich*, 1974. *150 Jahre Promotion an der Wirtschaftswissenschaftlichen Fakultät der Universität Tübingen—Biographien der Doktoren, Ehrendoktoren und Habilitierten 1830~1980/1984*, 1984(zusammen mit Immo Eberl).

반 순툼, 울리히(van Suntum, Ulrich)

1954년 출생. 뮌스터 대학교와 보쿰 대학교에서 경제학을 전공하고 1980년에 박사학위를 취득했다. 1984년 보쿰 대학교에서 교수자격을 취득하고 1985년부터 보쿰의 루르 대학교 경제학과 교수로 있다. 1987년부터 1988년까지 경제발전백서를 위한 전문위원회 사무총장으로 있었다. 주요 저서: *Regionalpolitik in der Marktwirtschaft*, 1981. *Kosumentenrente und Verkehrssektor*, 1986. *Verkehrspolitik*, 1986. *Grundlagen und Erneuerung der Marktwirtschaft* (Mitherausgeber), 1988.

보른, 카를 에리히(Born, Karl Erich)

1922년 출생. 1939년부터 1941년까지는 라이프치히에서, 1949년부터 1952년까지는 쾰른 대학교에서 역사학과 고대철학을 공부했다. 1952년 쾰른 대학교에서 국가시험을 치르고 1953년에는 박사학위를 취득한 후 1957년 이곳에서 중·근세사 전공으로 박사 후 과정을 수료했다. 1962년부터 튀빙겐 대학교에서 경제사와 사회사 담당 정교수로 있으며, 1969년부터 마인츠 소재 학술협회의 정회원으로 활동 중이다. 주요 저서: *Staat und Sozialpolitik seit Bismarcks Sturz*, 1957. *Die deutsche Bankenkrise 1931*, 1967. *Geschichte der Wirtschafts-wissenschaften an der Universität Tübingen 1817~1967*, 1967. *Moritz von Sachsen und die Fürstenverschwörung gegen Karl V.*, 1972. *Von der Reichsgründung bis zum Ersten Weltkrieg*, 1975, [11]1986. *Geld und Banken im 19. und 20. Jahrhundert*, 1977. *Wirtschafts- und Sozialgeschichte des Deutschen Kaiserreichs(1867/71~1914)*, 1985.

보이터, 프리드리히(Beutter, Friedrich)

1925년 출생. 1946~49년 튀빙겐 대학교에서 경제학을 수학하고 1950~54년 프라이부르크 대학교에서 가톨릭 신학을 연구했다. 1953년 경제학 박사학위 취득, 1963년 신학 박사학위 취득, 1969년 윤리신학과 기독사회학의 교수자격논문을 제출했다. 1969년 이후 루체른 대학교 신학부의 윤리신학 교수로 있다. 주요 저서: *Zur sittlichen Beurteilung von Inflationen*, 1965. *Die Eigentumsbegründung in der Moraltheologie des 19. Jahrhunderts*, 1971.

셰폴트, 베르트람(Schefold, Bertram)

1943년 출생. 뮌헨 대학교, 함부르크 대학교, 바젤 대학교에서 수학, 물리학, 철학을 공부하고 1967년에 석사학위를 취득했다. 케임브리지 대학교와 바젤 대학교에서 경제학을 공부하고 1971년에 경제학 박사학위를 취득했다. 1971년 바젤 대학교에서 수리경제학 강의, 1972년 케임브리지 트리니티 칼리지 장학관, 1973년 하버드 대학교 조교수, 1974년 이후 프랑크프르트 대학교 정교수, 니스, 빈, 로마 객원 교수, 뉴욕에서 테오도어 호이스 교수를 지냈고 현재 사회정책협회 경제학사 위원회 위원장으로 있다. 경제이론, 특히 자본론, 에너지 정책, 경제사상사에 관한 저서와 논문이 다수 있다.

슈타르바티, 요아힘(Starbatty, Joachim)

1940년 출생. 쾰른 대학교와 프라이부르크 대학교에서 경제학과 정치학을 전공했다. 1964년 쾰른 대학교에서 경제학 석사와 1967년 경제학 박사를, 그리고 1975년 대학 교수자격을 취득했다. 1977년부터 1983년까지 보쿰의 루르 대학교 학술위원과 교수로 있었다. 1983년부터 튀빙겐 대학교 경제학과 교수를 지냈으며, 경제정책에 특히 많은 관심을 가지고 있다. 주요 저서: *Erfolgskontrolle der Globalsteuerung*, 1976. *Stabilitätspolitik in der freiheitlich-sozialstaatlichen Demokratie*, 1977. *Zur Entnationalisierung des Geldes—eine Zwischenbilanz*, 1980(zus. mit R. Gerding). *Die englischen Klassiker der Nationalökonomie*, 1985. *Politische Denker von Plato bis Popper*, 1988 (hrsg. zus. mit B. Redhead).

슈타인만, 군터(Steinmann, Gunter)

1943년 출생. 하이델베르크 대학교와 킬 대학교에서 경제학을 공부했고 킬 대학교에서 1968년 박사학위를, 1972년 킬 대학교에서 대학교수자격을 취득했다. 1973년 파더본 대학교 경제학과 교수로 있다. 주요 저서: *Theorie der Spekulation*, 1970. *Bevölkerungswachstum und Wirtschaftsentwicklung*, 1974. *Inflationstheorie*, 1979. *Economic Consequences of Population Change in Industrialized Countries*, 1984. *Probleme und Chancen demographischer Entwicklung in der Dritten Welt*, 1988. 주로 인구경제학 주제에 관한 여러 글들을 썼다.

엘티스, 발터(Eltis, Walter)

1933년 출생. 1953~58년 케임브리지 임마누엘 칼리지에서 경제학을 전공,

1956년에 학사학위를 취득하고 옥스퍼드 너필드 칼리지에서 1958년 석사학위를 취득했다. 1963~86년 옥스퍼드 익세터 칼리지에서 경제학부 공식위원과 학업과장으로 있었다. 1986~88년 전국 경제개발사무소 경제부 책임자 역임, 1988년부터 전국 경제개발사무소 사무총장으로 있다. 주요 저서: *Growth and Distribution*(zusammen mit Robert Bacon), 1973. *Britain's Economic Problems: Too Few Producers*, 1976. *The Classical Theory of Economic Growth*, 1984. 1974~81년 사이 *Oxford Economic Papers*의 편집인. 그 외 국제전문학술지에 성장이론과 국내사에 관한 많은 논문이 있다.

치머만, 루이스 자크(Zimmermann, Louis Jacques)

1913년 출생. 암스테르담 대학교에서 경제학을 공부했고 1941년에 박사학위를 취득했으며 1940~45년까지 덴 학(Den Haag)에 있는 중앙통계사무소의 수학통계부서에서 근무했다. 1945~47년 *Het Parool*의 편집자, 1947~52년에는 마인츠 대학교의 경제학 객원교수, 1952~54년에는 덴 학에 있는 경제부처의 위원회 임원, 1954~1961에는 사회학연구소의 회원으로 있었다. 1961년부터 브뤼셀 대학교와 암스테르담 대학교 교수와 암스테르담의 연구소 소장으로 있었다. 저서 : *Geschiedenis van het economisch denken*, 1947(독일어판: *Geschichte der theoretischen Volkswirtschaftslehre*, 1953). *The Propensity to Monopolize*, 1952. *Arme en Rijke Landen*, 1960(독일어판: *Arme und reiche Länder*, 1963). *Sparquote and Kapitalkoeffizient als Element des wirtschaftlichen Wachstums in Entwicklungsländern*, 1971.

크렐레, 빌헬름(Krelle, Wilhelm)

1916년 출생. 튀빙겐 대학교와 프라이부르크 대학교에서 물리학, 수학 그리고 경제학을 공부한 후 1947년 프라이부르크 대학교의 오이켄 교수로부터 박사학위를 취득했다. 1948년부터 1951년까지 하이델베르크 대학교의 프라이저(Preiser) 교수의 연구조교로 있으면서 박사 후 과정을 밟았다. 1953/54년에는 록펠러 펠로로 미국에서 연구활동(Harvard University, in Ann Arbor, Chicago, University of California)을 했다. 1956~58년에 스위스의 상 갈렌 대학교 교수로 있었고 1958년부터 본 대학교에서 정교수로 있다. 생산이론, 가격이론, 분배이론, 성장이론, 선형·비선형 프로그래밍 분야에 다수의 저서가 있고 정기간행물과 논문집에 수많은 논문이 수록되어 있다.

호이저, 카를(Häuser, Karl)

1920년 출생. 1939~40년과 1946~48년 뮌헨 대학교에서 경제학을 공부하고 1948~50년 독일 주 정부은행의 경제분야에서 종사했다. 1950년 프랑크푸르트 대학교에서 경제학으로 박사학위를 취득한 후 1953~54년 유럽경제위원회에서 록펠러 재단의 장학생으로 연구했다. 1957년에 프랑크푸르트 대학교에서 박사후 과정을 밟고 1958~62년 킬에서 재정학 교수로 있었다. 1962~85년 프랑크푸르트 대학교에서 경제학 교수로 있었고 1969년부터 연방재정부의 자문위원으로 있다. 주요 저서 : *Deutsche Wirtschaft seit 1870*(zusammen mit G. Stolper und K. Borchardt), 1966. *Volkswirtschaftslehre*, 1980. *30 Jahre Kapitalmarkt*(zusammen mit G. Bruns), 1981. 그 외 전문학술지와 전집에 다수의 논문이 수록되어 있다.

김수석

서울대학교와 같은 학교 대학원에서 농업경제학과 농촌사회학을 수학하고, 독일 브레멘 대학교에서 정치경제학과 농업경제학을 연구했다. 경제학 박사로 지금은 한국농촌경제연구원 연구위원으로 있다. 저서로 *Die Agrarfrage im kapitalistischen Entwicklungsprozeß Südoreas*(1993), 『한국경제의 새 패러다임 모색』(공저)이 있고, 역서로 『노동사회에서 벗어나기』(공역)가 있다.

김용원

연세대학교 경제학과를 졸업하고 독일 프랑크푸르트 대학교에서 1989년에 경제학-디플롬, 1993년에 박사(경제학 전공)학위를 취득했다. 지금은 대구대학교 경제학과 교수로 있으며, 경북지방노동위원회 공익위원으로 활동하고 있다. 저서로 『노동경제학의 이해』 『직장인 음주실태와 산업재해 유발사례』(공저) 등이 있고, 역서로 『사회적 시장경제의 이해』(공역)가 있다. 논문으로 「실직 노숙자 문제와 해결방안에 관한 연구」 「노동시간 단축을 통한 고용유지 및 창출의 가능성에 관한 연구」 등이 있다.

민경국

서울대학교 문리과 대학을 졸업하고 독일 프라이브르크 대학교 경제학부에서 석사, 박사학위를 취득했다. 지금은 강원대학교 경제무역학부 교수로 있다. 한국 하예크 학회초대회장을 역임했고, 전국경제인연합회 자유경제 출판문화상을 수상했다. 저서로 『자유주의와 시장경제』 『하예크의 진화론적 자유주의 사회철학』 『시장경제의 법과 질서』가 있으며, 역서로 『애덤 스미스의 도덕감정론』(공역) 『멩거의 국민경제학의 기본원칙』(공역) 『하예크의 감각적 질서』 등이 있다.

이방식

성균관대학교에서 독어독문학을 전공하고, 독일 퀼른대학교 경제학과에서 경제학을 전공한 뒤, 같은 대학교 대학원에서 경제학 박사학위를 받았다. 1991년부터 전주대학교 경영학부 교수로, 오스트리아 인스부르크대학교 객원교수, 국가균형발전위원회 자문교수 등을 지냈고, 지금은 전주대학교 교수협의회 회장으로 있다. 주요 저서로 『중앙은행제도론』 『통일과 지방재정』 등이 있으며, 주요 논문으로 「통독이후 재정조정 제도개혁과 한반도 통일」 「지방재정 조정이론에 관한 연구」 등이 있다.

정여천

연세대학교 경제학과를 졸업하고, 튀빙겐 대학교 경제학과에서 석사학위를 받았으며, 뮌헨 대학교 경제학과에서 박사학위를 받았다. 지금은 대외경제정책 연구원의 선임 연구위원으로 있다. 저서로『전환기 러시아 경제의 조세제도 연구』『동구 경제체제전환의 평가와 북한경제에의 시사점』『현대 러시아 정치, 경제의 이해』(공저) 등이 있으며, 논문으로「기업의 생산자금 조달체계의 변화를 통해서 본 소련의 경제개혁 및 경제체제의 전환과정」 등이 있다.

정진상

건국대학교에서 독어독문학을, 독일 함부르크 대학교 경제학과 대학원에서 경제학을 전공했고 동 대학원에서 경제학 박사학위를 취득했다. 1995년부터 선문대학교 국제경제학과 교수로 있으며 지금은 동북아연구소 소장직을 겸하고 있다. 저서와 공저로『북한경제, 어디까지 왔나』『한국경제의 이해』『동북아경제론』 등이 있으며, 역서로『투자는 심리게임이다』가 있다. 주요 논문으로「한국 지역경제발전의 요인 분석」「튀넨의 공간질서 이론에 관한 고찰」 등이 있다.

황신준

서울대학교 경제학과를 졸업하고, 독일 브레멘대학교에서 경제학 박사학위를 취득했다. 지금은 강원도 지방재정계획 심의위원, 한국질서경제학회 부회장, 차기 한독경상학회 회장(2007)이며 상지대학교 경제학과 정교수로 있다. 저서로『한국경제의 새로운 발전방향 모색』『한국경제의 새 패러다임 모색』『독일 사회적 시장경제의 경험과 교훈』 등이 있으며, 역서로『발터 오이켄: 경제정책의 원리』 등이 있다. 주요 논문으로「사회적 시장경제에 대한 소고: 전후 독일의 경제발전 경험」「발터 오이켄의 경제질서정책: 자유주의 경제개혁시대의 사상적 모색」 등이 있다.

찾아보기

| ㄱ |

가계경제 32
가우스 343
가정관리 기술 53~62
가치이론 77
가톨릭 교도 해방령 380
개릭 186
게으른 경쟁 207
게이 뤼삭 342
겔레스노프 78
『경제 이론 소개지』 347
「경제」 166
『경제의 조화』 364
경제인 201
경제적 교환이론 70
경제표 181
『경제표』 163~168, 175, 184
『경제학 원리』 352
고드윈 218, 219
고든 75, 76
고르바초프 132
고립국가 299
『고립국가』 286, 289, 290, 292, 294,
 296, 303, 304
고센 303
「곡물」 161
곡물관세 381
곡물법 234
공공복무 31

공리주의 379, 397
 ~회 371
「공리주의」 391
공산주의 41, 44
공상적 토리주의 373
과점 117
『과학과 역사의 연계성에 관한 개론』
 346
관세동맹 313, 324, 328, 335
『관세동맹지』 323
괴테 43, 68, 210
교환가치 74
교환의 정의 96
구르네 178
 ~학파 177
구빈법 233, 385
『국가』 43, 46, 48, 109
국가론 38
『국가론』 38, 49, 141
『국가체계』 311, 329
「국가학부 설립을 위한 보고서」 310
『국민신문』 329
『국민적 체계』→『정치경제학의 국민적
 체계』
『국부론』 176, 189, 193, 200, 202,
 205, 209, 228, 238, 261
『국제무역, 무역정책 그리고 독일 관세
 동맹』 322
『군주론』 88, 94

『권능에 대하여』 93
그로티우스 192
글라우콘 40
기번 186
「기쁨에 부쳐」 210
기욤 85
기통 342
기펜-역설 351
길드 90

| ㄴ |

네이메헨 평화협정 156
『네카 신문』 315
노동가치 이론 75
노모스 60
노이라트 183
노이만 176, 183
노지크 196
『논리학 체계』 374
「농경자」 161
『농업 및 국민경제에 관한 고립국가』 287
『농업과 시골집』 159
『농촌의 철학』 169
뉴턴 경 261
『니코마코스 윤리학』 64, 75, 78

| ㄷ |

「다면체들에 관하여」 169
다윈 235, 367
달랑베르 161
『대(對) 이교도 대전』 92
『대수학과 기하학의 기원과 대응한계』 343
데 마르티노 33
데르 166
데마레 157

데카르트 167
『도덕감정론』 189, 193, 195, 200, 205~207, 209~211
도미니쿠스 83
  ~수도회 83, 85, 88, 92
『독일 이데올로기』 395
돈벌이 기술 56~59, 61, 64
『두 번째 시론』 219, 222, 227
뒤퐁 드 느무르 166
드 퐁트네 363
드브뢰 189
디드로 161
디오니시오스 2세 37

| ㄹ |

라 메트리 167
라그랑주 338
라드너 339
「라오콘」 210
라우 239
라이문두스 92
라이프니츠 338
라인 도시동맹 89
라칭거 107
라테나우 183
라파예트 315
라프마스 141, 142
라플라스 337, 338, 342, 343, 345, 346, 348
래퍼-곡선 251
러스킨 19
레기날트 86, 87
레닌 130
레마크 183
레싱 210
레오 13세 92
레온티예프 173, 183

레이 187
레이놀즈 186
렉텐발트 187, 189
로드베르투스 32
로리 78
로셔 241, 305
로스 187
로스토프체프 32, 47
로크 191
로테크 330
롬바르드 동맹 89
루돌프 1세 89
루부아 141, 158
루소 166, 217, 311
루이 9세 86, 89, 93
루이 14세 135, 137, 141, 143, 148,
　　150, 154, 158
루터 289
르 루아 163
르 블랑 161
『리딩의 독수리』 316, 317, 329
리스트 20, 210, 241, 304, 308~310,
　　313~335
리에발 159
리카도 18, 19, 22, 27, 202, 208,
　　215, 222, 228, 230~232, 234,
　　239, 244, 249, 251~253, 258~
　　261, 263, 264, 266, 267, 269~
　　271, 273~276, 278~283, 301,
　　379, 394, 396
　　~적 악습 282
　　~주의 393

| ㅁ |
마르몽텔 165
마르크스 19, 26, 27, 74, 76, 79,
　　130~132, 174~176, 203, 204,

210, 215, 236, 282, 283, 309, 323,
　　367, 395
마셜 22, 23, 352, 365
마예르 311
마이어 32, 68
마자랭 136
말브랑슈 161, 167
매컬럭 232
매콜리 374
맨더빌 194, 196
맬서스 18, 208, 217, 219, 221~226,
　　228, 229, 231~233, 235, 239,
　　249, 252, 253, 264, 266, 279
메테르니히 314, 324, 326
멩거 21, 22
『명제집 주해서』 92
모르슈타트 239, 240
모리스 372
모어, 토머스 17, 109~111, 113,
　　115~118, 120, 122, 126, 131~133
몰라 342
몰리나 107
몽크레티엥 141
몽테스키외 195, 203, 311
무역동맹 313
무정부주의 196
뮈르달 204
뮐러 108, 210, 210
『미국의 정치경제 개관』 316, 317
밀, 제임스 230, 231, 260, 264, 374,
　　375
밀, 존 스튜어트 18, 252, 260, 367,
　　369, 374~377, 379, 381, 389,
　　391, 392, 394~399

| ㅂ |
바스티아 346, 364

바이너 189, 200, 209, 363
바이스하이플 92
바펜슈미트 347, 364
발라 21, 23, 243, 252, 353, 365, 396
발라-법칙 254
방케리 91
배로 283
『백과전서』 161, 163, 164
『법률』 44~49
「법률학 강의」 189
베르누이 343
베르트랑 359
베버 34, 146
베블런 182
베스푸치 113
베어링 283
베커 214, 397
벤담 367, 371, 372
벨로흐 32
벨커 330
보나벤투라 88
보나파르트파 341
보니파키우스 8세 89
보댕 107, 141, 143
보르쿠타 131
보르트키비츠 183
보몰 397
보이지 않는 손 196
보일레르세 174
보호관세 317, 322
　~론 333
『본질적 체계』→『정치경제학의 본질적
　체계』
볼루아 160
볼테르 158, 203, 337
뵘바베르크 24~26
부르하베 160, 167

부버 131
『부의 이론의 수학적 원리에 관한 연
　구』 347, 348, 349, 356, 362
『부의 이론의 원리』 347, 363, 364
분배의 정의 96
분업 39
뷔허 32, 33
블레즈 163
블로크 253, 258
블로흐 110, 123, 124
비공식 카르텔 117
비더라크 107
비토리아 107
『비판적 성찰』 210
빅셀 24, 359
빈곤이론 208
빙켈 307

| ㅅ |
『사람들』 164
『사악함에 대하여』 93
사용가치 73, 74
사우디 373
사회적 시장경제 210
『상업각서』 152
『새로운 정치경제 체계 개관』 330
새뮤얼슨 189, 297, 304, 306
생 시몽 182
　~주의자 376
생기론 345, 346
생산력 이론 334
석학 370, 373, 381, 395
세, 장 밥티스트 18, 230, 231, 238~
　241, 243~246, 248, 250, 252,
　253, 256, 258, 311, 332, 347
　~의 법칙 229, 230, 232, 252, 253~
　255, 257, 258

셸링 210
소크라테스 35, 37, 40, 48, 49, 51, 60
소피스트 46~48
솔론 35, 38
솔제니친 131
수데크 72, 75, 76
수요의 가격탄력성 352, 353
수요의 탄력성 350
수요탄력도 356
『순수응용 수학 학회보』 343
슈나이더 303, 356
슈라이버 107
슈레이보글 107
슈몰러 22, 189, 326
슈타인-하르덴베르크 개혁 209
슘페터 18, 19, 24, 26, 27, 76, 117,
   207, 241, 253, 281, 304, 359, 396
스라파 284
스미스, 애덤 18, 27, 149, 176, 179,
   185~187, 189~193, 195, 197,
   199~207, 209~214, 216, 228,
   229, 238, 240, 241, 244~247,
   252, 261, 282, 286, 311, 326, 332,
   334, 385
스콜라 학파 76, 80
스콧 186
스털링 372
스토아 학파 80, 125, 371,
스튜어트, 듀갈드 187, 209
스튜어트, 제임스 333
스티글러 189
스펜서 347
『시론』→『저곡가가 자본의 이윤에 미
   치는 영향에 대한 시론』
시스몽디 248
시장가격 40
『신국론』 110

『신학 대전』 92, 95, 101, 102, 104,
   105, 200
실러 210
실바 167
『실증정치학 체계』 373
『심문자』 219

| ㅇ |

아나크레온 38
아데무스 114
아도르노 108
아리스토텔레스 16, 17, 30, 32, 34,
   35, 42, 46, 49, 50, 53, 54, 56, 57,
   59~64, 66, 67, 69~80, 83, 85,
   86, 93, 95, 97, 100, 103, 110, 118,
   187, 191, 211
아마우로툼 114
아베로에스 83
아우구스티누스 79, 110
『아우크스부르크 일반신문』 320, 323,
   331
아즈필쿠에타 107
아카데메이아 37, 50
알베르투스 83, 85
앙페르 339
애로, 케네스 189
야경국가 209
양육관세 324, 333
   ~론 333
「언어의 기원에 관한 논문」 189
에라스무스 110, 133
에르하르트 210
에스티엔 159
에스파냐 스콜라 철학 107
에지워스 359
   ~의 계약곡선 75
에피쿠로스 학파 371

에피쿠로스주의 122
엘티스 390
엥겔스 130, 132, 170, 236
엥겔하르트 303
『역학』 339, 347~349, 356, 362
『연구』→『부의 이론의 수학적 원리에
　관한 연구』
영국-네덜란드 전쟁 154
오언 316
오이케이오타테 61
오이켄 27, 252
『오이코노미카』 53, 62
오이코노미케 51
오이코스 51
옹켄 107, 178
와트 186
요델 201
우르바누스 4세 85
우토푸스 114, 119, 122
운송비 민감도 295, 296
워즈워스 371, 372
월리스 235, 236
『유물론, 생기론, 합리론. 철학에서 과
　학적 자료사용에 관한 연구』 345
유일한 조세 177
유토피아 113, 114, 118~120, 123,
　124, 126, 128, 130, 131
　~인 121, 125, 133, 134
『유토피아』 110, 111, 115, 116, 122,
　132
은화전쟁 153
이스나 173~175
이윤 59
이자 105, 163
이카르 127
이카리아 127, 130, 132
　~인 128, 129

『이카리아 여행기』 126
『인간기계론』 167
인간학 38
인구론 208, 227
『인구론』 221, 236, 264
인구법칙 223~225, 228, 232, 235,
　236
인노켄티우스 4세 87
임금공식 300, 303, 306
입지론 306
잉거솔 329

| ㅈ |
「자금조달 체계」 278
자본노동자 298
자연가격 40
자연경제학 214
자연법 60, 74
자연임금 299
자연적 노동임금 290
자유무역 317, 322, 332, 335
자유방임 177, 181
　~주의 177
자이펠 107
잘린 78, 303, 325
『재정각서』 143, 145, 149, 151~154
잭슨 316
『저곡가가 자본의 이윤에 미치는 영향에
　대한 시론』 264, 266, 272, 274, 284
『정부론』 374
정상가격 40
정치경제학 214, 215
『정치경제학 개론』 239, 240, 252
『정치경제학 실습 종합강의』 239
『정치경제학 원리』 221, 222
『정치경제학 입문』 239
『정치경제학과 조세의 원리』 264,

272~276, 279
『정치경제학의 국민적 체계』 322, 331, 333, 335, 336
「정치경제학의 본질적 체계」 321
『정치경제학의 본질적 체계』 331, 335
『정치경제학의 원리』 374, 378, 383, 387, 390, 396
『정치적 정의』 219
제번스 21, 22, 209, 365, 396
조달기술 54, 56
조세 163
존슨 186
좀바르트 107
『중농주의』 166
지대 294
『지식기반과 철학적 비평의 특징에 관한 시론』 346
『진리에 대하여』 93

| ㅊ |

차액지대론 294
차티스트 운동 367, 381, 383
착취이론 282
『창조적인 힘의 이론』 364
『천문학』 339
『철도저널』 330
『철도저널과 국가잡지』 320
『철학적 주제들에 관한 소론』 189
『첫 번째 시론』 218, 219, 223, 224, 226, 227, 233, 234

| ㅋ |

카나 251, 348
카를로 1세 86
카를스바트 선언문 315
카베 110, 126, 127~130, 132
카우츠키 110, 115, 124

칸트 210
칼리클레스 48, 60
칼뱅 199
캄파넬라 126, 131
캉티용 175
케네 18, 159~161, 163~179, 181, 182, 184
케리, 매튜 329
케인스 24~26, 186, 228, 230, 232, 258
코슬로프스키 60
코시 311, 314, 320, 342
코타, 요한 게오르크 323
콘라딘 88
콘첸 107
콜리지 372, 380
콜베르 18, 135~137, 139~143, 146~149, 151~157
~주의 157
콩데 155
콩트 347, 367, 373, 376
쿠르노 21, 303, 304, 337~339, 341~349, 351, 353~356, 358~365
~점 354, 355
쿠르츠 308
쿠친스키 174
쿠퍼 332
크르치모프스키 286
크세노폰 29, 39
클레망 135, 142
키닉 학파 371

| ㅌ |

타에르 286, 305
타유 137, 140
탄력성 352, 354
테일러 369, 382, 383, 399

토리당 380, 381
토마스 아퀴나스 16, 74, 76, 80, 82, 83, 85~88, 92~95, 97, 99, 100~106, 108, 191, 200,
토크빌 382
토포스적 사회주의 131
『통치원리』 88
튀넨 21, 285, 287, 289~294, 296, 298~307, 354
　~의 양식 297
튀렌 155
튀르고 149, 181, 186, 367
트룀치 107

| ㅍ |

파레토 23, 205, 359
파리 코뮌 367
파스칼 195, 343
『파우스트』 210
파튈로 164
파틴킨 253, 257
퍼거슨 179, 191
펑크 107
페르마 343
페리클레스 32, 35
페트루스 83
포르본네 163
포터 78, 213
폴라니 34, 77, 78
폴리스 49, 51
퐁트넬 338
푸리에 342
푸케 136
푸펜도르프 192
퓌시스 60
프란체스코 수도회 88
프레넬 342

프루동 130, 347
프리드리히 2세 83, 85, 87, 89
프리드리히 대제 146, 158
프리드먼 189
푸아송 338, 339, 342, 343, 345, 346
플라톤 16, 34, 35, 37~50, 53, 54, 60, 64, 71, 74, 75, 79, 80, 95, 109, 120, 191, 206
플로리스 109
플로린 91
피구 25, 26
피셔 25
피트 186
피퍼 108
피히테 210
퓐리 33
필라르쿠스 120

| ㅎ |

하겐 362
하버마스 108
하예크 179, 183, 184, 189, 207
한계생산성 원칙 299, 300
한계생산성 이론 301, 305
한계효용 학파 75
할러 160
『함수이론과 미분계산 이론』 343
합리주의 367, 369, 371, 372, 379
항해조례 153, 154
해밀턴 330, 333
해번 167
허셜 339
허쉬라이퍼 214
허치슨 107, 191, 194
헤겔 210
헤라클레이데스 43
헤르더 210

헤르츠 210

헤시오도스 30

헬름슈테터 253

『현대 사상과 사건의 진행에 관한 고찰』 345

호르크하이머 108

홀랜더 397

홉스 194, 196

화폐 39

화폐가치 이론 73

『확률과 개연성 이론에 관한 소개』 343, 344

확률론 343~345

황금률 105

휘그당 380, 381

휴얼 349, 350

흄 161, 179, 186, 199

히슬로다에우스 114, 115, 117, 118, 123, 133

힉스 204